羽《は》生《ぶ》善《よし》治《はる》監《かん》修《しゅう》

子《こ》ども詰《つめ》将《しょう》棋《ぎ》 220問《もん》

チャレンジ!!

監修　羽生善治
執筆　詰将棋パラダイス

新星出版社

はじめに

みなさん、こんにちは。羽生善治《はぶよしはる》です。今回《こんかい》は詰将棋《つめしょうぎ》にチャレンジしてみましょう。

詰将棋《つめしょうぎ》とは、将棋《しょうぎ》の終盤《しゅうばん》のところを切《き》り取《と》ったひとつのゲームです。使《つか》う駒《こま》の動《うご》かし方《かた》は、将棋《しょうぎ》も詰将棋《つめしょうぎ》も同《おな》じです。ですから、まず8種類《しゅるい》の駒《こま》の動《うご》かし方《かた》を覚《おぼ》えましょう。

駒《こま》の動《うご》かし方《かた》を覚《おぼ》えたら、いつでも詰将棋《つめしょうぎ》の世界《せかい》に入《はい》れます。詰将棋《つめしょうぎ》は、どうやったら相手《あいて》の玉《ぎょく》を詰《つ》められるかを考《かんが》えるパズルです。「詰《つ》み」とは何《なに》か、どう指《さ》せば詰《つ》みの形《かたち》をつくれるか、本書《ほんしょ》で勉強《べんきょう》してください。勉強《べんきょう》といっても別《べつ》に堅苦《かたくる》しいものではありません。詰将棋《つめしょうぎ》を解《と》けたときは、他《ほか》のゲームではなかなか味《あじ》わえない楽《たの》しさを感《かん》じてもらえるはずです。

本書《ほんしょ》では1手詰《てづめ》、3手詰《てづめ》、5手詰《てづめ》と少《すこ》しずつ難《むずか》しくなっていきます。順番《じゅんばん》にステップアップしていってください。

1手詰《てづめ》は、1手指《てさ》すか打《う》つかで詰《つ》みとなります。いくつかある王手《おうて》の中《なか》から、どの着手《ちゃくしゅ》を選《えら》べば詰《つ》むかを考《かんが》えてください。

3手詰《てづめ》は、こちらの王手《おうて》に対《たい》し、相手《あいて》が2手目《てめ》にどの様《よう》に応《おう》じるかも考《かんが》えなければなりません。そして3手目《てめ》の王手《おうて》で詰《つ》ませます。

5手詰《てづめ》になると、更《さら》に2手《て》お互《たが》いの着手《ちゃくしゅ》が増《ふ》えるので、考《かんが》えるところも多《おお》くなります。なるべく暗算《あんざん》でチャレンジしてみてください。難《むずか》しい場合《ばあい》は、盤《ばん》に並《なら》べて駒《こま》を動《うご》かしながら考《かんが》えるのもひとつの方法《ほうほう》です。

詰将棋《つめしょうぎ》が上達《じょうたつ》すれば将棋《しょうぎ》も強《つよ》くなりますか? 疑問《ぎもん》に思《おも》われる人《ひと》もいるかも知《し》れませんが、その答《こた》えは「イエス」です。たくさんの詰将棋《つめしょうぎ》を考《かんが》えて、たとえそれが解《と》けても解《と》けなくても読《よ》みの力《ちから》が養《やしな》えます。実戦《じっせん》に役立《やくだ》つのは間違《まちが》いありません。どんどん詰将棋《つめしょうぎ》を解《と》いてください。そして同時《どうじ》に、詰将棋《つめしょうぎ》の持《も》つ楽《たの》しさや奥深《おくぶか》さを感《かん》じていただければ幸《さいわ》いです。

棋士《きし》　羽生善治《はぶよしはる》

本書《ほんしょ》の特徴《とくちょう》と使《つか》い方《かた》

はじめてでも詰将棋《つめしょうぎ》ができるようになる！

第《だい》1章《しょう》では、将棋《しょうぎ》の基本《きほん》、駒《こま》の動《うご》かし方《かた》、将棋《しょうぎ》の表記《ひょうき》、詰将棋《つめしょうぎ》のルールなどについて、わかりやすく説明《せつめい》してあります。はじめての人《ひと》でも、すぐに詰将棋《つめしょうぎ》ができるようになります。

たくさんの詰将棋《つめしょうぎ》を解《と》くことで、実戦《じっせん》も強《つよ》くなる！

本書《ほんしょ》には、詰将棋《つめしょうぎ》の問題《もんだい》が220問掲載《もんけいさい》されています。多《おお》くの問題《もんだい》を解《と》くことで、実戦《じっせん》で役《やく》に立《た》つ読《よ》みの力《ちから》が身《み》につきます。また、1手詰《てづめ》、3手詰《てづめ》、5手詰《てづめ》、それぞれの問題《もんだい》は5段階《だんかい》のレベルに分《わ》かれているので、自分《じぶん》の実力《じつりょく》を確認《かくにん》することもできます。

わかりやすい正解《せいかい》とおちいりやすい失敗例《しっぱいれい》を掲載《けいさい》

正解手順《せいかいてじゅん》は、わかりやすく表記《ひょうき》、解説《かいせつ》してあります。また、おちいりやすい失敗《しっぱい》も具体《ぐたい》例《れい》をあげて掲載《けいさい》してあります。

ヒント

問題《もんだい》を解《と》く手掛《てが》かりを示《しめ》してあります。

出題図《しゅつだいず》

本書《ほんしょ》では、将棋盤《しょうぎばん》の右上《みぎうえ》5列《れつ》5行《ぎょう》に収《おさ》まる問題《もんだい》だけを収録《しゅうろく》しています。

問題《もんだい》のレベル

問題《もんだい》のむずかしさを5段階《だんかい》で表記《ひょうき》してあります。

ヒント

歩《ふ》で王手《おうて》をかけよう

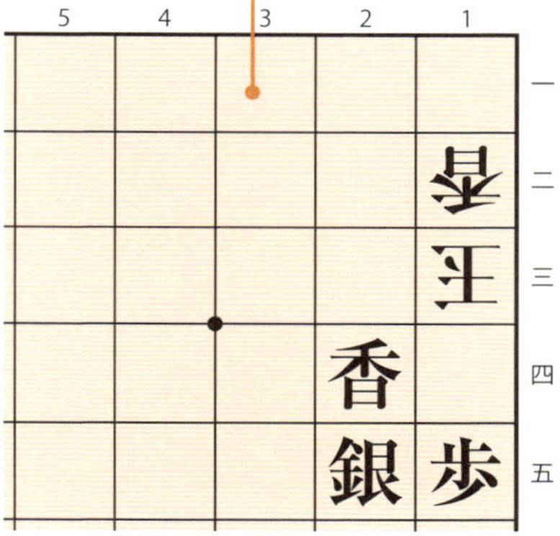

第《だい》1問《もん》

★★★★★

レベル

☗持駒《もちごま》 なし

失敗《しっぱい》

失敗例《しっぱいれい》を掲載《けいさい》、解説《かいせつ》をしてあります。

銀《ぎん》は横《よこ》に利《き》かない　失敗《しっぱい》

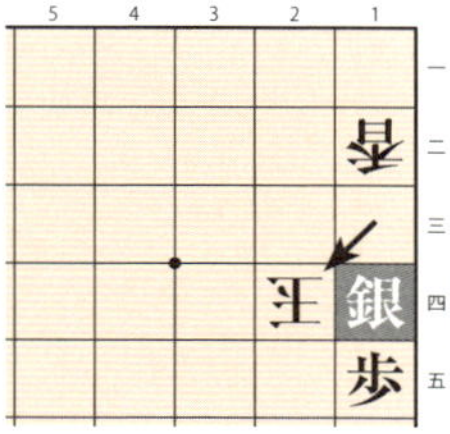

☗持駒《もちごま》 なし

銀《ぎん》の弱点《じゃくてん》は横《よこ》と後《うし》ろです。☗1四銀《よんぎん》は、☖2四玉《よんぎょく》と香《きょう》を取《と》られてしまい、詰《つ》みません。

正解図《せいかいず》

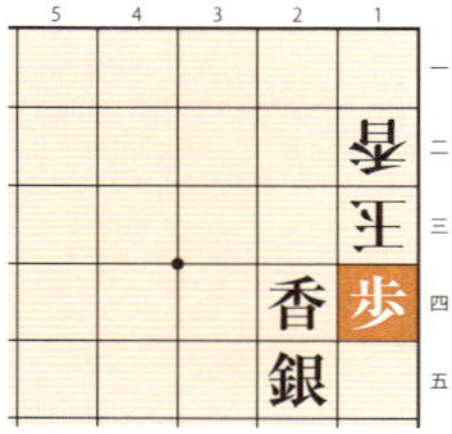

☗持駒《もちごま》 なし

第1問

☗1四《よん》歩《ふ》

歩《ふ》を突《つ》いて王手《おうて》。これで玉《ぎょく》は逃《に》げられません。持駒《もちごま》の歩《ふ》を打《う》って詰《つ》める打歩詰《うちふづめ》は禁《きん》じ手《て》なのでおぼえておきましょう。

正解《せいかい》

玉《ぎょく》を詰《つ》める手順《てじゅん》です。

解説《かいせつ》

問題《もんだい》の解《と》き方《かた》や考《かんが》え方《かた》を説明《せつめい》してあります。

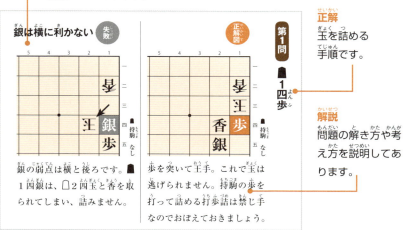

もくじ

羽生善治監修《はぶよしはるかんしゅう》　子《こ》ども詰将棋《つめしょうぎ》チャレンジ220問《もん》

企画・編集・デザイン●スタジオパラム　イラスト●庄司 猛　写真提供●日本将棋連盟

第《だい》1章《しょう》

詰将棋《つめしょうぎ》の基本《きほん》

玉将

詰将棋《つめしょうぎ》って何《なに》？

詰将棋《つめしょうぎ》の歴史《れきし》は四百年以上《よんひゃくねんいじょう》！

詰将棋《つめしょうぎ》は、将棋《しょうぎ》の局面《きょくめん》を切《き》り取《と》ったような出題図《しゅつだいず》から**王手《おうて》の連続《れんぞく》で玉《ぎょく》を詰《つ》める**パズルです。

その歴史《れきし》はとても長《なが》く、四百年以上前《よんひゃくねんいじょうまえ》の17世紀《せいき》初頭《しょとう》までさかのぼります。将棋《しょうぎ》の一世名人《いっせいめいじん》である初《しょ》代大橋宗桂《だいおおはしそうけい》が後陽成天皇《ごようぜいてんのう》に献上《けんじょう》した詰将棋作品集《つめしょうぎさくひんしゅう》「象戯造物《しょうぎつくりもの》」の第《だい》1番《ばん》が、もっとも古《ふる》い詰将棋《つめしょうぎ》とされています。

それが下《した》の図《ず》で、正解手順《せいかいてじゅん》は、☗7五桂《ごけい》☖7二《に》玉《ぎょく》☗8三角《さんかく》☖8二玉《にぎょく》☗9二角成《にかくなり》☖同香《どうきょう》☗6二《に》飛成《ひなり》☖同金《どうきん》☗8三銀《さんぎん》☖9三玉《さんぎょく》☗9二銀成《にぎんなり》☖同《どう》玉《ぎょく》☗8三金《さんきん》☖9一玉《いちぎょく》☗9二香《にきょう》まで15手詰《てづめ》。みなさんにはまだ難《むずか》しいですね。

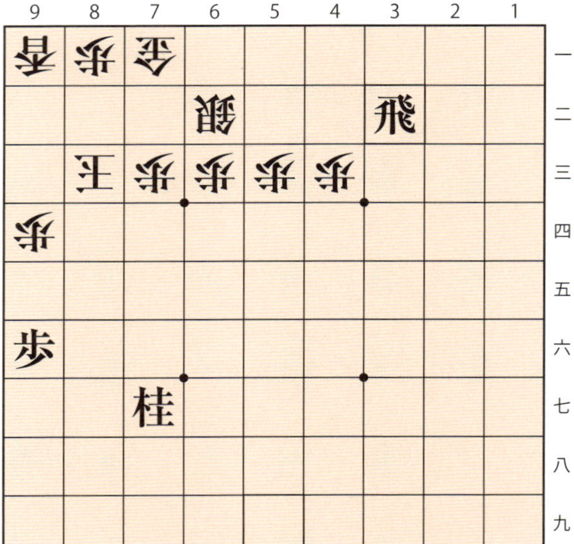

☗持駒《もちごま》 角《かく》 金《きん》 桂《けい》

それから四百年以上《よんひゃくねんいじょう》にわたってさまざまな詰将棋《つめしょうぎ》がつくられ、発展《はってん》を続《つづ》けてきたのです。

出題図《しゅつだいず》にはこんな意味《いみ》がある

下《した》の図《ず》は、詰将棋《つめしょうぎ》の出題図《しゅつだいず》の例《れい》です。

手前側《てまえがわ》が攻方《せめかた》（先手《せんて》）、奥側《おくがわ》が玉方《ぎょくかた》（後手《ごて》）で、攻《せめ》方《かた》の駒《こま》と玉方《ぎょくかた》の駒《こま》（逆向《ぎゃくむ》き）の配置《はいち》を示《しめ》してあります。

また、図《ず》の右脇《みぎわき》に攻方《せめかた》の持駒《もちごま》が書《か》いてあります。玉方《ぎょくかた》の持駒《もちごま》は示《しめ》されていませんが、**出題図《しゅつだいず》に使用《しよう》していない駒《こま》（玉《ぎょく》は除《のぞ》く）はすべて玉方《ぎょくかた》の持駒《もちごま》**です。

この図《ず》を手《て》がかりとして攻方《せめかた》と玉方《ぎょくかた》が順番《じゅんばん》に手《て》を指《さ》し、玉《ぎょく》を詰《つ》めるまでの手順《てじゅん》を求《もと》めます。

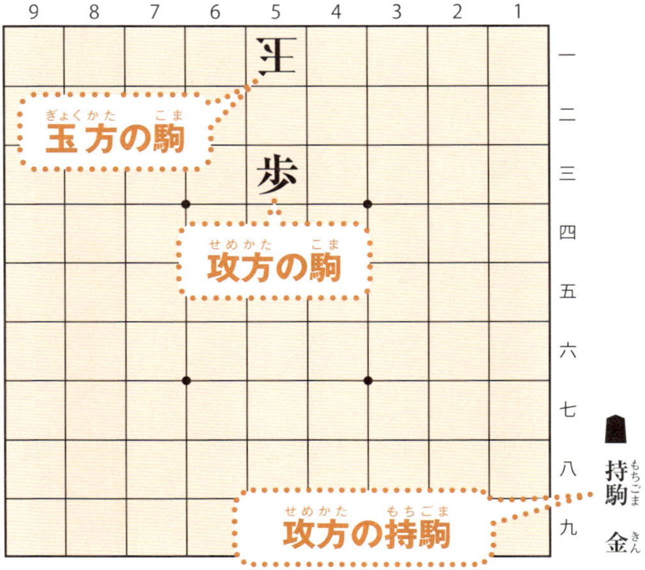

玉将

駒《こま》の種類《しゅるい》と動《うご》かし方《かた》

駒《こま》は全部《ぜんぶ》で8種類《しゅるい》

玉将《ぎょくしょう》（王将《おうしょう》）　略称《りゃくしょう》＝玉《ぎょく》（王《おう》）

玉《ぎょく》は8方向《ほうこう》すべてに1つだけ動《うご》きます。先手後手《せんてごて》各《かく》1枚《まい》あり、上手《うわて》の人《ひと》が王《おう》、下手《したて》の人《ひと》が玉《ぎょく》を使《つか》います。本書《ほんしょ》では、玉《ぎょく》で統一《とういつ》しています。

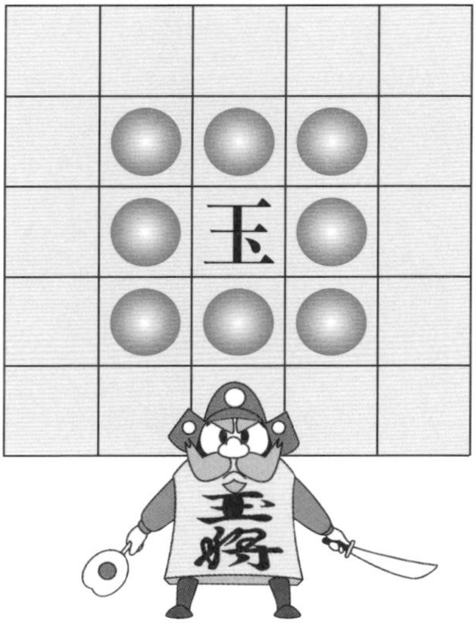

飛車《ひしゃ》　略称《りゃくしょう》＝飛《ひ》

飛車《ひしゃ》は前後左右《ぜんごさゆう》にどこまでも動《うご》きます。斜《なな》めに利《き》かないのが弱点《じゃくてん》ですが、攻《せ》めにも守《まも》りにも力《ちから》を発揮《はっき》します。強力《きょうりょく》な駒《こま》である竜《りゅう》に成《な》れます。2枚《まい》あります。

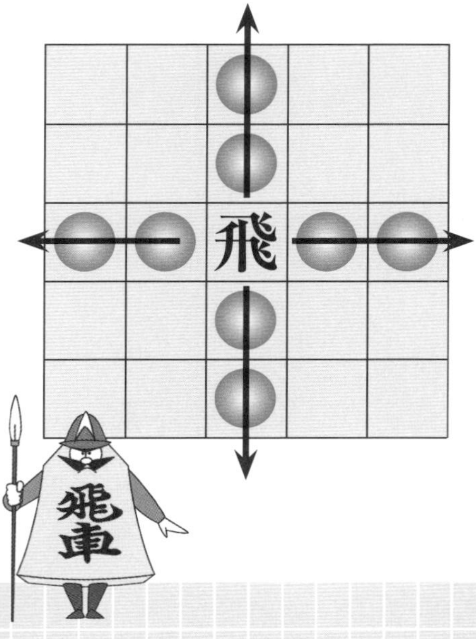

角行《かくぎょう》

略称《りゃくしょう》＝角《かく》

角《かく》は斜《なな》めにどこまでも動《うご》きます。遠《とお》くから他《ほか》の駒《こま》を支《ささ》えます。前後左右《ぜんごさゆう》に利《き》かないので守《まも》りには向《む》きません。強力《きょうりょく》な駒《こま》である馬《うま》に成《な》れます。2枚《まい》あります。

金将《きんしょう》

略称《りゃくしょう》＝金《きん》

金《きん》は斜《なな》め下《した》を除《のぞ》く6方向《ほうこう》に動《うご》きます。守《まも》りにも攻《せ》めにも強《つよ》いのが特徴《とくちょう》。「金《きん》はトドメに残《のこ》せ」という格《かく》言《げん》があります。敵陣《てきじん》に入《はい》っても成《な》れません。4枚《まい》あります。

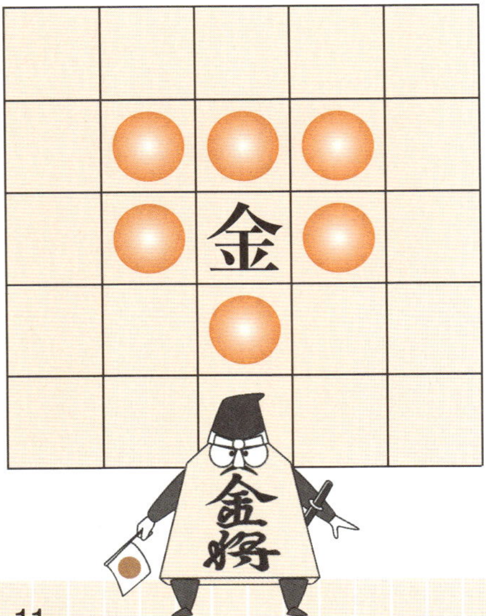

銀将《ぎんしょう》

略称《りゃくしょう》＝銀《ぎん》

銀《ぎん》は横《よこ》と後《うし》ろを除《のぞ》く5方向《ほうこう》に動《うご》きます。斜《なな》めの動《うご》きが特徴《とくちょう》。金《きん》に比《くら》べると守《まも》る力《ちから》は弱《よわ》いですが、攻《せ》めに力《ちから》を発揮《はっき》します。4枚《まい》あります。

桂馬《けいま》

略称《りゃくしょう》＝桂《けい》

桂《けい》は2つ前《まえ》の左右《さゆう》に動《うご》きます。1つ前《まえ》に駒《こま》があっても跳《と》び越《こ》すことができるという特徴《とくちょう》のある動《うご》きで、玉《ぎょく》を詰《つ》める場面《ばめん》で活躍《かつやく》します。4枚《まい》あります。

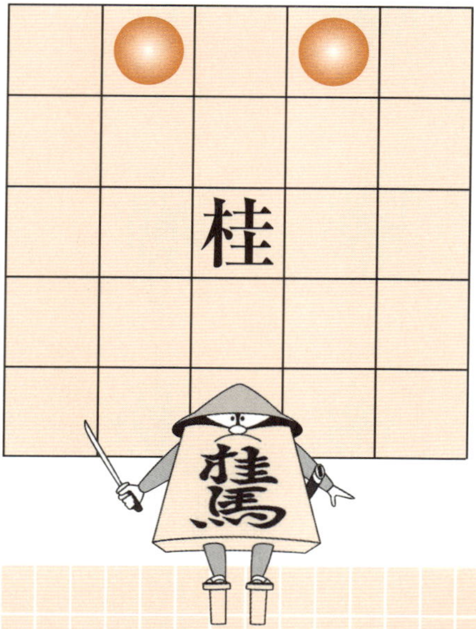

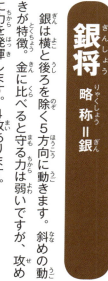

香車《きょうしゃ》

略称《りゃくしょう》＝香《きょう》

香《きょう》は前《まえ》にどこまでも動《うご》きます。他《ほか》の駒《こま》の攻《せ》めを後《あと》押《お》しする役《やく》に最適《さいてき》。「下段《げだん》の香《きょう》に力《ちから》あり」という格言《かくげん》が示《しめ》すように、下段《げだん》（下《した》の方《ほう》）にあるほど役《やく》に立《た》ちます。４枚《まい》あります。

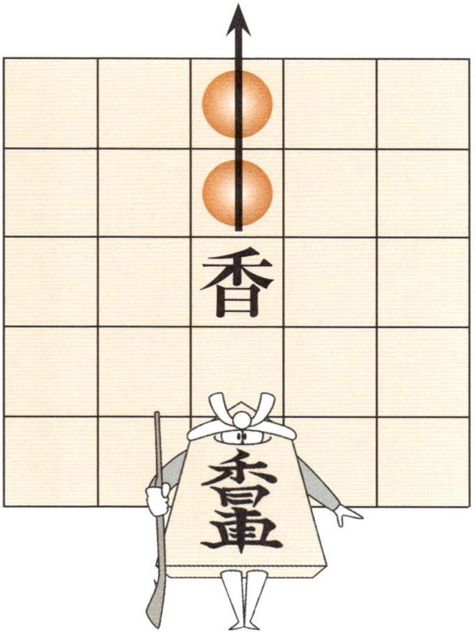

歩兵《ふひょう》

略称《りゃくしょう》＝歩《ふ》

歩《ふ》は前《まえ》に1つだけ動《うご》きます。将棋《しょうぎ》の駒《こま》の中《なか》でもっとも多《おお》く、全部《ぜんぶ》で18枚《まい》あります。歩《ふ》特有《とくゆう》の禁《きん》じ手《て》（反則《はんそく》）があるので注意《ちゅうい》が必要《ひつよう》です（21ページ参照《さんしょう》）。

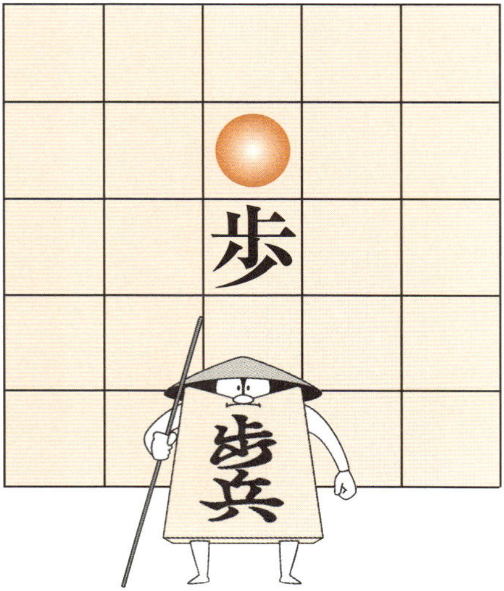

玉将

成《な》った駒《こま》の動《うご》かし方《かた》

竜王《りゅうおう》

略称《りゃくしょう》＝竜《りゅう》

飛車《ひしゃ》が成《な》ると竜《りゅう》になります。飛車《ひしゃ》の動《うご》きに加《くわ》え、斜《なな》めにも1つだけ動《うご》きます。非常《ひじょう》に強力《きょうりょく》な駒《こま》で、いろいろな場面《ばめん》で役《やく》に立《た》ちます。

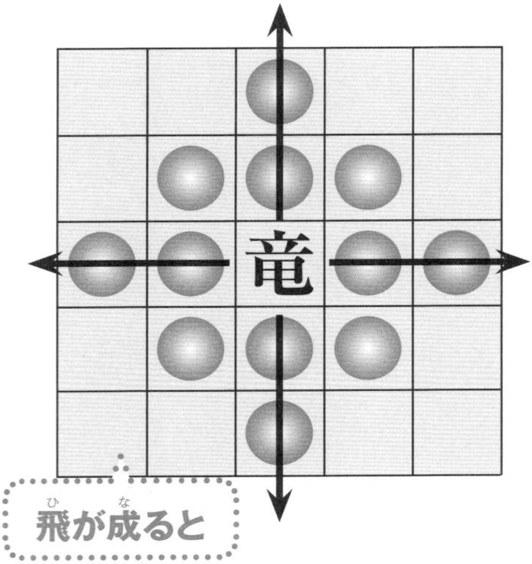

竜馬《りゅうま》

略称《りゃくしょう》＝馬《うま》

角《かく》が成《な》ると馬《うま》になります。角《かく》の動《うご》きに加《くわ》え、前後《ぜんご》左右《さゆう》にも1つだけ動《うご》きます。非常《ひじょう》に強力《きょうりょく》な駒《こま》で、いろいろな場面《ばめん》で役《やく》に立《た》ちます。

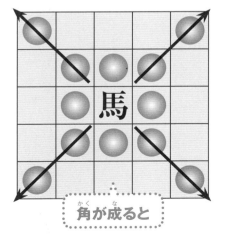

成銀《なりぎん》・成桂《なりけい》・成香《なりきょう》・と金《きん》

略称《りゃくしょう》＝と

銀《ぎん》、桂《けい》、香《きょう》、歩《ふ》が成《な》ると、それぞれ成銀《なりぎん》、成桂《なりけい》、成香《なりきょう》、と金《きん》になります。すべて金《きん》と同《おな》じ動《うご》きをします。銀《ぎん》、桂《けい》、香《きょう》は、元《もと》の動《うご》きができなくなってしまうので、成《な》るときは注意《ちゅうい》が必要《ひつよう》です。歩《ふ》は99％成《な》った方《ほう》がよいです。

銀《ぎん》が成《な》ると

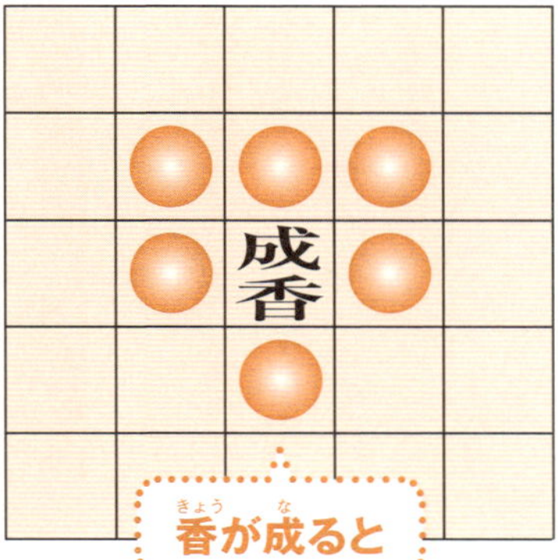

香《きょう》が成《な》ると

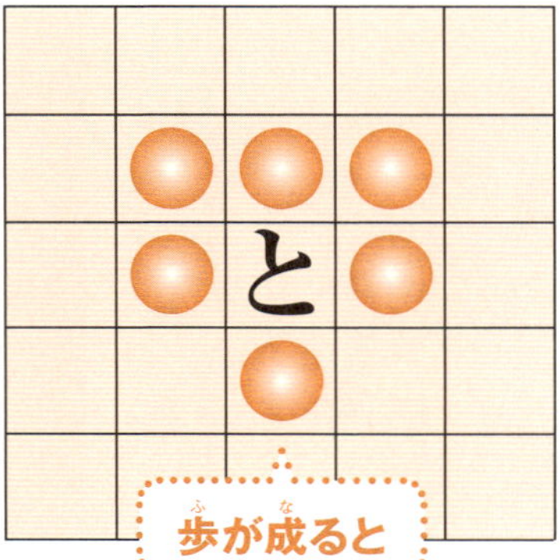

歩《ふ》が成《な》ると

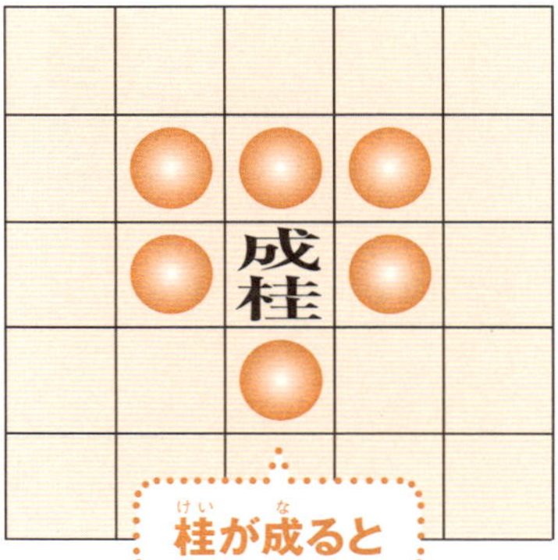

桂《けい》が成《な》ると

玉将

駒《こま》を成《な》るとは？

成《な》るか成《な》らないかよく考《かんが》えよう

盤《ばん》の向《む》こう側《がわ》3段《だん》は敵《てき》の陣地《じんち》（敵陣《てきじん》）です。味方《みかた》の駒《こま》を敵陣《てきじん》に進《すす》めたり、敵陣《てきじん》に入《はい》っている駒《こま》を動《うご》かしたりすると、駒《こま》を裏返《うらがえ》して**成《な》る**ことができます。

成《な》った駒《こま》は、元《もと》の駒《こま》より強力《きょうりょく》な動《うご》きをするようになりますが（成駒《なりごま》の動《うご》かし方《かた》は、14～15ページ参照《さんしょう》）、元《もと》の性能《せいのう》を失《うしな》ってしまいます。元《もと》の性能《せいのう》を生《い》かしたい場合《ばあい》は、裏返《うらがえ》さずに表《おもて》のまま動《うご》かしましょう（これを「**不成《ならず》**」といいます）。一度《いちど》成《な》った駒《こま》を元《もと》に戻《もど》すことはできません。

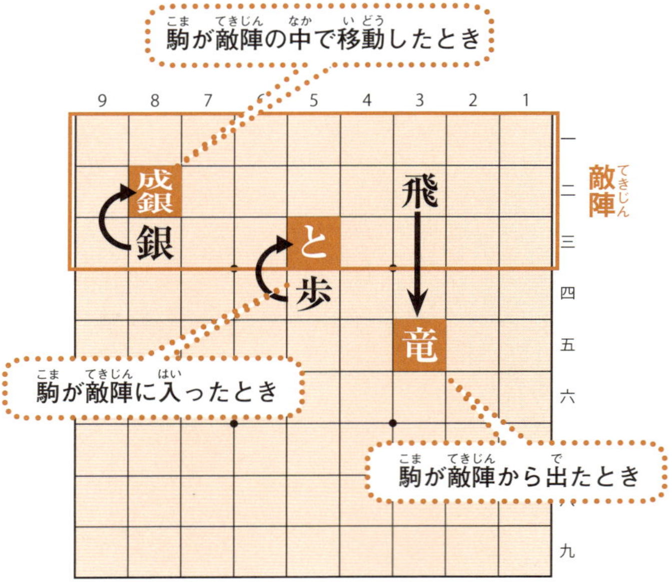

玉将

駒《こま》を取《と》る・打《う》つとは？

敵《てき》の駒《こま》を取《と》って持駒《もちごま》にできる

盤上《ばんじょう》の駒《こま》が動《うご》ける場所《ばしょ》（マス）を**利《き》き**といいます。味方《みかた》の駒《こま》の利《き》きに敵《てき》の駒《こま》があるとき、そのマスに味《み》方《かた》の駒《こま》を進《すす》めて、敵《てき》の駒《こま》を**取《と》る**ことができます。取《と》った駒《こま》は持駒《もちごま》になります。

ただし、馬《うま》やと金《きん》のような成駒《なりごま》を取《と》った場合《ばあい》は元《もと》の角《かく》や歩《ふ》に戻《もど》って持駒《もちごま》になります。

持駒《もちごま》は次回以降《じかいいこう》の手番《てばん》（指《さ》す順番《じゅんばん》）で、盤上《ばんじょう》の空《あ》いているマスに**打《う》つ**ことができます。

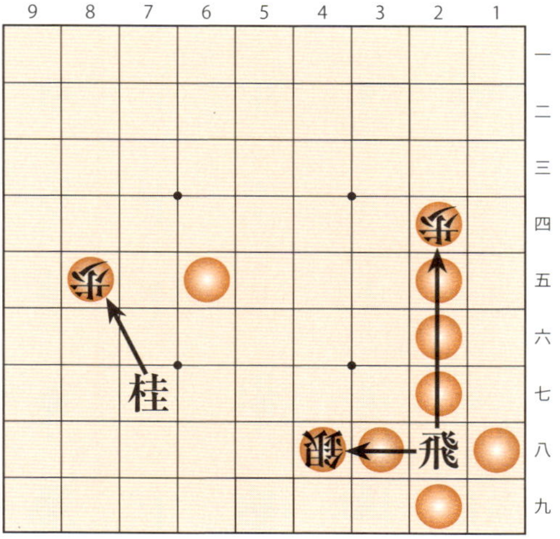

桂《けい》で歩《ふ》を取《と》れる。飛車《ひしゃ》で歩《ふ》か銀《ぎん》のどちらかを取《と》れる。取《と》った駒《こま》は持駒《もちごま》になる。

玉将

符号《ふごう》と表記《ひょうき》について知《し》ろう

符号《ふごう》を覚《おぼ》えよう

将棋盤《しょうぎばん》の**タテの列《れつ》を筋《すじ》**、**ヨコの行《ぎょう》を段《だん》**と呼《よ》びます。

筋《すじ》には右《みぎ》から左《ひだり》に数字《すうじ》が振《ふ》られ、段《だん》には上《うえ》から下《した》に漢数字《かんすうじ》が振《ふ》られています。この数字《すうじ》を組《く》み合《あ》わせて、それぞれのマスを区別《くべつ》します。これを**符号《ふごう》**といいます。

たとえば、2筋五段《すじごだん》のマスに銀《ぎん》があれば「2五銀《ごぎん》」と表《あらわ》します。先手《せんて》の手番《てばん》を示《しめ》す記号《きごう》（☗）を加《くわ》えた、「☗2五銀《ごぎん》」は「先手《せんて》の手番《てばん》で2五《ご》のマスに銀《ぎん》を動《うご》かす」を意味《いみ》します。☖は後手《ごて》を表《あらわ》します。

さらに、次《つぎ》のページのように補足情報《ほそくじょうほう》を追加《ついか》することもあります。

タテの列《れつ》は右《みぎ》から左《ひだり》に数字《すうじ》を振《ふ》る

9	8	7	6	5	4	3	2	1	
9一	8一	7一	6一	5一	4一	3一	2一	1一	一
9二	8二	7二	6二	5二	4二	3二	2二	1二	二
9三	8三	7三	6三	5三	4三	3三	2三	1三	三
9四	8四	7四	6四	5四	4四	3四	2四	1四	四
9五	8五	7五	6五	5五	4五	3五	2五	1五	五
9六	8六	7六	6六	5六	4六	3六	2六	1六	六
9七	8七	7七	6七	5七	4七	3七	2七	1七	七
9八	8八	7八	6八	5八	4八	3八	2八	1八	八
9九	8九	7九	6九	5九	4九	3九	2九	1九	九

ヨコの行《ぎょう》は上《うえ》から下《した》に漢数字《かんすうじ》を振《ふ》る

表記《ひょうき》の例《れい》

打《うち》

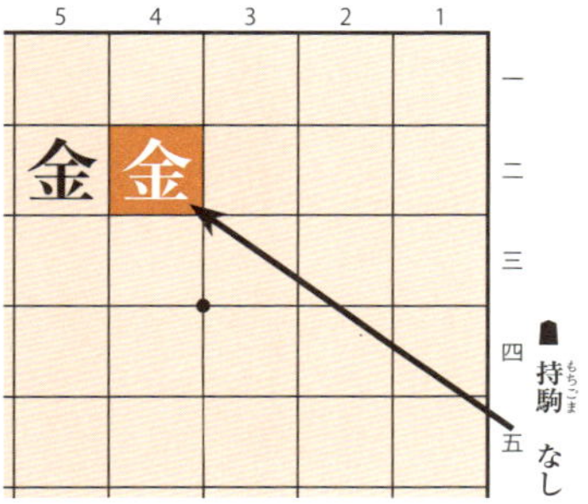

盤上《ばんじょう》の同《おな》じ種類《しゅるい》の駒《こま》が動《うご》かせる場所《ばしょ》に持駒《もちごま》を打《う》つ場合《ばあい》。

☗ 4二金打《にきんうち》

成《なり》・不成《ならず》

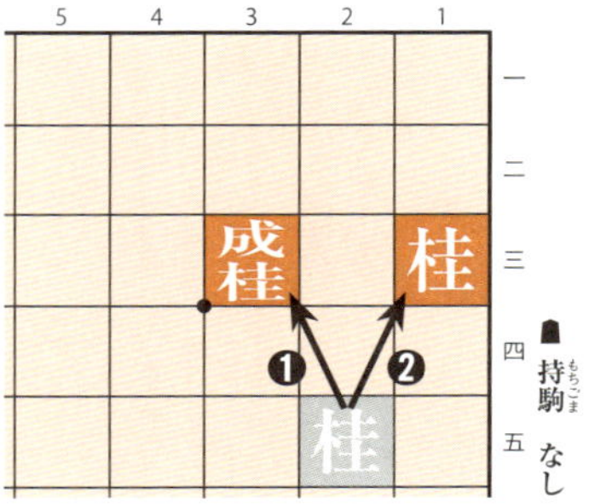

駒《こま》を成《な》るか成《な》らないかを表《あらわ》す。

❶ ☗ 3三桂成《さんけいなり》

❷ ☗ 3三桂不成《さんけいならず》

上《あがる》・寄《よる》・引《ひく》

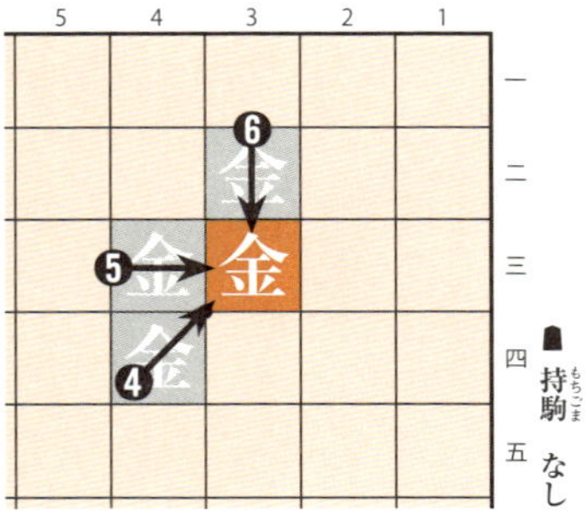

右《みぎ》・左《ひだり》・直《すぐ》

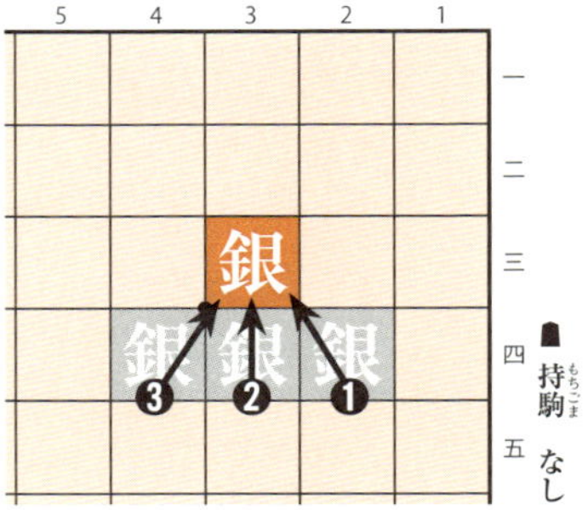

1つのマスに同《おな》じ種類《しゅるい》の駒《こま》を動《うご》かせる場合《ばあい》、動《うご》かす駒《こま》の元の位置や駒《こま》を動《うご》きをつける。

❹ ☗ 3三金 上《さんきんあがる》

❺ ☗ 3三金寄《さんきんよる》

❻ ☗ 3三金引《さんきんひく》

❶ ☗ 3三銀右《さんぎんみぎ》

❷ ☗ 3三銀直《さんぎんすぐ》

❸ ☗ 3三銀 左《さんぎんひだり》

玉将

「詰《つ》み」について知《し》ろう

次《つぎ》に必《かなら》ず玉《ぎょく》を取《と》れる状態《じょうたい》が詰《つ》み

詰将棋《つめしょうぎ》の目的《もくてき》は玉《ぎょく》を詰《つ》みにすることです。詰《つ》みとは、次《つぎ》に必《かなら》ず玉《ぎょく》を取《と》れる状態《じょうたい》のことです。

詰《つ》みの条件《じょうけん》は2つあります。

❶ 王手《おうて》※がかかっている

❷ 王手《おうて》を外《はず》す手《て》がない

この条件《じょうけん》を満《み》たすと詰《つ》みです。

王手《おうて》を外《はず》す手《て》には3種類《しゅるい》あります。

A　玉《ぎょく》が逃《に》げる

B　王手《おうて》をかけている駒《こま》を取《と》る

C　合駒《あいごま》（飛車《ひしゃ》、角《かく》、香《きょう》の王手《おうて》を防《ふせ》ぐため、その駒《こま》と玉《ぎょく》の間《あいだ》に持駒《もちごま》を打《う》ったり、盤上《ばんじょう》の駒《こま》を動《うご》かしたりすること）

詰《つ》みかどうかはしっかり確認《かくにん》しましょう。

1四飛《よんひ》

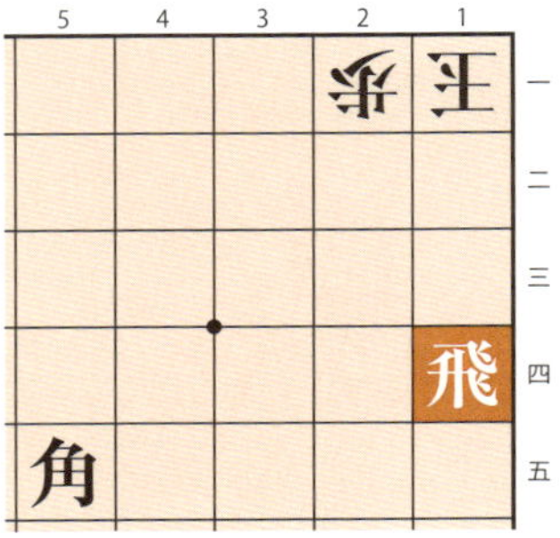

玉《ぎょく》の逃《に》げ道《みち》はなく、王手《おうて》をかけている飛車《ひしゃ》・角《かく》を取《と》れない。また合駒《あいごま》を打《う》っても、もう一方《いっぽう》の王《おう》手《て》を防《ふせ》げないため、詰《つ》み。

2三金《さんきん》

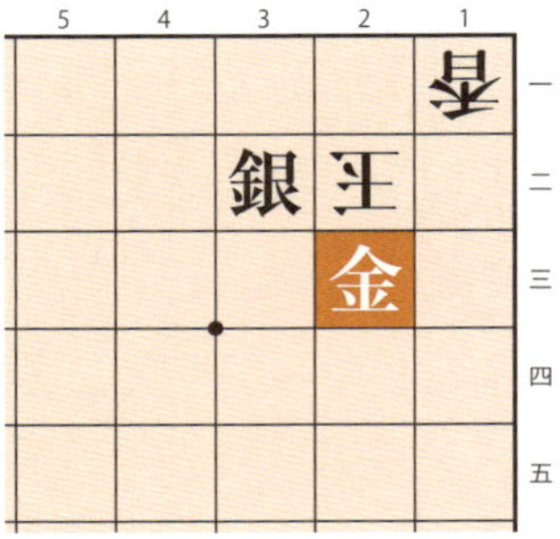

玉《ぎょく》の逃《に》げ道《みち》はありません。王手《おうて》をかけている金《きん》を玉《ぎょく》で取《と》ると銀《ぎん》に取《と》り返《かえ》されるため、これで詰《つ》み。

※王手《おうて》…次《つぎ》に玉《ぎょく》を取《と》る手《て》。

玉将

「禁《きん》じ手《て》」を覚《おぼ》えておこう

歩《ふ》が関係《かんけい》する禁《きん》じ手《て》（反則《はんそく》）に注意《ちゅうい》

将棋《しょうぎ》には禁《きん》じ手《て》があります。そのなかで詰将棋《つめしょうぎ》に関《かか》わりの深《ふか》いものが**二歩《にふ》**と**打歩詰《うちふづめ》**です。

二歩《にふ》は、味方《みかた》の歩《ふ》がある筋《すじ》に**2枚目《まいめ》の歩《ふ》を打《う》つこと**です。右下《みぎした》の図《ず》の☗1四歩《よんふ》は二歩《にふ》の反則《はんそく》です。と金《きん》と歩《ふ》は区別《くべつ》するので、もし1二歩《にふ》がと・金《きん》なら、☗1四歩《よんふ》は反則《はんそく》にはなりません。

打歩詰《うちふづめ》は、**持駒《もちごま》の歩《ふ》を打《う》って玉《ぎょく》を詰《つ》めること**です。左下《ひだりした》の図《ず》の☗1二歩《にふ》は打歩詰《うちふづめ》の反則《はんそく》です。盤上《ばんじょう》の歩《ふ》を突《つ》いて詰《つ》める手《て》は反則《はんそく》ではありません。

ほかに、**行《い》き所《どころ》のない駒打《こまう》ち・駒移動《こまいどう》**や**連続王手《れんぞくおうて》の千日手《せんにちて》**などの禁《きん》じ手《て》があります。

二歩《にふ》

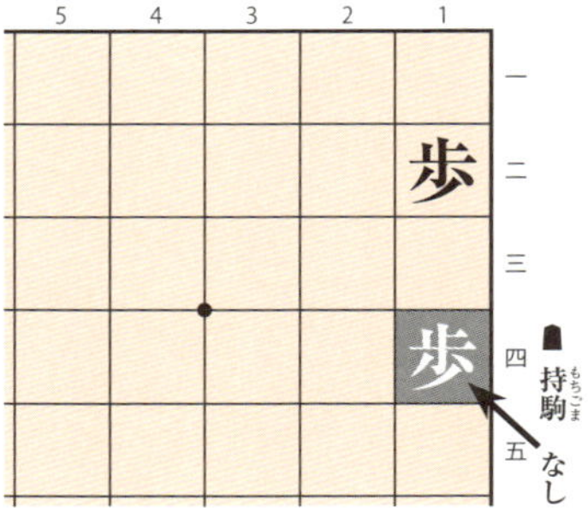

同《おな》じ筋《すじ》に2枚目《まいめ》の歩《ふ》を打《う》ってはいけない。

打歩詰《うちふづめ》

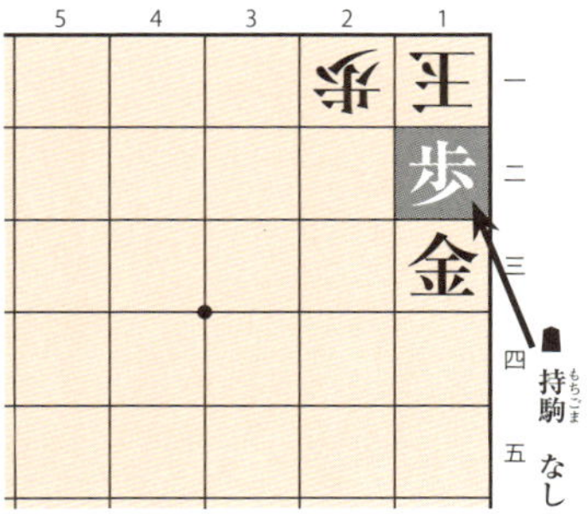

歩《ふ》を打《う》って玉《ぎょく》を詰《つ》めてはいけない。

玉将

詰将棋《つめしょうぎ》のルール

攻方《せめかた》の手《て》について

攻方《せめかた》は王手《おうて》を指《さ》し続《つづ》けて、最短《さいたん》での詰《つ》みを目指《めざ》します。

右下《みぎした》の図《ず》は、将棋《しょうぎ》なら☗2三竜《さんりゅう》と金《きん》を取《と》る手《て》も選《えら》べます。しかし、詰将棋《つめしょうぎ》では王手《おうて》の中《なか》から指《さ》し手《て》を選《えら》ばなければいけません。この図《ず》は、1手詰《てづめ》です。☗1二香《にきょう》の1手《て》で玉《ぎょく》を詰《つ》めることができます。

左下《ひだりした》の図《ず》は、☗2二馬《にうま》の1手《て》で詰《つ》みます。☗3一馬《いちうま》☖1二玉《にぎょく》☗2二馬《にうま》と迂回《うかい》して3手《て》で詰《つ》めることもできますが、詰将棋《つめしょうぎ》では、最短《さいたん》の☗2二馬《にうま》を選《えら》びます。

最短《さいたん》を選《えら》ぶ

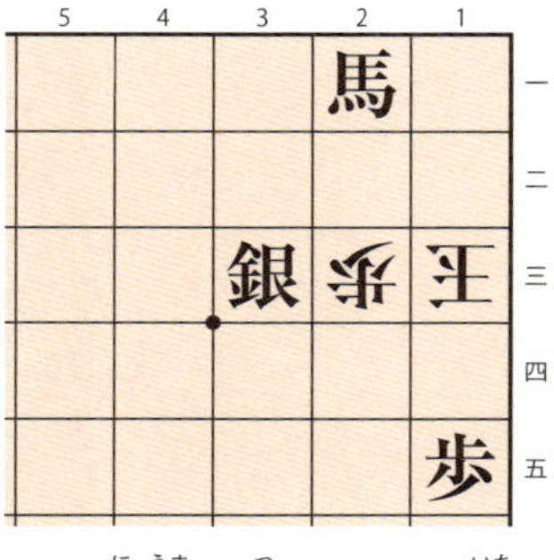

☗持駒《もちごま》 なし

☗2二馬《にうま》で詰《つ》み。☗3一馬《いちうま》☖1二玉《にぎょく》☗2二馬《にうま》でも詰《つ》むが、最短《さいたん》の☗2二馬《にうま》を選《えら》ぶ。

王手《おうて》を選《えら》ぶ

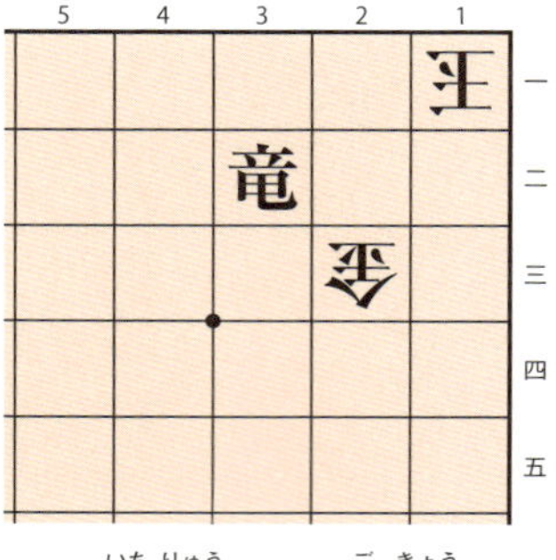

☗持駒《もちごま》 香《きょう》

☗3一竜《いちりゅう》や☗1五香《ごきょう》、☗1三香《さんきょう》などの王手《おうて》から指《さ》し手《て》を選《えら》ぶ。☗1二香《にきょう》で詰《つ》み。

玉方《ぎょくかた》の手《て》について

玉方《ぎょくかた》は王手《おうて》を外《はず》す手《て》しか指《さ》せません。その中《なか》で、手数《てすう》が最長《さいちょう》になるように、また、攻方《せめかた》に持駒《もちごま》を使《つか》わせるように手《て》を選《えら》びます。

右下《みぎした》の図《ず》は☗3三銀《さんぎん》と打《う》った局面《きょくめん》。玉《ぎょく》は☖2三《さん》玉《ぎょく》、☖2一玉《いちぎょく》、☖3一玉《いちぎょく》の3通《とお》りの逃《に》げ方《かた》がありますが、最長《さいちょう》で攻方《せめかた》に持駒《もちごま》を使《つか》わせる☖2一玉《いちぎょく》を選《えら》びます。

玉方《ぎょくかた》にも持駒《もちごま》があります。**出題図《しゅつだいず》にない駒《こま》は、玉《ぎょく》を除《のぞ》き、すべて玉方《ぎょくかた》の持駒《もちごま》**です。飛車角香《ひしゃかくきょう》などの王《おう》手《て》に、持駒《もちごま》を打《う》って**合駒《あいごま》**で受《う》けることができます（左下《ひだりした》の図《ず》）。

ちなみに、合駒《あいごま》には盤上《ばんじょう》の駒《こま》を移動《いどう》する方法《ほうほう》もあります。

合駒《あいごま》ができる

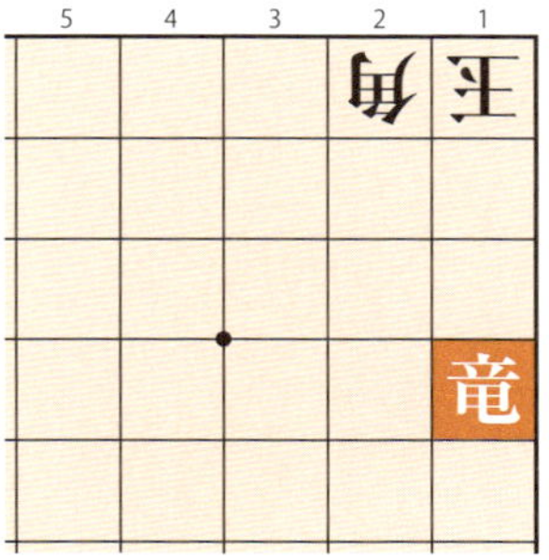

玉方《ぎょくかた》は持駒《もちごま》を使《つか》って、☖1二歩《にふ》や☖1三飛《さんひ》などの合駒《あいごま》ができる。また2一角《いちかく》を☖1二角《にかく》と動《うご》かして合駒《あいごま》ができる。

最長《さいちょう》を選《えら》ぶ

☖2三玉《さんぎょく》は、☗2四金《よんきん》（1手《て》）。☖2一玉《いちぎょく》は、☗1三桂不成《さんけいならず》☖同金《どうきん》☗2二金《にきん》（3手《て》）。☖3一玉《いちぎょく》は、☗4二金《にきん》☖2一玉《いちぎょく》☗3二金《にきん》（3手持駒余《てもちごまあま》り）。

持駒《もちごま》が余《あま》って詰《つ》んだら？

もし持駒《もちごま》が余《あま》って詰《つ》んだら、どこかで玉方《ぎょくかた》の手《て》を間違《まちが》えています。

右下《みぎした》の図《ず》は、☗3二馬《にうま》で持駒《もちごま》が余《あま》ります。これを**駒余《こまあま》り**といいます。直前《ちょくぜん》の玉《ぎょく》の逃《に》げ方《かた》が間違《まちが》いで、☖1三玉《さんぎょく》☗2二馬《にうま》が正解《せいかい》です。この本《ほん》では解説《かいせつ》の中《なか》で、同《おな》じ手数《てすう》で駒余《こまあま》りの手順《てじゅん》には「駒余《こまあま》り」と示《しめ》しました。この手順《てじゅん》を答《こた》えた場合《ばあい》、不正解《ふせいかい》です。同《おな》じ手数《てかず》で持駒《もちごま》の余《あま》らない手順《てじゅん》は正解《せいかい》になります。

取《と》った合駒《あいごま》を使《つか》わずに詰《つ》む場合《ばあい》、その合駒《あいごま》は無駄《むだ》となります。そのような合駒《あいごま》をしてはなりません。これを**無駄合《むだあい》**と呼《よ》びます（左下《ひだりした》の図《ず》）。

無駄合《むだあい》はしない

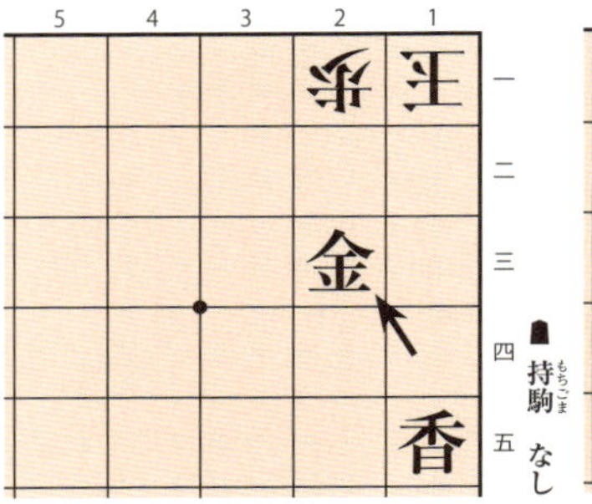

1四金《よんきん》を☗2三金《さんきん》と動《うご》かした局面《きょくめん》。1二《に》、1三《さん》、1四《よん》のどこに合駒《あいごま》をしても☗同香《どうきょう》と取《と》り、詰《つ》みは変《か》わらない。

駒《こま》を余《あま》らせない

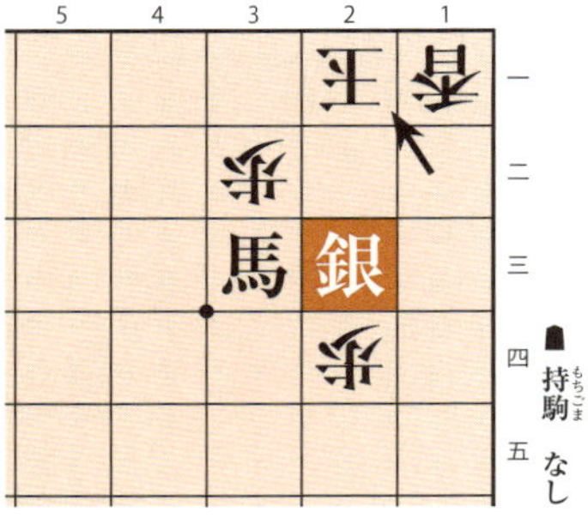

1二玉《にぎょく》に対《たい》して☗2三銀《さんぎん》と王手《おうて》し、☖2一玉《いちぎょく》と逃《に》げたところ。攻方《せめかた》は☗3二馬《にうま》として持駒《もちごま》を余《あま》らせて詰《つ》められる。

第《だい》2章《しょう》

1手詰《てづめ》にチャレンジ

1手詰《てづめ》は、攻方《せめかた》（先手《せんて》）が1手指《てさ》すだけで、玉方《ぎょくかた》（後手《ごて》）の玉《ぎょく》を詰《つ》めることができます。問題《もんだい》をたくさん解《と》いて、王手《おうて》をかけたり、玉《ぎょく》の逃《に》げ道《みち》をなくしたりする感覚《かんかく》を身《み》につけてください。詰《つ》みの基本《きほん》を学《まな》びましょう！

1手詰《てづめ》の解《と》き方《かた》

正解《せいかい》は必《かなら》ず王手《おうて》のなかにある！

1手詰《てづめ》はその名《な》の通《とお》り、たった1手指《てさ》すだけで相《あい》手《て》の玉《ぎょく》を詰《つ》めることができます。もちろん、詰将棋《つめしょうぎ》のなかではいちばん簡単《かんたん》な問題《もんだい》です。

解《と》き方《かた》のコツは、とにかく王手《おうて》をかけてみること。王手《おうて》をかけたら次《つぎ》は玉方《ぎょくかた》の番《ばん》です。玉《ぎょく》を動《うご》かしたり駒《こま》を取《と》ったり、王手《おうて》を外《はず》す方法《ほうほう》を考《かんが》えます。どうしても外《はず》せなかったら、その手《て》が正解《せいかい》です。王手《おうて》を外《はず》せてしまったら、残念《ざんねん》ながら不正解《ふせいかい》。ほかの手《て》を考《かんが》えてみましょう。

たくさん問題《もんだい》を解《と》いて、詰《つ》みの基本《きほん》を身《み》につけてください。

例題

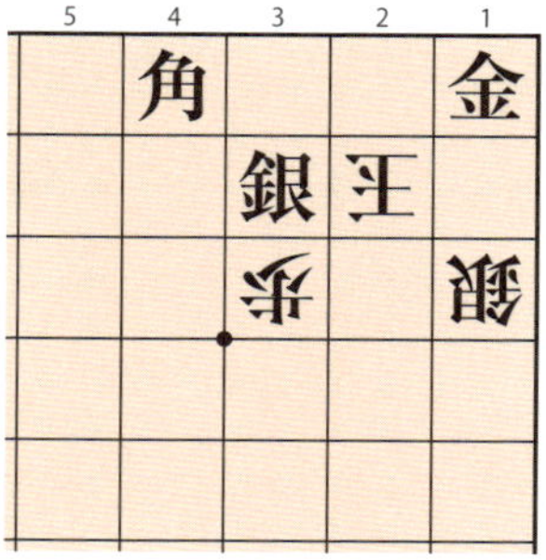

☗持駒《もちごま》 なし

王手《おうて》の数《かず》は、２一金《いちきん》、１二金《にきん》、３一銀不成《いちぎんならず》、２一銀成《いちぎんなり》、２三銀不成《さんぎんならず》、２三銀成《さんぎんなり》の合《ごう》計《けい》６通《とお》り。

正解図

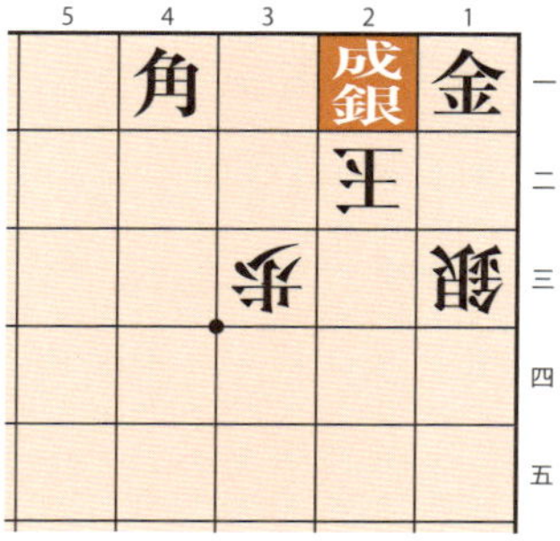

☗持駒《もちごま》 なし

正解《せいかい》は、☗２一銀成《いちぎんなり》。

玉《ぎょく》の動《うご》ける場所《ばしょ》がなく、王《おう》手《て》している成銀《なりぎん》を取《と》れないため、これで詰《つ》み。

第《だい》1問《もん》

★★★★★
レベル

持駒《もちごま》 なし

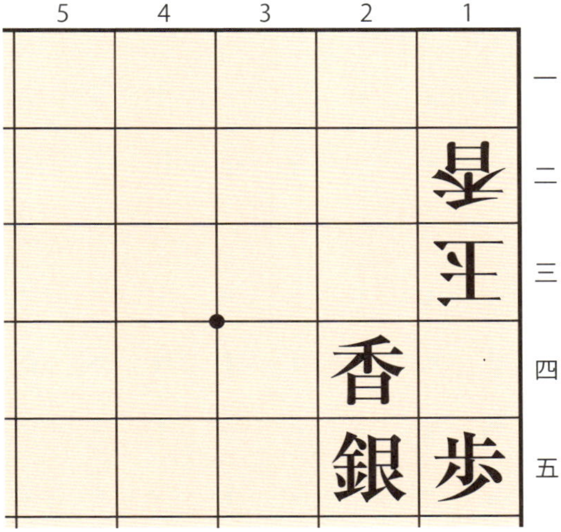

ヒント
歩《ふ》で王手《おうて》をかけよう

第《だい》2問《もん》

★★★★★
レベル

持駒《もちごま》 なし

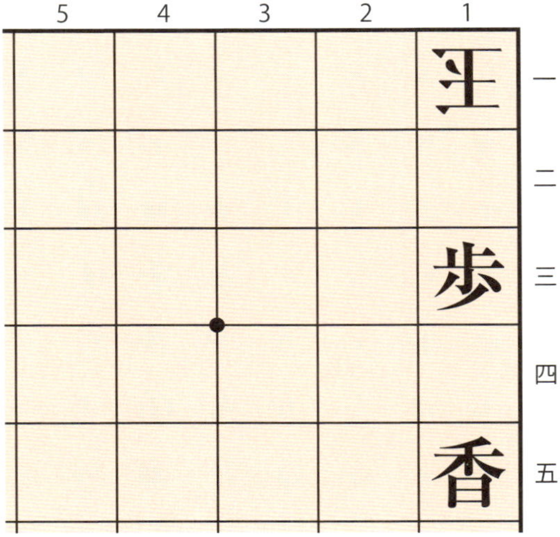

ヒント
歩《ふ》だと詰《つ》まないから……

第1問

☗1四《よん》歩《ふ》

正解図《せいかいず》

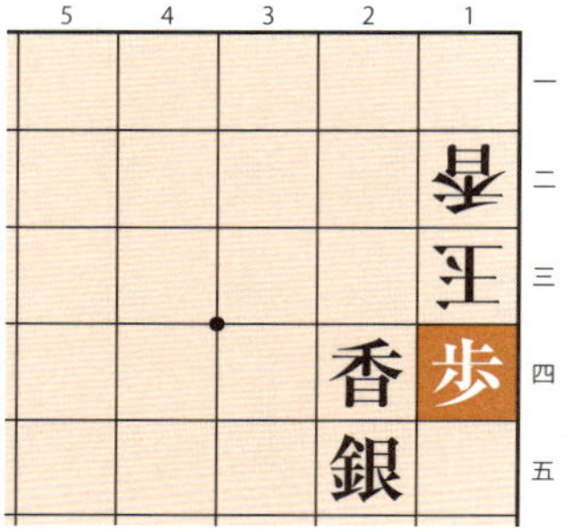

☗持駒《もちごま》 なし

歩《ふ》を突《つ》いて王手《おうて》。これで玉《ぎょく》は逃《に》げられません。持駒《もちごま》の歩《ふ》を打《う》って詰《つ》める打歩詰《うちふづめ》は禁《きん》じ手《て》なので覚《おぼ》えておきましょう。

銀《ぎん》は横《よこ》に利《き》かない　失敗《しっぱい》

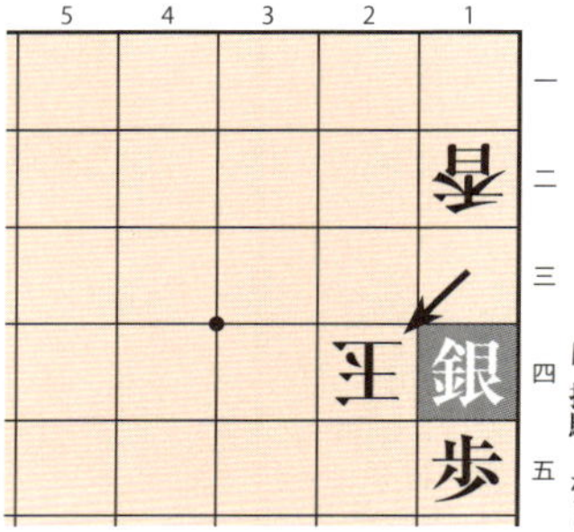

☗持駒《もちごま》 なし

銀《ぎん》の弱点《じゃくてん》は横《よこ》と後《うし》ろです。☗1四銀《よんぎん》は、☖2四玉《よんぎょく》と香《きょう》を取《と》られてしまい、詰《つ》みません。

第2問

☗1二《に》歩《ふ》成《なり》

正解図《せいかいず》

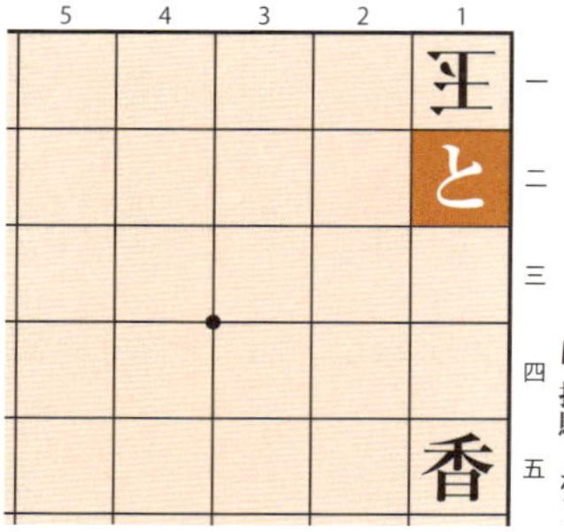

☗持駒《もちごま》 なし

相手《あいて》の陣地《じんち》（3段目以内《だんめいない》）で駒《こま》を動《うご》かすと、成《な》ることができます。歩《ふ》を成《な》って「と金《きん》」にすれば逃《に》がしません。

歩《ふ》は弱《よわ》い　失敗《しっぱい》

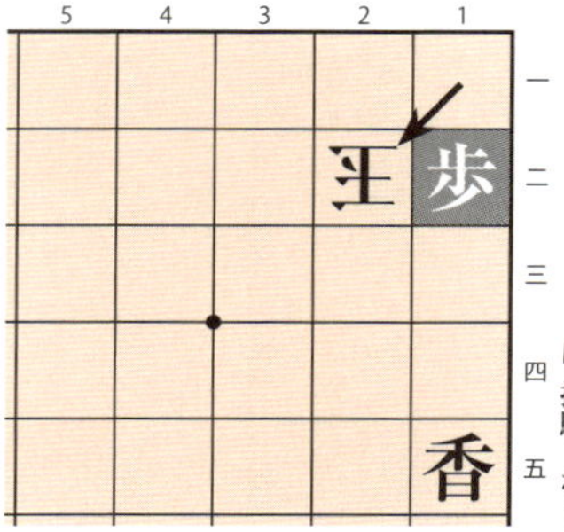

☗持駒《もちごま》 なし

うっかり成《な》るのを忘《わす》れて☗1二歩不成《にふならず》は、☖2二玉《にぎょく》で失敗《しっぱい》します。99%以上《いじょう》、歩《ふ》は成《な》って使《つか》うほうがお得《とく》です。

第《だい》3問《もん》

★★★★★
レベル

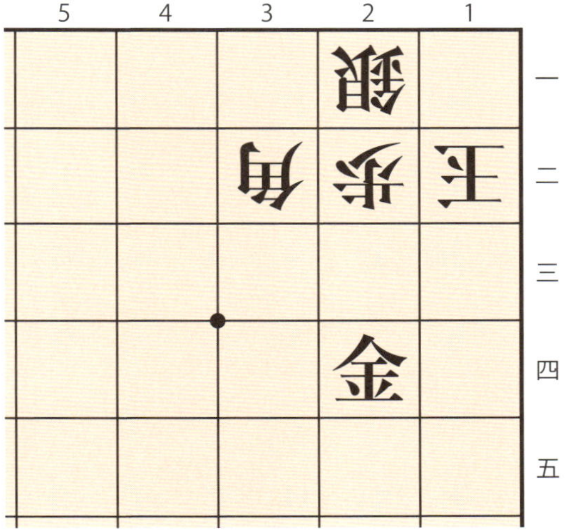

持駒《もちごま》　香《きょう》

ヒント
香《きょう》の王手《おうて》だよ

第《だい》4問《もん》

★★★★★
レベル

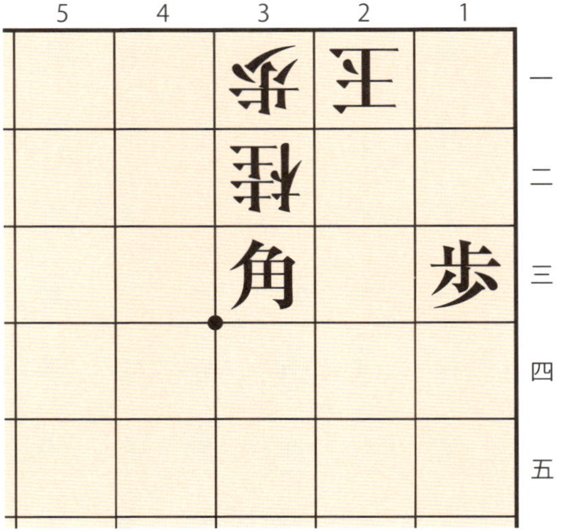

持駒《もちごま》　香《きょう》

ヒント
どこから打《う》とう？

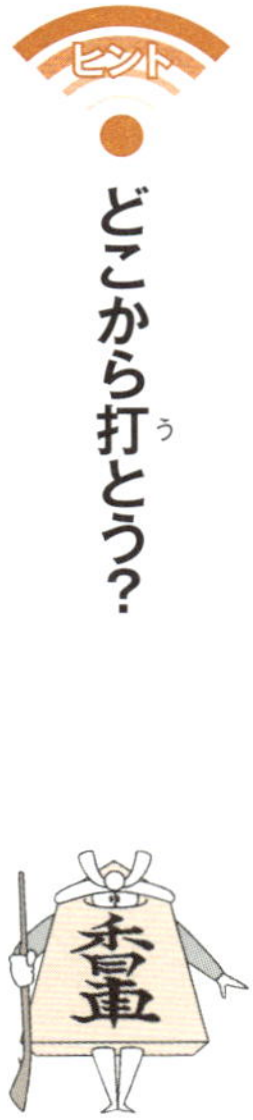

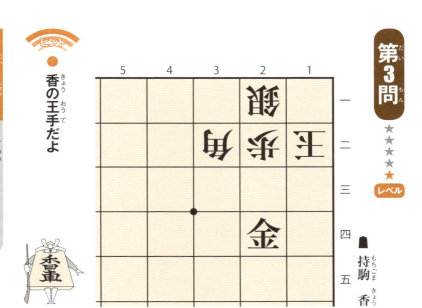

第3問

▲1三香《さんきょう》

正解図《せいかいず》

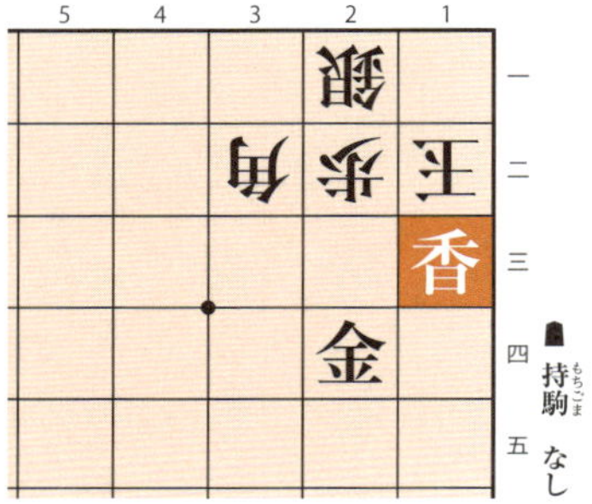

香《きょう》の特徴《とくちょう》は、まっすぐ前《まえ》にどこまでも利《き》くことです。▲1三香《さんきょう》に△1一玉《いちぎょく》と引《ひ》いても、▲同《どう》※香成《きょうなり》と取《と》れます。

合駒《あいごま》に注意《ちゅうい》 失敗《しっぱい》

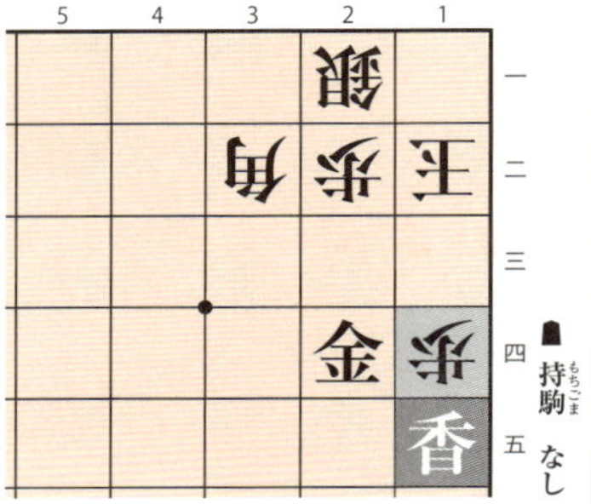

出題図《しゅつだいず》に使用《しよう》されていない駒《こま》は、すべて玉方《ぎょくかた》の持駒《もちごま》です。初手《しょて》※▲1五香《ごきょう》には、△1四歩《よんふ》合《あい》※と受《う》けることができます。

第4問

▲2三香《さんきょう》

正解図《せいかいず》

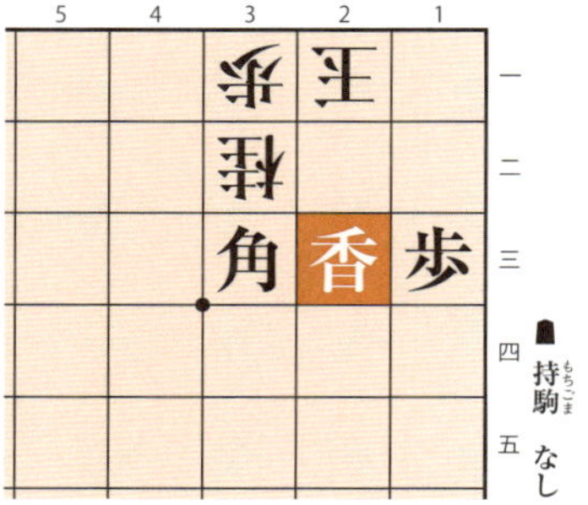

▲2三香《さんきょう》に△2二歩合《にふあい》は、▲同香成《どうきょうなり》で詰《つ》み。このように、取《と》られるだけの合駒《あいごま》は無駄合《むだあい》と呼《よ》び、無視《むし》します。

角《かく》を止《と》めない 失敗《しっぱい》

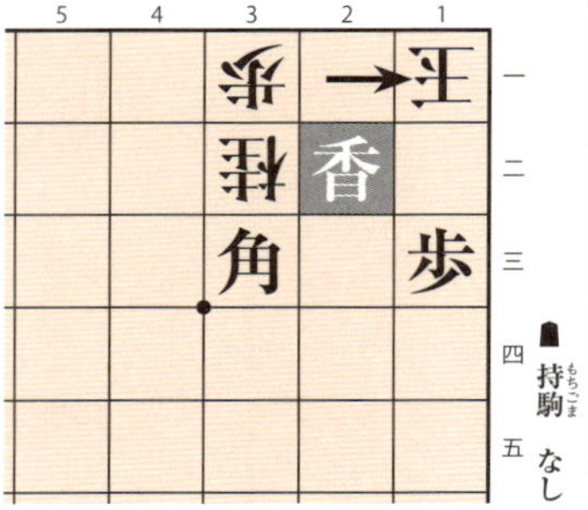

▲2二香《にきょう》は、△1一玉《いちぎょく》で失敗《しっぱい》。角《かく》の利《き》きを止《と》めないように注意《ちゅうい》しましょう。▲2五香《ごきょう》には、△2四歩合《よんふあい》があります。

※同《どう》…直前《ちょくぜん》に相手《あいて》が打《う》った駒《こま》と同《おな》じマスに駒《こま》を動《うご》かすことを表《あらわ》す。
※初手《しょて》…最初《さいしょ》の手《て》。　※合《あい》…合駒《あいごま》を打《う》つ手《て》を示《しめ》す。

第《だい》5問《もん》

★★★★★ レベル

持駒《もちごま》 桂《けい》

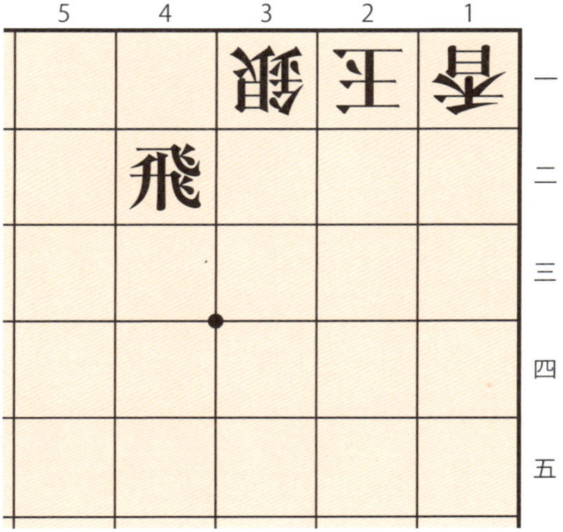

ヒント
桂《けい》で王手《おうて》をかけるには?

第《だい》6問《もん》

★★★★★ レベル

持駒《もちごま》 なし

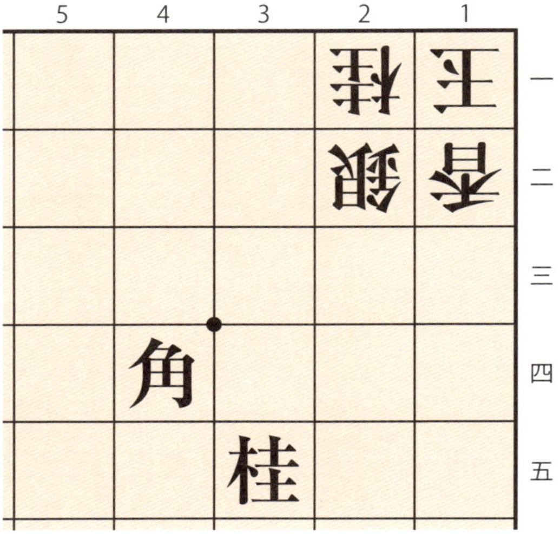

ヒント
穴熊《あなぐま》の弱点《じゃくてん》はどこ?

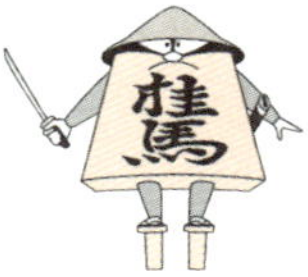

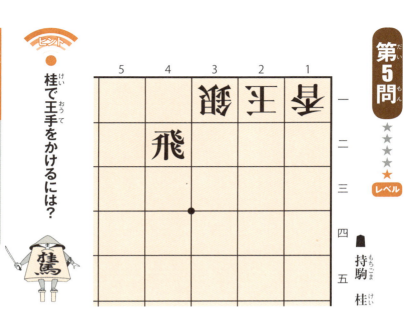

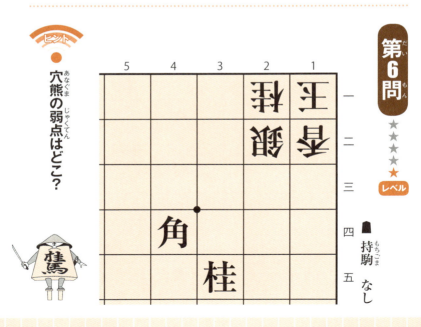

第5問 ☗3三桂《さんけい》

正解図《せいかいず》

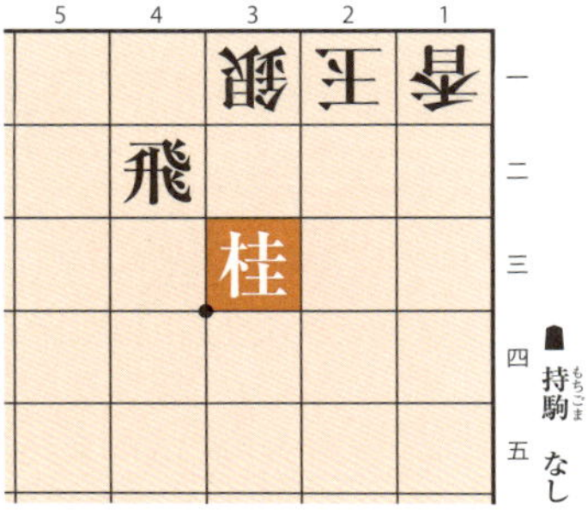

☗3三桂《さんけい》は、取《と》ることも合駒《あいごま》することもできません。桂《けい》の動《うご》きは特殊《とくしゅ》なので、意外《いがい》な形《かたち》で詰《つ》めることができます。

香《きょう》の守《まも》りに注意《ちゅうい》 失敗《しっぱい》

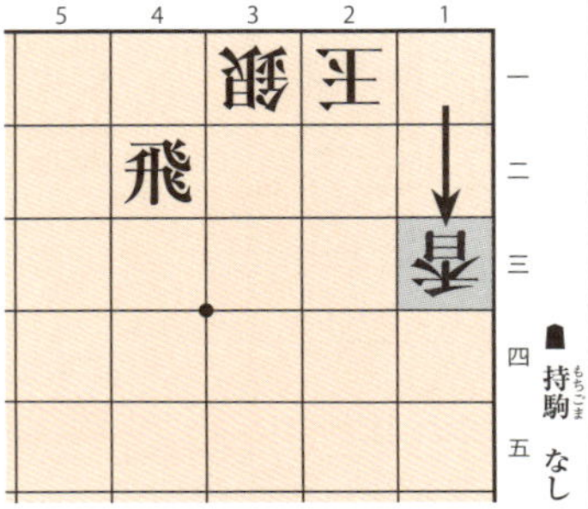

右《みぎ》から☗1三桂《さんけい》は、☖同香《どうきょう》と取《と》られて詰《つ》みません。守《まも》りの駒《こま》がどこに利《き》いているか、しっかり確認《かくにん》しましょう。

第6問 ☗2三桂《さんけい》不成《ならず》

正解図《せいかいず》

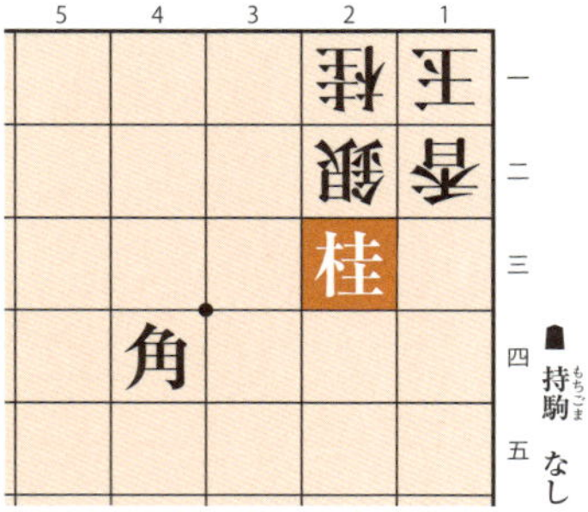

手強《てごわ》い穴熊囲《あなぐまがこ》い※に簡単《かんたん》に王《おう》手《て》をかけられるのが桂《けい》です。正解《せいかい》の☗2三桂不成《さんけいならず》に☖同《どう》銀《ぎん》は、角《かく》で玉《ぎょく》を取《と》れます。

駒《こま》は取《と》らない 失敗《しっぱい》

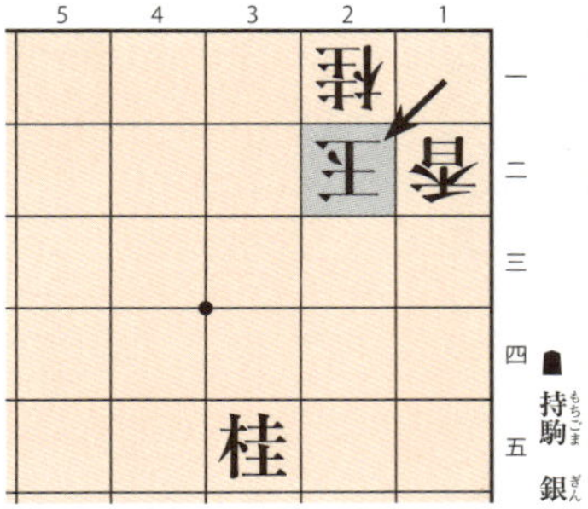

☗2二角成《にかくなり》と銀《ぎん》を取《と》ると、☖同玉《どうぎょく》で玉《ぎょく》の逃《に》げ道《みち》が広《ひろ》がります。駒《こま》を取《と》る手《て》は、詰将棋《つめしょうぎ》では最後《さいご》の手段《しゅだん》です。

※穴熊囲《あなぐまがこ》い…玉《ぎょく》を守《まも》る陣形《じんけい》のひとつ。隅《すみ》に置《お》いた玉《ぎょく》のまわりを完全《かんぜん》に囲《かこ》む囲《かこ》い方《かた》。

第《だい》7問《もん》

★★★★★
レベル

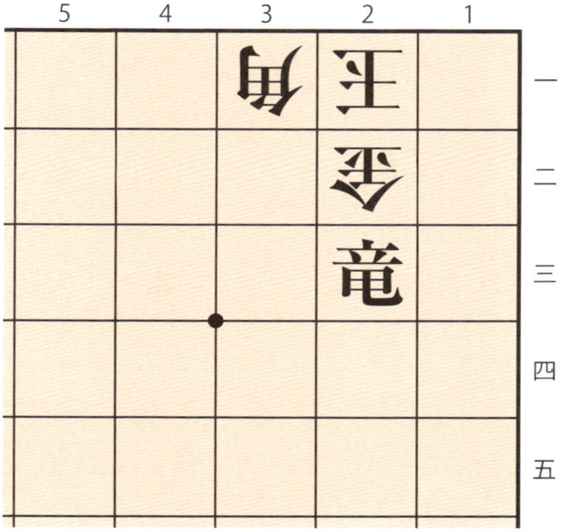

持駒《もちごま》　銀《ぎん》

ヒント
銀《ぎん》の王手《おうて》

第《だい》8問《もん》

★★★★★
レベル

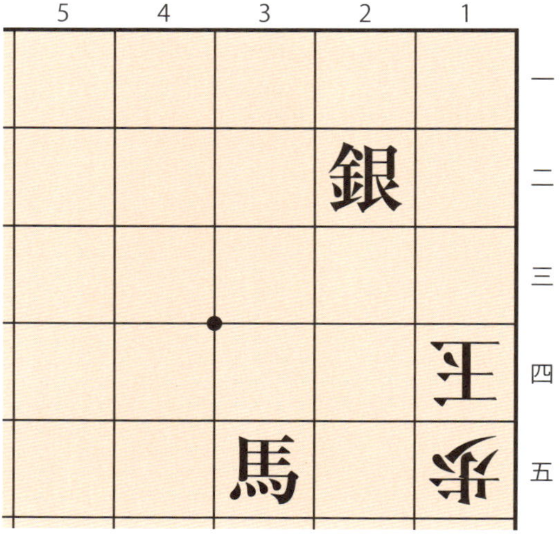

持駒《もちごま》　なし

ヒント
どちらを動《うご》かす?

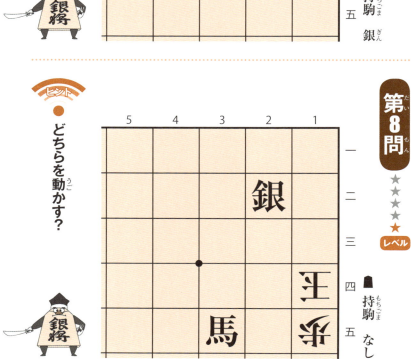

第7問 ☗1二銀《にぎん》

正解図《せいかいず》

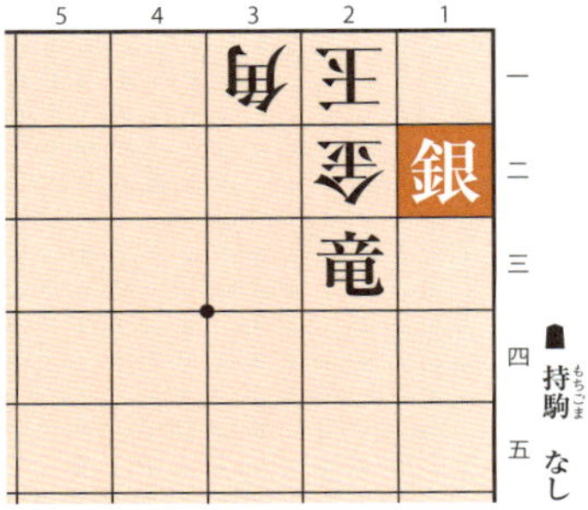

取《と》られそうだからといって、ここで竜《りゅう》を逃《に》げるようではダメ。正解《せいかい》の☗1二銀《にぎん》に☖同金《どうきん》は、竜《りゅう》で玉《ぎょく》を取《と》ることができます。

左《ひだり》はNG《エヌジー》 失敗《しっぱい》

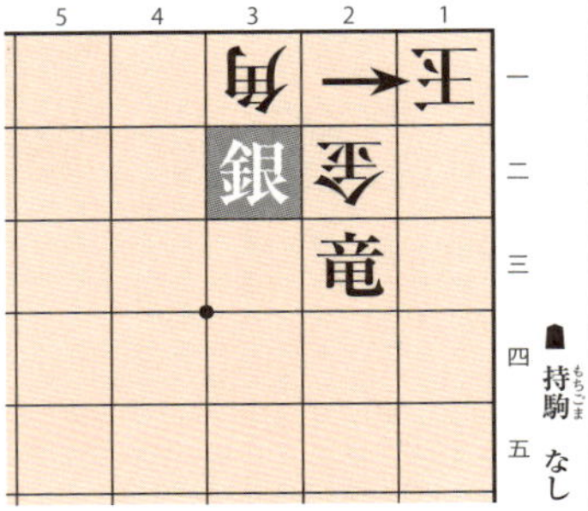

左《ひだり》から☗3二銀《にぎん》は、☖1一玉《いちぎょく》とかわされます。玉《ぎょく》の逃《に》げ場《ば》所《しょ》をなくすように王手《おうて》をかけましょう。

第8問 ☗1三銀成《さんぎんなり》

正解図《せいかいず》

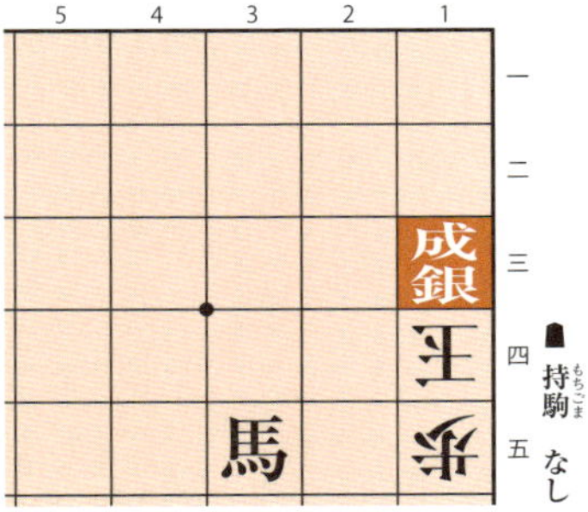

相手陣《あいてじん》に入《はい》っている駒《こま》が動《うご》くと成《な》れます。☗1三銀成《さんぎんなり》とひっくり返《かえ》して詰《つ》みです。

馬《うま》は動《うご》かさない 失敗《しっぱい》

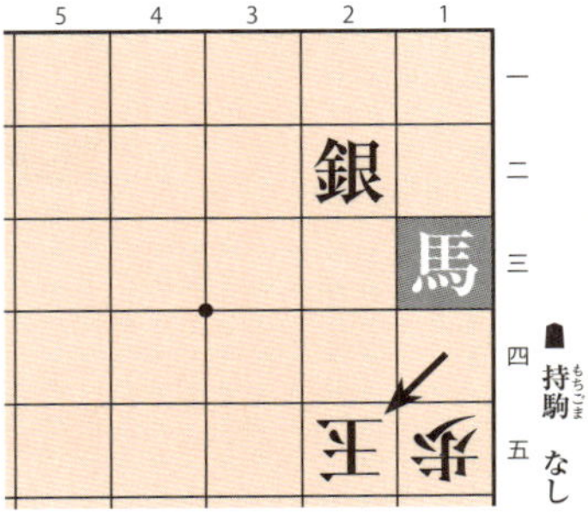

強力《きょうりょく》な馬《うま》を動《うご》かしたくなるかもしれません。☗1三馬《さんうま》は、馬《うま》が動《うご》いたせいで、☖2五玉《ごぎょく》という逃《に》げ道《みち》ができます。

第《だい》9問《もん》

★★★★★ レベル

ヒント
金《きん》の王手《おうて》だ

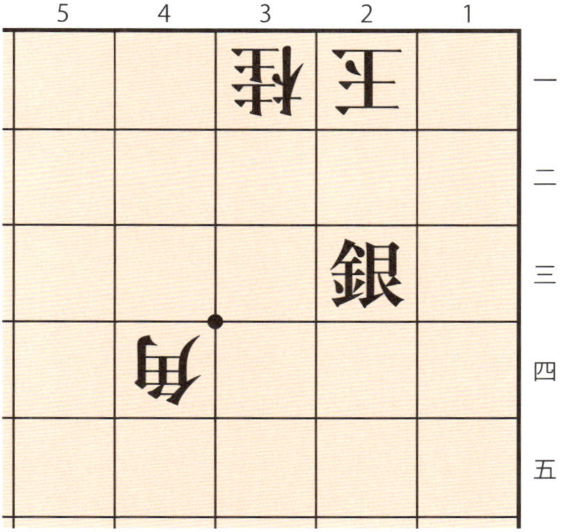

持駒《もちごま》 金《きん》

第《だい》10問《もん》

★★★★★ レベル

ヒント
玉《ぎょく》の逃《に》げ道《みち》を消《け》そう

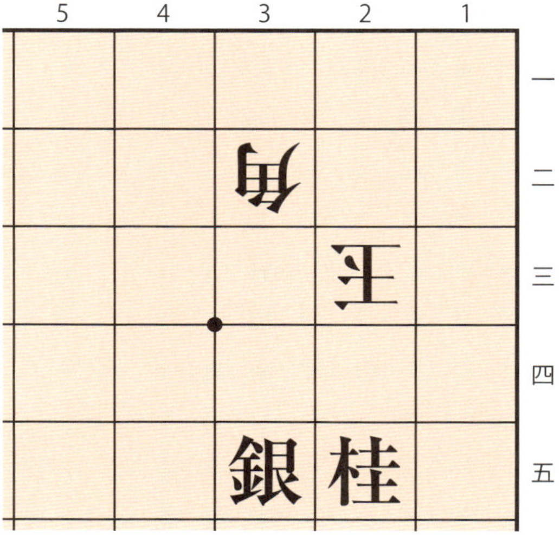

持駒《もちごま》 金《きん》

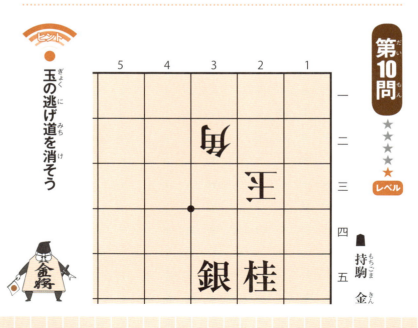

第9問 ☗1二金《にきん》

正解図《せいかいず》

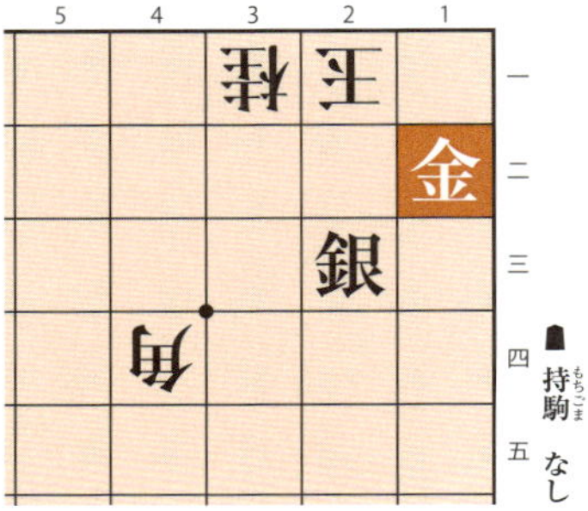

持駒《もちごま》の金《きん》をどこに打《う》つかという問題《もんだい》です。玉《ぎょく》を逃《に》がさず、金《きん》を取《と》られない場所《ばしょ》は、☗1二金《にきん》しかありません。

角《かく》に注意《ちゅうい》しよう　失敗《しっぱい》

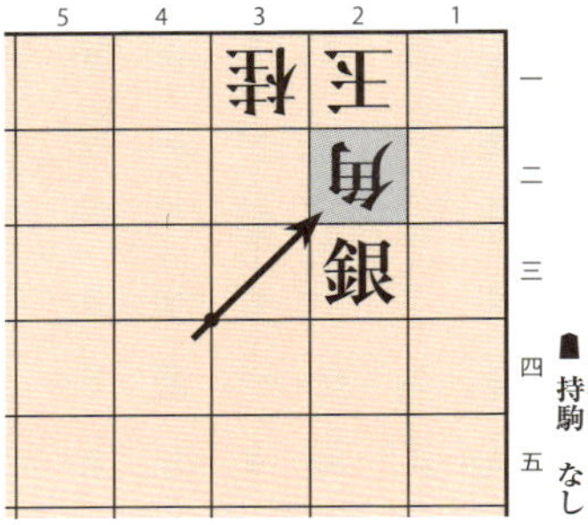

☗2二金《にきん》でも玉《ぎょく》は動《うご》けなくなりますが、☖同角《どうかく》で失敗《しっぱい》です。離《はな》れた場所《ばしょ》の駒《こま》を見落《みお》とさないようにしましょう。

第10問 ☗1三金《さんきん》

正解図《せいかいず》

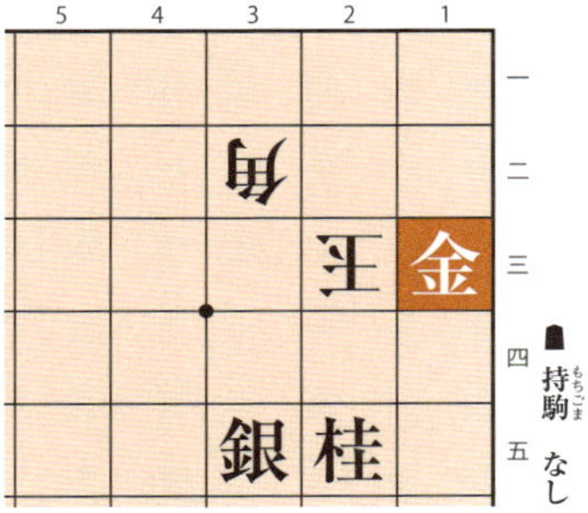

玉《ぎょく》の逃《に》げ道《みち》を考《かんが》えると、1二《に》、1四《よん》、2二《に》の3か所《しょ》あります。これをいっぺんに押《お》さえるのが☗1三金《さんきん》です。

逃《に》げ道《みち》を残《のこ》すな　失敗《しっぱい》

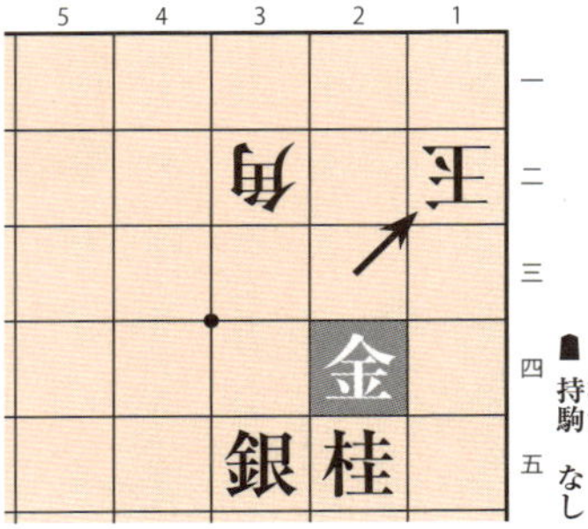

玉《ぎょく》の頭《あたま》から☗2四金《よんきん》は、☖1二玉《にぎょく》から下段《げだん》※に逃《に》げられます。左《ひだり》から☗3三金《さんきん》も、☖1二玉《にぎょく》や☖1四玉《よんぎょく》で失敗《しっぱい》します。

※盤《ばん》の一番奥《いちばんおく》、主《おも》に1段目《だんめ》のことをいう。

第《だい》11問《もん》

★★★★★
レベル

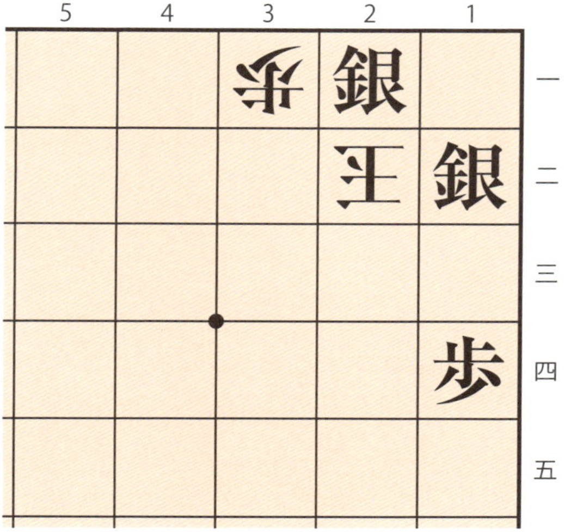

持駒《もちごま》 角《かく》

ヒント
大駒《おおごま》・角《かく》の王手《おうて》だぞ

第《だい》12問《もん》

★★★★★
レベル

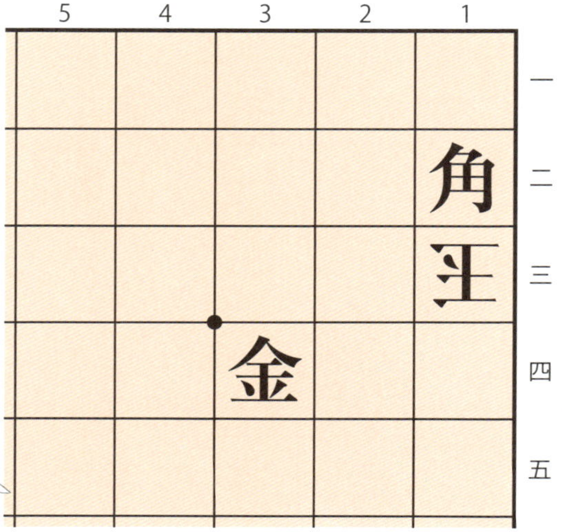

持駒《もちごま》 なし

ヒント
玉《ぎょく》を上《うえ》に逃《に》がさない

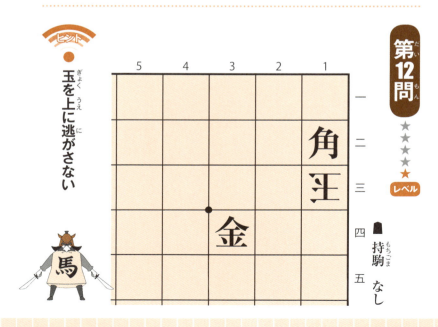

第11問

▲1一角《いちかく》

正解図《せいかいず》

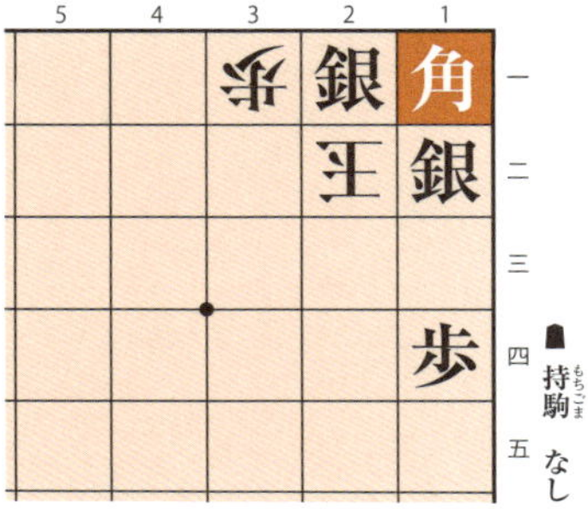

隅《すみ》にポッカリと空《あ》いているすき間《ま》。ここに角《かく》を打《う》つのが面白《おもしろ》い手《て》です。△3三玉《さんぎょく》と逃《に》げても、角《かく》で取《と》れます。

合駒《あいごま》をさせない

失敗《しっぱい》

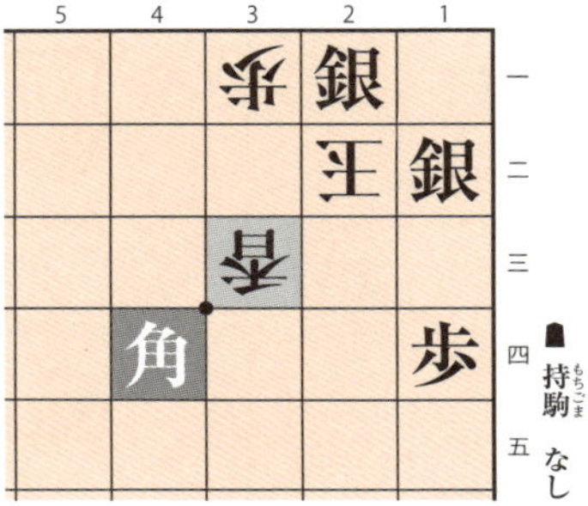

上《うえ》から▲4四角《よんかく》は、△3三香《さんきょう》合《あい》で詰《つ》みません。角《かく》を離《はな》して打《う》つと、玉方《ぎょくかた》は合駒《あいごま》で受《う》ける場合《ばあい》があります。

第12問

▲2三角成《さんかくなり》

正解図《せいかいず》

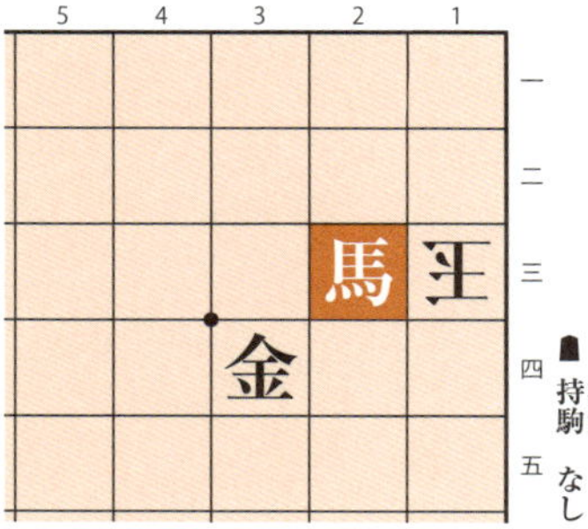

角《かく》は相手《あいて》の陣地《じんち》の中《なか》なので、動《うご》かして馬《うま》に成《な》ることができます。馬《うま》の王手《おうて》なら、△1四玉《よんぎょく》と逃《に》がしません。

金《きん》の弱点《じゃくてん》をつかむ

失敗《しっぱい》

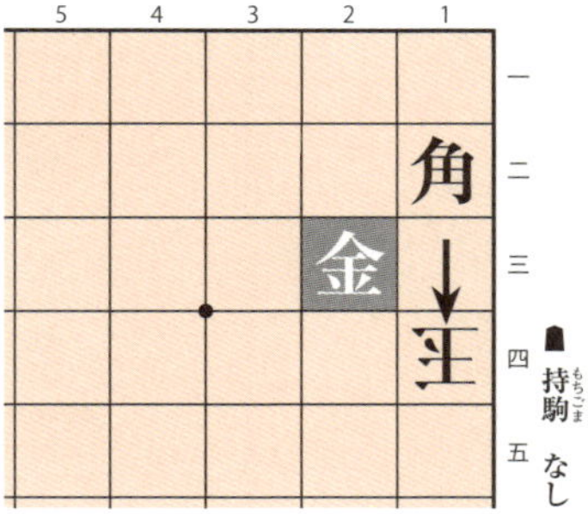

▲2三金《さんきん》は、△1四玉《よんぎょく》と逃《に》げられます。金《きん》の弱点《じゃくてん》は斜《なな》め下《した》の方向《ほうこう》です。金《きん》で王手《おうて》をかけるときは注意《ちゅうい》しましょう。

第《だい》2章《しょう》
1手《て》詰《づめ》にチャレンジ

第《だい》13問《もん》

★★★★★
レベル

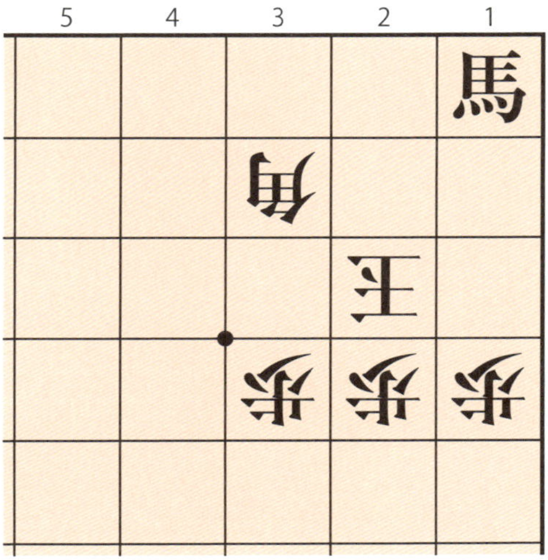

持駒《もちごま》 飛《ひ》

ヒント

飛車《ひしゃ》の王手《おうて》！

第《だい》14問《もん》

★★★★★
レベル

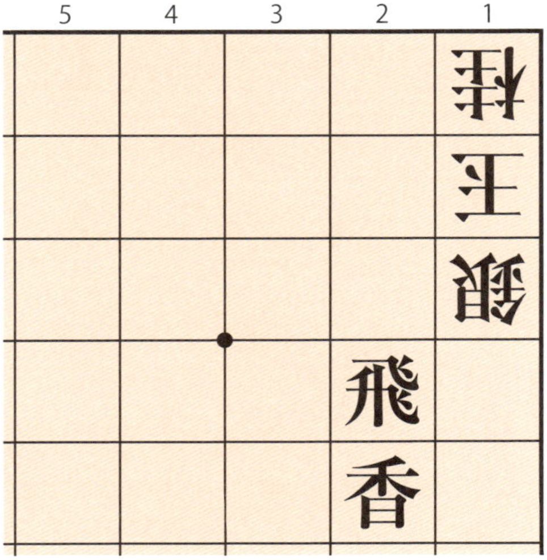

持駒《もちごま》 なし

ヒント

守《まも》りのスキはどこ？

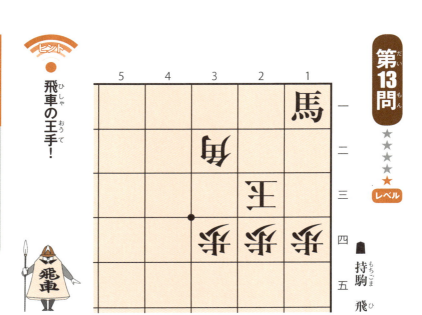

第13問 ▲3三《さん》飛《ひ》

正解図《せいかいず》

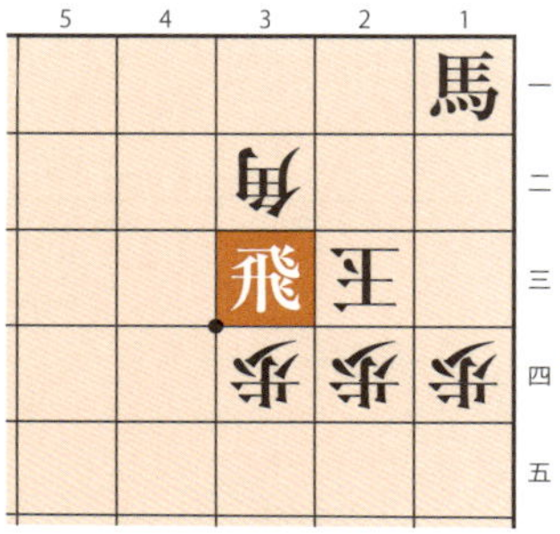

▲持駒《もちごま》 なし

玉《ぎょく》の逃《に》げ道《みち》は1三《さん》しかありません。そこで▲3三《さん》飛《ひ》と打《う》ちます。△1三《さん》玉《ぎょく》は、▲同《どう》飛《ひ》成《なり》と取《と》れるので、これで詰《つ》み。

失敗《しっぱい》 馬《うま》を止《と》めない

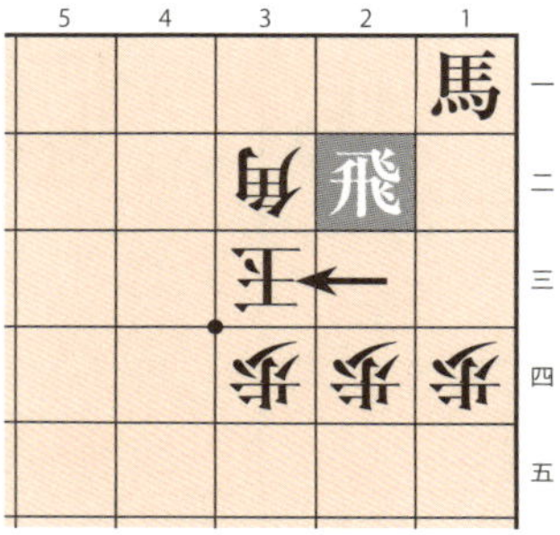

▲持駒《もちごま》 なし

▲2二《に》飛《ひ》は馬《うま》の利《き》きを止《と》める悪手《あくしゅ》※。△3三《さん》玉《ぎょく》で逃《に》げ道《みち》が広《ひろ》がります。味方《みかた》のジャマをしないようにしましょう。

第14問 ▲2一《いち》飛《ひ》成《なり》

正解図《せいかいず》

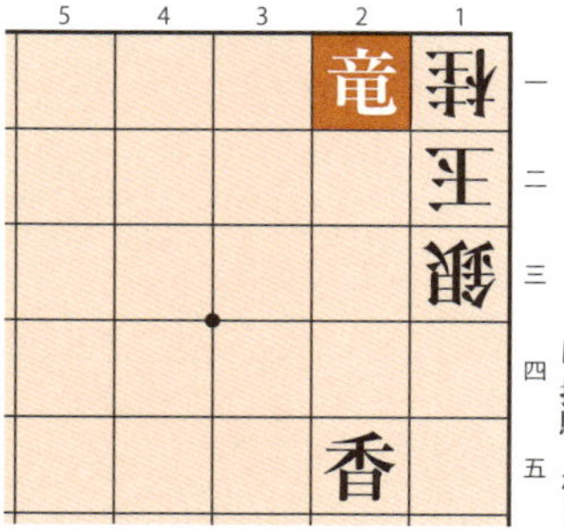

▲持駒《もちごま》 なし

相手《あいて》の陣地《じんち》に入《はい》るので、飛車《ひしゃ》を成《な》ることができます。竜《りゅう》はとても強力《きょうりょく》な駒《こま》で、玉《ぎょく》を詰《つ》めるときに活躍《かつやく》します。

失敗《しっぱい》 桂《けい》に注意《ちゅうい》！

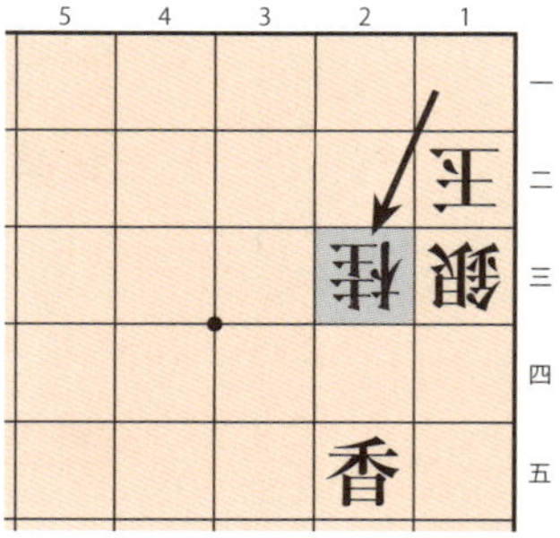

▲持駒《もちごま》 なし

▲2三《さん》飛《ひ》成《なり》は、△同桂《どうけい》と取《と》られます。▲2二《に》飛《ひ》成《なり》も、△同《どう》銀《ぎん》で失敗《しっぱい》です。守《まも》りの駒《こま》をしっかり確認《かくにん》しましょう。

※悪手《あくしゅ》…悪《わる》い指《さ》し手《て》のこと。

第《だい》15問《もん》

★★★★★ レベル

持駒《もちごま》 なし

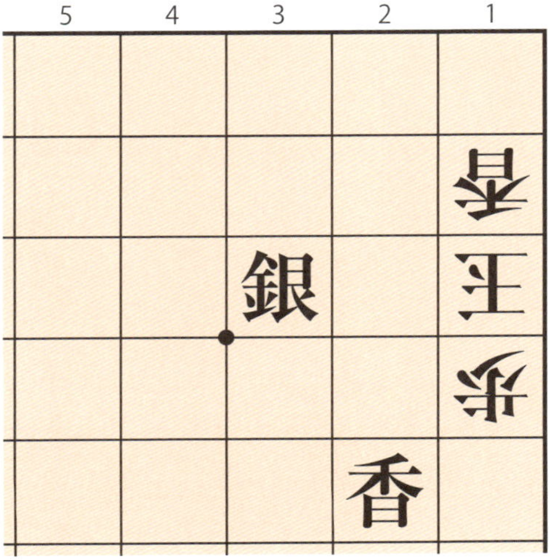

ヒント

上《あ》がるか引《ひ》く考《かんが》えよう

第《だい》16問《もん》

★★★★★ レベル

持駒《もちごま》 なし

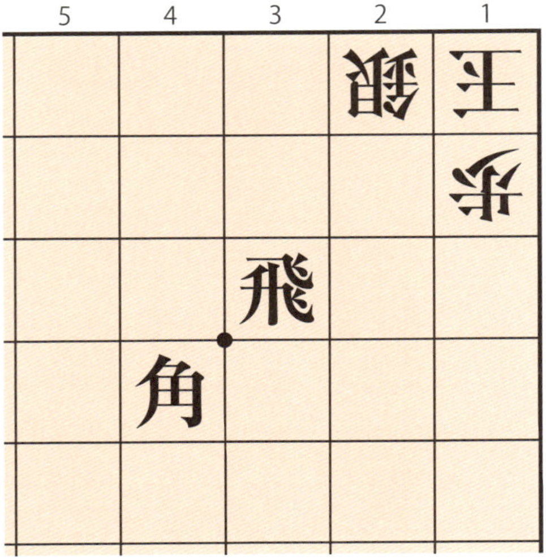

ヒント

合駒《あいごま》をさせないように

第15問 ☗2二《に》銀《ぎん》不成《ならず》

正解図《せいかいず》

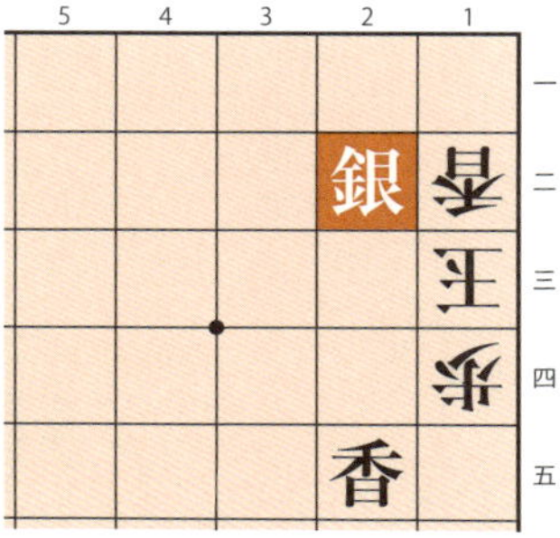

☗2二銀成《にぎんなり》では王手《おうて》になっていません。銀《ぎん》と成銀《なりぎん》は動《うご》きが異《こと》なるので、成《な》るべきかどうかよく考《かんが》えましょう。

香《きょう》を止《と》めてはダメ 失敗《しっぱい》

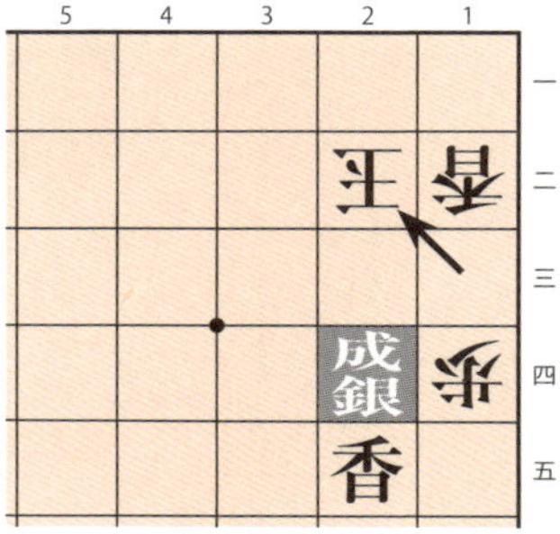

☗2四銀成《よんぎんなり》は、どこまでも前《まえ》に利《き》く香《きょう》の動《うご》きを止《と》めてしまいます。☖2二玉《にぎょく》と2筋《すじ》に逃《に》げられて失敗《しっぱい》です。

第16問 ☗3一《いち》飛成《ひなり》

正解図《せいかいず》

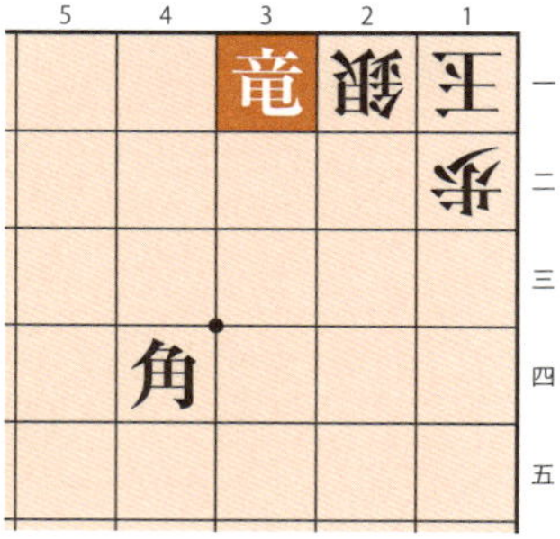

☗3一飛成《いちひなり》で角《かく》の王手《おうて》です。このような王手《おうて》を開《あ》き王手《おうて》※といいます。☖2二歩合《にふあい》は、☗同《どう》角成《かくなり》で詰《つ》み。これは無駄合《むだあい》です。

銀《ぎん》が動《うご》けると失敗《しっぱい》 失敗《しっぱい》

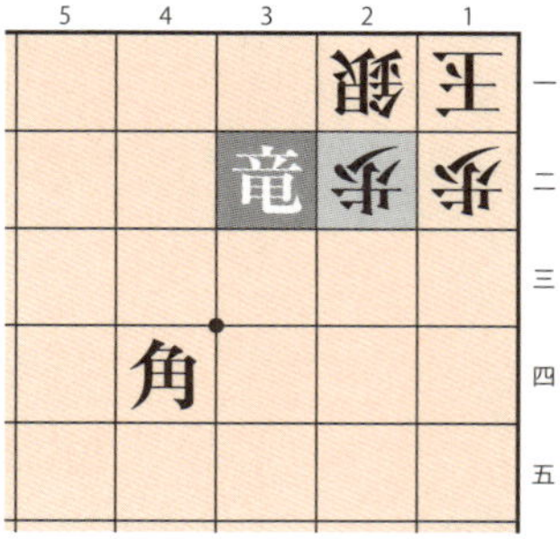

☗3二飛成《にひなり》には、☖2二歩合《にふあい》が利《き》きます。以下《いか》、☗同角成《どうかくなり》☖同銀《どうぎん》で失敗《しっぱい》。正解《せいかい》の☗3一《いち》飛成《ひなり》なら銀《ぎん》は動《うご》けません。

※開《あ》き王手《おうて》…飛車角香《ひしゃかくきょう》の利《き》きを開放《かいほう》してかける王手《おうて》。

第《だい》17問《もん》

★★★★★ レベル

持駒《もちごま》 なし

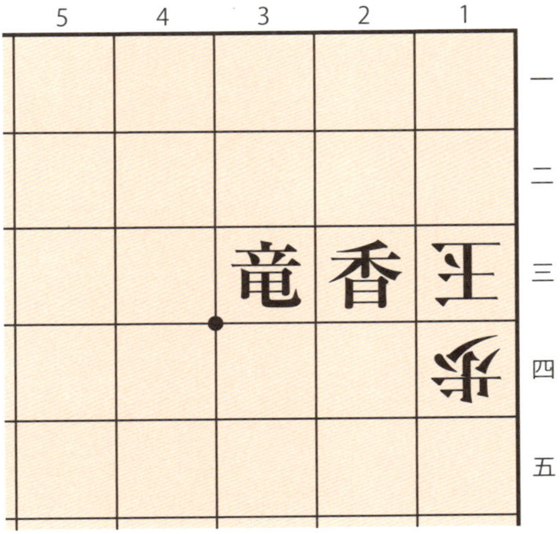

ヒント
香《きょう》をどこに動《うご》かすか

第《だい》18問《もん》

★★★★★ レベル

持駒《もちごま》 なし

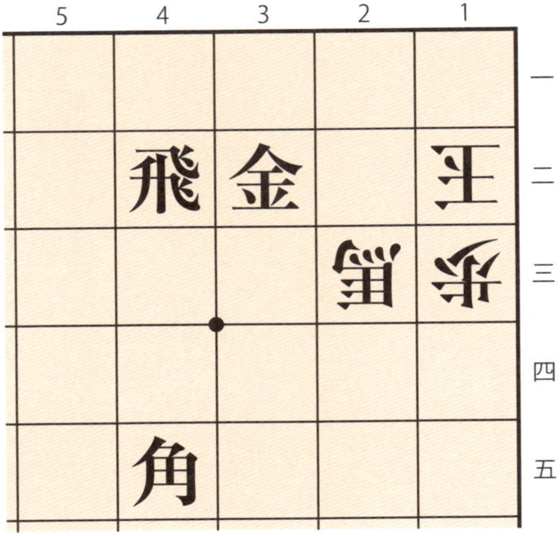

ヒント
馬《うま》は強《つよ》いけど恐《おそ》れずに！

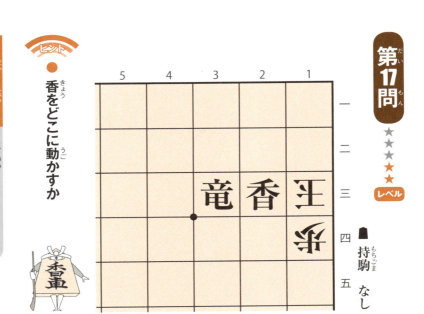

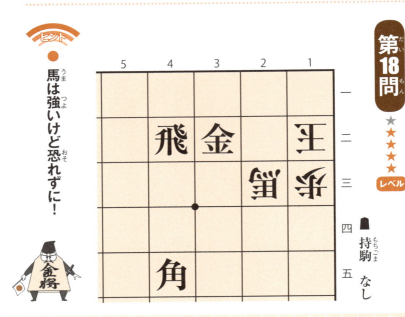

第17問 ☗2二《に》香《きょう》成《なり》

正解図《せいかいず》

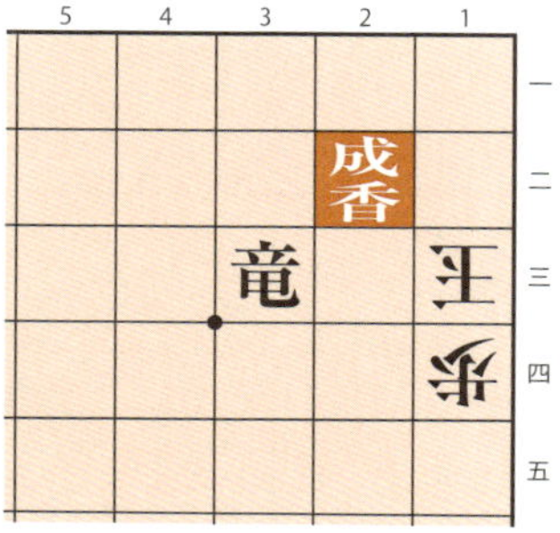

☗持駒《もちごま》 なし

竜《りゅう》で王手《おうて》すると合駒《あいごま》をされそうです。しかし☗2二香成《にきょうなり》なら、☖2三歩合《さんふあい》は、☗同竜《どうりゅう》で無効《むこう》（無駄合《むだあい》）です。

遠《とお》くに行《い》かない　失敗《しっぱい》

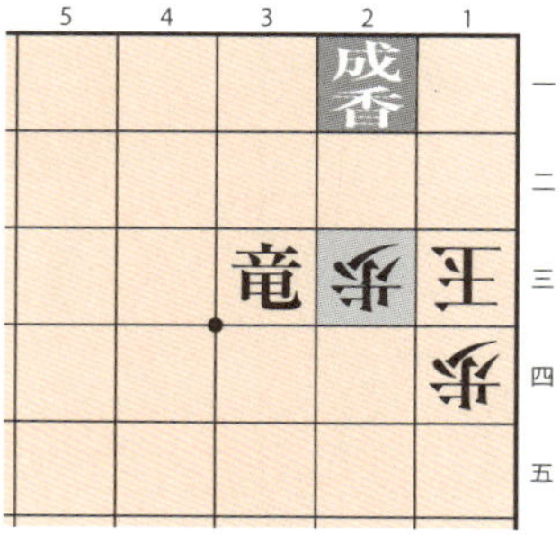

☗持駒《もちごま》 なし

☗2一香成《いちきょうなり》と遠《とお》くに行《い》ったり、☗2二香不成《にきょうならず》と成《な》らなかったりすると、☖2三歩合《さんふあい》が利《き》いてしまいます。

第18問 ☗2二《に》金《きん》

正解図《せいかいず》

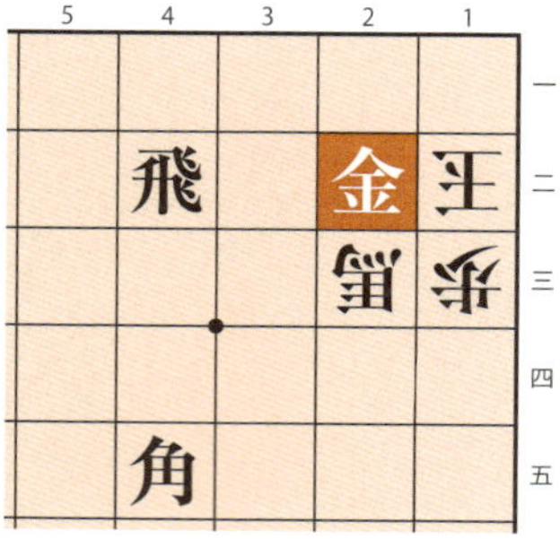

☗持駒《もちごま》 なし

4五角《ごかく》が玉《ぎょく》を狙《ねら》っているので、2三馬《さんうま》は動《うご》けません。馬《うま》を恐《おそ》れず、金《きん》を寄《よ》って玉《ぎょく》にぶつければ詰《つ》んでいます。

開《あ》き王手《おうて》は失敗《しっぱい》　失敗《しっぱい》

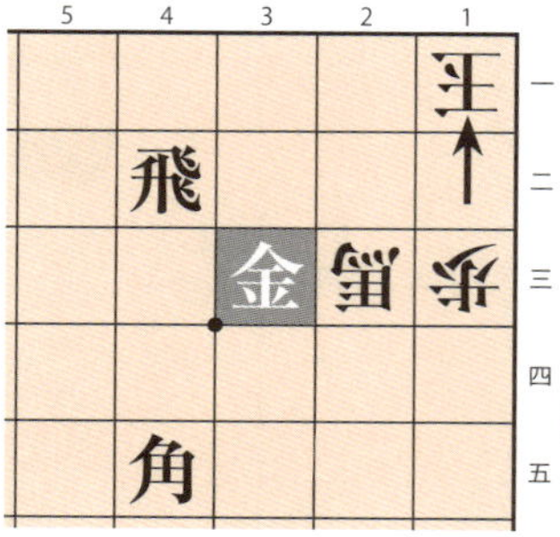

☗持駒《もちごま》 なし

☗3三金《さんきん》と引《ひ》くと、飛車《ひしゃ》で王《おう》手《て》できます。しかしこれでは、☖1一玉《いちぎょく》で失敗《しっぱい》です。玉《ぎょく》の逃《に》げ場所《ばしょ》を確認《かくにん》しましょう。

第《だい》19問《もん》

★★★★★ レベル

持駒《もちごま》 なし

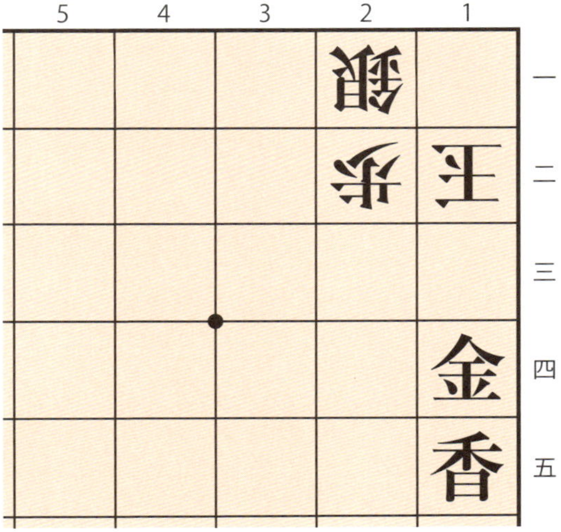

ヒント

香《きょう》を生《い》かすには?

第《だい》20問《もん》

★★★★★ レベル

持駒《もちごま》 なし

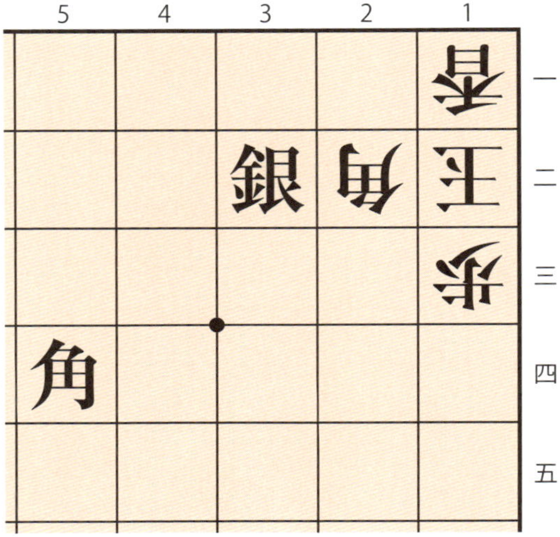

ヒント

角《かく》の動《うご》きをつかもう

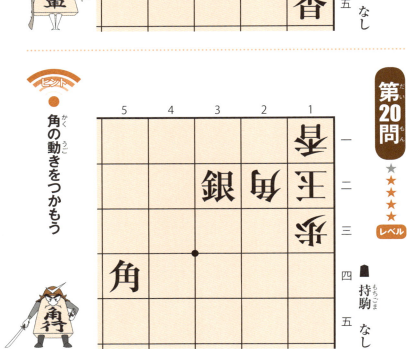

第19問

☗2四金《よんきん》

正解図《せいかいず》

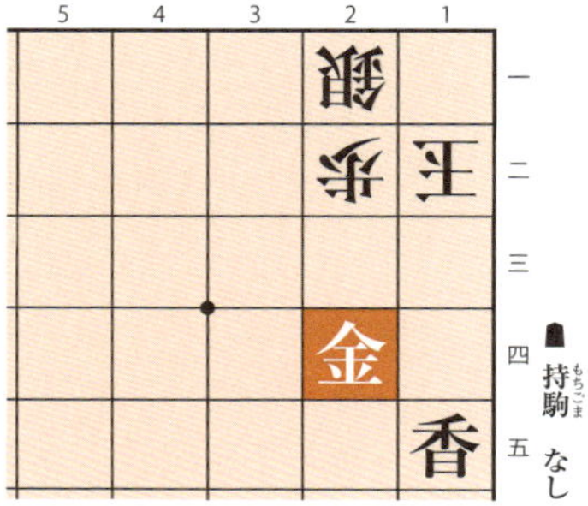

金《きん》を寄《よ》って、香《きょう》の利《き》きを通《とお》します。これで1一《いち》に逃《に》がしません。☖1三歩合《さんふあい》は、☗同香《どうきょう》不成《ならず》で詰《つ》むので無駄合《むだあい》です。

押《お》すと失敗《しっぱい》

失敗《しっぱい》

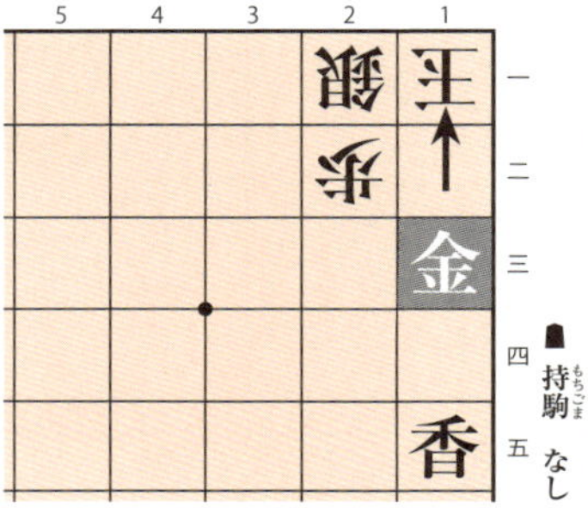

☗1三金《さんきん》は☖1一玉《いちぎょく》と隅《すみ》にもぐられます。こうなると2一《いち》銀《ぎん》が生《い》きる展開《てんかい》で、☗2三金《さんきん》☖1二歩合《にふあい》で詰《つ》みません。

第20問

☗4五角《ごかく》

正解図《せいかいず》

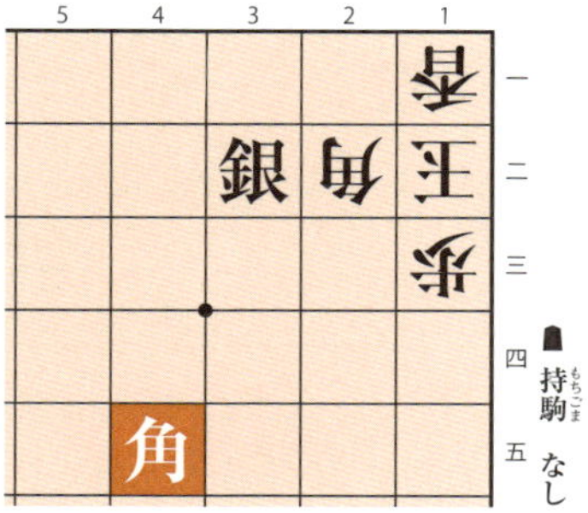

☗4五角《ごかく》と引《ひ》いて使《つか》うのが面《おも》白《しろ》い手《て》です。2二角《にかく》は頭《あたま》が丸《まる》い※ので、合駒《あいごま》は利《き》きません。

銀《ぎん》は動《うご》かさない

失敗《しっぱい》

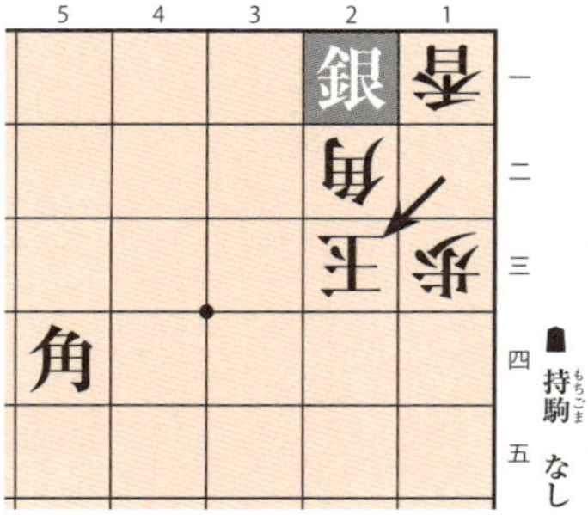

角《かく》の右上《みぎうえ》への利《き》きに注目《ちゅうもく》して、☗2一銀不成《いちぎんならず》はよい考《かんが》えですね。しかし、銀《ぎん》が動《うご》いたせいで、☖2三玉《さんぎょく》と脱出《だしゅつ》されます。

※頭《あたま》が丸《まる》い…真上《まうえ》に利《き》かない角桂《かくけい》の性質《せいしつ》を表《あらわ》す言葉《ことば》。

第《だい》21問《もん》

★★★★★
レベル

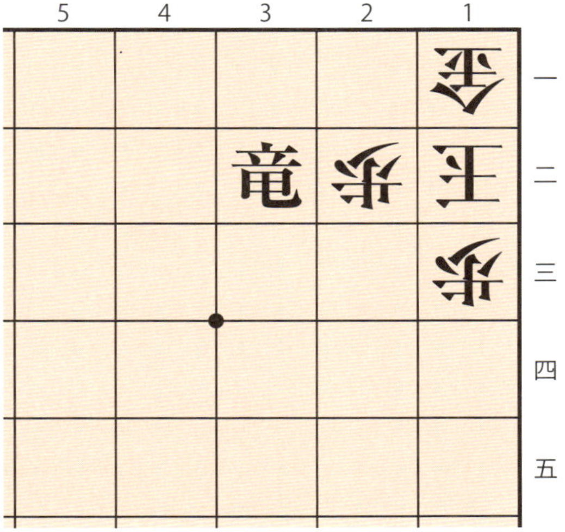

持駒《もちごま》　銀《ぎん》

ヒント

打《う》った駒《こま》を取《と》られないように

第《だい》22問《もん》

★★★★★
レベル

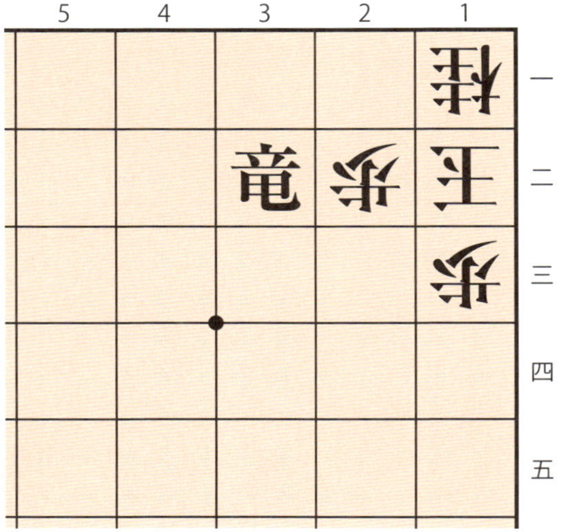

持駒《もちごま》　銀《ぎん》

ヒント

前《まえ》の問題《もんだい》とどこが違《ちが》う？

第21問 ☗2三銀《さんぎん》

正解図《せいかいず》

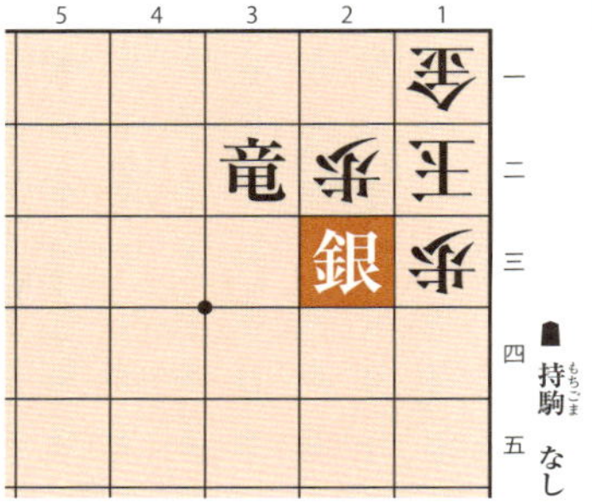

3二竜《にりゅう》のおかげで、2二歩《にふ》は動《うご》けません。そこにつけこんで、☗2三銀《さんぎん》と打《う》てば詰《つ》んでいます。

失敗《しっぱい》 **金《きん》は強敵《きょうてき》!**

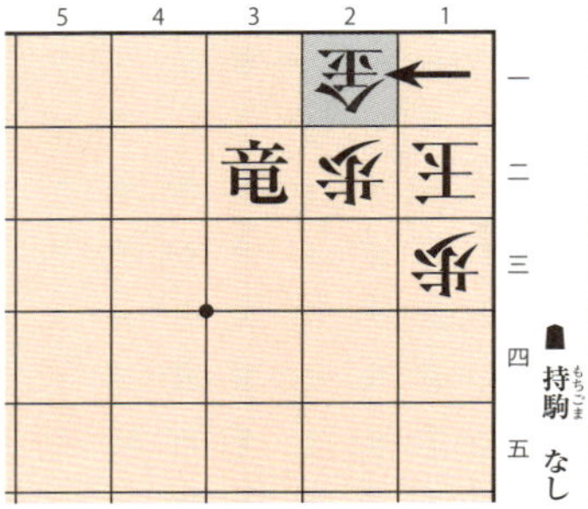

下《した》から☗2一銀《いちぎん》と打《う》つと、☖同金《どうきん》と取《と》られてしまいます。2二歩《にふ》は動《うご》けませんが、1一《いち》金《きん》は動《うご》けるのです。

第22問 ☗2一銀《いちぎん》

正解図《せいかいず》

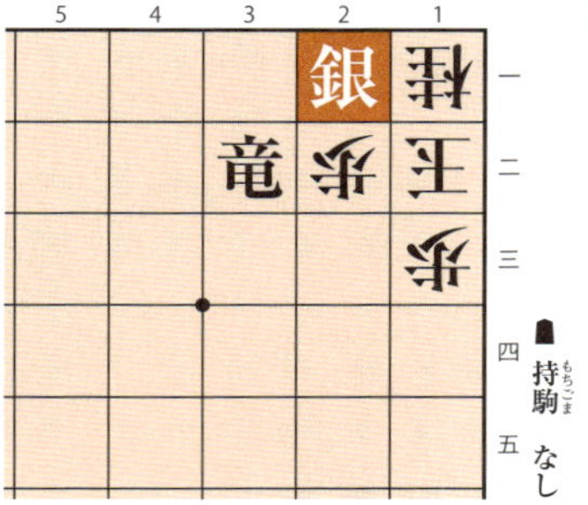

前《まえ》の問題《もんだい》の1一金《いちきん》が、今回《こんかい》は桂《けい》になっています。そのため、☗2一銀《いちぎん》と打《う》っても取《と》られることはありません。

失敗《しっぱい》 **桂《けい》も意外《いがい》な強敵《きょうてき》**

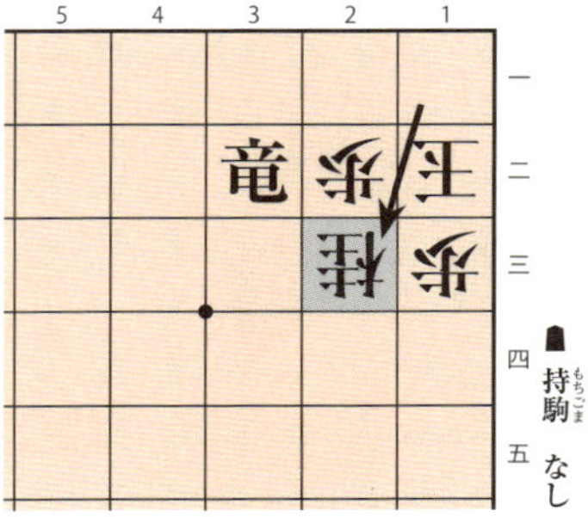

前《まえ》の問題《もんだい》と同《おな》じだと思《おも》って☗2三銀《さんぎん》は、☖同桂《どうけい》で失敗《しっぱい》。細《こま》かい差《さ》で、正解《せいかい》が入《い》れ替《か》わるので、問題《もんだい》をよく見《み》ましょう。

第《だい》23問《もん》

★★★★★
レベル

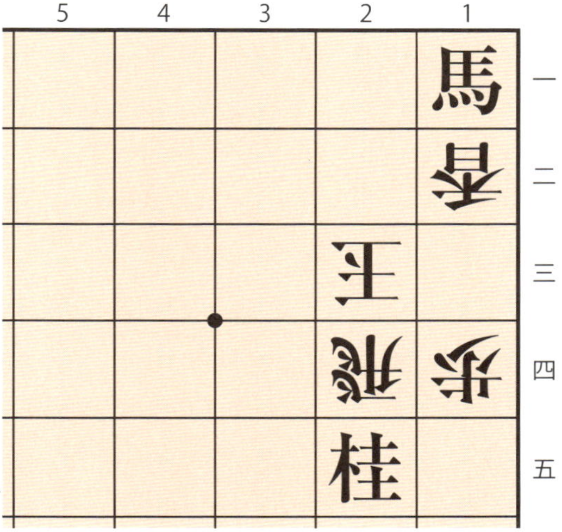

持駒《もちごま》 なし

ヒント

● 桂《けい》を支《ささ》えにして…

第《だい》24問《もん》

★★★★★
レベル

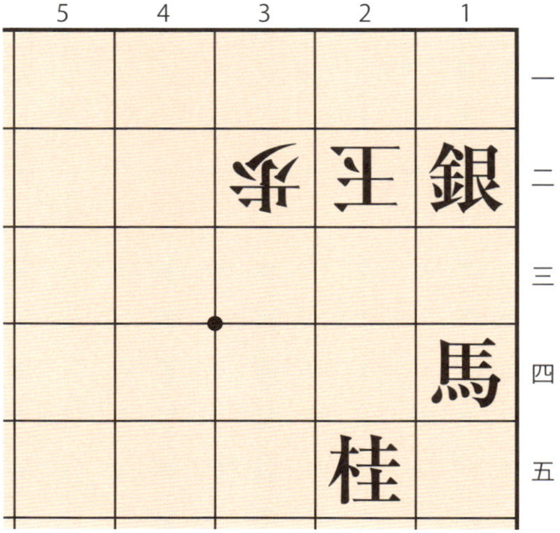

持駒《もちごま》 なし

ヒント

● 1段《だん》目《め》に逃《に》がさない

第23問 ☗3三馬《さんうま》

正解図《せいかいず》

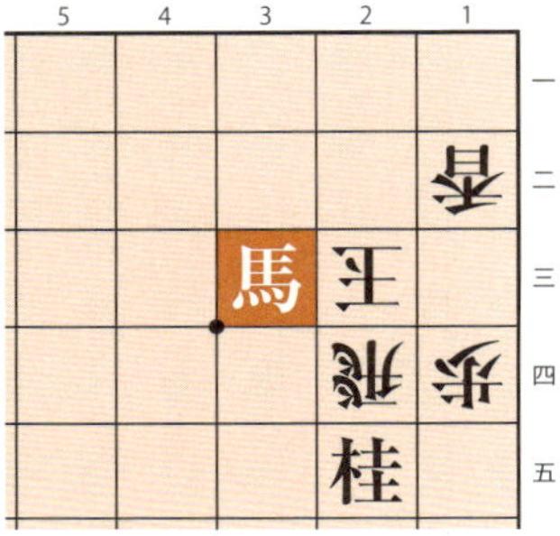

☗持駒《もちごま》 なし

2五桂《ごけい》が玉《ぎょく》の左右《さゆう》を押《お》さえています。この桂《けい》を支《ささ》えにして☗3三馬《さんうま》と引《ひ》きつければ、逃《に》げることができません。

桂《けい》は動《うご》かさない 失敗《しっぱい》

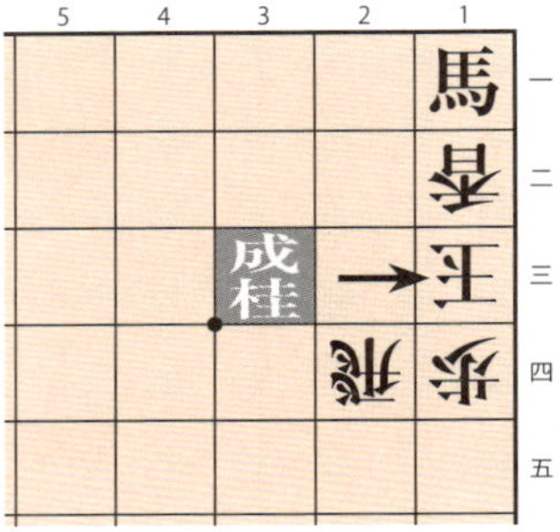

☗持駒《もちごま》 なし

☗3三桂成《さんけいなり》と桂《けい》を動《うご》かしてしまうと、☖1三玉《さんぎょく》と逃《に》げられます。続《つづ》けて☗2二馬《にうま》は、☖同飛《どうひ》で詰《つ》みません。

第24問 ☗1三馬《さんうま》

正解図《せいかいず》

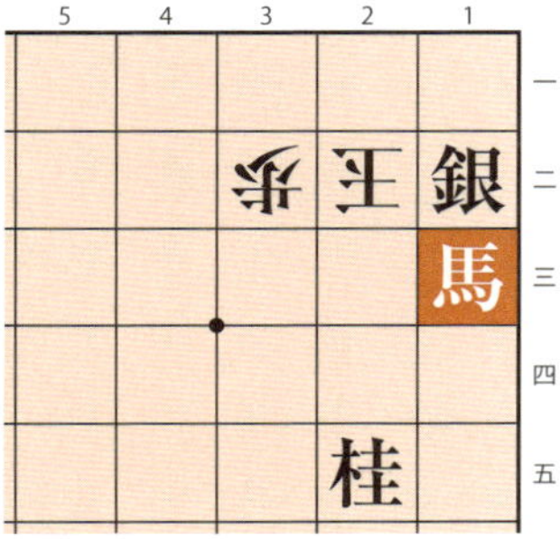

☗持駒《もちごま》 なし

馬《うま》はもともと角《かく》なので、斜《なな》めに動《うご》かすことから考《かんが》えてしまいがち。☗1三馬《さんうま》とまっすぐ動《うご》くのがいい手《て》です。

広《ひろ》い1段目《だんめ》 失敗《しっぱい》

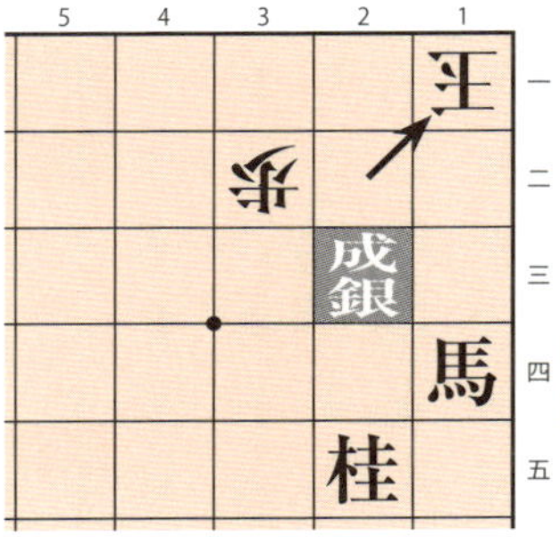

☗持駒《もちごま》 なし

☗2三銀成《さんぎんなり》は、☖1一玉《いちぎょく》で詰《つ》みません。また、☗2三馬《さんうま》には☖3一玉《いちぎょく》です。1段目《だんめ》に逃《に》がすと詰《つ》まないのです。

第《だい》25問《もん》

★★★★★
レベル

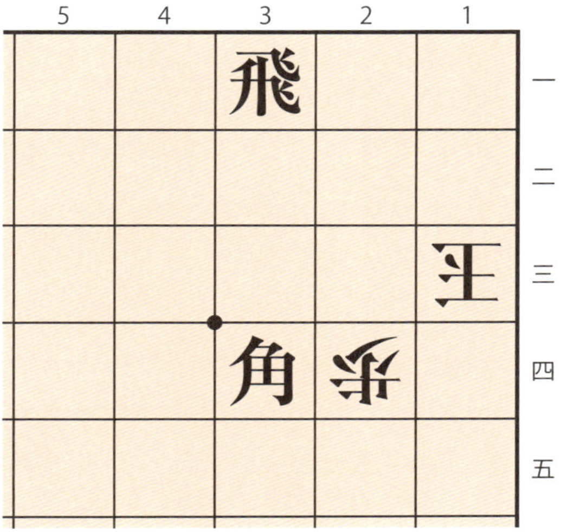

持駒《もちごま》 なし

ヒント

● 飛車《ひしゃ》の力《ちから》を見《み》せつけよう

第《だい》26問《もん》

★★★★★
レベル

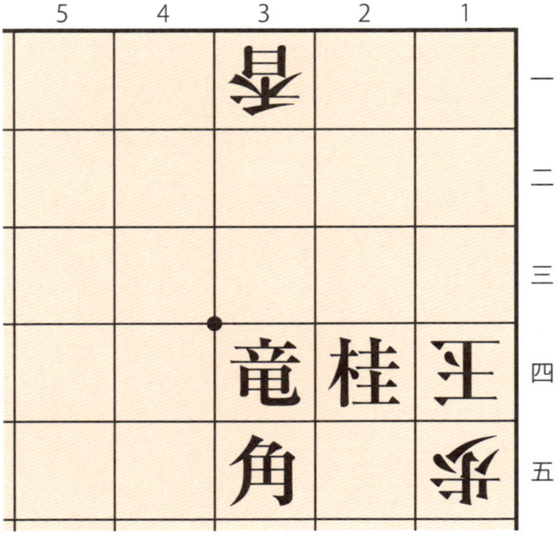

持駒《もちごま》 なし

ヒント

● どちらに動《うご》くといいかな?

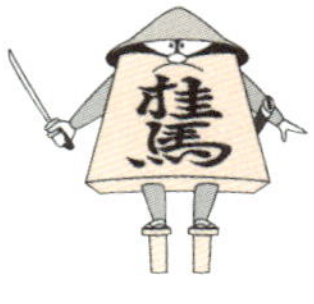

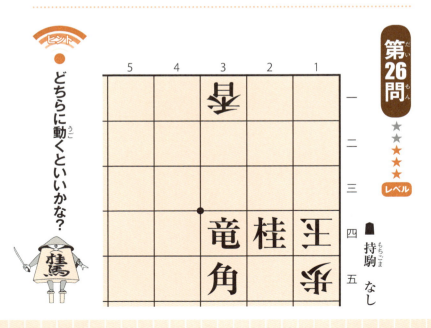

第25問

☗1一飛成《いちひなり》

正解図《せいかいず》

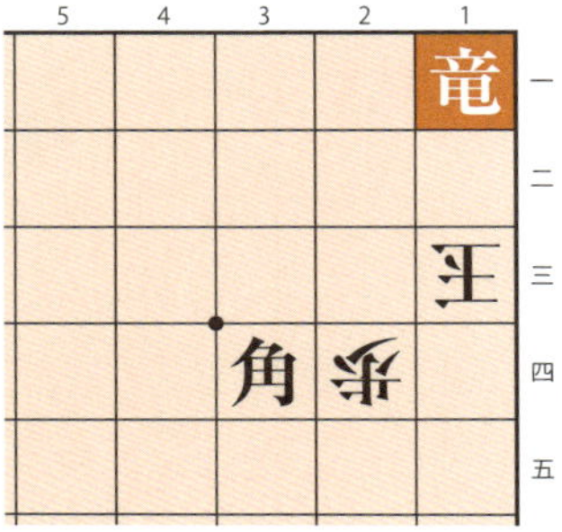

☗持駒《もちごま》 なし

飛車《ひしゃ》を成《な》って竜《りゅう》をつくります。竜《りゅう》は縦横《たてよこ》にどこまでも動《うご》けると同時《どうじ》に、斜《なな》めにも動《うご》けるので、玉《ぎょく》は逃《に》げられません。

スキを残《のこ》さない

失敗《しっぱい》

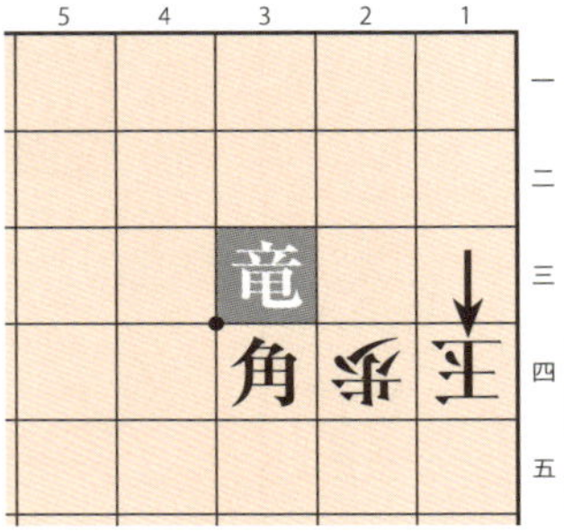

☗持駒《もちごま》 なし

竜《りゅう》をつくる手《て》として、☗3三《さん》飛成《ひなり》もあります。しかしこれには、☖1四玉《よんぎょく》と逃《に》げるスキが残《のこ》っています。

第26問

☗3二桂成《にけいなり》

正解図《せいかいず》

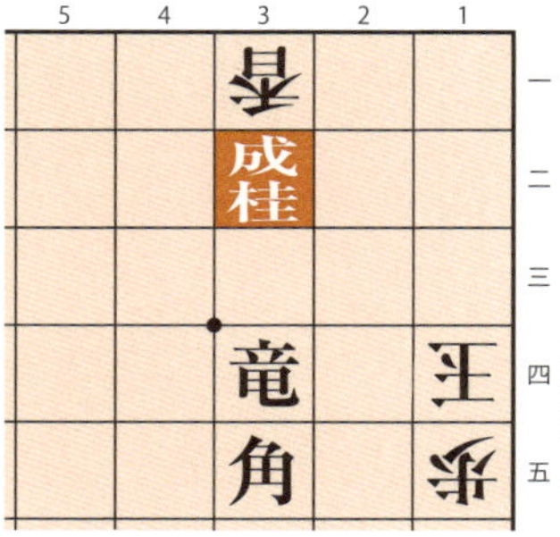

☗持駒《もちごま》 なし

3一香《いちきょう》が竜《りゅう》を狙《ねら》っていることに注目《ちゅうもく》。ジャマな桂《けい》を左《ひだり》に動《うご》かしましょう。そうすれば竜《りゅう》を守《まも》ることができます。

竜《りゅう》を取《と》られる

失敗《しっぱい》

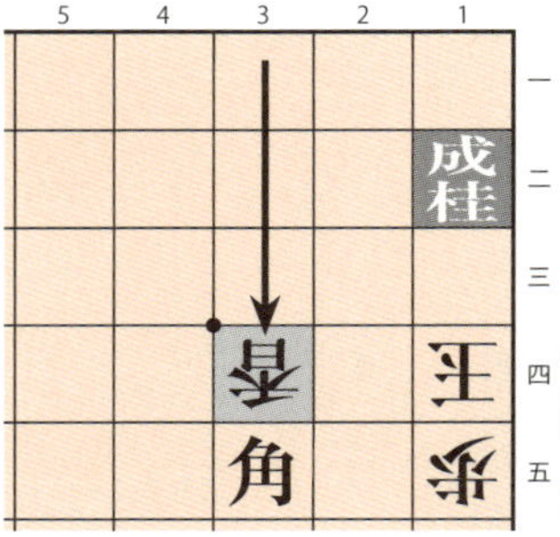

☗持駒《もちごま》 なし

☗1二桂成《にけいなり》と、玉《ぎょく》の近《ちか》くに成《なり》桂《けい》をつくる手《て》もあります。しかし、☖3四香《よんきょう》と竜《りゅう》を取《と》られておしまいです。

第《だい》27問《もん》

★★★★★
レベル

	5	4	3	2	1
一					
二	竜				
三			玉		
四	銀	王			
五				飛	

持駒《もちごま》 なし

ヒント
● ストップ！ ☖3四玉《よんぎょく》

第《だい》28問《もん》

★★★★★
レベル

	5	4	3	2	1
一		銀	王		
二					竜
三			桂		
四					
五					

持駒《もちごま》 なし

ヒント
● おいしそうな銀《ぎん》？

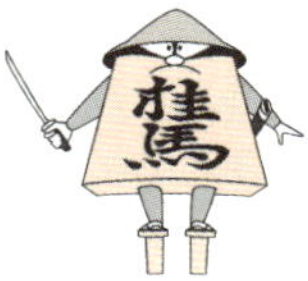

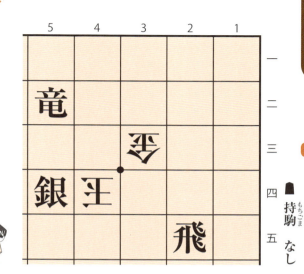

第27問 ☗4五銀《ごぎん》

正解図《せいかいず》

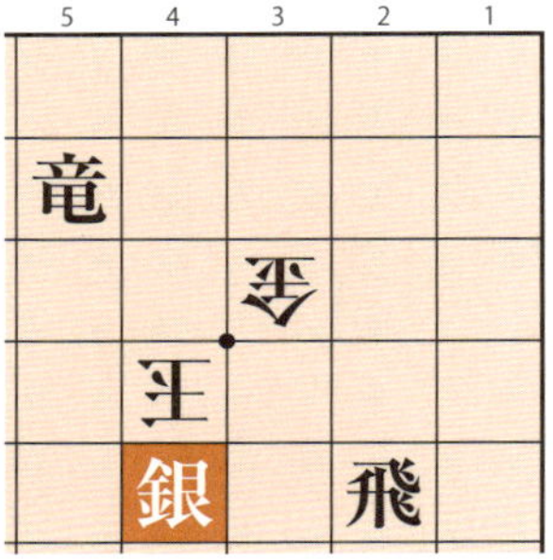

☗持駒《もちごま》 なし

☗4五銀《ごぎん》と引《ひ》いて、☖3四玉《よんぎょく》と行《い》かせません。飛車《ひしゃ》の横利《よこき》きは止《と》まりますが、竜《りゅう》の縦利《たてき》きでカバーしています。

竜《りゅう》は動《うご》かない　失敗《しっぱい》

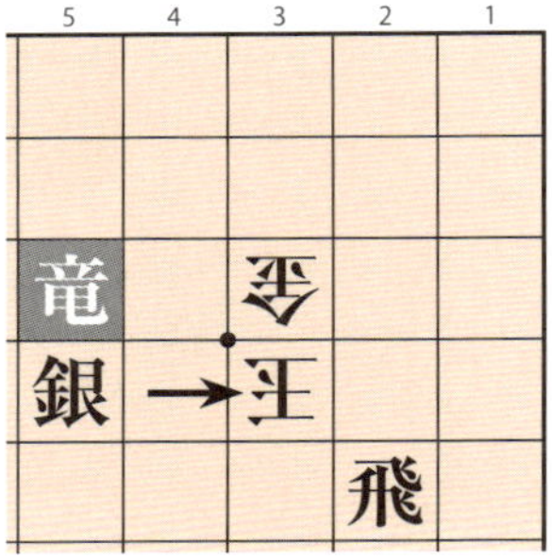

☗持駒《もちごま》 なし

強力《きょうりょく》な竜《りゅう》を動《うご》かしたくなりますが、☗5三竜《さんりゅう》は☖3四玉《よんぎょく》で、次《つぎ》に2五飛《ごひ》を取《と》られてしまいます。

第28問 ☗2一桂成《いちけいなり》

正解図《せいかいず》

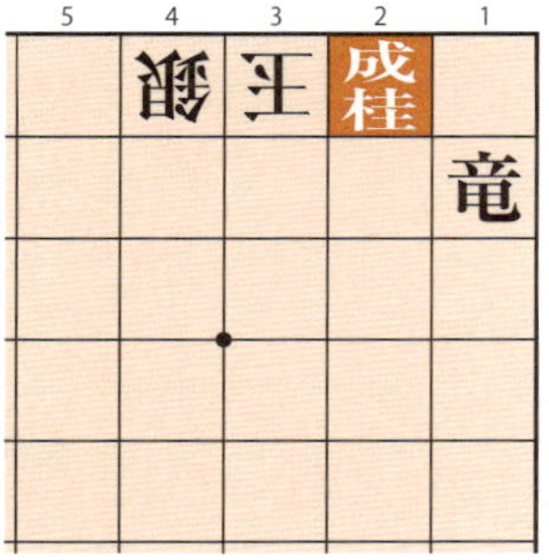

☗持駒《もちごま》 なし

竜《りゅう》の利《き》きは強力《きょうりょく》で、玉《ぎょく》の周囲《しゅうい》をしっかり押《お》さえています。4一銀《いちぎん》を壁駒《かべごま》※として利用《りよう》し、☗2一桂成《いちけいなり》で詰《つ》みです。

壁《かべ》を残《のこ》す　失敗《しっぱい》

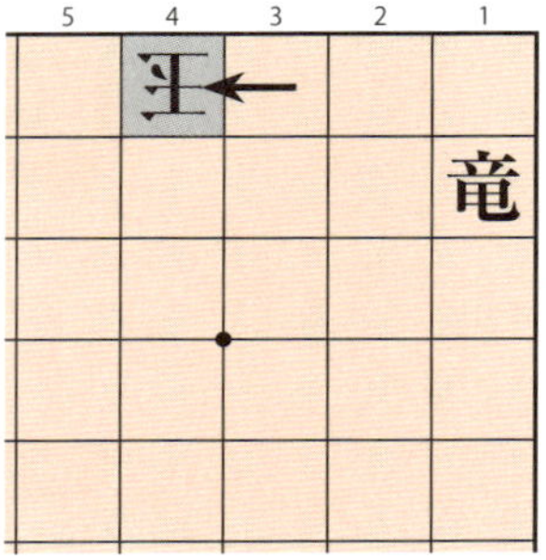

☗持駒《もちごま》 銀《ぎん》

☗4一桂成《いちけいなり》として、桂《けい》と銀《ぎん》の交換《こうかん》は有利《ゆうり》と思《おも》いこんではいけません。成桂《なりけい》を取《と》られ、銀1枚《まい》では詰《つ》まなくなっています。

※壁駒《かべごま》…玉《ぎょく》の逃《に》げ道《みち》をふさぐ壁《かべ》のような役目《やくめ》をする玉方《ぎょくかた》の駒《こま》。

第《だい》29問《もん》

★★★★★
レベル

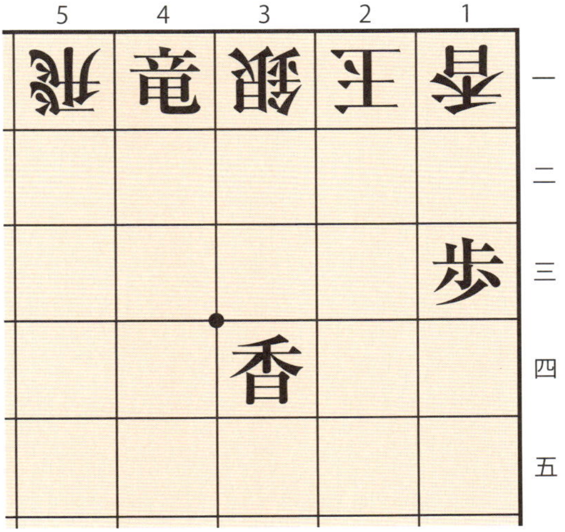

持駒《もちごま》 なし

ヒント
この銀《ぎん》もおいしそう？

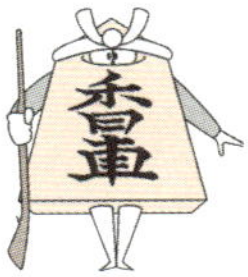

第《だい》30問《もん》

★★★★★
レベル

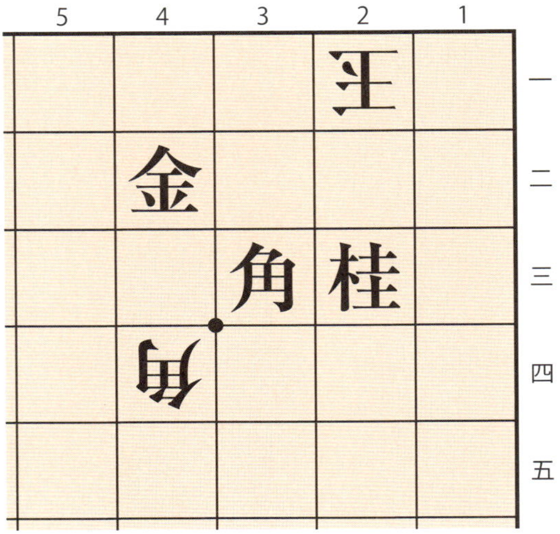

持駒《もちごま》 なし

ヒント
角《かく》に気《き》をつけよう

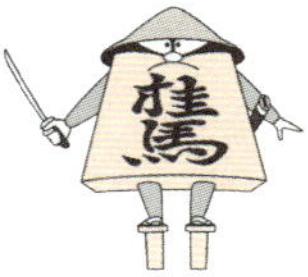

第29問 ☗3二香成《にきょうなり》

正解図《せいかいず》

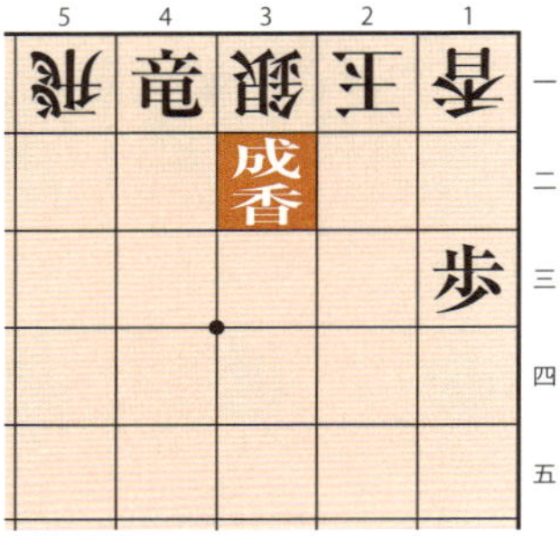

持駒《もちごま》 なし

4一竜《いちりゅう》のおかげで、3一銀《いちぎん》は動《うご》けません。その銀《ぎん》の鼻先《はなさき》に☗3二香成《にきょうなり》が気持《きも》ちいい手《て》。☖2二玉《にぎょく》と動《うご》けません。

銀《ぎん》は取《と》らない 失敗《しっぱい》

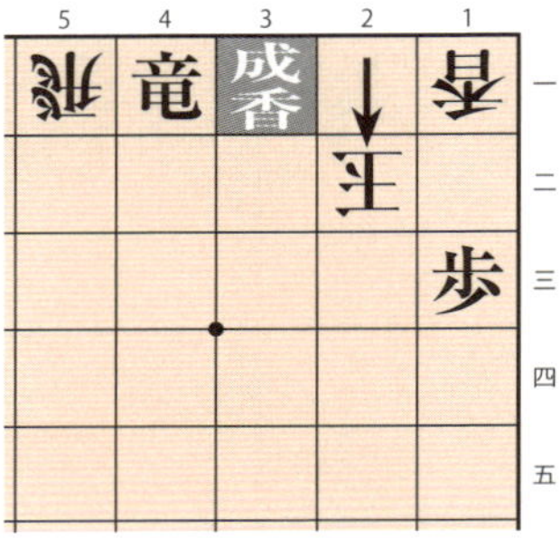

持駒《もちごま》 銀

☗3一香成《いちきょうなり》と銀《ぎん》を取《と》るのは、☖2二玉《にぎょく》と逃《に》げ出《だ》されます。☗3二竜《にりゅう》と追《お》いかけても、☖1三玉《さんぎょく》で捕《つか》まりません。

第30問 ☗1一桂成《いちけいなり》

正解図《せいかいず》

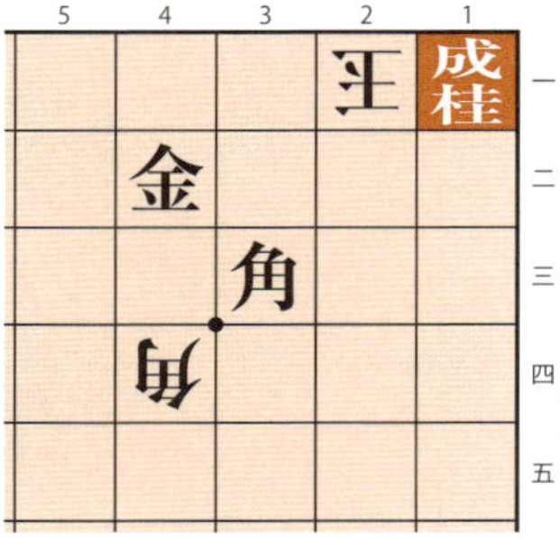

持駒《もちごま》 なし

角《かく》も金《きん》も桂《けい》も動《うご》けますが、まず☖1二玉《にぎょく》を防《ふせ》ぐことを考《かんが》えましょう。すると、正解《せいかい》の☗1一桂成《いちけいなり》が発見《はっけん》できるはず。

角《かく》は動《うご》かせない 失敗《しっぱい》

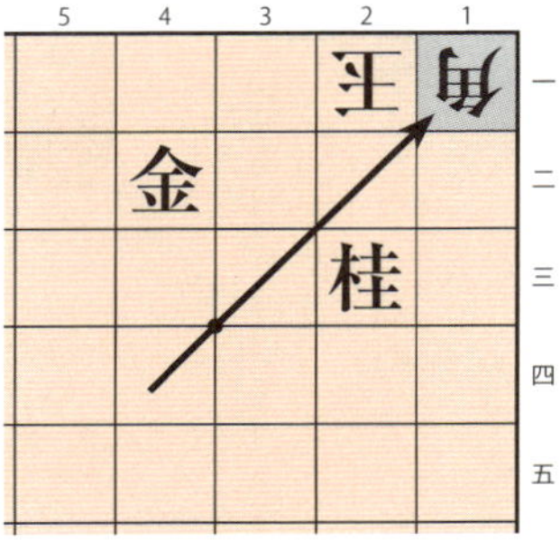

持駒《もちごま》 なし

☖1二玉《にぎょく》を防《ふせ》ぐなら、☗1一《いち》角成《かくなり》でも良《よ》さそう。ところが、玉方《ぎょくかた》の角《かく》があるため、☖同《どう》角《かく》と取《と》られてしまうのです。

第《だい》31問《もん》

★★★★★ レベル

ヒント
香《きょう》を動《うご》かすしかない

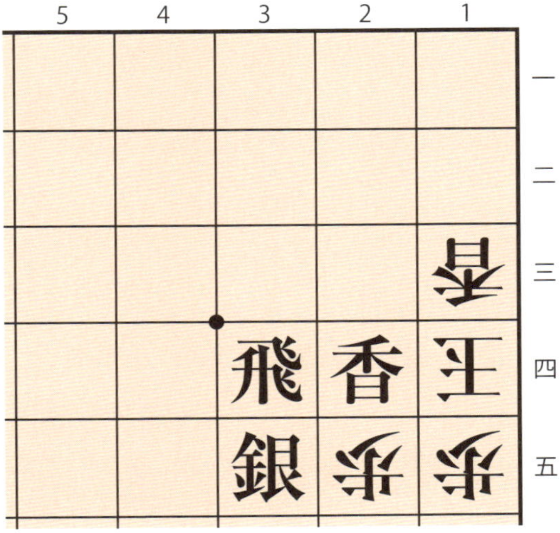

持駒《もちごま》 なし

第《だい》32問《もん》

★★★★★ レベル

ヒント
逃《に》げ道《みち》をつくらない

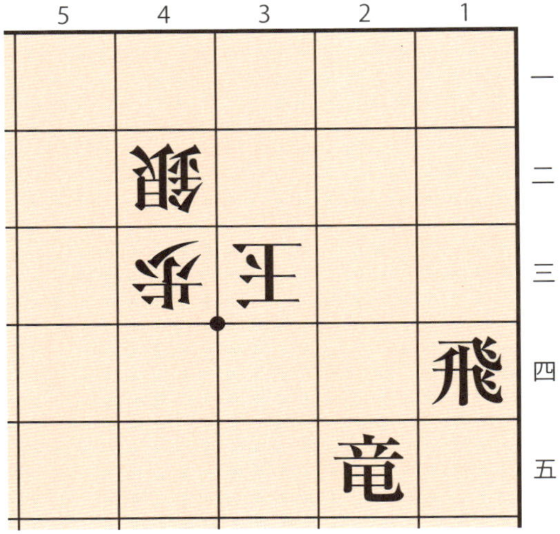

持駒《もちごま》 なし

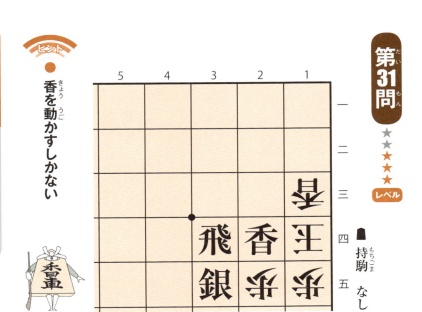

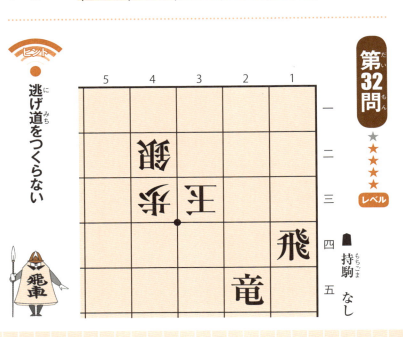

第31問 ☗2二香成《にきょうなり》

正解図《せいかいず》

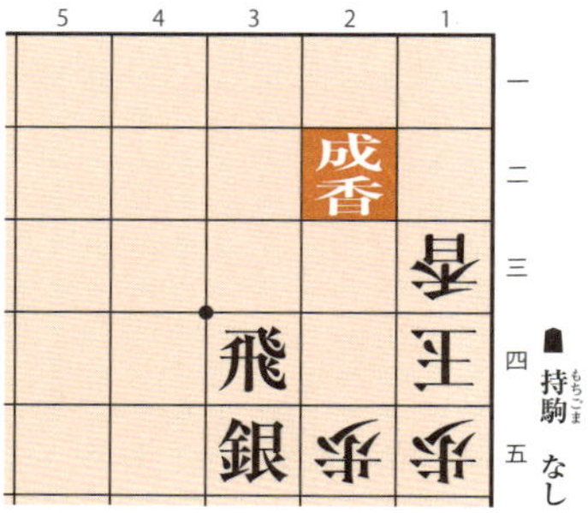

香《きょう》を動《うご》かした瞬間《しゅんかん》、☖2三玉《さんぎょく》が考《かんが》えられます。それを防《ふせ》ぐためには、☗2二香成《にきょうなり》と成《な》らなければいけません。

遠《とお》いと失敗《しっぱい》

失敗《しっぱい》

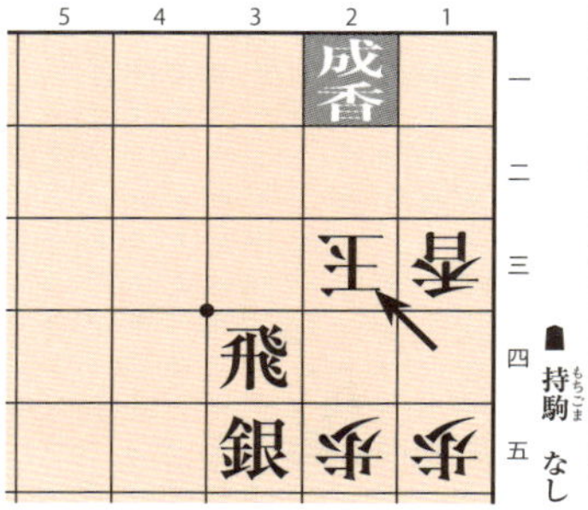

☗2一香成《いちきょうなり》と遠《とお》くに動《うご》かすと、☖2三玉《さんぎょく》。以下《いか》☗2四銀《よんぎん》としても、☖3四玉《よんぎょく》と飛車《ひしゃ》を取《と》られてしまいます。

第32問 ☗3四飛《よんひ》

正解図《せいかいず》

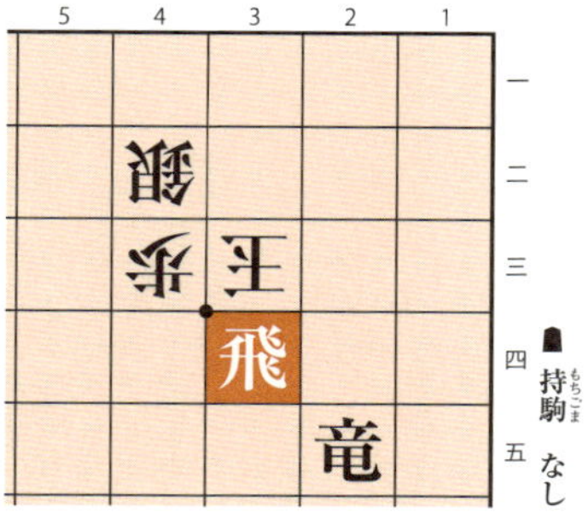

強力《きょうりょく》な飛車《ひしゃ》と竜《りゅう》をつなげて詰《つ》ませます。2筋《すじ》はすでに竜《りゅう》が押《お》さえているので、3筋《すじ》は飛車《ひしゃ》に任《まか》せましょう。

連携失敗《れんけいしっぱい》

失敗《しっぱい》

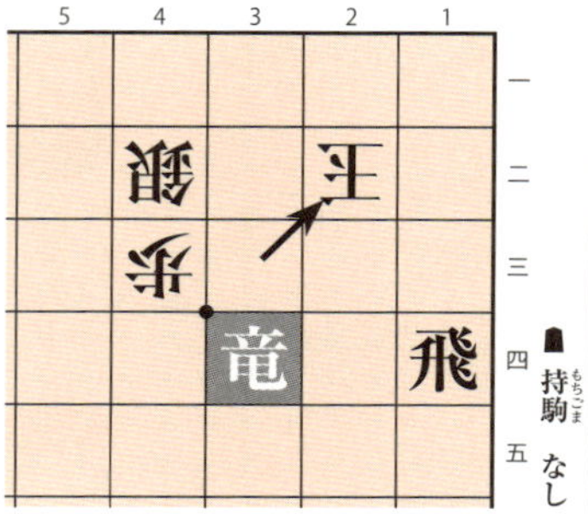

☖3二玉《にぎょく》を防《ふせ》ぐ手《て》として、☗3四竜《よんりゅう》もありますが、☖2二《に》玉《ぎょく》と引《ひ》かれます。以下《いか》、☗2四飛《よんひ》に☖1一玉《いちぎょく》で失敗《しっぱい》です。

第《だい》33問《もん》

★★★★★
レベル

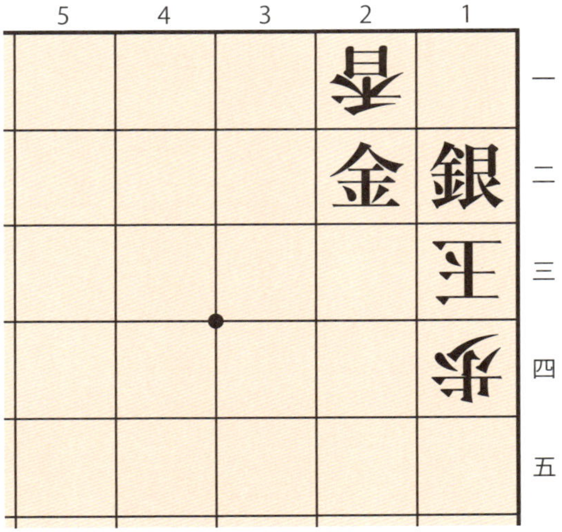

持駒《もちごま》 なし

動《うご》かせるのはどっち？

第《だい》34問《もん》

★★★★★
レベル

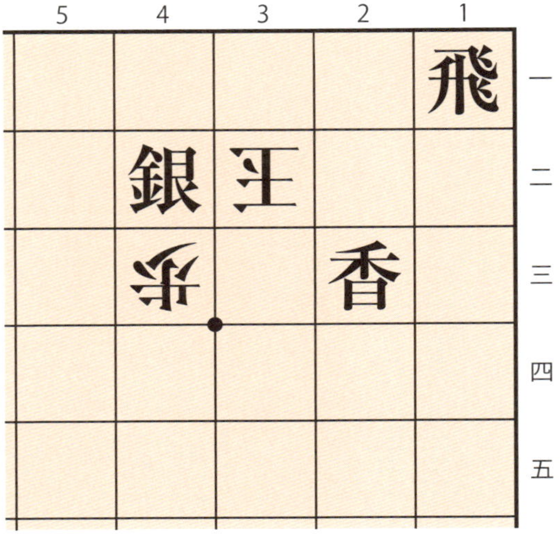

持駒《もちごま》 なし

銀《ぎん》と香《きょう》を守《まも》るには？

第33問

▲2三銀成《さんぎんなり》

正解図《せいかいず》

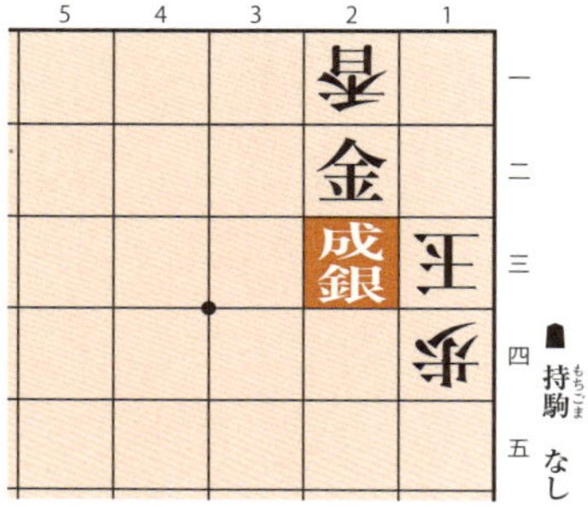

銀《ぎん》の弱点《じゃくてん》は左右《さゆう》と後《うし》ろ。その状態《じょうたい》で玉《ぎょく》を詰《つ》める形《かたち》は限《かぎ》られますが、成銀《なりぎん》（金《きん》の動《うご》き）になると頼《たよ》りになります。

隠《かく》れ守《まも》り駒《ごま》に注意《ちゅうい》 失敗《しっぱい》

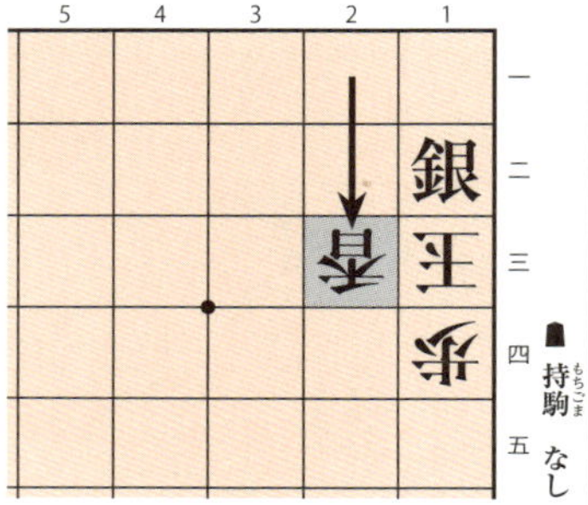

▲2三《さん》金《きん》と引《ひ》くのは、△同《どう》香《きょう》と取《と》られて詰《つ》みません。隠《かく》れている守《まも》り駒《ごま》を見逃《みのが》さないようにしましょう。

第34問

▲1二《に》飛成《ひなり》

正解図《せいかいず》

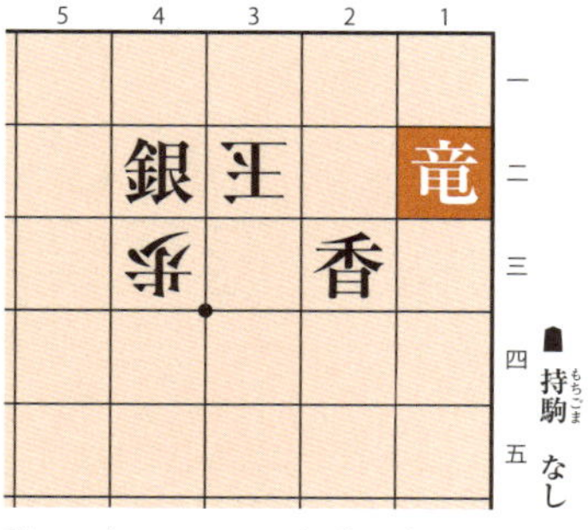

銀《ぎん》を取《と》られても香《きょう》を取《と》られても困《こま》ります。そこで、▲1二《に》飛成《ひなり》。銀《ぎん》と香《きょう》を守《まも》り、玉《ぎょく》を仕《し》留《と》める、一石三鳥《いっせきさんちょう》の手《て》です。

片方《かたほう》ではダメ 失敗《しっぱい》

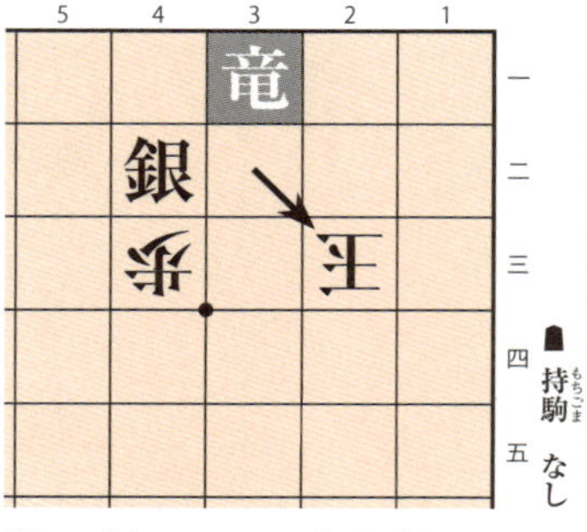

銀《ぎん》を守《まも》る▲3一飛成《いちひなり》は、△2三玉《さんぎょく》と香《きょう》を取《と》られます。香《きょう》を守《まも》る▲2一飛成《いちひなり》は、△4二《に》玉《ぎょく》。どちらも失敗《しっぱい》です。

第《だい》35問《もん》

★★★★★
レベル

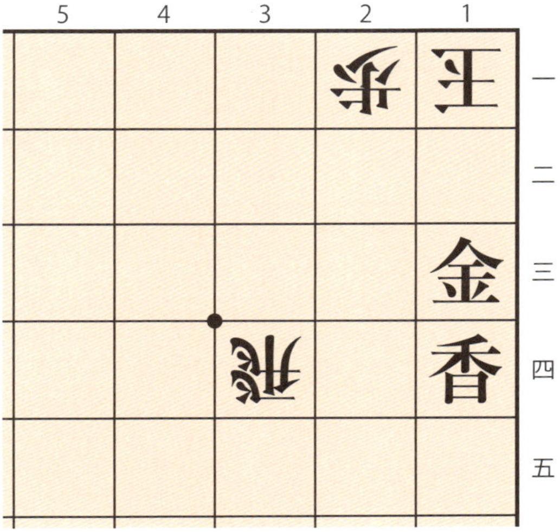

持駒《もちごま》 なし

ヒント
● 香《きょう》の助《たす》けを借《か》りるのが◎

第《だい》36問《もん》

★★★★★
レベル

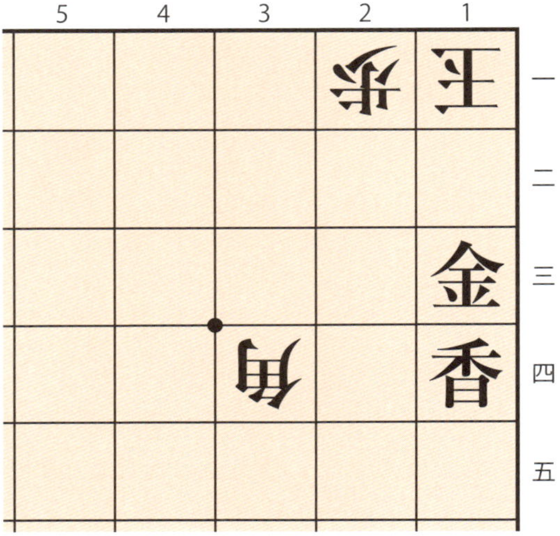

持駒《もちごま》 なし

ヒント
● 今度《こんど》は角《かく》が相手《あいて》だ

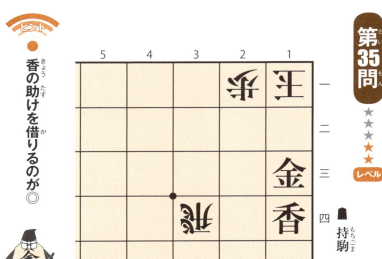

第35問 ☗1二金《にきん》

正解図《せいかいず》

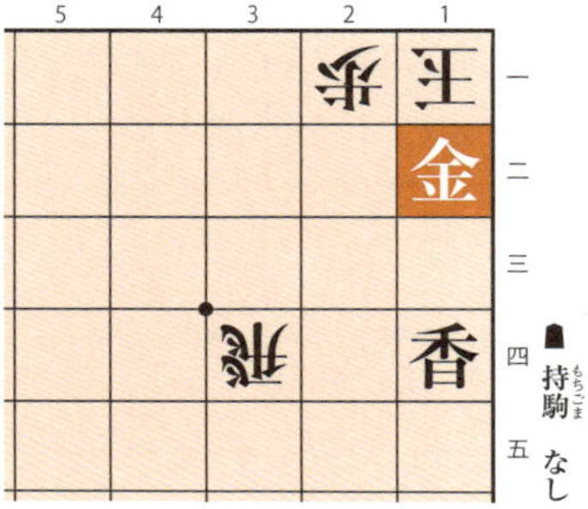

まっすぐに利《き》く香《きょう》は意外《いがい》と頼《たよ》りになるもの。香《きょう》の利《き》く筋《すじ》に乗《の》って、☗1二金《にきん》と押《お》し出《だ》せば詰《つ》んでいます。

飛車《ひしゃ》に注意《ちゅうい》しよう　失敗《しっぱい》

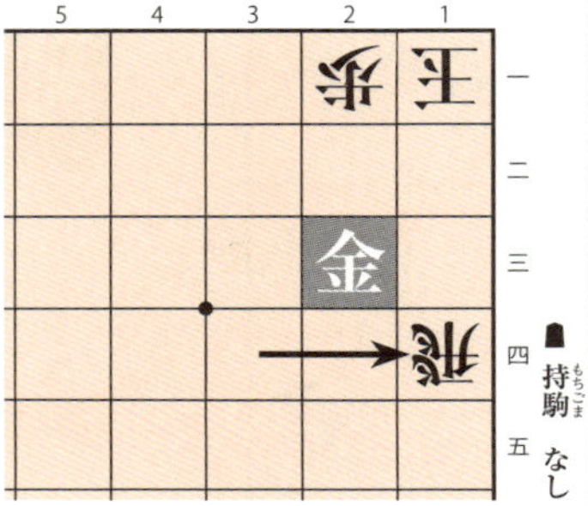

玉《ぎょく》と香《きょう》の間《あいだ》に挟《はさ》まっている金《きん》を横《よこ》に開《ひら》いて、☗2三金《さんきん》でも詰《つ》みそうですが、☖1四飛《よんひ》と、大事《だいじ》な香《きょう》を取《と》られます。

第36問 ☗2三金《さんきん》

正解図《せいかいず》

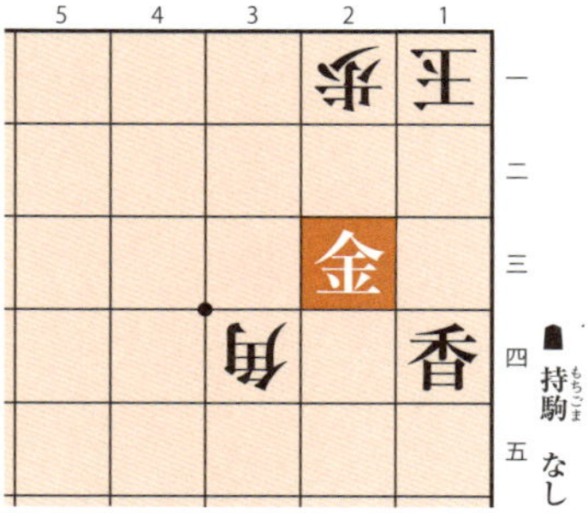

前《まえ》の問題《もんだい》との違《ちが》いは3四飛《よんひ》が角《かく》になったこと。この角《かく》の利《き》きを止《と》める☗2三金《さんきん》で、香《きょう》の王手《おうて》をジャマさせません。

違《ちが》いを見分《みわ》ける　失敗《しっぱい》

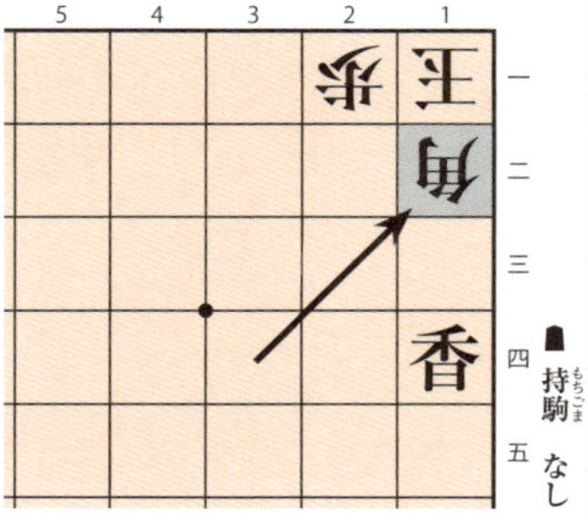

前《まえ》の問題《もんだい》と同《おな》じように、☗1二金《にきん》とぶつけると、☖同角《どうかく》と取《と》られます。飛車《ひしゃ》と角《かく》の違《ちが》いを見分《みわ》けて対応《たいおう》しましょう。

第《だい》37問《もん》

★★★★★ レベル

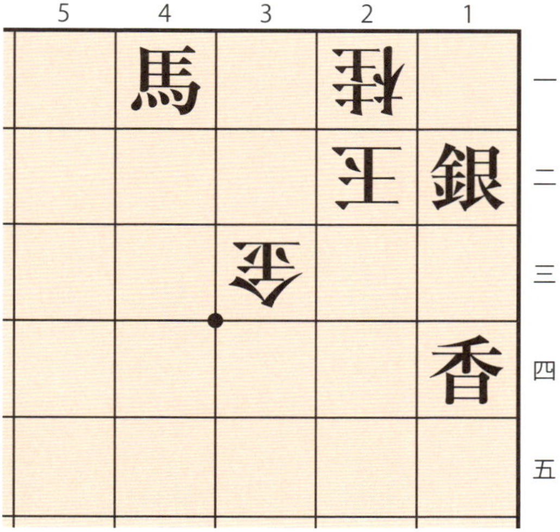

持駒《もちごま》 なし

ヒント
守《まも》りのスキを見《み》つける

第《だい》38問《もん》

★★★★★ レベル

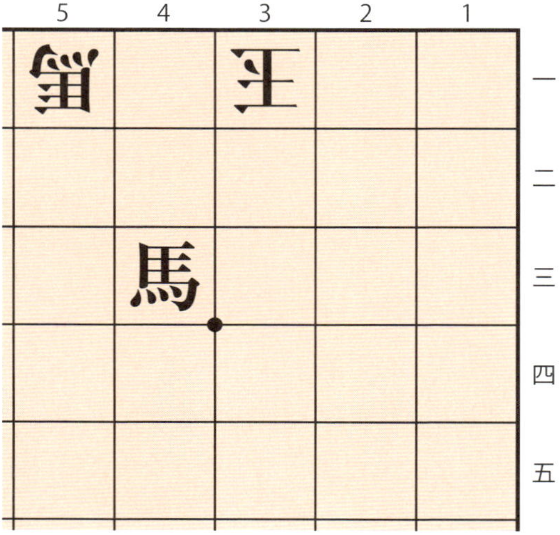

持駒《もちごま》 飛《ひ》

ヒント
飛車《ひしゃ》打《う》ちで逃《に》がさない

第37問

☗1一銀不成《いちぎんならず》

正解図《せいかいず》

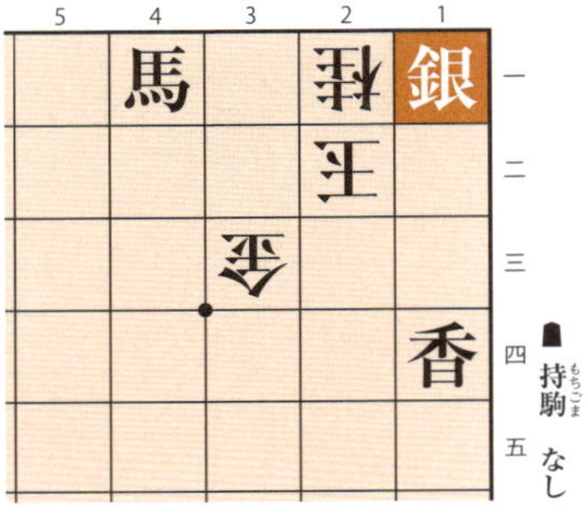

駒《こま》は成《な》ると動《うご》きが変《か》わります。成《な》るか成《な》らないか、冷静《れいせい》に見《み》きわめましょう。1一《いち》の空間《くうかん》に銀《ぎん》を進《すす》めて詰《つ》みです。

頭《あたま》から攻《せ》めない　失敗《しっぱい》

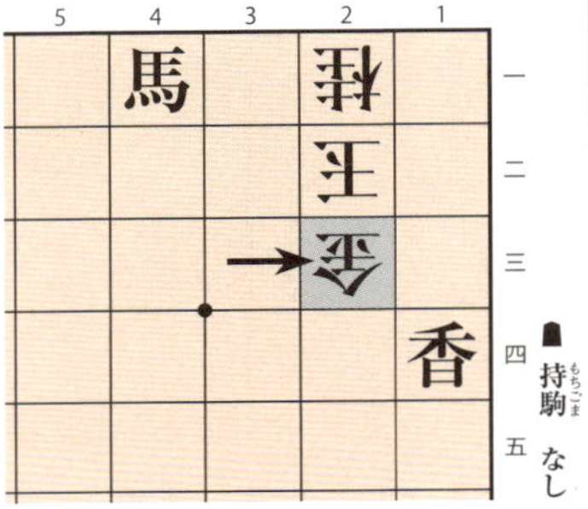

☗2三銀成《さんぎんなり》と玉《ぎょく》の頭《あたま》から攻《せ》めたくなりますが、金《きん》がしっかり守《まも》っているため、☖同金《どうきん》と取《と》られてしまいます。

第38問

☗2一飛《いちひ》

正解図《せいかいず》

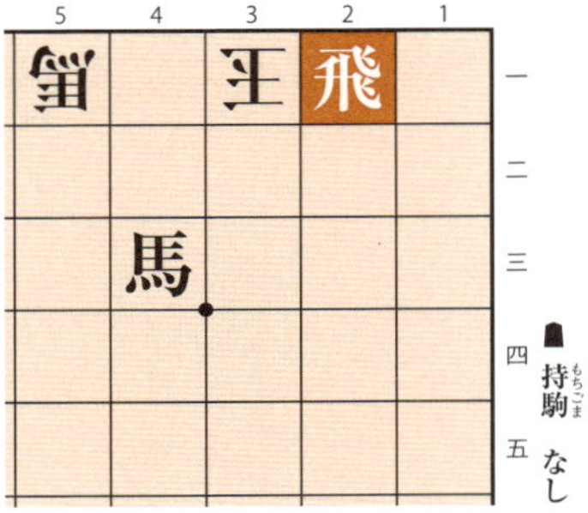

玉《ぎょく》が動《うご》ける場所《ばしょ》は、2二《に》と4一《いち》の2か所《しょ》。このどちらにも逃《に》がさないよう、☗2一飛《いちひ》と打《う》つ手《て》が正解《せいかい》です。

離《はな》すと失敗《しっぱい》　失敗《しっぱい》

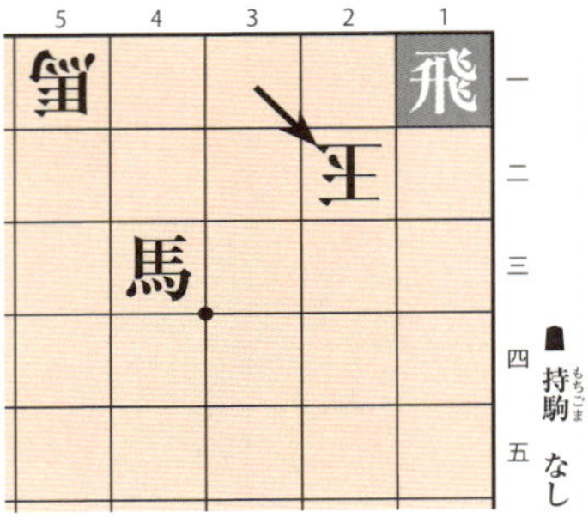

☗1一飛《いちひ》と打《う》つと☖2二玉《にぎょく》があります。以下《いか》☗2一飛成《いちひなり》に☖1三玉《さんぎょく》で詰《つ》みません。☗3二飛《にひ》は☖4一玉《いちぎょく》で困《こま》ります。

第《だい》39問《もん》

★★★★★
レベル

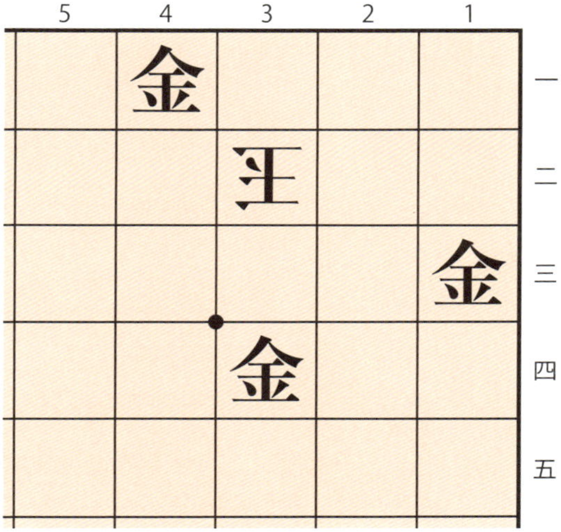

持駒《もちごま》　金《きん》

ヒント
金《きん》を守《まも》りながら

第《だい》40問《もん》

★★★★★
レベル

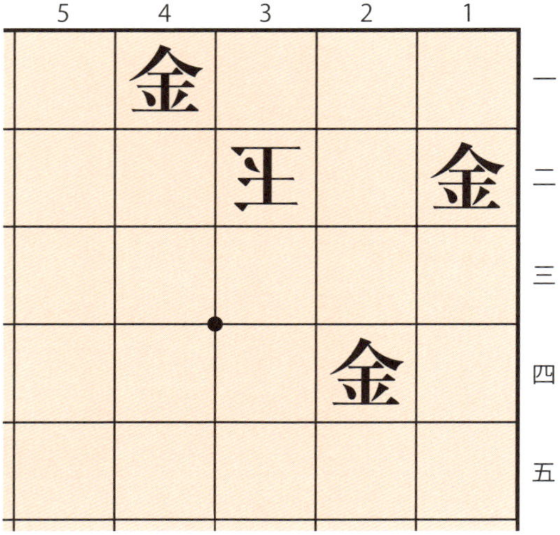

持駒《もちごま》　金《きん》

ヒント
金《きん》を守《まも》りながら

第39問 ☗3一金打《いちきんうち》

正解図《せいかいず》

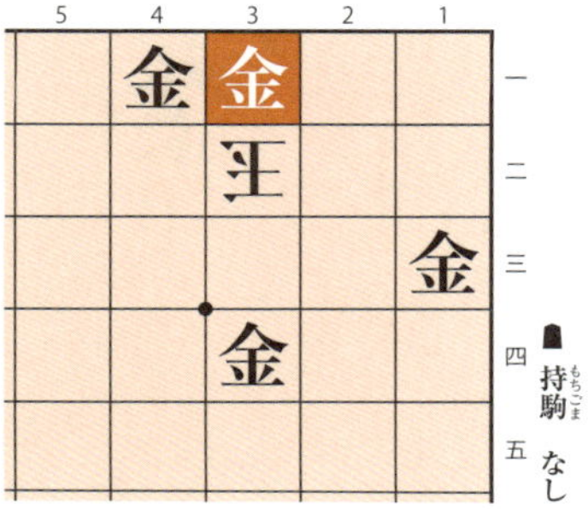

4一金《いちきん》を守《まも》りつつ☖2一玉《いちぎょく》を防《ふせ》ぎます。「☗3一金《いちきん》」では4一金《いちきん》を動《うご》かす手《て》になるので、「打《うち》」を忘《わす》れずに。

包囲《ほうい》だけではダメ 失敗《しっぱい》

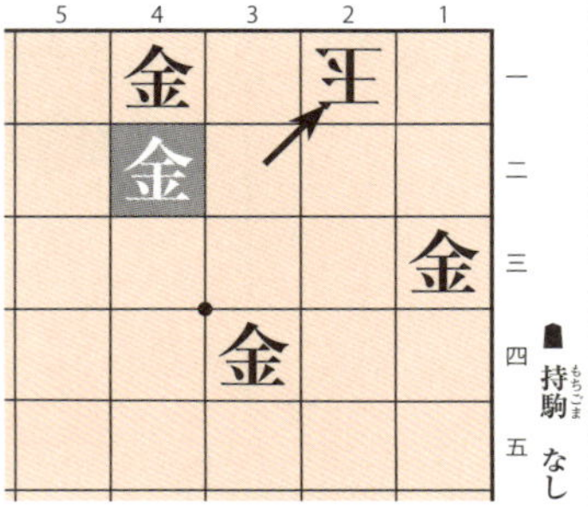

☗4二金打《にきんうち》は、☖2一玉《いちぎょく》と逃《に》げます。ここから☗3一金《いちきん》寄《よる》と追《お》いかけても、☖1一玉《いちぎょく》で足《た》りません。

第40問 ☗4二金打《にきんうち》

正解図《せいかいず》

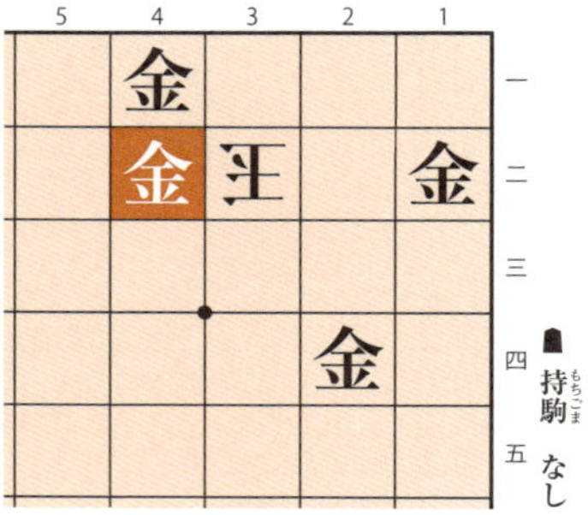

金《きん》の配置《はいち》が前《まえ》の問題《もんだい》から少《すこ》し変《か》わっています。4一金《いちきん》を守《まも》りつつ☖4三玉《さんぎょく》を防《ふせ》ぐため、☗4二金打《にきんうち》が正解《せいかい》です。

同《おな》じ攻《せ》めはダメ 失敗《しっぱい》

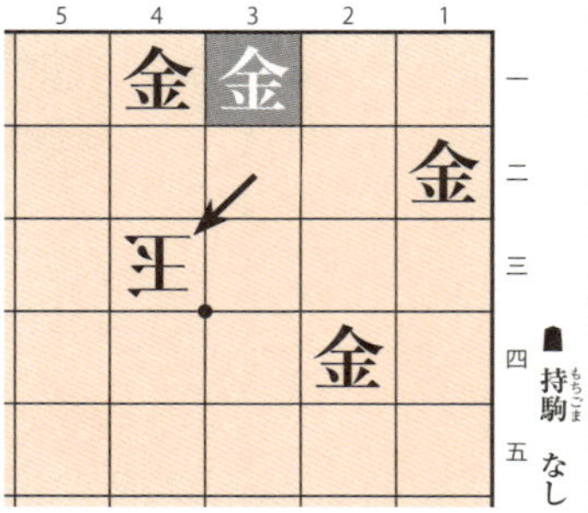

☗3一金打《いちきんうち》は☖4三玉《さんぎょく》と上《あ》がられ、もう捕《つか》まりません。取《と》られそうな駒《こま》と逃《に》げ道《みち》をしっかり見《み》きわめましょう。

第《だい》41問《もん》

★★★★★ レベル

持駒《もちごま》 なし

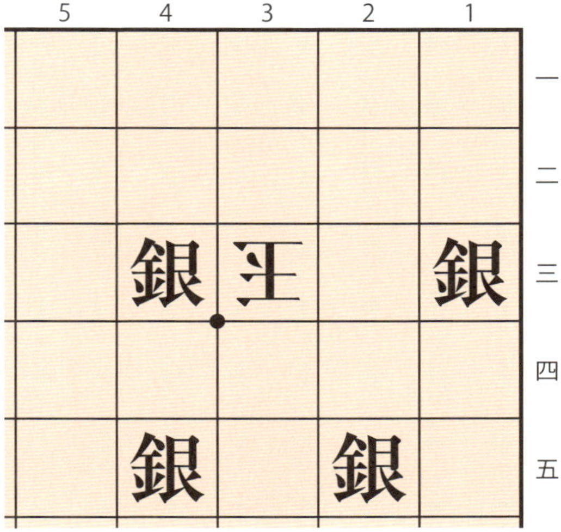

ヒント
銀《ぎん》をうまくつなげよう

第《だい》42問《もん》

★★★★★ レベル

持駒《もちごま》 なし

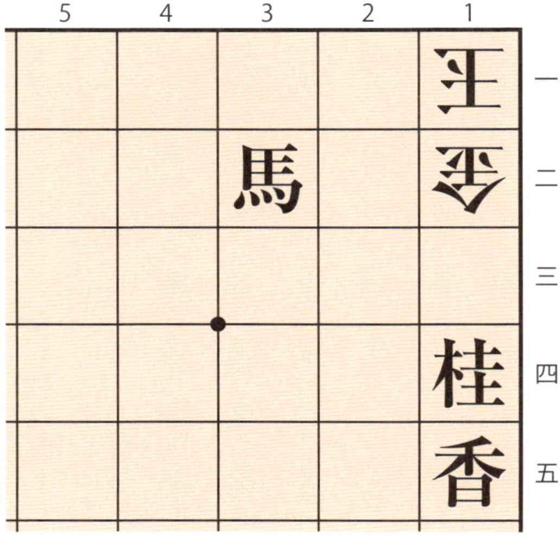

ヒント
香《きょう》が役《やく》に立《た》つ

第41問 ☗3四銀右《よんぎんみぎ》

正解図《せいかいず》

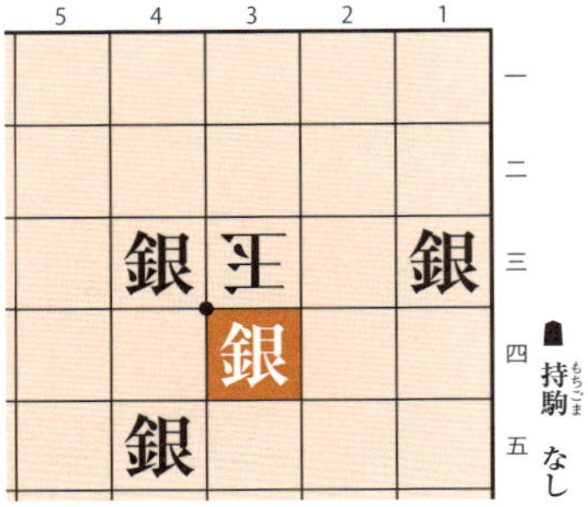

銀《ぎん》の動《うご》かし方《かた》の問題《もんだい》。☗3四《よん》銀右《ぎんみぎ》（右《みぎ》の2五銀《ごぎん》を動《うご》かす）とすることで、銀《ぎん》がうまくつながります。

失敗《しっぱい》 左《ひだり》はダメ

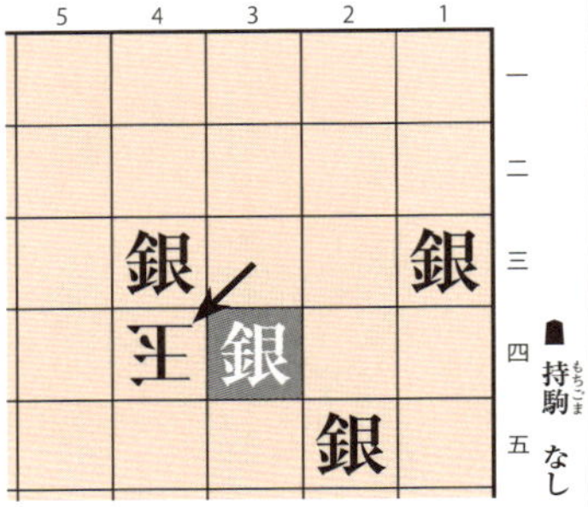

☗3四銀左上《よんぎんひだりうえ》（左下《ひだりした》の4五銀《ごぎん》を3四《よん》に動《うご》かす）でも詰《つ》んでいるように見《み》えますが、☖4四玉《よんぎょく》と抜《ぬ》けられます。

第42問 ☗2二桂成《にけいなり》

正解図《せいかいず》

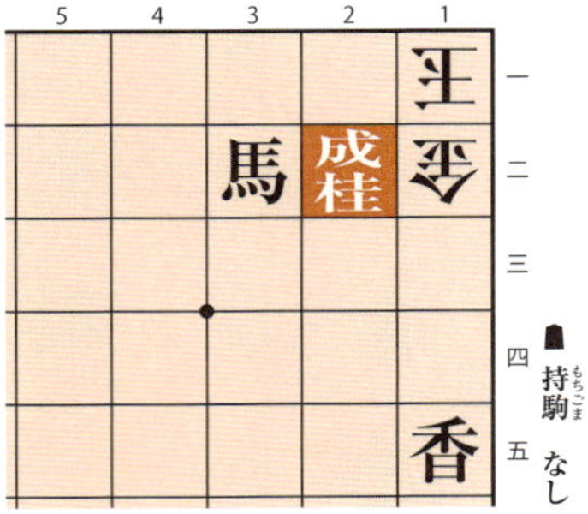

金《きん》がしっかり守《まも》っているように見《み》えます。ところが☗2二《に》桂成《けいなり》の瞬間《しゅんかん》、1五香《ごきょう》のにらみで金《きん》は動《うご》けなくなります。

失敗《しっぱい》 馬《うま》は動《うご》かせない

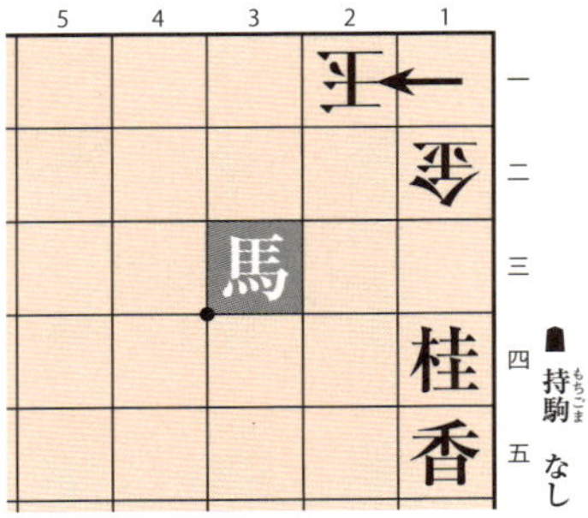

☗3三馬《さんうま》と引《ひ》く手《て》には、☖2一玉《いちぎょく》と寄《よ》ります。こうなると、守《まも》りの金《きん》が働《はたら》いてきてしまい、詰《つ》みません。

第《だい》43問《もん》

★★★★★
レベル

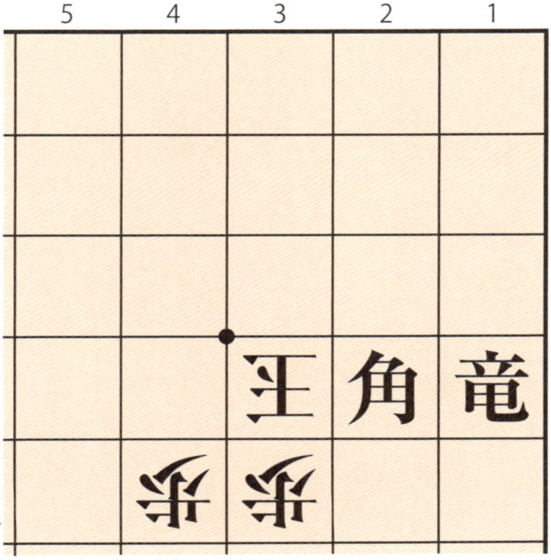

持駒《もちごま》 なし

ヒント

角《かく》を動《うご》かす場所《ばしょ》が大事《だいじ》

第《だい》44問《もん》

★★★★★
レベル

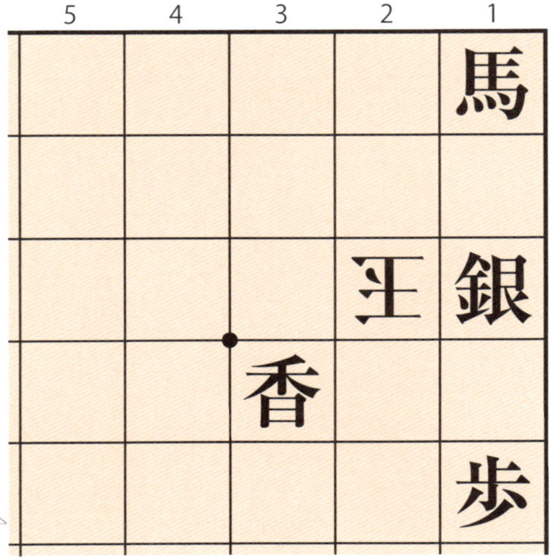

持駒《もちごま》 なし

ヒント

駒《こま》を取《と》られないように

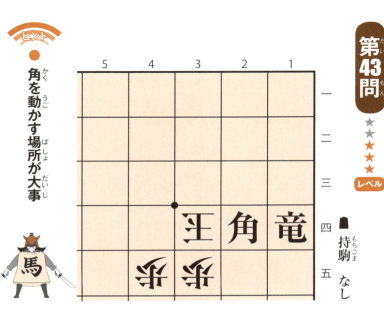

第43問 ☗4二角成《にかくなり》

正解図《せいかいず》

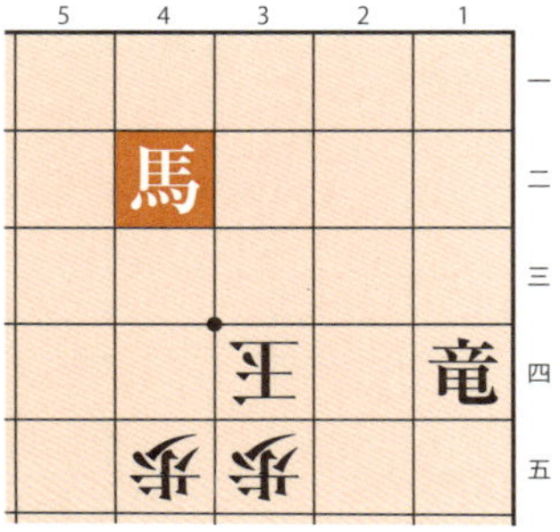

角《かく》を動《うご》かせば竜《りゅう》で王手《おうて》がかかります。では、その移動先《いどうさき》は？　玉《ぎょく》の逃《に》げ道《みち》は4三《さん》なので、☗4二《に》角成《かくなり》がぴったりです。

遠《とお》いとダメ　失敗《しっぱい》

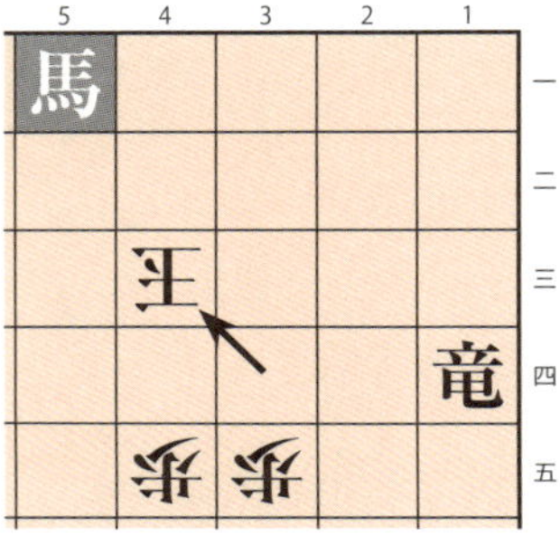

☗5一角成《いちかくなり》と遠《とお》くに行《い》きすぎると、☖4三玉《さんぎょく》と逃《に》げられます。以下《いか》、☗2三竜《さんりゅう》に☖5四玉《よんぎょく》で捕《つか》まりません。

第44問 ☗1二馬《にうま》

正解図《せいかいず》

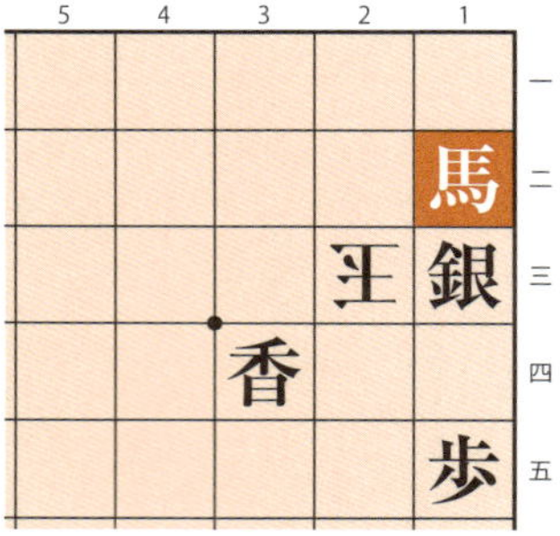

1三銀《さんぎん》と3四香《よんきょう》が宙《ちゅう》に浮《う》いています。この2枚《まい》を同時《どうじ》に守《まも》る手《て》が☗1二馬《にうま》。馬《うま》のパワーを見《み》せつけましょう。

取《と》られるとダメ　失敗《しっぱい》

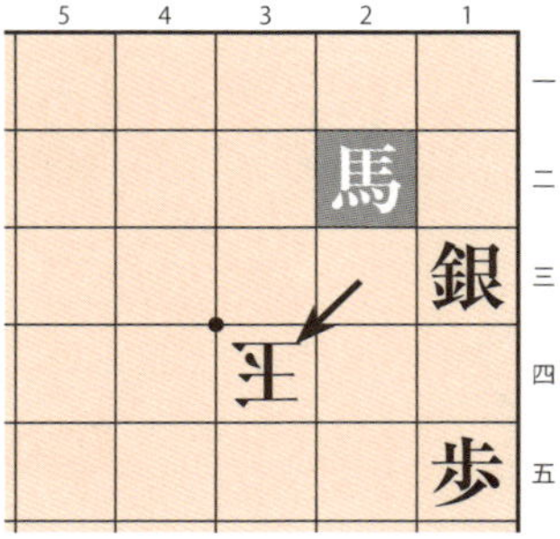

☗2二馬《にうま》は☖3四玉《よんぎょく》と香《きょう》を取《と》られてしまいます。また、☗3三馬《さんうま》は☖1三玉《さんぎょく》で、やはり詰《つ》みません。

第《だい》45問《もん》

★★★★★ レベル

ヒント ジャンプ力《りょく》に期待《きたい》!

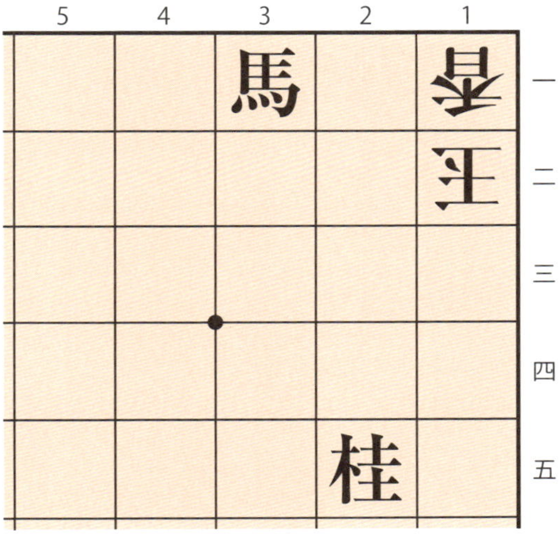

持駒《もちごま》 なし

第《だい》46問《もん》

★★★★★ レベル

ヒント ジャンプ力《りょく》に期待《きたい》?

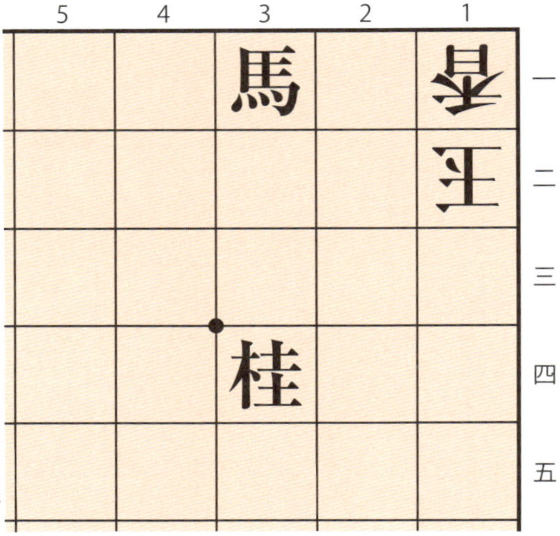

持駒《もちごま》 なし

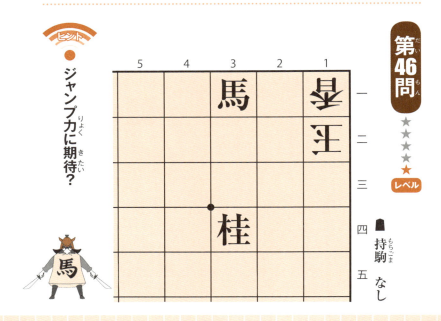

第45問
☗1三桂成《さんけいなり》

正解図《せいかいず》

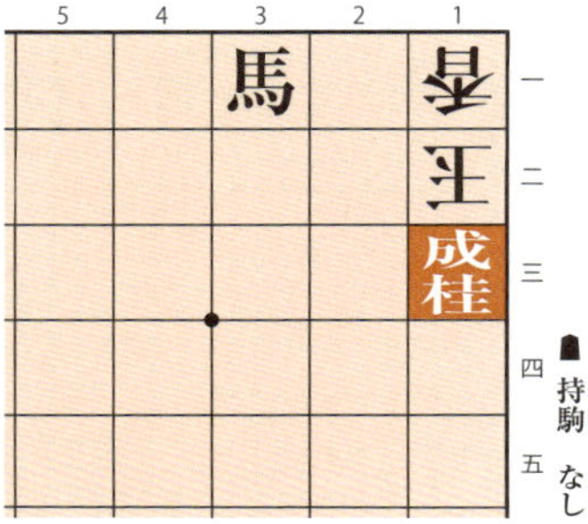

桂《けい》は2段先《だんさき》のマスに動《うご》けるため、ちょっと遠《とお》いと感《かん》じても手《て》が届《とど》くもの。馬《うま》の利《き》きに桂《けい》を成《な》って詰《つ》みです。

馬《うま》は動《うご》かせない　失敗《しっぱい》

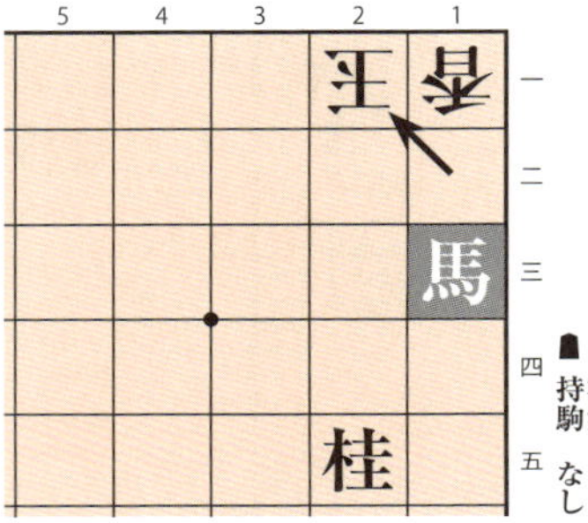

強力《きょうりょく》な馬《うま》を動《うご》かしたい気持《きも》ちもわかりますが、☗1三馬《さんうま》は、馬《うま》が動《うご》いたせいで☖2一玉《いちぎょく》と引《ひ》かれてしまいます。

第46問
☗2二馬《にうま》

正解図《せいかいず》

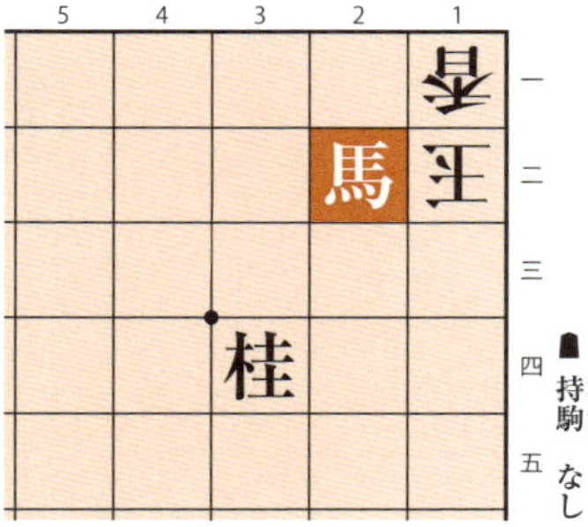

馬《うま》は竜《りゅう》と同《おな》じで、自分《じぶん》の周囲《しゅうい》8マスに利《き》きがある強力《きょうりょく》な駒《こま》。桂《けい》の利《き》きに☗2二馬《にうま》と引《ひ》けば詰《つ》んでいます。

馬《うま》が働《はたら》かない　失敗《しっぱい》

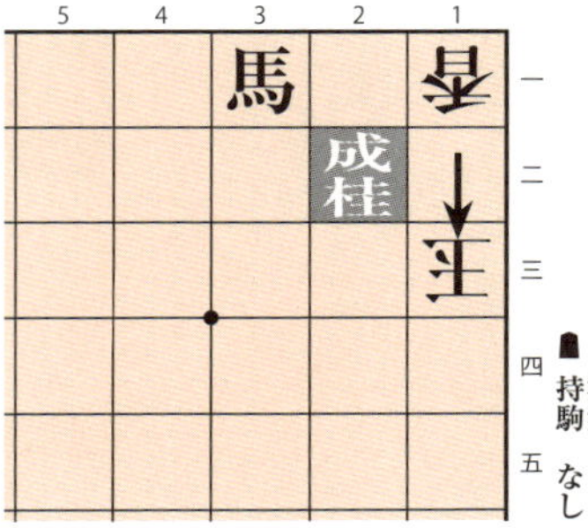

☗2二桂成《にけいなり》は、馬《うま》の利《き》きを止《と》めてしまうため、☖1三玉《さんぎょく》と逃《に》げられます。味方《みかた》の駒《こま》のジャマにならないよう注意《ちゅうい》。

第《だい》47問《もん》

★★★★★
レベル

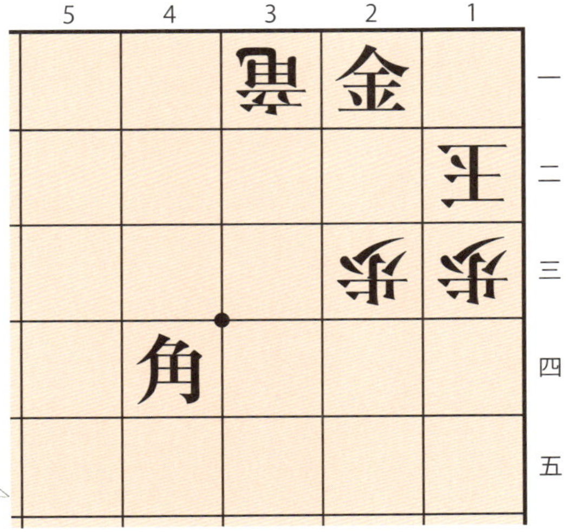

持駒《もちごま》 なし

ヒント
竜《りゅう》にさわらないように

第《だい》48問《もん》

★★★★★
レベル

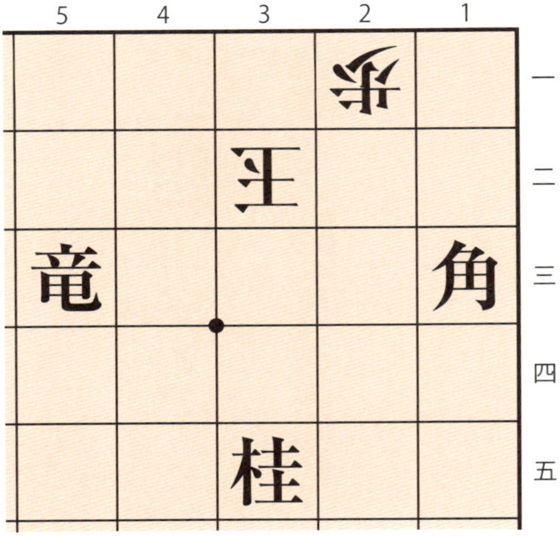

持駒《もちごま》 なし

ヒント
小《ちい》さく動《うご》かすこともある

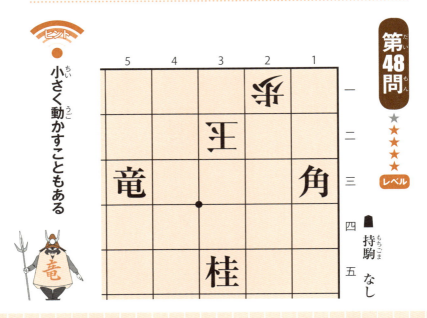

第47問 ▲1一角成《いちかくなり》

正解図《せいかいず》

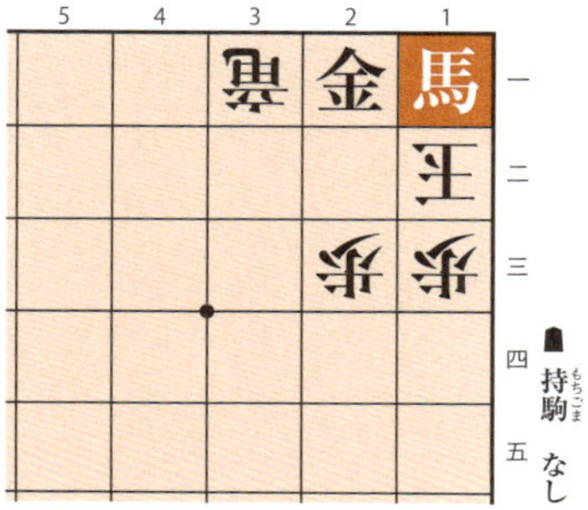

▲2二角成《にかくなり》は、竜《りゅう》に取《と》られて詰みません。もう一歩《いっぽ》踏《ふ》みこんで▲1一角成《いちかくなり》とすれば、竜《りゅう》にさわらずにすみます。

金《きん》は動《うご》かせない　失敗《しっぱい》

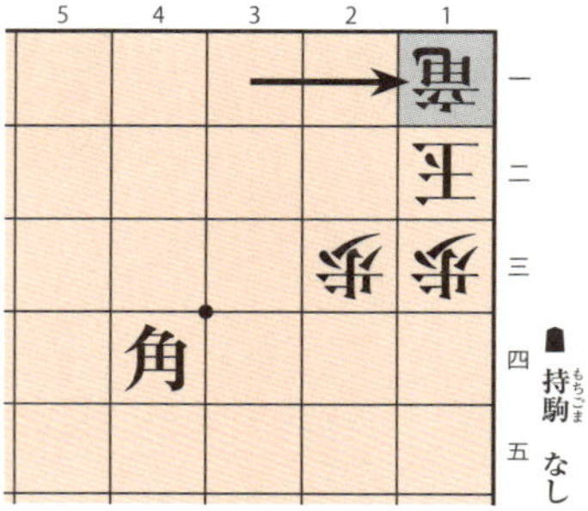

▲1一金《いちきん》と動《うご》かすと、△同《どう》竜《りゅう》と取《と》られます。金《きん》は竜《りゅう》を食《く》いとめる防波堤《ぼうはてい》のような役割《やくわり》をしています。

第48問 ▲4三竜《さんりゅう》

正解図《せいかいず》

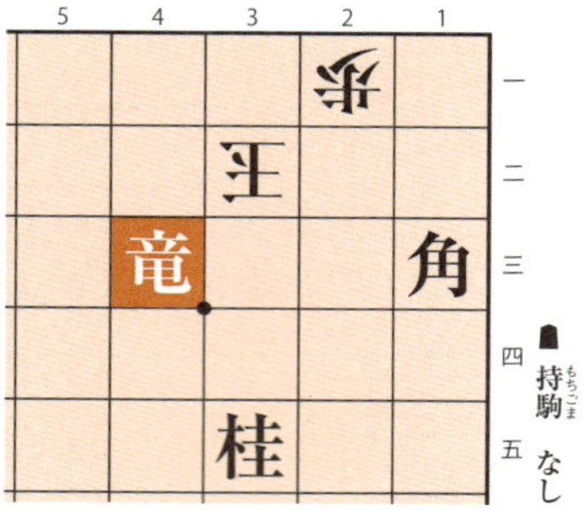

ひとつ横《よこ》に動《うご》かす▲4三竜《さんりゅう》は、意外《いがい》と見《み》えにくい手《て》。すぐに発見《はっけん》できれば、詰将棋《つめしょうぎ》のレベルアップしている証拠《しょうこ》です。

成桂《なりけい》では足《た》りない　失敗《しっぱい》

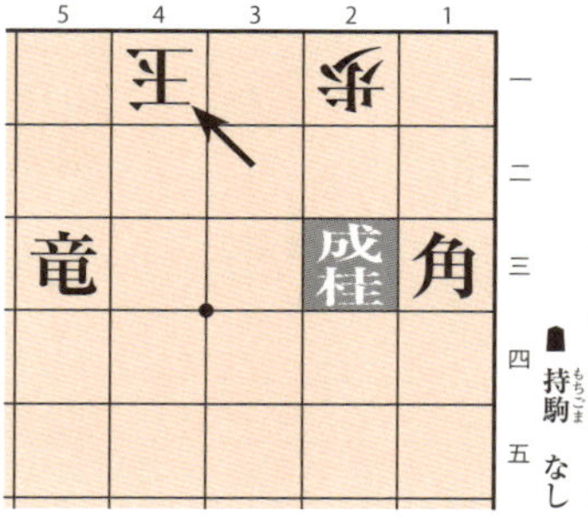

▲2三桂成《さんけいなり》は、△4一玉《いちぎょく》で詰《つ》みません。▲4三桂成《さんけいなり》は、竜《りゅう》の利《き》きが止《と》まるため、△2三《さん》玉《ぎょく》と上《うえ》に逃《に》げられます。

第《だい》49問《もん》

★★★★★ レベル

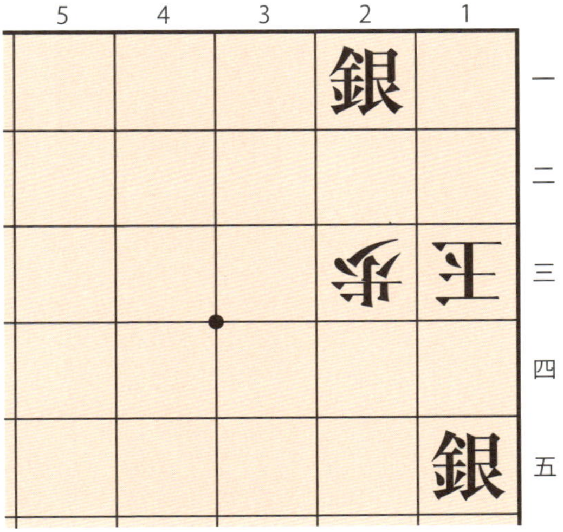

持駒《もちごま》 飛《ひ》

ヒント

上《うえ》から？ 下《した》から？

第《だい》50問《もん》

★★★★★ レベル

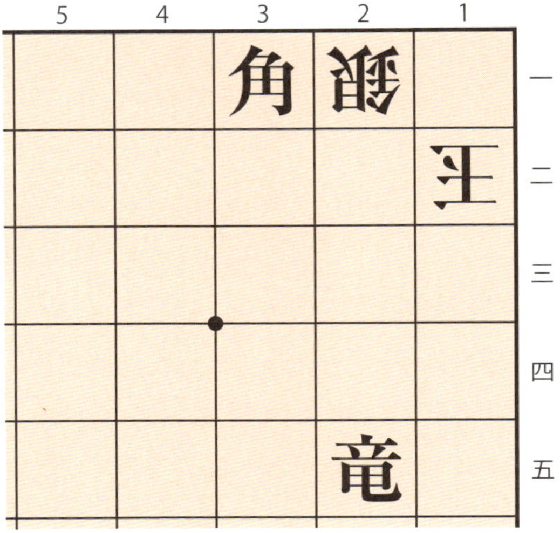

持駒《もちごま》 なし

ヒント

竜《りゅう》と角《かく》の連携技《れんけいわざ》で決《き》める！

第49問

☗1二飛《にひ》

正解図《せいかいず》

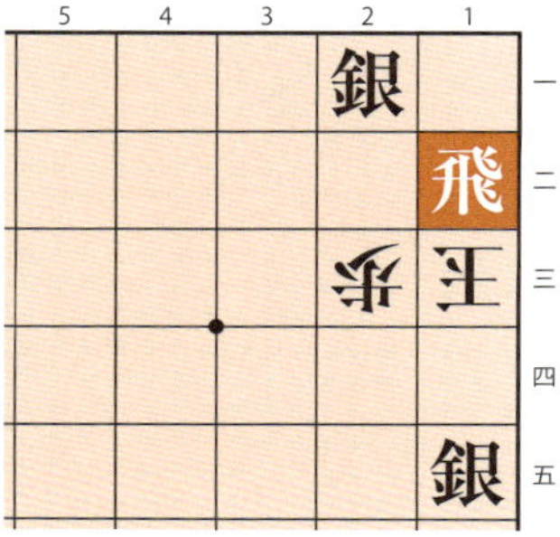

☗持駒《もちごま》なし

上下《じょうげ》から銀《ぎん》の挟《はさ》みうちという形《かたち》。2二《に》のスペースを見《み》つけて、☗1二飛《にひ》と下《した》から打《う》つのが正解《せいかい》です。

上《うえ》から目線《めせん》は失敗《しっぱい》

失敗《しっぱい》

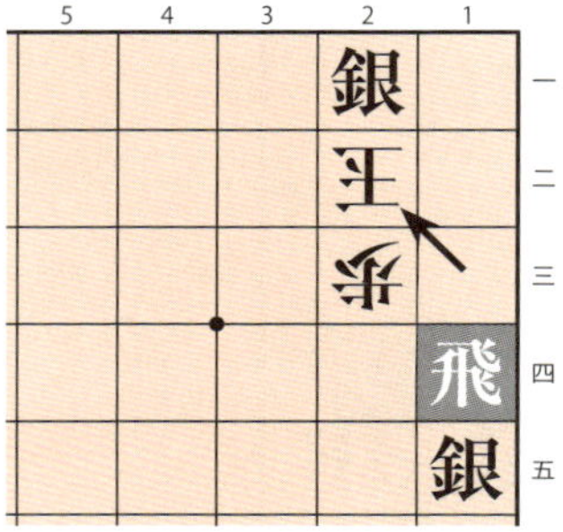

☗持駒《もちごま》なし

☗1四飛《よんひ》と上《うえ》から押《お》さえつけるのは、☖2二玉《にぎょく》と引《ひ》かれます。以下《いか》、☗1二飛成《にひなり》に☖3三《さん》玉《ぎょく》で逃亡完了《とうぼうかんりょう》。

第50問

☗1四竜《よんりゅう》

正解図《せいかいず》

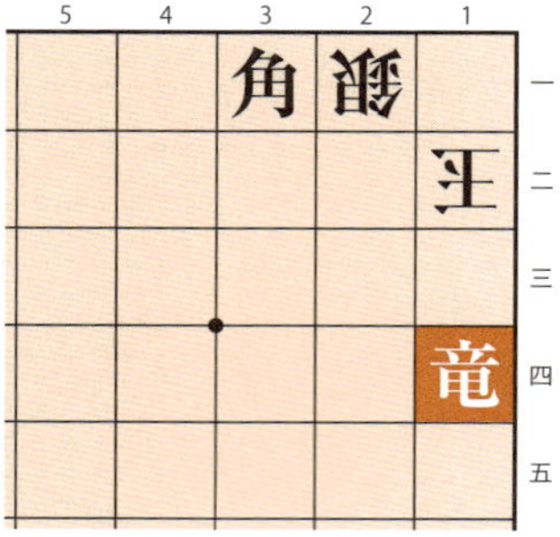

☗持駒《もちごま》なし

角《かく》の斜《なな》めの利《き》きを見《み》て、☗1四竜《よんりゅう》が絶好《ぜっこう》の一手《いって》。竜《りゅう》と角《かく》がうまく連携《れんけい》しています。これは覚《おぼ》えておきたい形《かたち》です。

駒《こま》は取《と》らない

失敗《しっぱい》

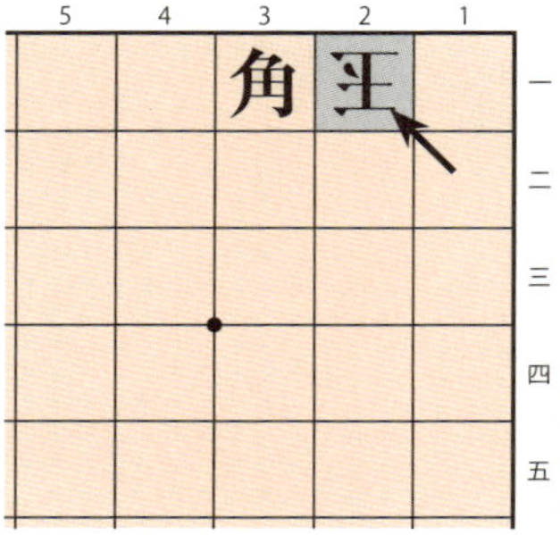

☗持駒《もちごま》 銀《ぎん》

ジャマな2一銀《いちぎん》を竜《りゅう》で取《と》ると、玉《ぎょく》で取《と》り返《かえ》されます。持駒《もちごま》が金《きん》なら詰《つ》みますが、銀《ぎん》では惜《お》しくも詰《つ》みません。

第《だい》51問《もん》

★★★★★ レベル

持駒《もちごま》 桂《けい》

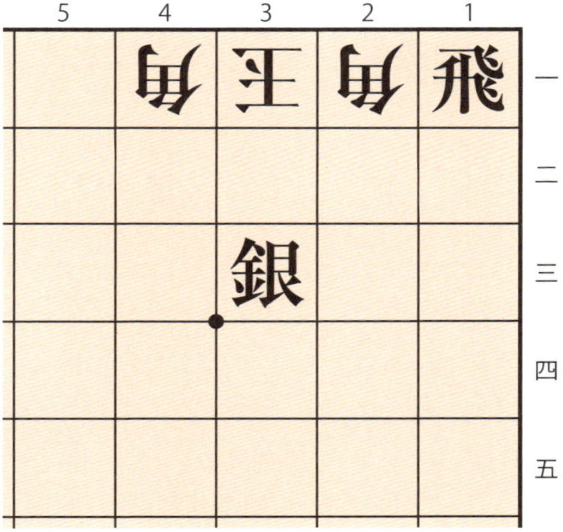

ヒント

角《かく》を怖《こわ》がらない

第《だい》52問《もん》

★★★★★ レベル

持駒《もちごま》 角《かく》

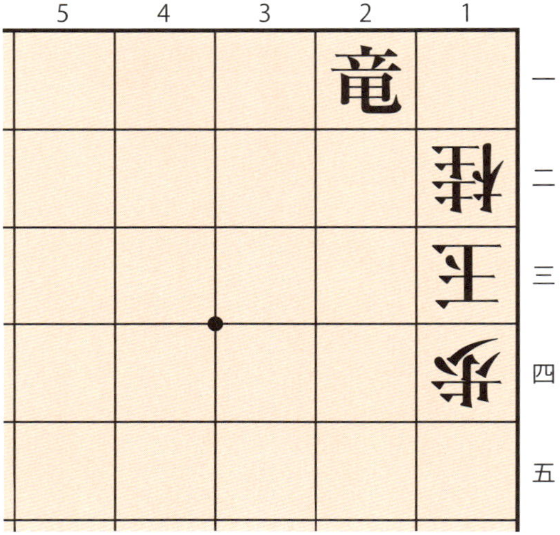

ヒント

無《む》駄《だ》合《あい》の練習《れんしゅう》をしよう

第51問 ☗4三桂《さんけい》

正解図《せいかいず》

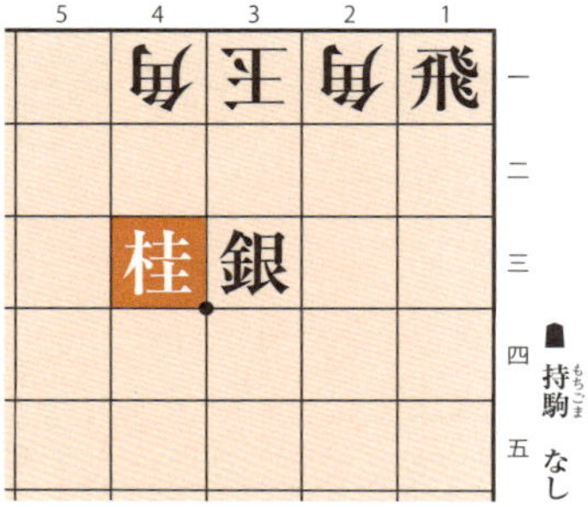

左《ひだり》に☗4三桂《さんけい》が正解《せいかい》。2一角《いちかく》で取《と》られるように見《み》えますが、隅《すみ》の飛車《ひしゃ》のおかげでこの角《かく》は動《うご》けません。

右《みぎ》は取《と》られる　失敗《しっぱい》

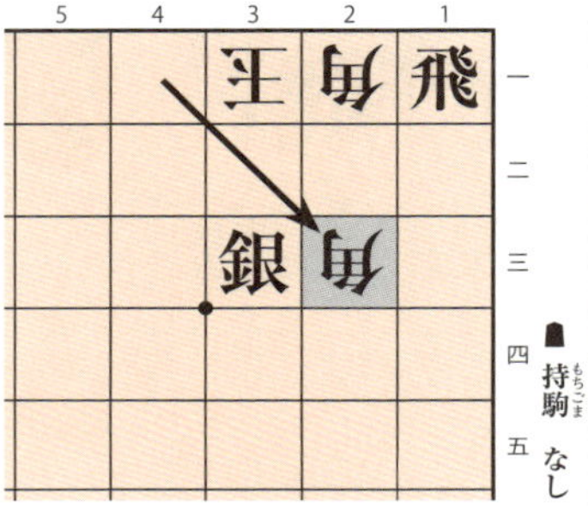

右《みぎ》に☗2三桂《さんけい》と打《う》つと、4一《いち》角《かく》に取《と》られてしまいます。どちらの角《かく》が動《うご》けるか、しっかり確《たし》かめましょう。

第52問 ☗3一角《いちかく》

正解図《せいかいず》

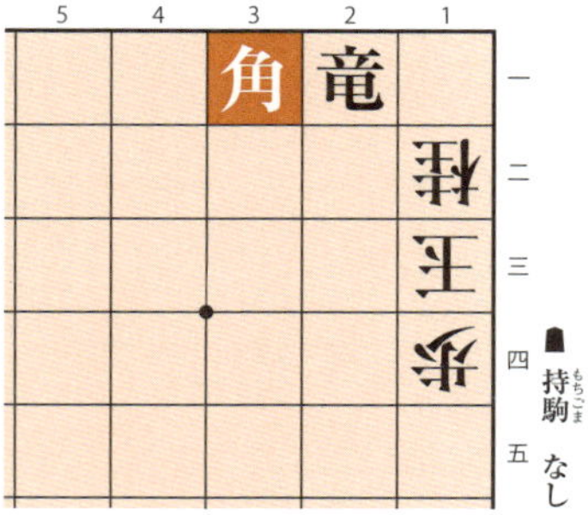

正解《せいかい》に対《たい》して☖2二歩合《にふあい》は、☗同竜《どうりゅう》で取《と》った駒《こま》が余《あま》って詰《つ》み。無駄《むだ》な合駒《あいごま》なので、☗3一角《いちかく》の時点《じてん》で詰みです。

1二桂《にけい》の役目《やくめ》　失敗《しっぱい》

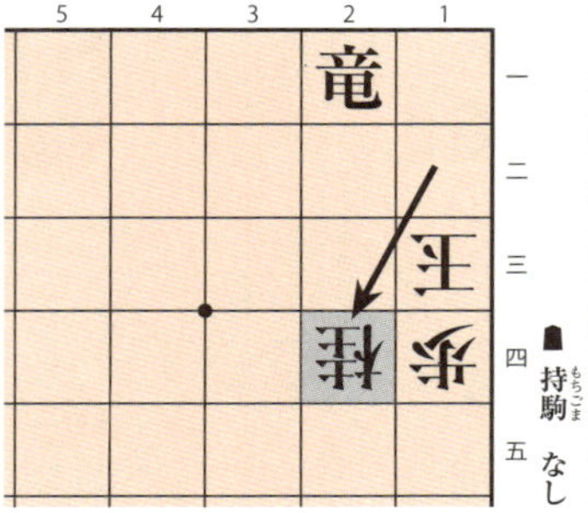

☗2四角《よんかく》と上《うえ》から打《う》つのは、☖同桂《どうけい》と取《と》られて失敗《しっぱい》です。離《はな》して☗3五角《ごかく》は、☖2四歩《よんふ》合《あい》でどうにもなりません。

第《だい》53問《もん》

★★★★★ レベル

持駒《もちごま》 なし

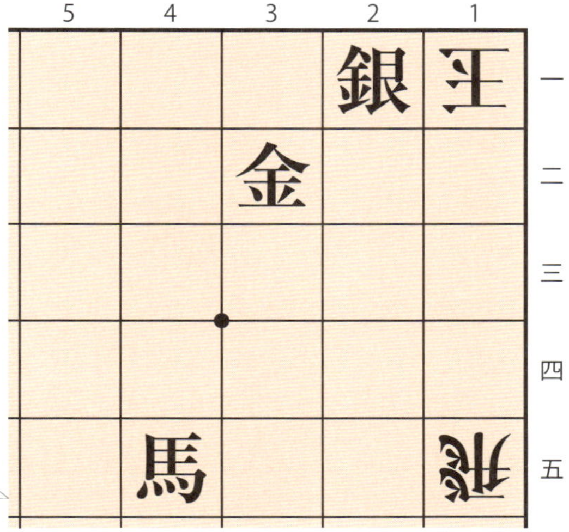

ヒント

1五《ご》飛《ひ》に気《き》をつけて

第《だい》54問《もん》

★★★★★ レベル

持駒《もちごま》 なし

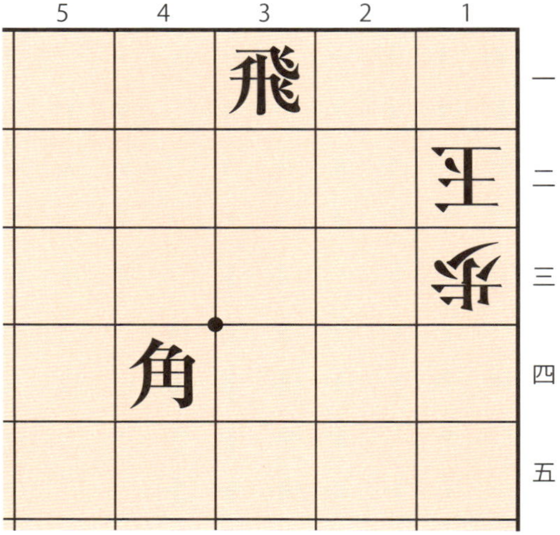

ヒント

飛車《ひしゃ》と角《かく》の協力《きょうりょく》

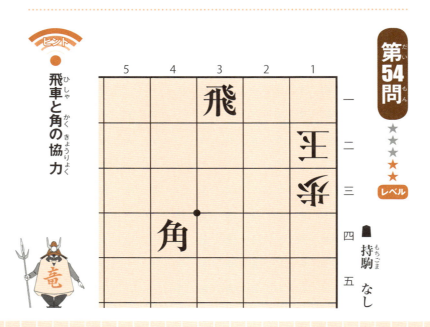

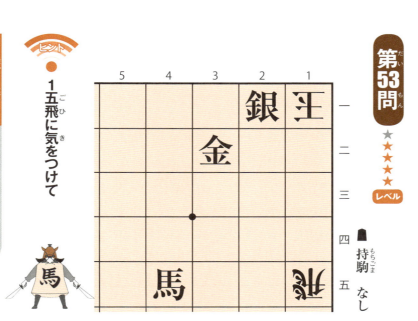

第53問

▲4四馬《よんうま》

正解図《せいかいず》

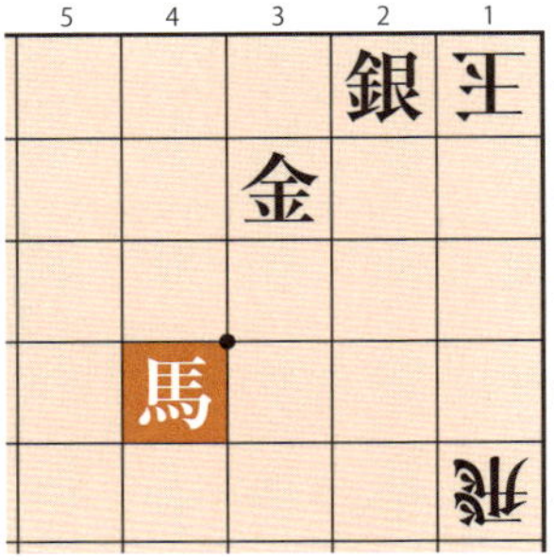

守《まも》りの飛車《ひしゃ》の利《き》きを避《さ》けるように、▲4四馬《よんうま》と一歩前《いっぽまえ》へ。遠《とお》くからの王手《おうて》で詰《つ》め上《あ》げるのが気持《きも》ちいいですね。

飛《ひ》ががんばる 失敗《しっぱい》

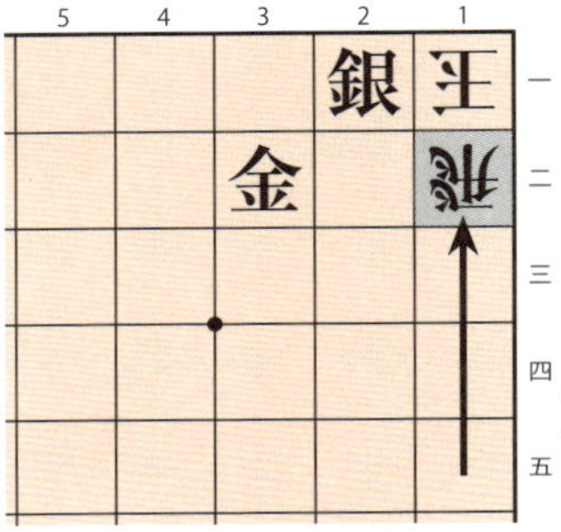

▲1二馬《にうま》は、飛車《ひしゃ》に取《と》られてしまいます。また▲5五馬《ごうま》と寄《よ》るのも、やはり△同飛《どうひ》。飛車《ひしゃ》の縦横《じゅうおう》の利《き》きは怖《こわ》いです。

第54問

▲3二飛成《にひなり》

正解図《せいかいず》

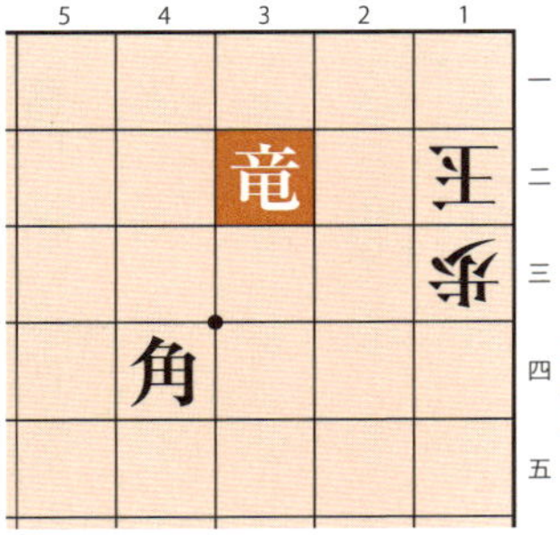

玉《ぎょく》の逃《に》げ道《みち》は2三《さん》だけ。ここに利《き》かせる▲3二飛成《にひなり》が正解《せいかい》。ちょっと離《はな》れた竜《りゅう》と角《かく》が、玉《ぎょく》のまわりを押《お》さえます。

上《うえ》に逃《に》がさない 失敗《しっぱい》

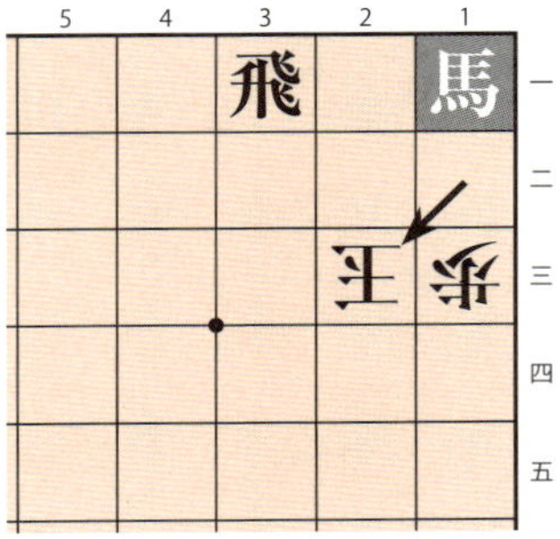

▲1一角成《いちかくなり》と飛《と》びこむ手《て》は、△2三玉《さんぎょく》と逃《に》げられます。以《い》下《か》、▲3三飛成《さんひなり》に△1四玉《よんぎょく》と進《すす》んで手《て》に負《お》えません。

第《だい》55問《もん》

★★★★★
レベル

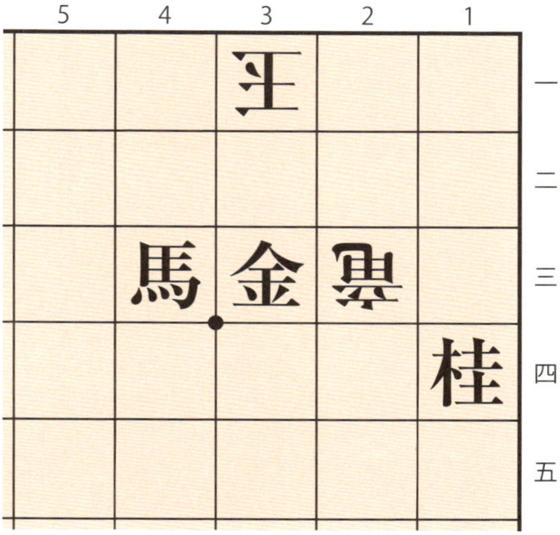

持駒《もちごま》 なし

ヒント
1四桂《よんけい》の意味《いみ》は?

第《だい》56問《もん》

★★★★★
レベル

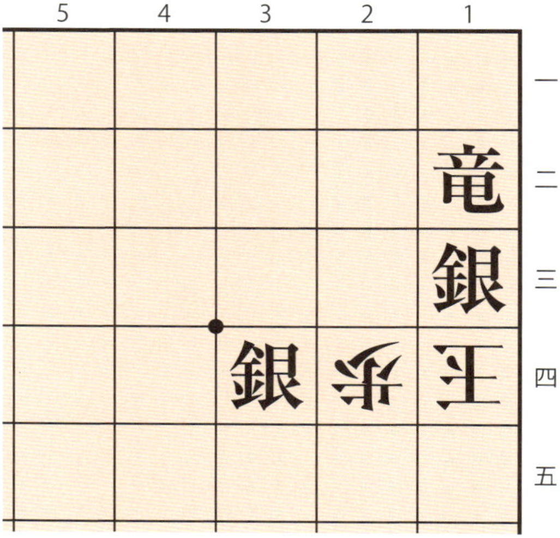

持駒《もちごま》 なし

ヒント
合駒《あいごま》をさせない

第55問

▲4二金《にきん》

正解図《せいかいず》

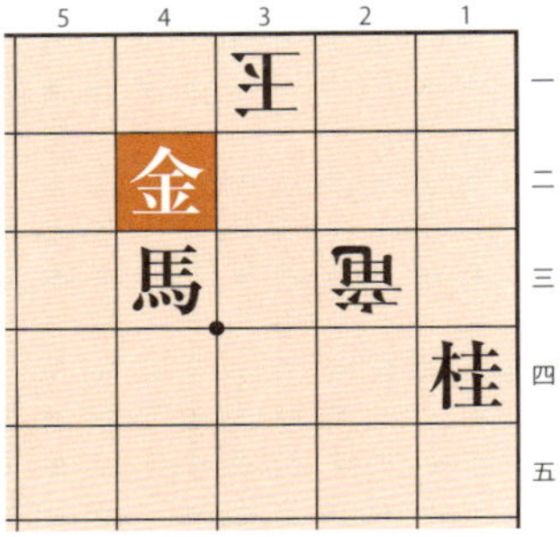

▲持駒《もちごま》 なし

金《きん》は玉《ぎょく》の正面《しょうめん》にあり、動《うご》かしにくい駒《こま》。▲4二金《にきん》の瞬間《しゅんかん》、△2二玉《にぎょく》と動《うご》かせそうですが、桂《けい》がにらんでいます。

馬《うま》は動《うご》かせない　失敗《しっぱい》

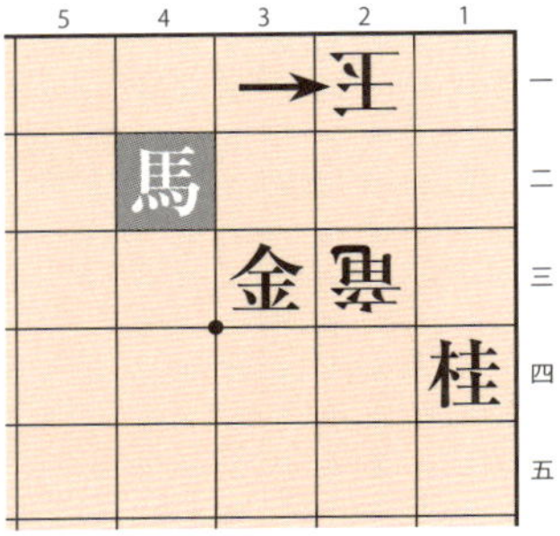

▲持駒《もちごま》 なし

▲4二《に》馬《うま》と動《うご》かすと、2一《いち》への馬《うま》の利《き》きが消《き》えます。△2一玉《いちぎょく》と逃《に》げられてしまい、竜《りゅう》の守《まも》りに歯《は》が立《た》ちません。

第56問

▲2二銀不成《にぎんならず》

正解図《せいかいず》

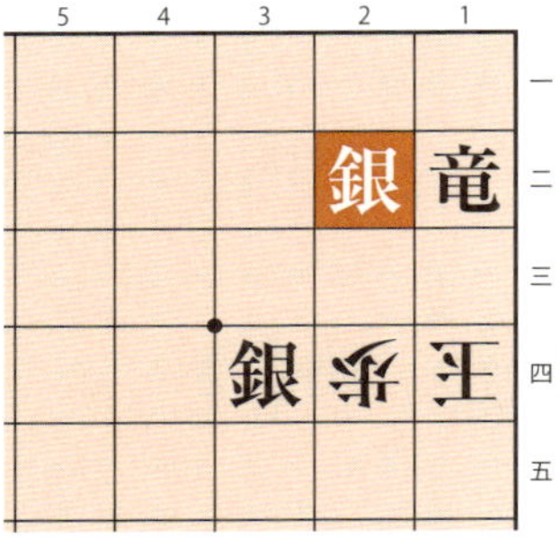

▲持駒《もちごま》 なし

銀《ぎん》を不成《ならず》で動《うご》かすことで、1三《さん》に銀《ぎん》の利《き》きをつくります。△1三歩合《さんふあい》は無駄合《むだあい》なので、これで詰《つ》みです。

成《な》ってはいけない　失敗《しっぱい》

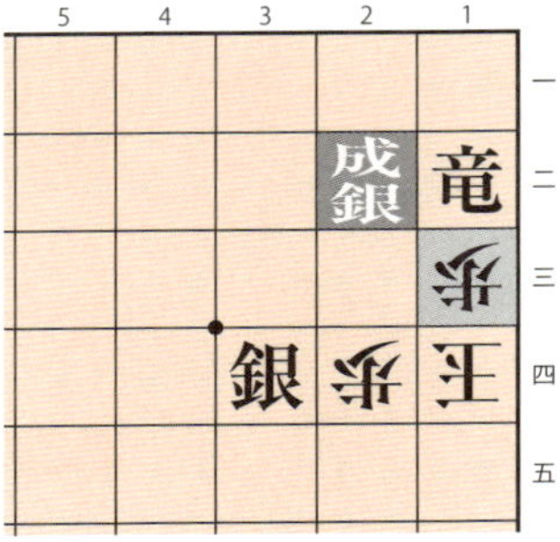

▲持駒《もちごま》 なし

▲2二銀成《にぎんなり》と成《な》ってしまうと、今度《こんど》は△1三歩合《さんふあい》が有効《ゆうこう》です。以下《いか》、▲2三竜《さんりゅう》と追《お》っても、△1五玉《ごぎょく》で困《こま》ります。

第《だい》57問《もん》

★★★★★ レベル

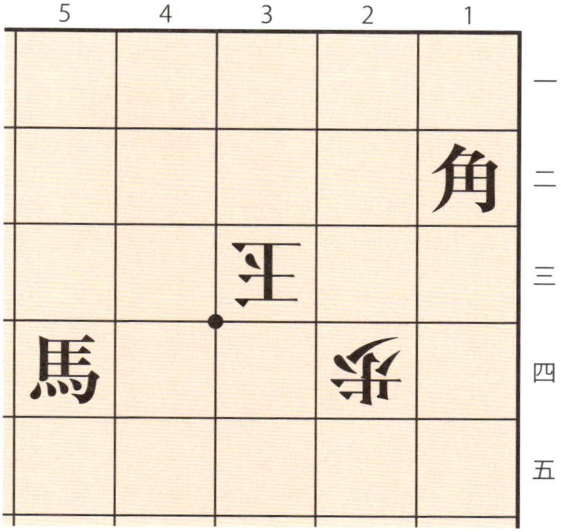

持駒《もちごま》 金《きん》

ヒント

包囲《ほうい》の穴《あな》を探《さが》せ！

第《だい》58問《もん》

★★★★★ レベル

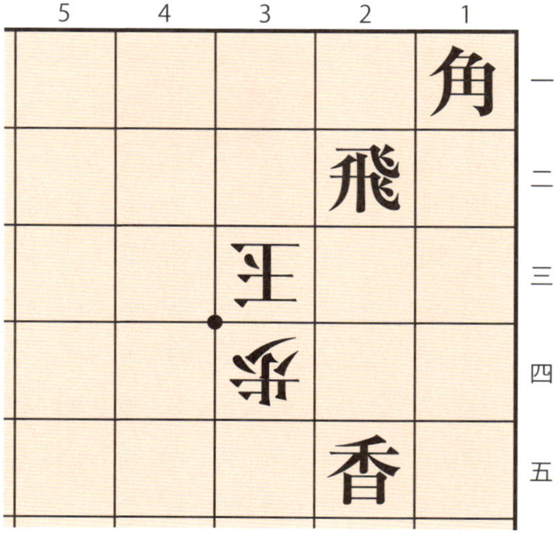

持駒《もちごま》 なし

ヒント

飛車《ひしゃ》の移動先《いどうさき》はどこ？

第57問 ☗3二金《にきん》

正解図《せいかいず》

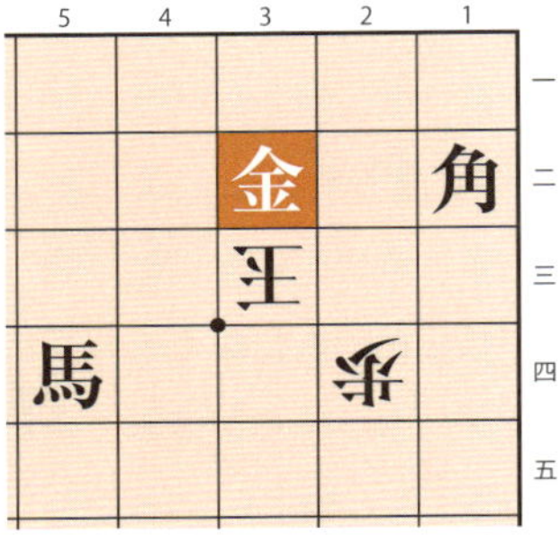

持駒《もちごま》 なし

いろいろな方向《ほうこう》から金《きん》を打《う》てますが、2二《に》と4二《に》の両方《りょうほう》に玉《ぎょく》を逃《に》がさないのは、玉《ぎょく》の後《うし》ろに打《う》つ（尻金《しりきん》といいます）☗3二金《にきん》だけ。

逃《に》げ道《みち》を残《のこ》さない 失敗《しっぱい》

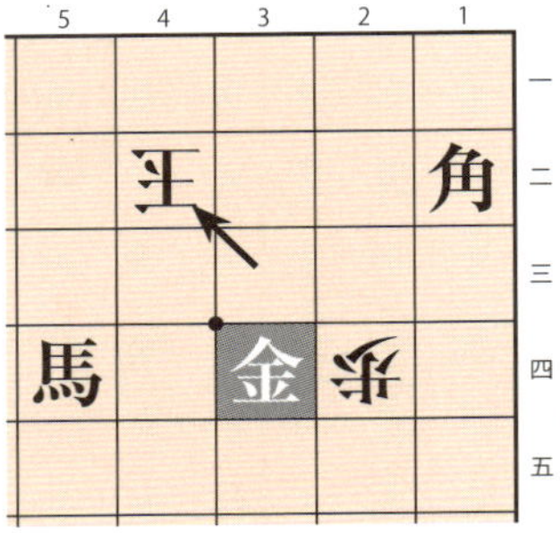

持駒《もちごま》 なし

玉《ぎょく》の頭《あたま》に☗3四金《よんきん》は、☖4二《に》玉《ぎょく》とかわされます。また、☗4三金《さんきん》は、☖2二玉《にぎょく》から角《かく》を取《と》られて詰《つ》みません。

第58問 ☗5二飛成《にひなり》

正解図《せいかいず》

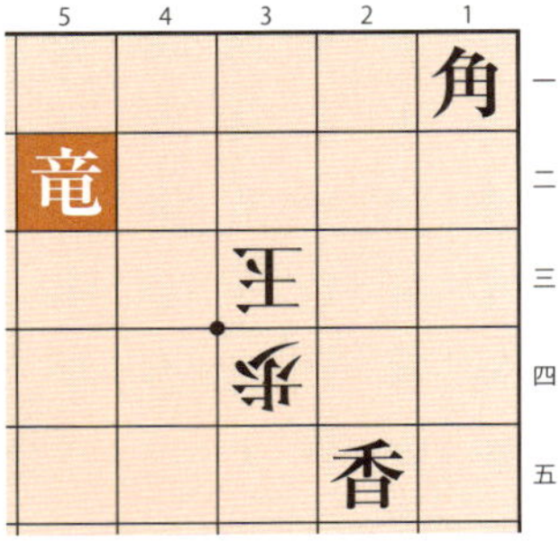

持駒《もちごま》 なし

飛車《ひしゃ》を動《うご》かすと角《かく》で王手《おうて》がかかります。玉《ぎょく》の逃《に》げ道《みち》を消《け》すように、☗5二飛成《にひなり》と動《うご》かすのが正解《せいかい》です。

両王手《りょうおうて》※は穴《あな》がある 失敗《しっぱい》

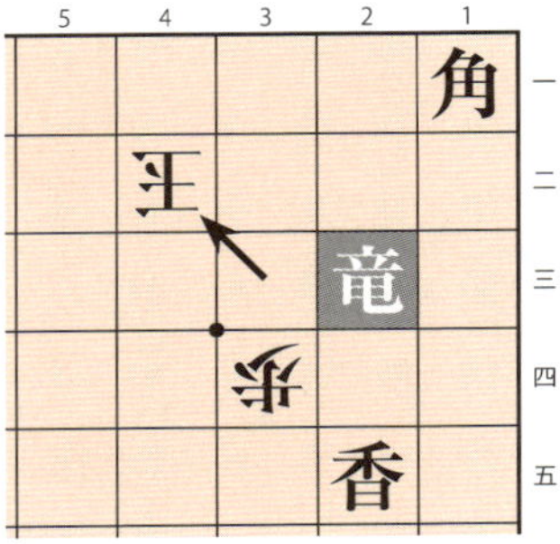

持駒《もちごま》 なし

☗2三飛成《さんひなり》として両王手《りょうおうて》をかけたくなりますが、飛車《ひしゃ》が2段目《だんめ》からずれるので、☖4二《に》玉《ぎょく》の穴《あな》が開《あ》いてしまいます。

※両王手《りょうおうて》…2枚《まい》の駒《こま》で同時《どうじ》にかける王手《おうて》。

第《だい》59問《もん》

★★★★★
レベル

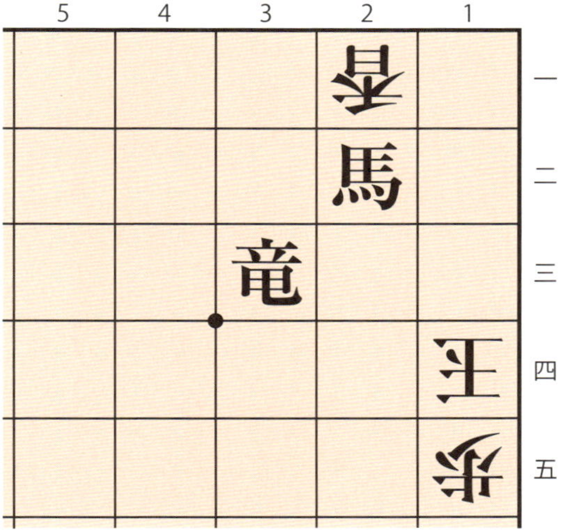

☗持駒《もちごま》 なし

ヒント
寄《よ》るか引《ひ》くか

第《だい》60問《もん》

★★★★★
レベル

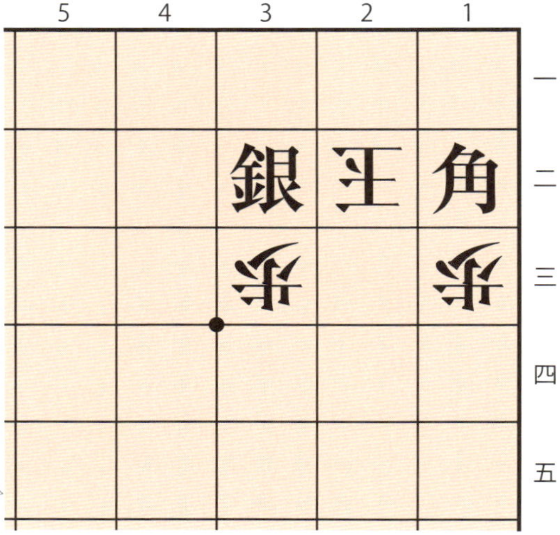

☗持駒《もちごま》 なし

ヒント
隅《すみ》が逃《に》げ道《みち》になりそうだ…

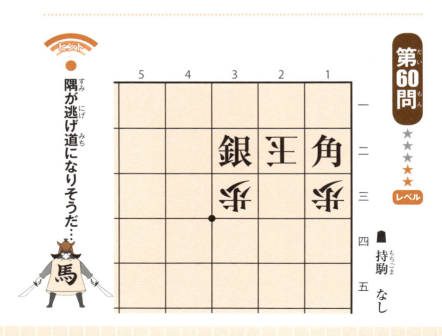

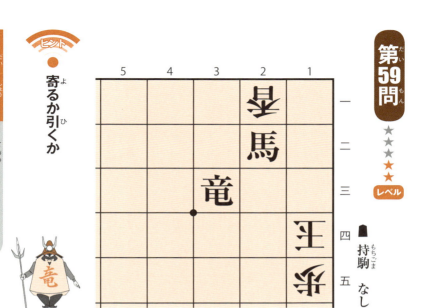

第59問

☗2三竜《さんりゅう》

正解図《せいかいず》

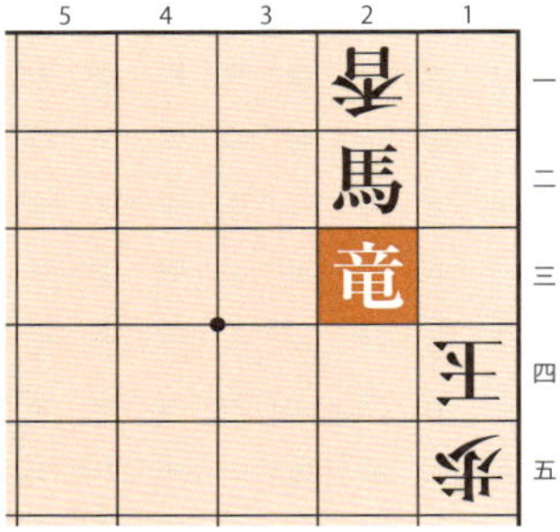

持駒《もちごま》 なし

☖2五玉《ごぎょく》と脱出《だっしゅつ》されるのをどう防《ふせ》ぐかという問題《もんだい》。☗2三《さん》竜《りゅう》とひとつだけ寄《よ》って解決《かいけつ》します。

竜《りゅう》引《ひ》きは失敗《しっぱい》

失敗《しっぱい》

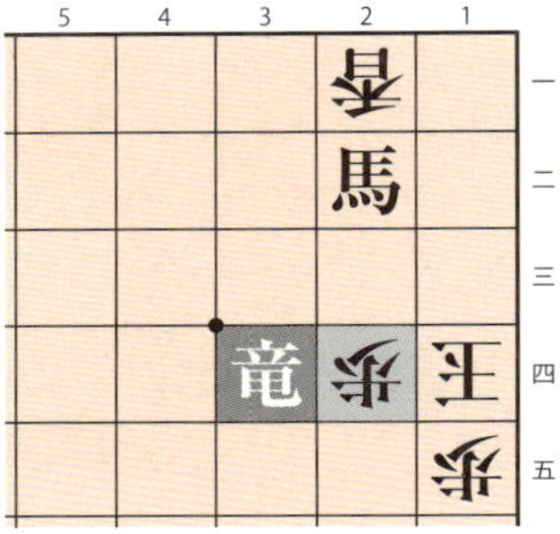

持駒《もちごま》 なし

☗3四竜《よんりゅう》は、☖2四歩合《よんふあい》と受《う》けられます。このとき、☗2三馬《さんうま》と引《ひ》ければ詰《つ》みますが、2一香《いちきょう》に取《と》られます。

第60問

☗2一角成《いちかくなり》

正解図《せいかいず》

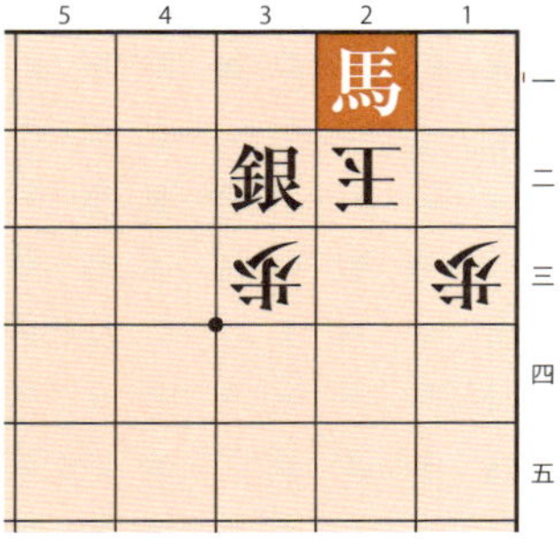

持駒《もちごま》 なし

動《うご》かすのは角《かく》か銀《ぎん》か、攻《せ》めるのは上《うえ》からか下《した》からかの4択《たく》問題《もんだい》。隅《すみ》に逃《に》がさないよう、☗2一角成《いちかくなり》が正解《せいかい》です。

上《うえ》から攻《せ》めない

失敗《しっぱい》

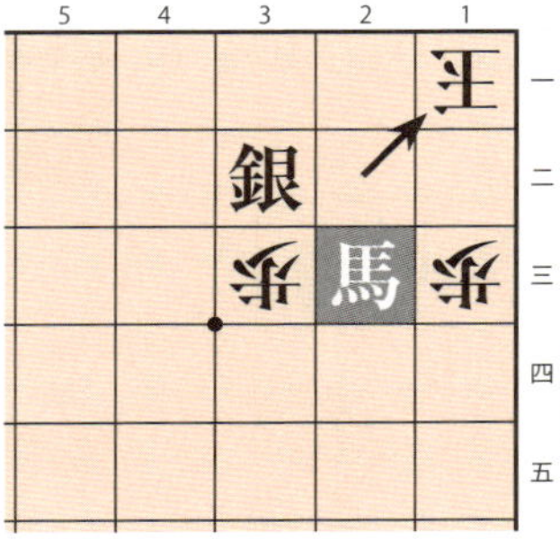

持駒《もちごま》 なし

上《うえ》から☗2三角成《さんかくなり》と攻《せ》めると、☖1一玉《いちぎょく》と隅《すみ》に逃《に》げこまれます。3三歩《さんふ》を取《と》っても☖2二歩合《にふあい》で詰《つ》みません。

第《だい》61問《もん》

★★★★★
レベル

ヒント
桂《けい》は無視《むし》して攻《せ》める！

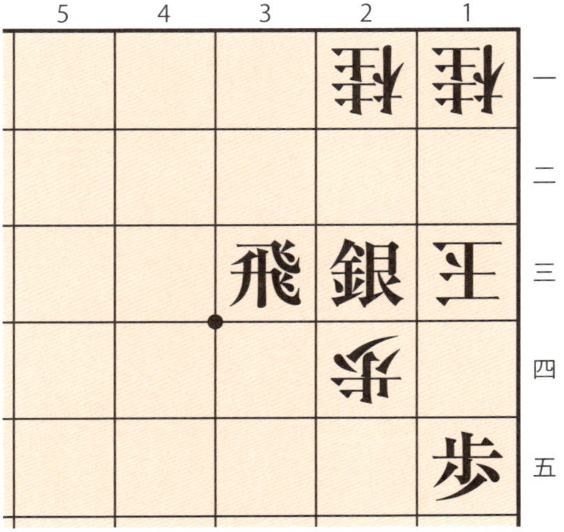

持駒《もちごま》 なし

第《だい》62問《もん》

★★★★★
レベル

ヒント
竜《りゅう》が大活躍《だいかつやく》！

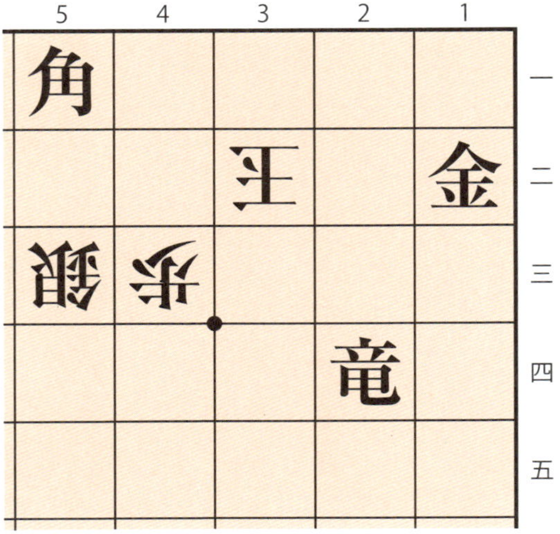

持駒《もちごま》 なし

第61問 ☗1四歩《よんふ》

正解図《せいかいず》

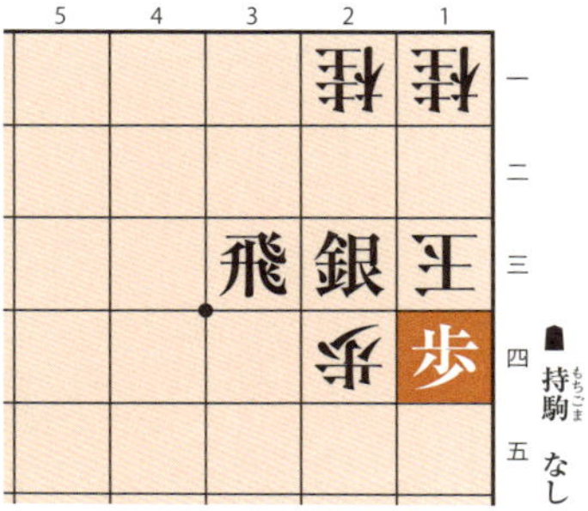

飛車《ひしゃ》と銀《ぎん》の形《かたち》がしっかりしていて玉《ぎょく》は動《うご》けません。打歩詰《うちふづめ》は反則《はんそく》ですが、突歩詰《つきふづめ》（盤上《ばんじょう》の歩《ふ》を動《うご》かす）は問題《もんだい》なし。

桂《けい》のかたい守《まも》り　失敗《しっぱい》

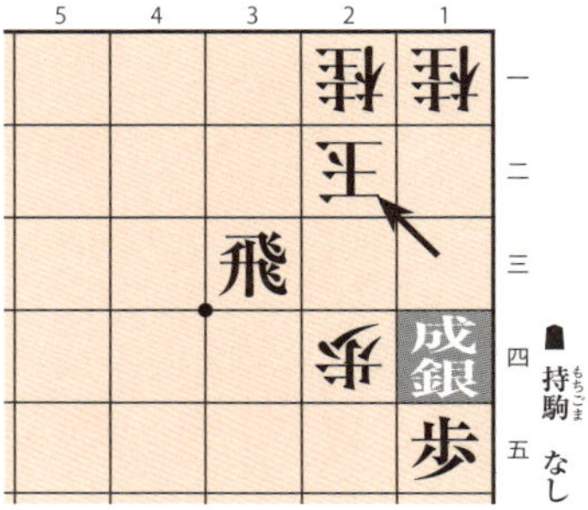

☗1四銀成《よんぎんなり》の両王手《りょうおうて》には、☖2二玉《にぎょく》と引《ひ》きます。☗2三成《さんなり》銀《ぎん》と追撃《ついげき》しても、☖同桂《どうけい》と取《と》られて詰《つ》みません。

第62問 ☗2一竜《いちりゅう》

正解図《せいかいず》

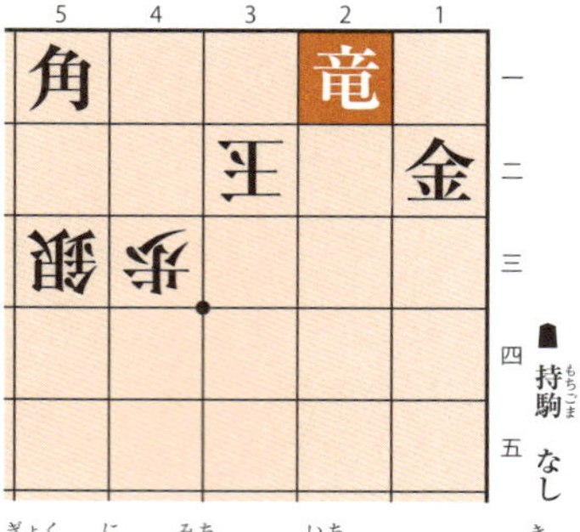

玉《ぎょく》の逃《に》げ道《みち》は4一《いち》。ここに利《き》きをつくるため、竜《りゅう》を端《はし》まで動《うご》かします。竜《りゅう》の縦横《じゅうおう》の利《き》きをフルに発揮《はっき》しましょう。

踏《ふ》みこみ不足《ぶそく》　失敗《しっぱい》

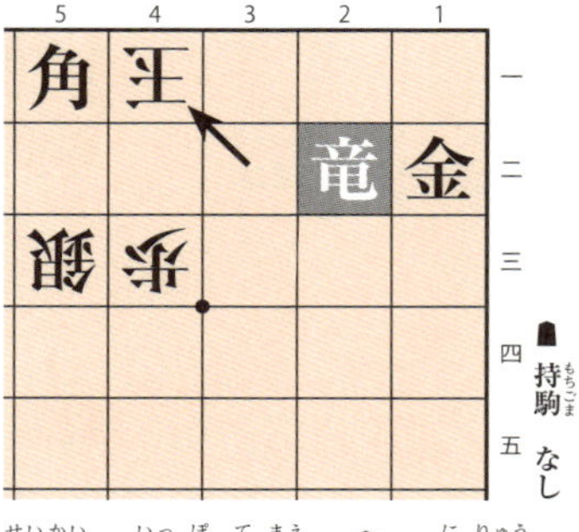

正解《せいかい》の一歩手前《いっぽてまえ》、☗2二竜《にりゅう》で止《と》まってしまうと、☖4一玉《いちぎょく》があります。銀《ぎん》のせいで☗4二竜《にりゅう》と回《まわ》れません。

第《だい》63問《もん》

★★★★★
レベル

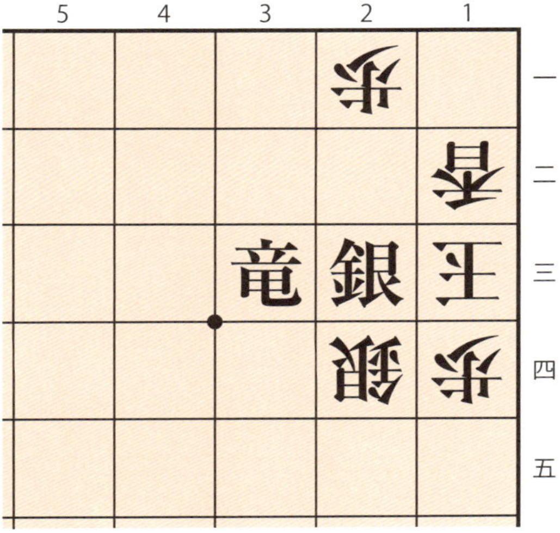

持駒《もちごま》 なし

ヒント
守《まも》れない王手《おうて》とは？

第《だい》64問《もん》

★★★★★
レベル

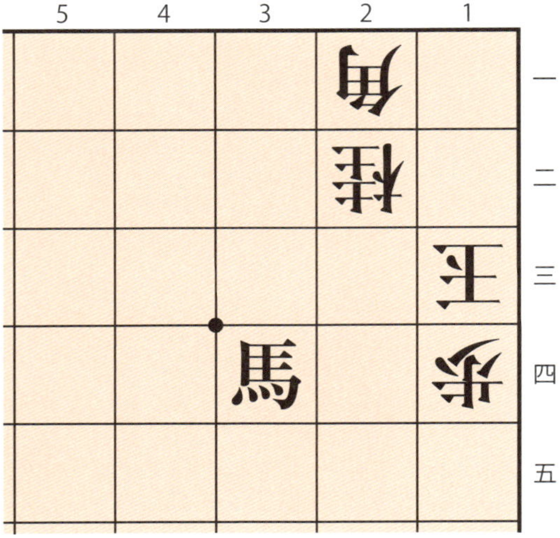

持駒《もちごま》 飛《ひ》

ヒント
どこから飛車《ひしゃ》を打《う》つか

第63問 ☗2二銀不成《にぎんならず》

正解図《せいかいず》

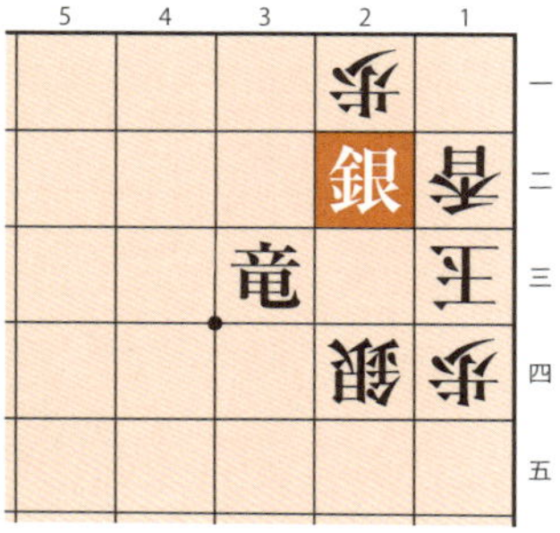

☗持駒《もちごま》 なし

銀《ぎん》を動《うご》かす手《て》が有力《ゆうりょく》です。☗2二銀不成《にぎんならず》と両王手《りょうおうて》の形《かたち》にすることで、玉方《ぎょくかた》の守《まも》りを無効《むこう》にします。

銀《ぎん》は守《まも》りの中心《ちゅうしん》 失敗《しっぱい》

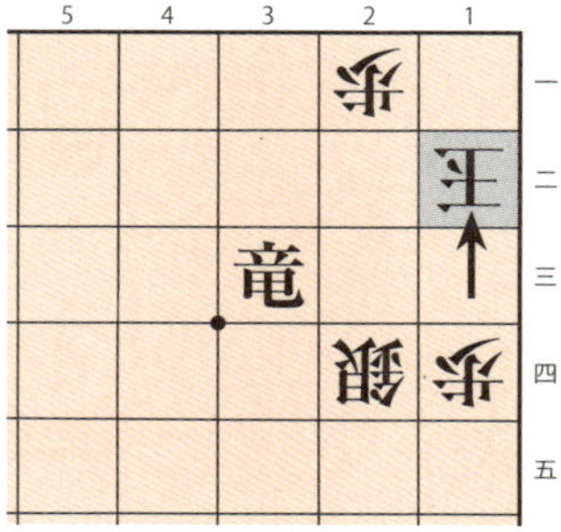

☗持駒《もちごま》 香《きょう》

☗1二銀成《にぎんなり》と香《きょう》を取《と》る両王手《りょうおうて》もありますが、☖同玉《どうぎょく》で香《きょう》の打《う》ちどころがありません。☗2二銀成《にぎんなり》は☖3三銀《さんぎん》で失敗《しっぱい》。

第64問 ☗3三飛《さんひ》

正解図《せいかいず》

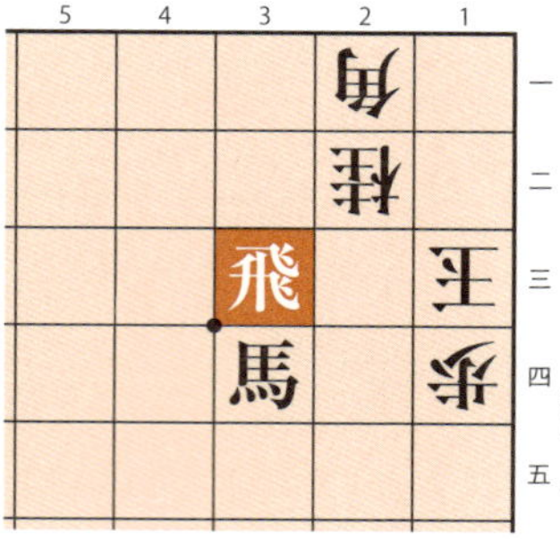

☗持駒《もちごま》 なし

玉《ぎょく》からひとつ離《はな》して飛車《ひしゃ》を打《う》ちます。合駒《あいごま》は無駄合《むだあい》なのでこれで詰《つ》み。これより離《はな》すと2一角《いちかく》が働《はたら》いてきます。

馬《うま》のジャマをしない 失敗《しっぱい》

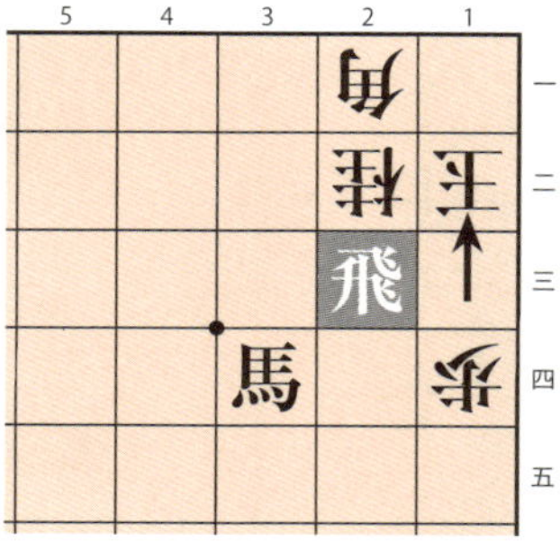

☗持駒《もちごま》 なし

☗2三飛《さんひ》は、馬《うま》の利《き》きが止《と》まるため、☖1二玉《にぎょく》と逃《に》げられます。☗3三飛成《さんひなり》としても、☖3四桂《よんけい》で攻《せ》めが切《き》れます。

第《だい》65問《もん》

★★★★★ レベル

ヒント
2四《よん》に穴《あな》がある！

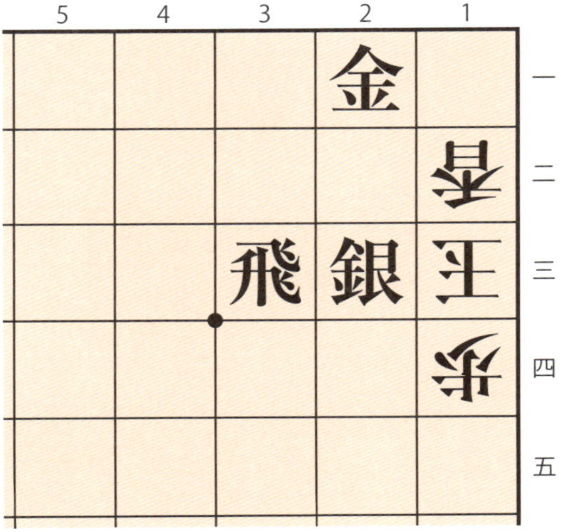

持駒《もちごま》 なし

第《だい》66問《もん》

★★★★★ レベル

ヒント
左《ひだり》と右《みぎ》、どちらに飛《と》ぶ？

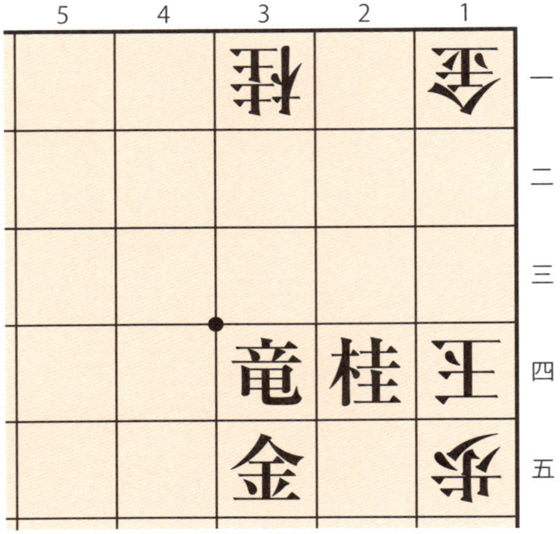

持駒《もちごま》 なし

第65問 ☗3四銀成《よんぎんなり》

正解図《せいかいず》

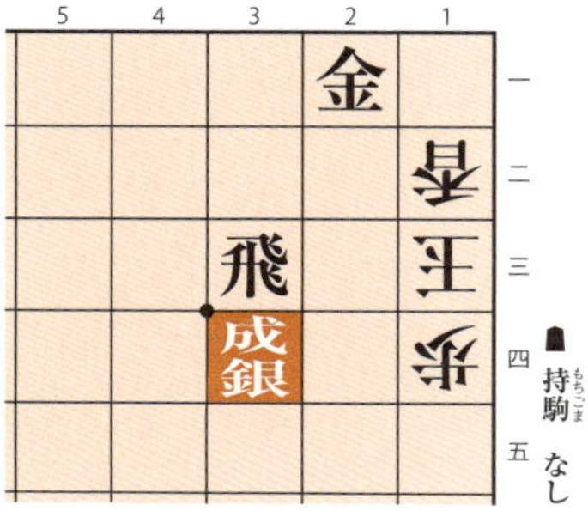

2四《よん》に逃《に》がすわけにはいかないので、3四《よん》に成銀《なりぎん》をつくって防《ふせ》ぎます。詰《つ》め上《あ》がりには2一金《いちきん》が働《はたら》いています。

しっかり成《な》る

失敗《しっぱい》

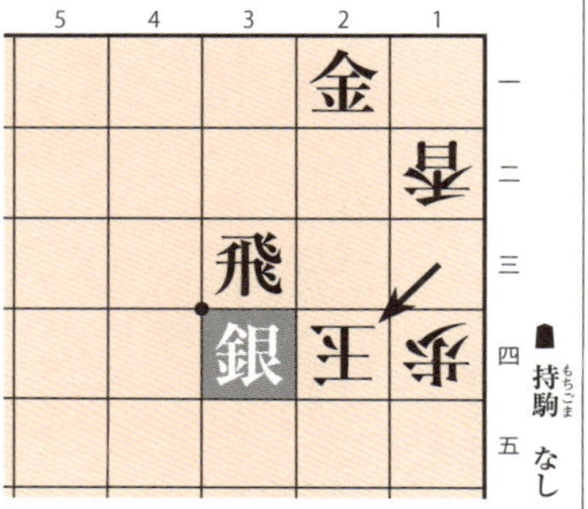

成《な》れるのを忘《わす》れて☗3四銀不成《よんぎんならず》は、☖2四玉《よんぎょく》と逃《に》げられます。☗2三飛成《さんひなり》と追《お》っても、☖3五玉《ごぎょく》で詰《つ》みません。

第66問 ☗1二桂成《にけいなり》

正解図《せいかいず》

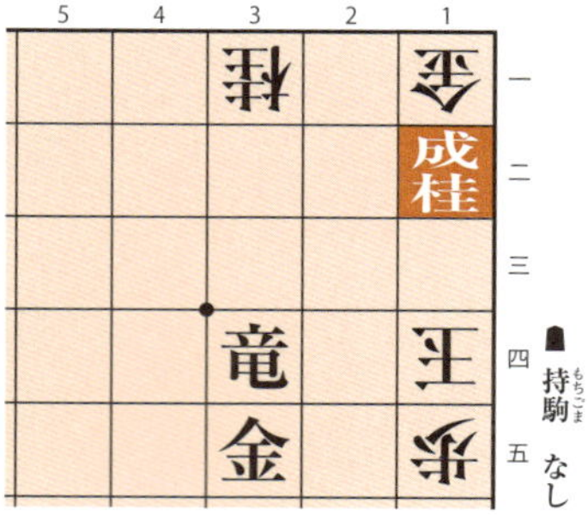

玉《ぎょく》を1三《さん》に逃《に》がさないよう、右《みぎ》に☗1二桂成《にけいなり》とします。これで玉《ぎょく》をしっかりと包囲《ほうい》できます。

左《ひだり》は失敗《しっぱい》

失敗《しっぱい》

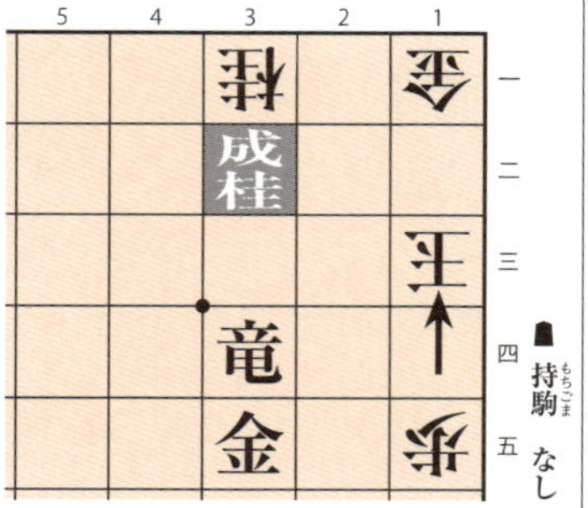

左《ひだり》に☗3二桂成《にけいなり》は、☖1三玉《さんぎょく》と下《さ》がります。以下《いか》、☗2四金《よんきん》や☗2四竜《よんりゅう》などの王手《おうて》はありますが、詰《つ》みません。

第《だい》67問《もん》

レベル ★★★★★

持駒《もちごま》 なし

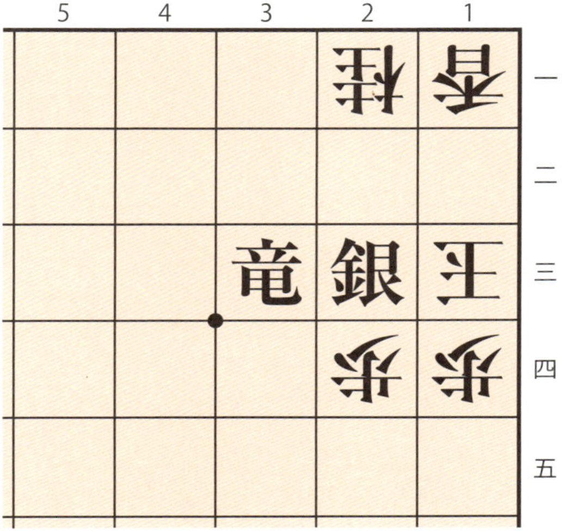

ヒント

銀《ぎん》を動《うご》かすと……？

第《だい》68問《もん》

レベル ★★★★★

持駒《もちごま》 なし

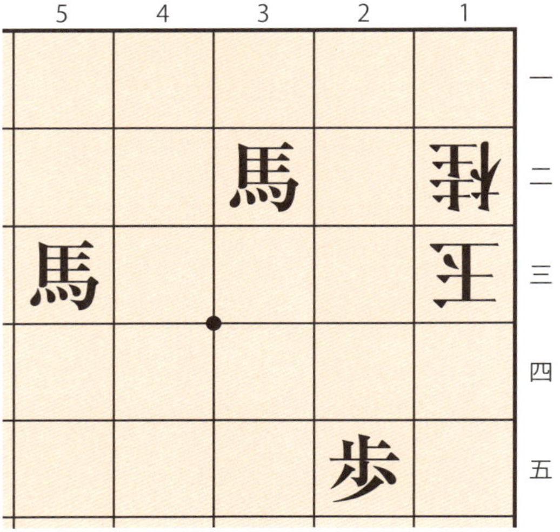

ヒント

馬《うま》をどう動《うご》かす？

第67問 ▲2二竜《にりゅう》

正解図《せいかいず》

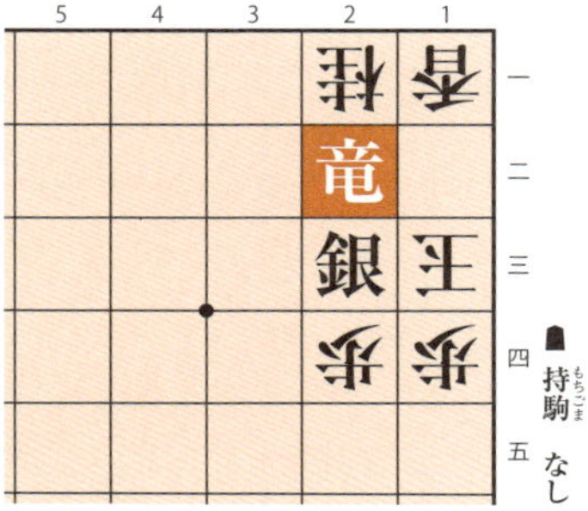

銀《ぎん》を動《うご》かしたくなるかもしれませんが、それをぐっと我慢《がまん》。竜《りゅう》を2二《に》に進《すす》めるのが力強《ちからづよ》い手《て》です。

銀《ぎん》は動《うご》かさない　失敗《しっぱい》

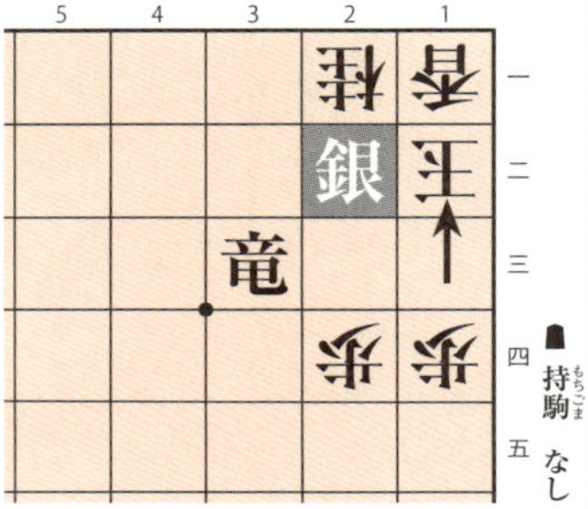

銀《ぎん》を動《うご》かして両王手《りょうおうて》をかけたい形《かたち》。▲2二《に》銀不成《ぎんならず》は△1二《に》玉《ぎょく》と引《ひ》きます。以下《いか》、▲1三《さん》銀成《ぎんなり》に△同桂《どうけい》で失敗《しっぱい》です。

第68問 ▲3一馬左《いちうまひだり》

正解図《せいかいず》

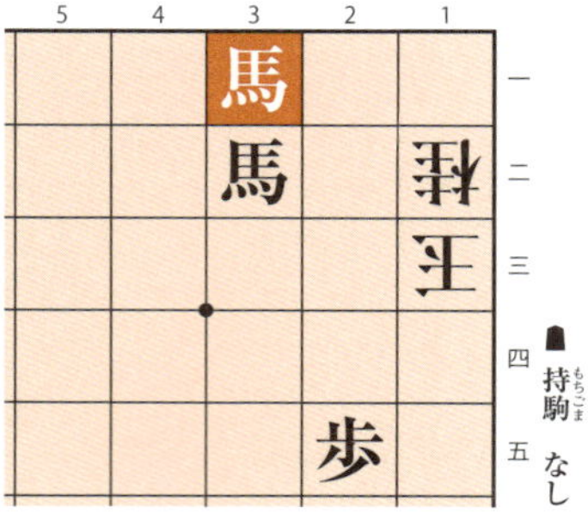

3一《いち》には、左《ひだり》の5三馬《さんうま》も右《みぎ》の3二馬《にうま》も動《うご》かせます。今回《こんかい》は左《ひだり》の馬《うま》を動《うご》かすので「▲3一《いち》馬左《うまひだり》」と書《か》きます。

桂《けい》に注意《ちゅうい》　失敗《しっぱい》

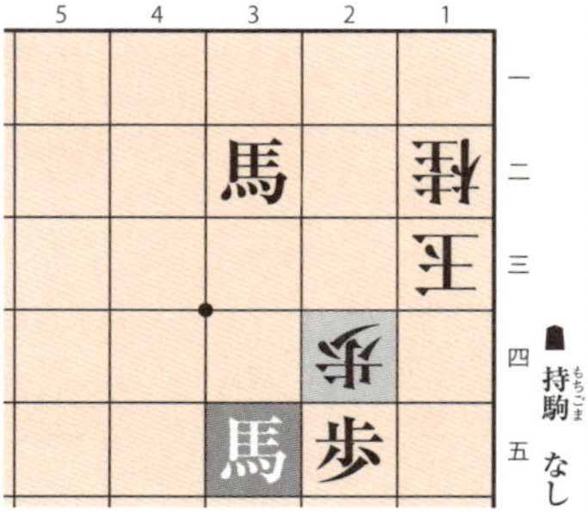

▲3五馬《ごうま》は、△2四歩《よんふ》と合駒《あいごま》されて詰《つ》みません。桂《けい》の守《まも》りはうっかりすることがあるので注意《ちゅうい》しましょう。

第《だい》69問《もん》

★★★★★
レベル

ヒント
銀《ぎん》をどう使《つか》うか

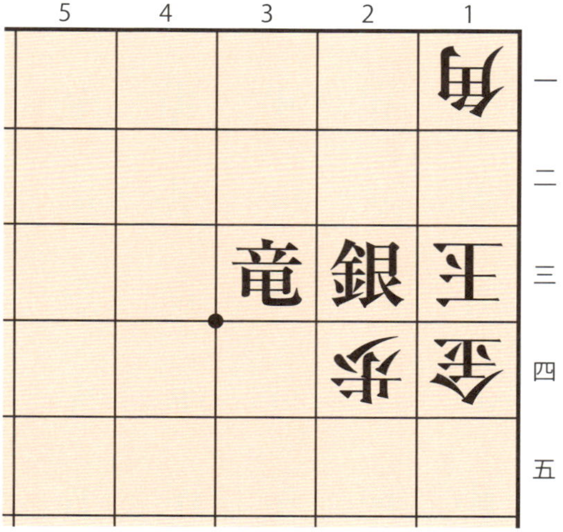

持駒《もちごま》 なし

第《だい》70問《もん》

★★★★★
レベル

ヒント
角《かく》を生《い》かそう

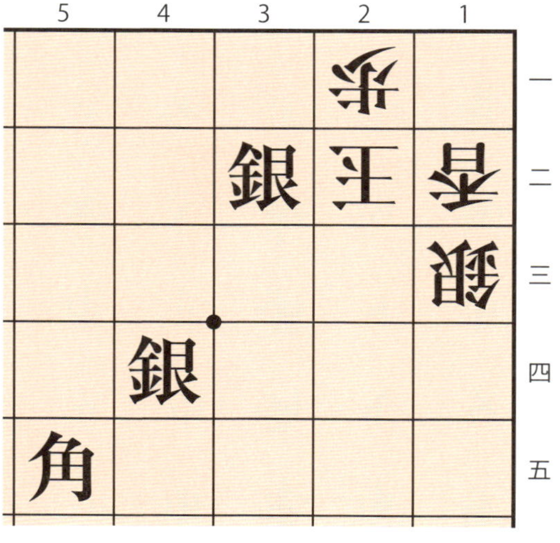

持駒《もちごま》 なし

第69問 ☗2二銀成《にぎんなり》

正解図《せいかいず》

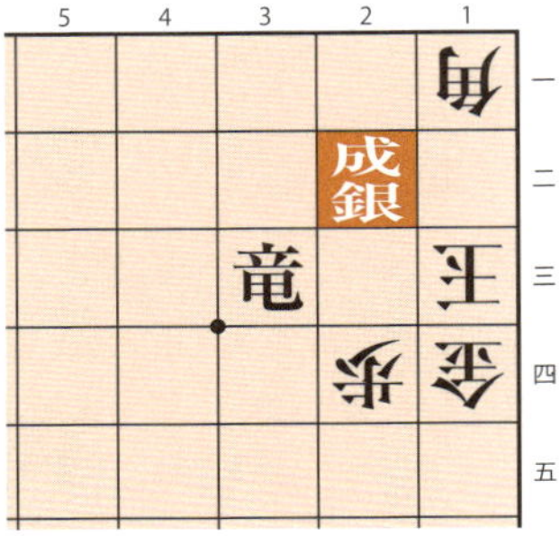

持駒《もちごま》 なし

竜《りゅう》を角《かく》から守《まも》ることと、玉《ぎょく》を1二《に》に逃《に》がさないこと。このふたつを同時《どうじ》に解決《かいけつ》するのが☗2二銀成《にぎんなり》です。

両王手《りょうおうて》は失敗《しっぱい》

失敗《しっぱい》

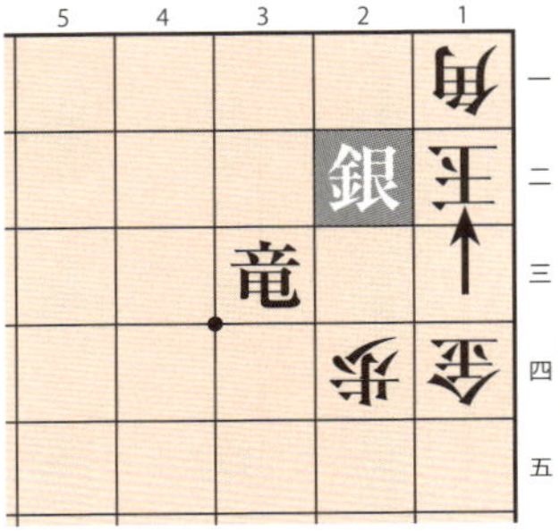

持駒《もちごま》 なし

☗2二銀不成《にぎんならず》の両王手《りょうおうて》が決《き》まりそうですが、☖1二玉《にぎょく》があります。1一角《いちかく》を取《と》っても詰《つ》みません。

第70問 ☗4三銀上成《さんぎんあがるなり》

正解図《せいかいず》

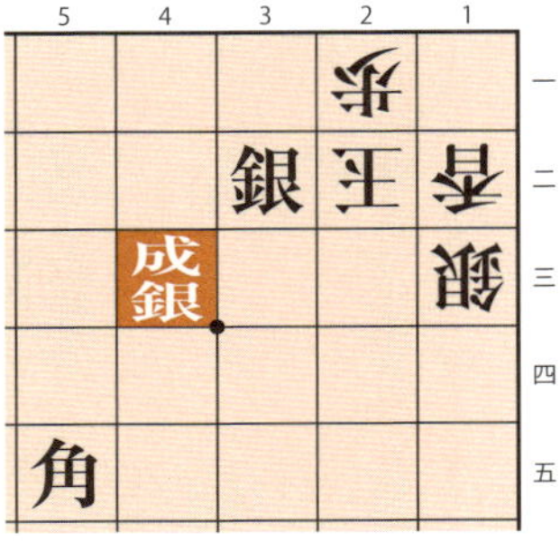

持駒《もちごま》 なし

4四銀《よんぎん》を4三《さん》に成《な》って、角《かく》で王手《おうて》します。成銀《なりぎん》をつくったおかげで、☖3三歩合《さんふあい》（無駄《むだ》合《あい》）とできません。

穴熊《あなぐま》は手強《てごわ》い

失敗《しっぱい》

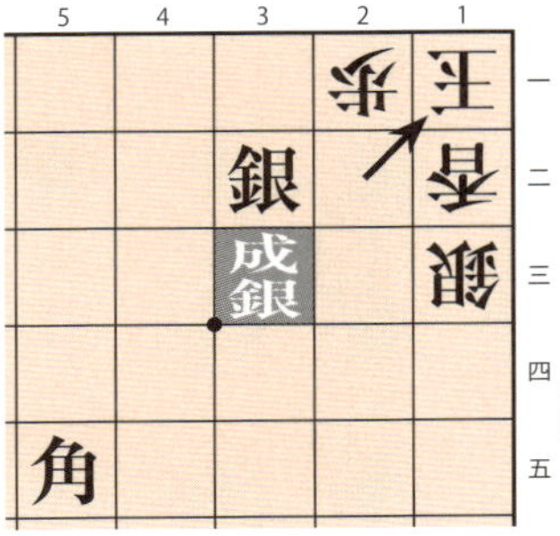

持駒《もちごま》 なし

角《かく》の後押《あとお》しで☗3三銀成《さんぎんなり》とすると、☖1一玉《いちぎょく》と穴《あな》に潜《もぐ》られます。1三銀《さんぎん》の守《まも》りもあって、詰《つ》みはありません。

第《だい》71問《もん》

★★★★★
レベル

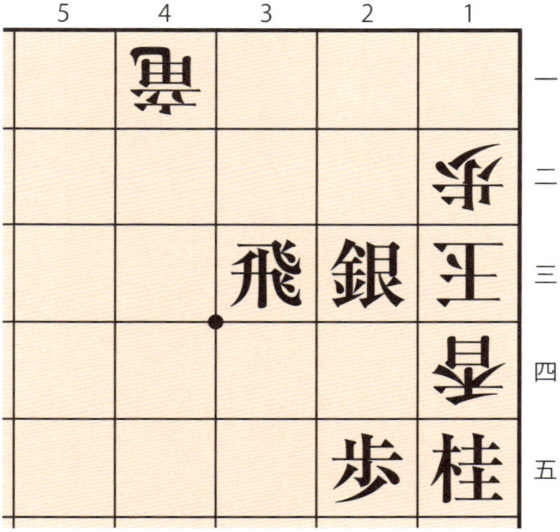

持駒《もちごま》 なし

ヒント
注意深《ちゅういぶか》く銀《ぎん》を動《うご》かす

第《だい》72問《もん》

★★★★★
レベル

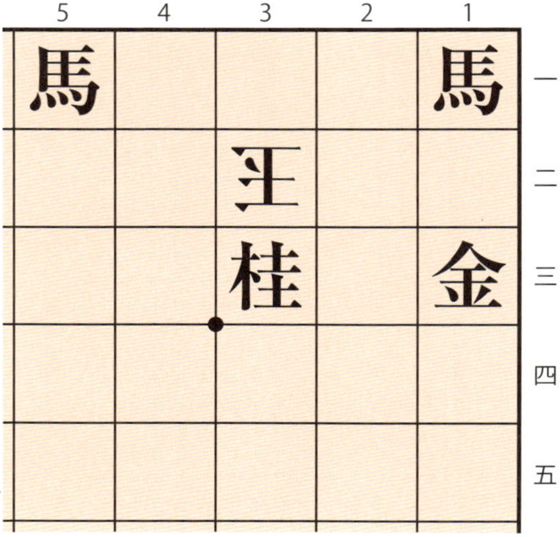

持駒《もちごま》 なし

ヒント
馬《うま》の強力《きょうりょく》な使《つか》い方《かた》だ！

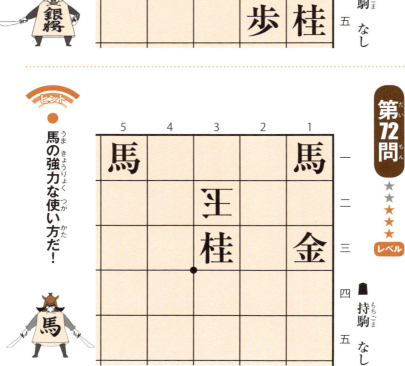

第71問 ☗3二《に》銀成《ぎんなり》

正解図《せいかいず》

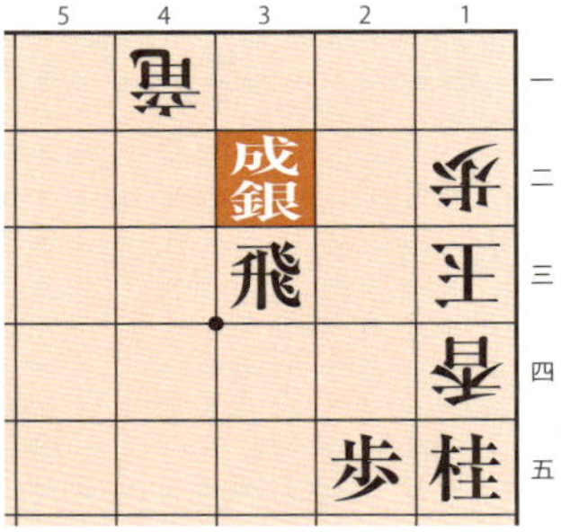

☗持駒《もちごま》 なし

銀《ぎん》を動《うご》かすしかありませんが、そのときに2二《に》にスキができそう。そこで、☗3二《に》銀成《ぎんなり》と利《き》かせておきます。

打歩詰《うちふづめ》は禁《きん》じ手《て》 失敗《しっぱい》

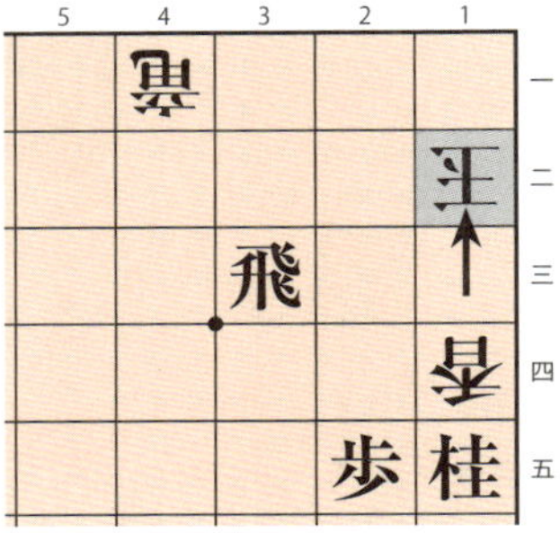

☗持駒《もちごま》 歩《ふ》

☗1二《に》銀成《ぎんなり》は、☖同玉《どうぎょく》と取《と》り返《かえ》します。以下《いか》、☗2三《さん》飛成《ひなり》に☖1一玉《いちぎょく》で、☗1二《に》歩《ふ》は打《うち》歩詰《ふづめ》の禁《きん》じ手《て》です。

第72問 ☗2一馬《いちうま》

正解図《せいかいず》

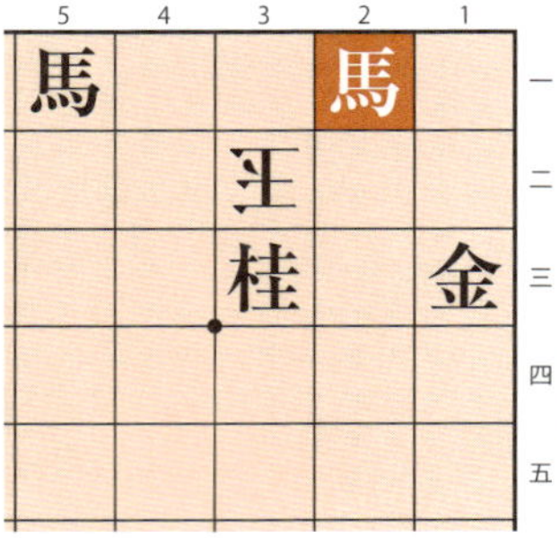

☗持駒《もちごま》 なし

左右《さゆう》の馬《うま》が、3三《さん》を通《とお》る同《おな》じ筋《すじ》にあります。これをひとつずらすと強力《きょうりょく》な「筋違《すじちが》い馬《うま》」が現《あらわ》れます。

左《ひだり》の馬《うま》はダメ 失敗《しっぱい》

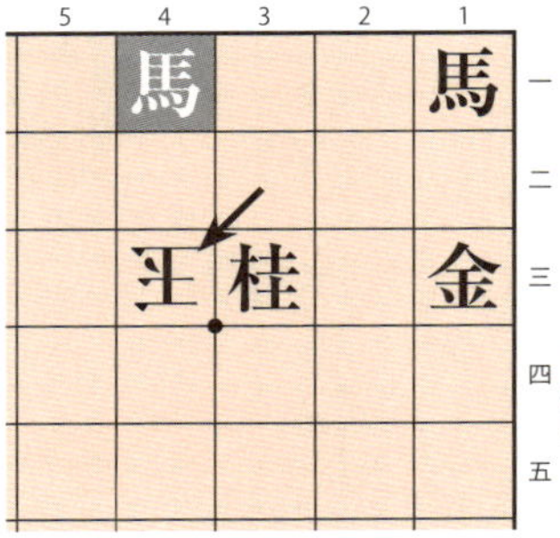

☗持駒《もちごま》 なし

左《ひだり》の馬《うま》を ☗4一馬《いちうま》と動《うご》かしても筋違《すじちが》い馬《うま》になります。しかし、☖4三玉《さんぎょく》を防《ふせ》ぐ駒《こま》がないため、失敗《しっぱい》です。

第《だい》73問《もん》

レベル ★★★★★

持駒《もちごま》 なし

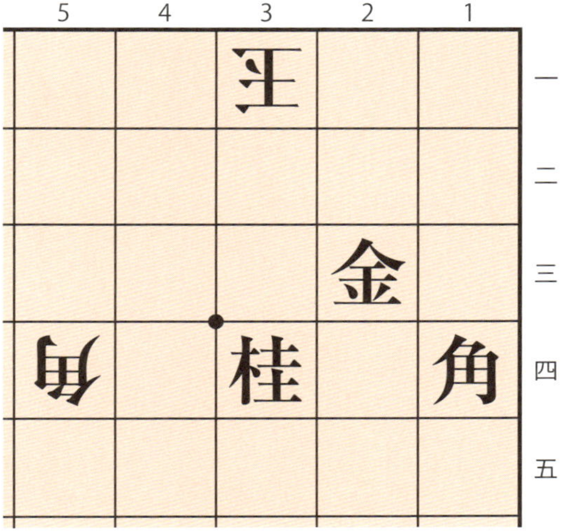

ヒント

角《かく》の利《き》きを確認《かくにん》しよう

第《だい》74問《もん》

レベル ★★★★★

持駒《もちごま》 なし

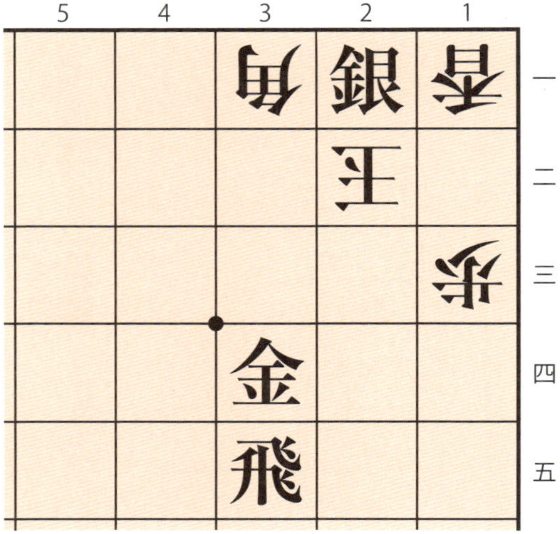

ヒント

飛車《ひしゃ》が主役《しゅやく》

第73問

▲2二金《にきん》

玉《ぎょく》の頭《あたま》は危険《きけん》　失敗《しっぱい》

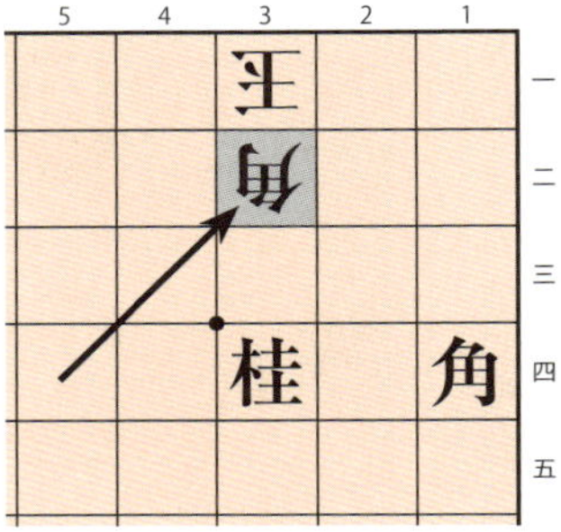

▲持駒《もちごま》なし

1四角《よんかく》の利《き》き筋《すじ》に乗《の》って、▲3二金《にきん》としたくなります。しかし、玉方《ぎょくかた》の角《かく》もにらんでいるので、△同角《どうかく》でダメです。

正解図《せいかいず》

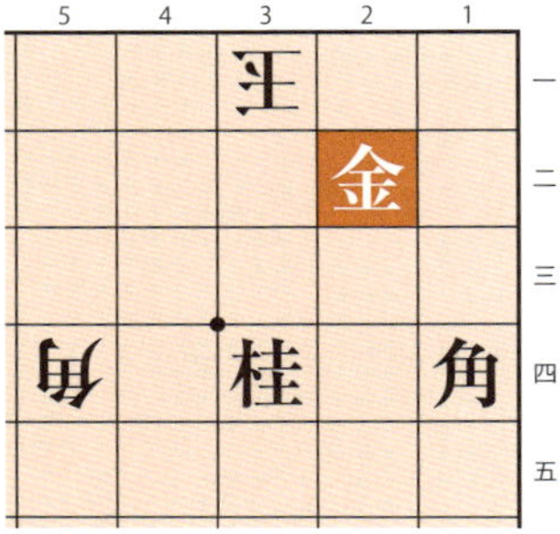

▲持駒《もちごま》なし

桂《けい》の利《き》きに、金《きん》をまっすぐ上《あ》げる手《て》が正解《せいかい》です。攻方《せめかた》の角《かく》を生《い》かし、玉方《ぎょくかた》の角《かく》は働《はたら》かせません。

第74問

▲2五飛《ごひ》

銀《ぎん》を取《と》られるとダメ　失敗《しっぱい》

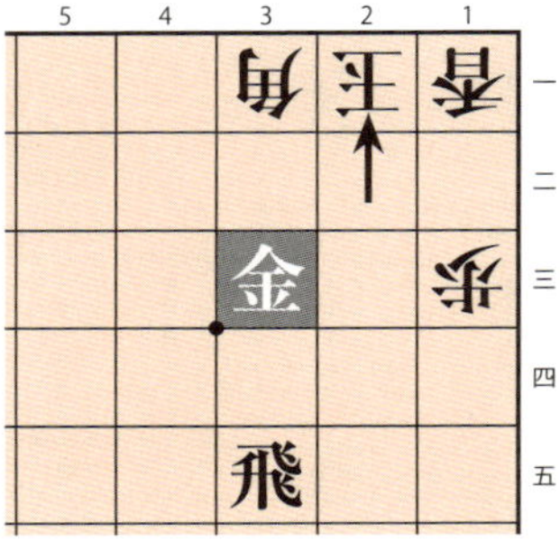

▲持駒《もちごま》なし

飛車《ひしゃ》の力《ちから》を借《か》りて▲3三金《さんきん》は、△2一玉《いちぎょく》と銀《ぎん》を取《と》られます。さらに▲3二金《にきん》と進《すす》めても、△1二玉《にぎょく》で失敗《しっぱい》です。

正解図《せいかいず》

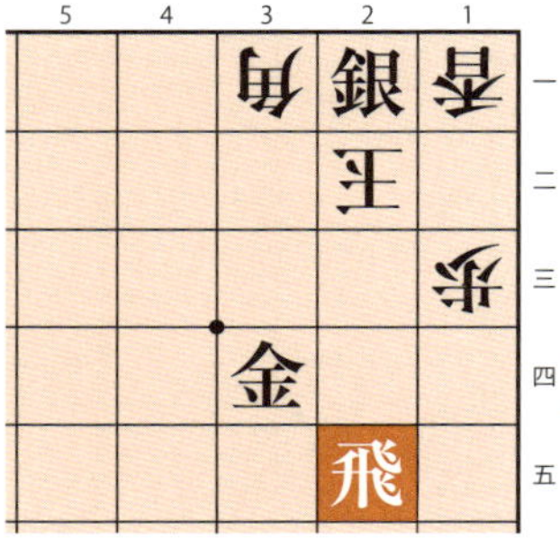

▲持駒《もちごま》なし

飛車《ひしゃ》をひとつ寄《よ》って、2筋《すじ》から王手《おうて》をかけます。玉《ぎょく》を串刺《くしざ》しにするような手《て》で、浮《う》いている2一銀《いちぎん》を取《と》らせません。

第《だい》75問《もん》

★★★★★
レベル

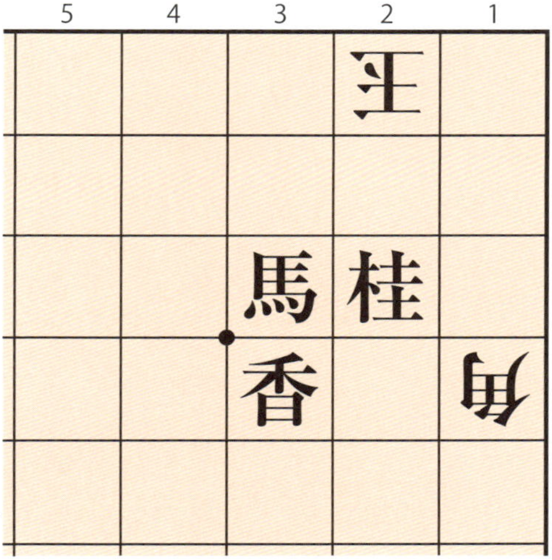

持駒《もちごま》 なし

ヒント
香《きょう》を生《い》かしたい

第《だい》76問《もん》

★★★★★
レベル

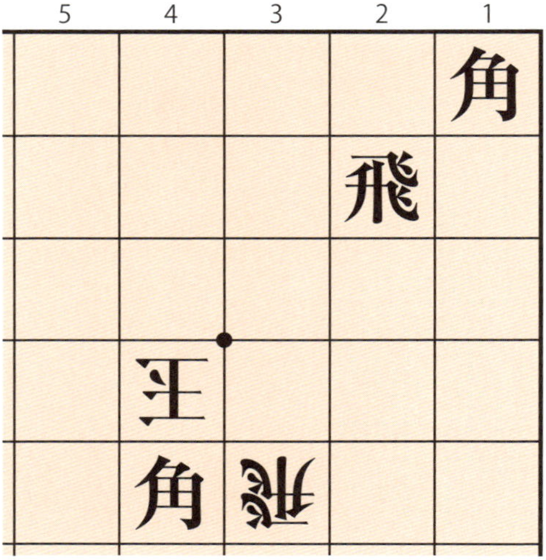

持駒《もちごま》 なし

ヒント
4五角《ごかく》が浮《う》いているぞ

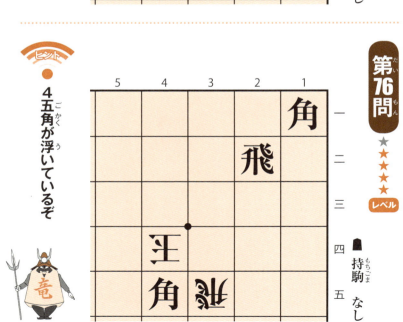

第75問

☗1一馬《いちうま》

正解図《せいかいず》

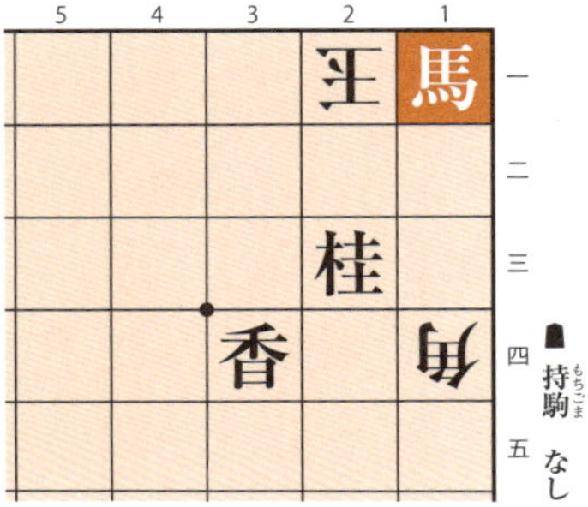

玉《ぎょく》を上《うえ》から押《お》さえている馬《うま》を、☗1一馬《いちうま》と動《うご》かすのが正解《せいかい》。馬《うま》のかわりに3四香《よんきょう》が、玉《ぎょく》の逃《に》げ道《みち》をふさぎます。

角《かく》を働《はたら》かせない 失敗《しっぱい》

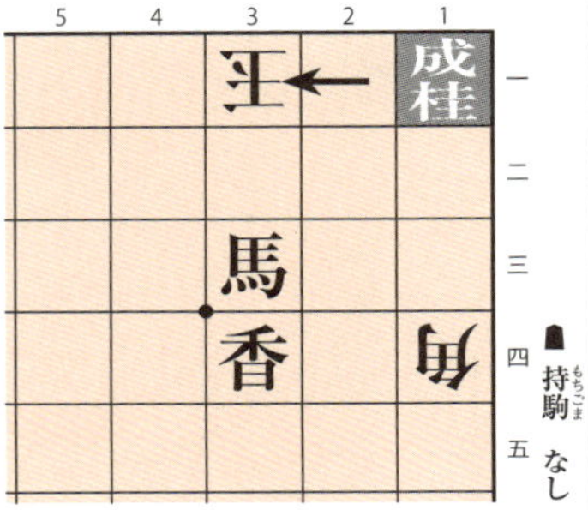

☗1一桂成《いちけいなり》と桂《けい》が動《うご》くと、☖3一玉《いちぎょく》と逃《に》げられます。1四《よん》角《かく》の利《き》きが通《とお》ったので、☗3二馬《にうま》と指《さ》せず、失敗《しっぱい》です。

第76問

☗4二飛成《にひなり》

正解図《せいかいず》

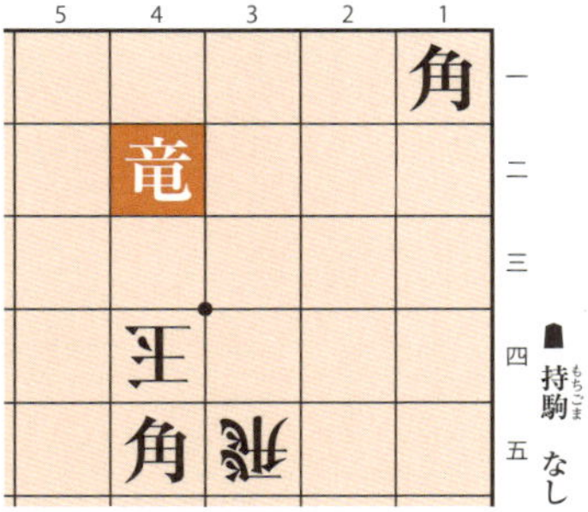

成《なり》と不成《ならず》も考《かんが》えると飛車《ひしゃ》の動《うご》かし方《かた》は32通《とお》り。4五角《ごかく》を守《まも》り、☖5三玉《さんぎょく》を防《ふせ》げるのは、☗4二飛成《にひなり》だけです。

縦《たて》はダメ 失敗《しっぱい》

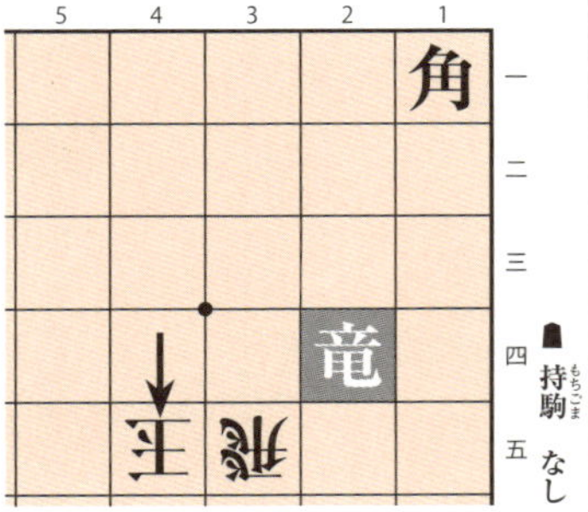

同《おな》じ両王手《りょうおうて》でも☗2四飛成《よんひなり》は、☖4五玉《ごぎょく》で失敗《しっぱい》です。両王手《りょうおうて》は強力《きょうりょく》ですが、逃《に》げ道《みち》はしっかり確認《かくにん》しましょう。

第《だい》77問《もん》

★★★★★ レベル

ヒント
飛車《ひしゃ》をつなげる

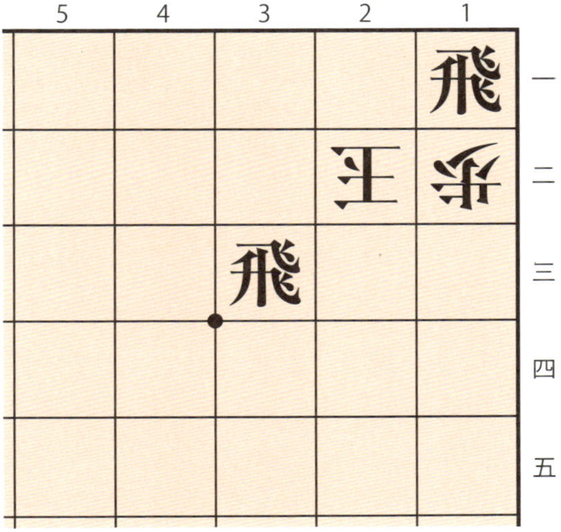

持駒《もちごま》 なし

第《だい》78問《もん》

★★★★★ レベル

ヒント
どちらを動《うご》かすか

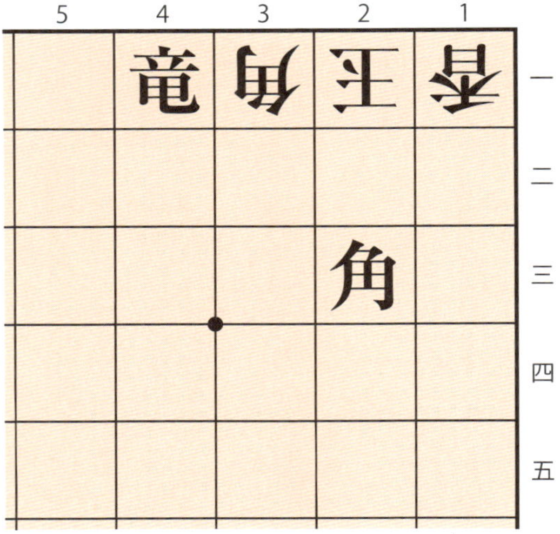

持駒《もちごま》 なし

第77問 ☗3一飛寄成《いちひよるなり》

正解図《せいかいず》

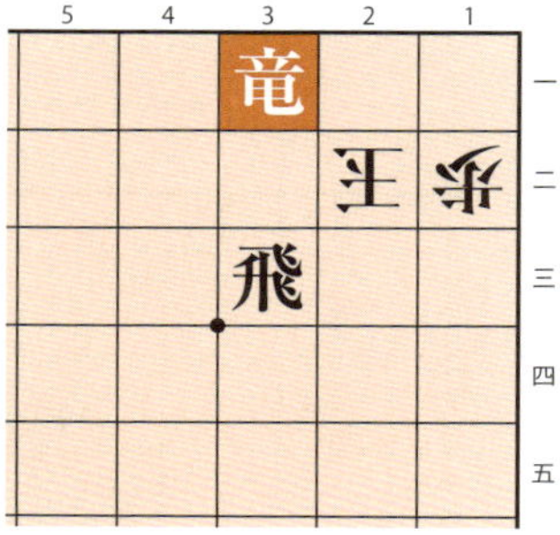

持駒《もちごま》 なし

1一《いち》飛《ひ》を3一《いち》に寄《よ》る☗3一《いち》飛《ひ》寄成《よるなり》で詰《つ》み。竜《りゅう》と飛車《ひしゃ》がきれいにつながり、玉《ぎょく》を囲《かこ》いこんでしまいます。

歩《ふ》の位置《いち》がカギ 失敗《しっぱい》

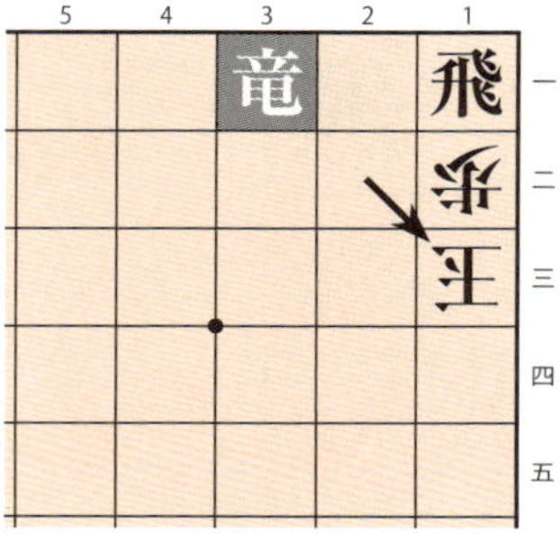

持駒《もちごま》 なし

3三《さん》飛《ひ》を3一《いち》に上《あ》がる☗3一《いち》飛《ひ》上《あがる》成《なり》では、歩《ふ》のカゲに隠《かく》れるように☖1三玉《さんぎょく》とかわされて詰《つ》みません。

第78問 ☗3二竜《にりゅう》

正解図《せいかいず》

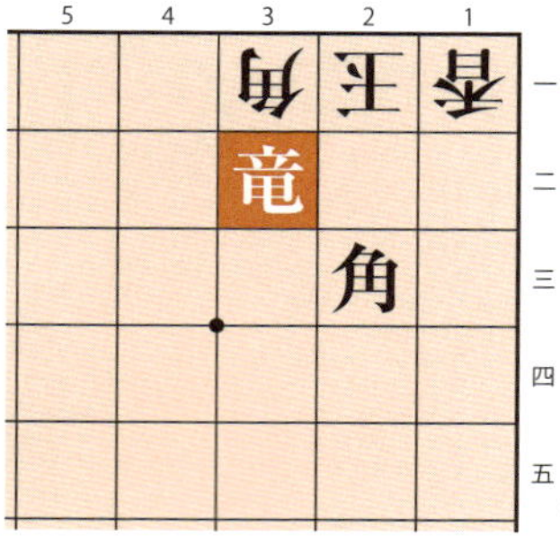

持駒《もちごま》 なし

3一角《いちかく》を動《うご》けないようにするための竜《りゅう》に見《み》えますが、それは思《おも》いこみ。☗3二《に》竜《りゅう》と引《ひ》けばおしまいです。

角《かく》は動《うご》かさない 失敗《しっぱい》

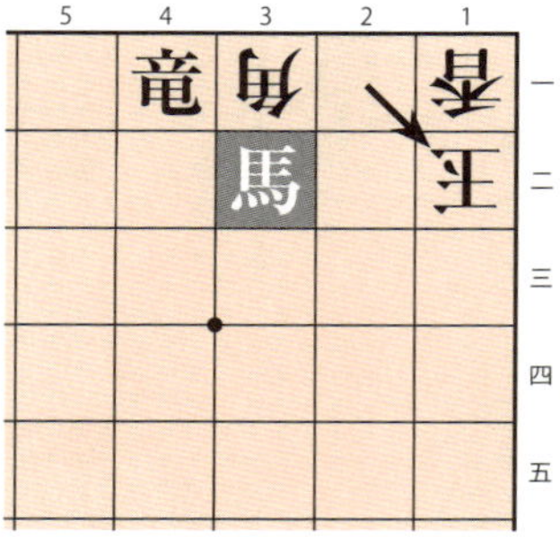

持駒《もちごま》 なし

☗3二角成《にかくなり》として強力《きょうりょく》な馬《うま》をつくりたくなります。しかし、角《かく》が動《うご》くと1筋《すじ》が空《あ》いてしまい、☖1二玉《にぎょく》とされます。

第《だい》79問《もん》

★★★★★ レベル

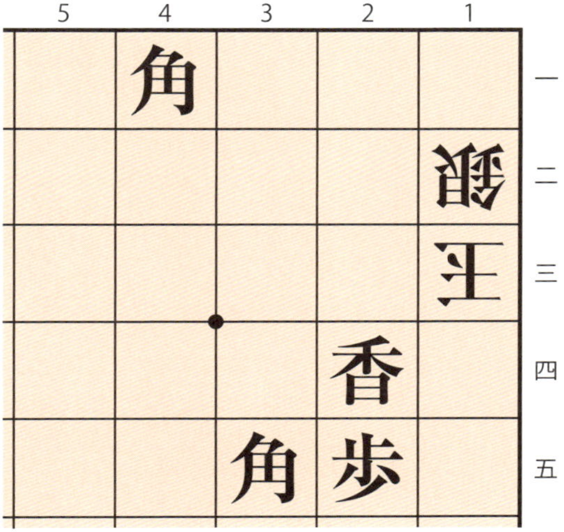

持駒《もちごま》 なし

ヒント
香《きょう》の行《い》き先《さき》が難《むずか》しい

第《だい》80問《もん》

★★★★★ レベル

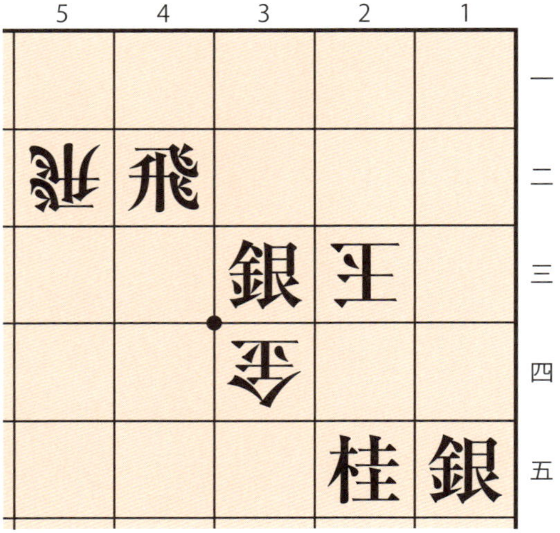

持駒《もちごま》 なし

ヒント
守《まも》りのスキを突《つ》くべし

第79問 ☗2一香成《いちきょうなり》

正解図《せいかいず》

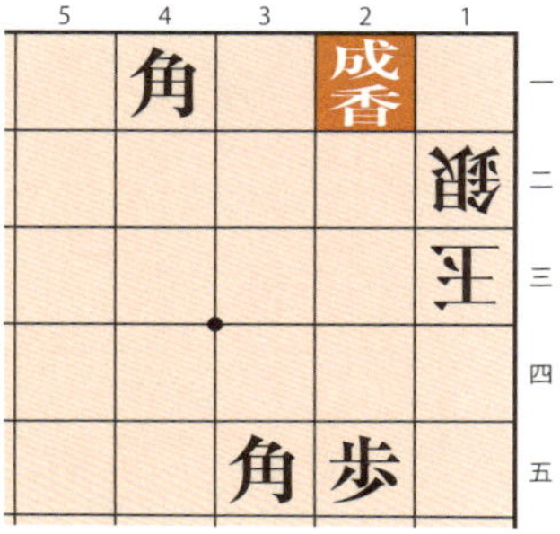

持駒《もちごま》なし

角《かく》の利《き》きをジャマしないよう、そして香自身《きょうじしん》を取《と》られないよう、遠《とお》く☗2一香成《いちきょうなり》と動《うご》かして詰《つ》ませます。

筋悪《すじわる》の両王手《りょうおうて》 失敗《しっぱい》

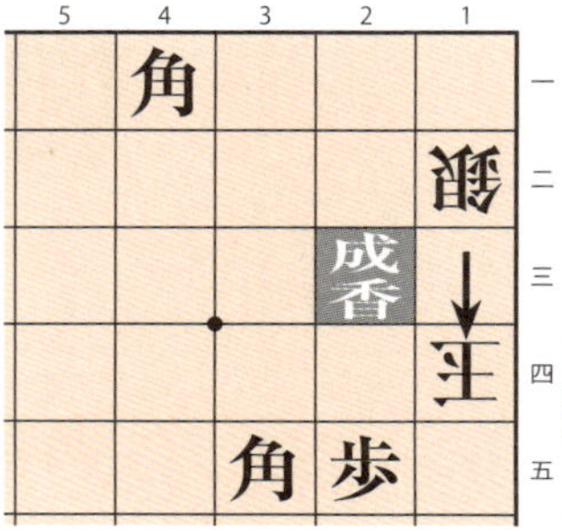

持駒《もちごま》なし

☗2三香成《さんきょうなり》と両王手《りょうおうて》をかけるのも有力《ゆうりょく》ですが、角筋《かくすじ》が止《と》まるため、☖1四玉《よんぎょく》と上《うえ》に逃《に》がしてしまいます。

第80問 ☗2二《に》銀成《ぎんなり》

正解図《せいかいず》

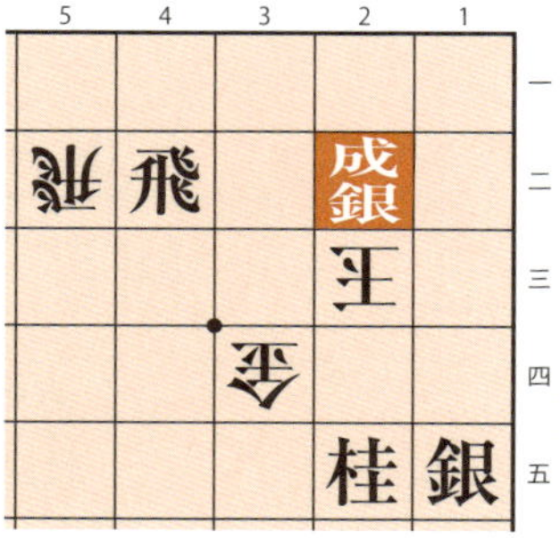

持駒《もちごま》なし

玉《ぎょく》の逃《に》げ道《みち》はありません。守《まも》りの駒《こま》を働《はたら》かせず、逃《に》げ道《みち》をつくらない手《て》を探《さが》すと☗2二《に》銀成《ぎんなり》を発見《はっけん》できます。

守《まも》りを働《はたら》かせない 失敗《しっぱい》

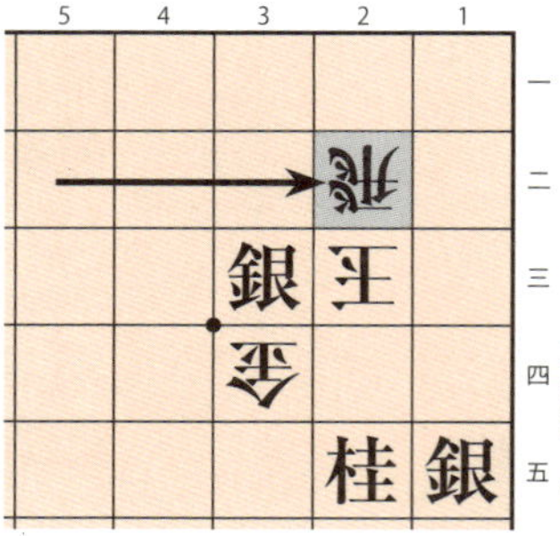

持駒《もちごま》なし

☗2二飛成《にひなり》は、☖同飛《どうひ》と取《と》られて詰《つ》みません。5二飛《にひ》と3四金《よんきん》の守《まも》り駒《ごま》に触《ふ》れてしまうと失敗《しっぱい》します。

第《だい》3章《しょう》

3手詰《てづめ》にチャレンジ

３手詰《てづめ》は、「攻方《せめかた》、玉方《ぎょくかた》、攻方《せめかた》」の順《じゅん》に１手《て》ずつ、合計《ごうけい》３手《て》指《さ》すことで玉《ぎょく》を詰《つ》められます。駒《こま》をわざと取《と》らせる「捨駒《すてごま》」も登場《とうじょう》。３手《て》の詰《つ》み筋《すじ》を覚《おぼ》えると、どんどん詰将棋《つめしょうぎ》が得意《とくい》になるはずです。

3手《て》詰《づめ》の解《と》き方《かた》

3手《て》を読《よ》み切《き》る力《ちから》をつけよう!

ここからは3手詰《てづめ》です。1手詰《てづめ》に2手《て》加《くわ》わっただけですが、この2手《て》がなかなかの曲者《くせもの》。初手《しょて》では、詰将棋《つめしょうぎ》の主役《しゅやく》ともいえる駒《こま》のタダ捨《す》て「捨駒《すてごま》※」がいよいよ登場《とうじょう》します。

解《と》き方《かた》のコツは、2手目《てめ》、つまり玉方《ぎょくかた》の手《て》をしっかり読《よ》むこと。初手《しょて》にかけた王手《おうて》を2手目《てめ》に外《はず》すとき、その方法《ほうほう》が複数《ふくすう》あると混乱《こんらん》しそうになりますが、慌《あわ》てずに詰《つ》むかどうかを確認《かくにん》してください。

「自分《じぶん》の手《て》を相手《あいて》が受《う》けて、その次《つぎ》に自分《じぶん》がどう指《さ》すか」、この3手《て》を読《よ》む習慣《しゅうかん》をつけてください。3手《て》を読《よ》み切《き》る力《ちから》はきっと役《やく》に立《た》つはずです。

※捨駒《すてごま》…有利《ゆうり》な局面《きょくめん》をつくるため、相手《あいて》に駒《こま》を取《と》らせるような指《さ》し手《て》のこと。

3手詰《てづめ》を解《と》いてみよう！

例題《れいだい》（図《ず》1）を見《み》てみます。駒《こま》の配置《はいち》がアルファベットの「T」のような形《かたち》をしていますね。2四桂《よんけい》が利《き》いているので1二《に》と3二《に》に玉《ぎょく》は動《うご》けません。

初手《しょて》（1手目《てめ》）としては、1二《に》か3二《に》に、金《きん》か銀《ぎん》を打《う》つ4種類《しゅるい》が挙《あ》げられます。しかし、金《きん》は最後《さいご》に残《のこ》したいので、銀《ぎん》を先《さき》に使《つか》う手《て》から考《かんが》えましょう。

・桂《けい》の弱点《じゃくてん》を狙《ねら》う☗3二銀《にぎん》

・金《きん》か香《きょう》に取《と》られる☗1二銀《にぎん》

まず、☗3二銀《にぎん》はどうでしょうか。☖同金《どうきん》と取《と》ったときに1手《て》で詰《つ》めば正解《せいかい》ですが、守《まも》りの駒《こま》がよく利《き》いています。☗1一桂成《いちけいなり》としても☖2二玉《にぎょく》とかわされて詰《つ》みません。

正解《せいかい》は、香《きょう》の前《まえ》に☗1二銀《にぎん》！（図《ず》2）

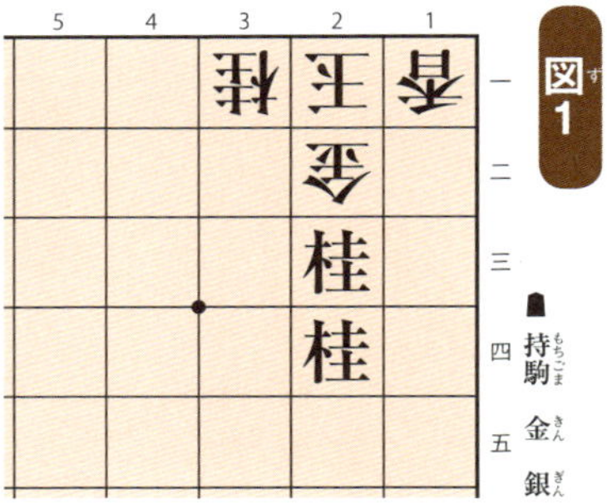

出題図《しゅつだいず》。初手《しょて》の候補《こうほ》は、☗1二金《にきん》、☗1二銀《にぎん》、☗3二金《きん》、☗3二銀《にぎん》の4つ。

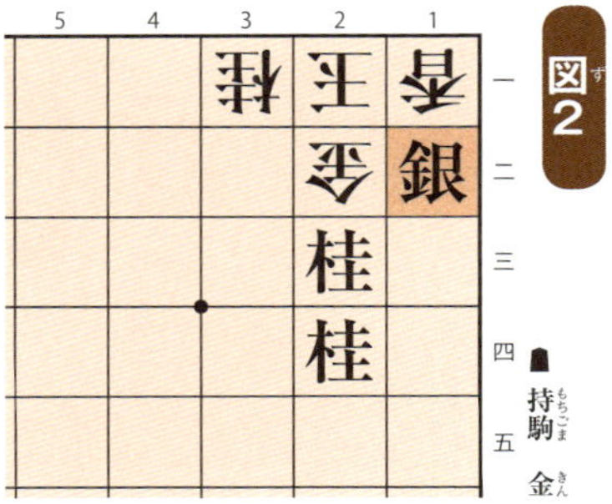

初手《しょて》☗1二銀《にぎん》。

次《つぎ》は玉方《ぎょくかた》の番《ばん》です。王手《おうて》を外《はず》す手《て》を考《かんが》えると、☖同香《どうきょう》と☖同金《どうきん》の2つあります。それぞれちゃんと詰《つ》むでしょうか？

・☖同香《どうきょう》には、☗1一金《いちきん》と打《う》って詰《つ》み（図《ず》3）
・☖同金《どうきん》には、☗3二金《にきん》と打《う》って詰《つ》み（図《ず》4）

詰《つ》みが確認《かくにん》できました。

どちらの場合《ばあい》も3手《て》で詰《つ》み、攻方《せめかた》の持駒《もちごま》が余《あま》りません。この場合《ばあい》、どちらを答《こた》えても正解《せいかい》です。

有力《ゆうりょく》な王手《おうて》を指《さ》し、玉方《ぎょくかた》のすべての受《う》けに対《たい》して詰《つ》むかどうか確認《かくにん》する……これを繰《く》り返《かえ》すことで、かならず正解《せいかい》にたどりつけるはずです。

3手詰《てづめ》を繰《く》り返《かえ》し解《と》いて、3手《て》で詰《つ》む形《かたち》をたくさん覚《おぼ》えましょう。それがさらに長《なが》い手数《てかず》の詰将棋《つめしょうぎ》を解《と》く土台《どだい》になります。

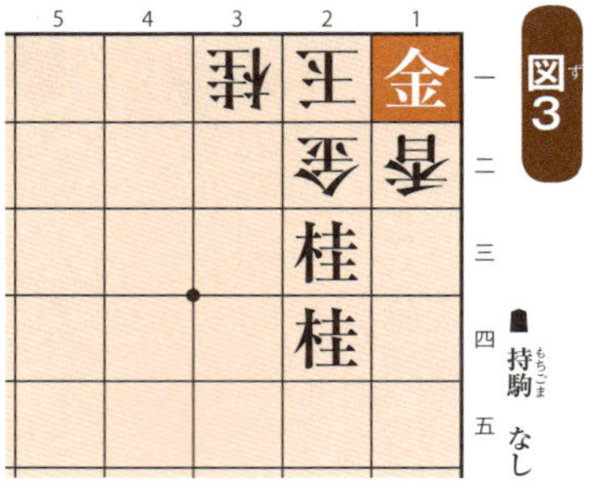

☖同香《どうきょう》には、☗1一金《いちきん》で詰《つ》み。

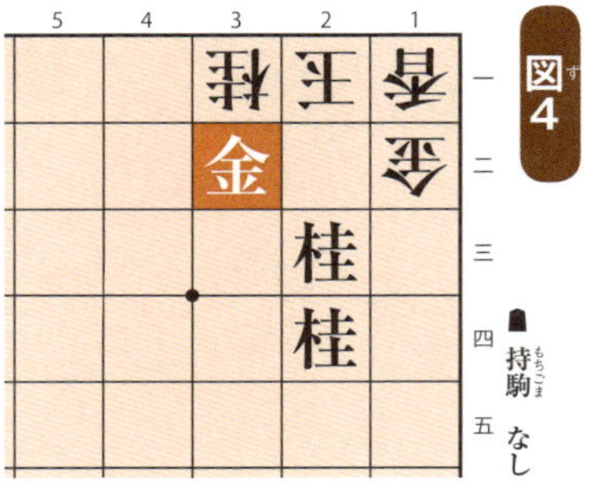

☖同金《どうきん》には、☗3二金《にきん》で詰み。

第《だい》1問《もん》

★★★★★
レベル

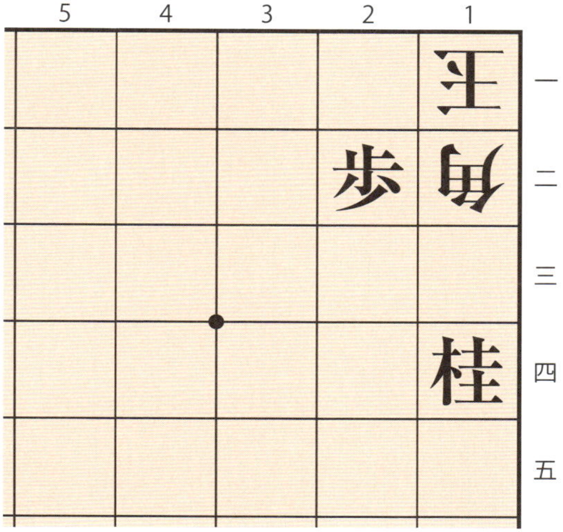

持駒《もちごま》
金《きん》

ヒント

ジャマものは消《け》せ

第《だい》2問《もん》

★★★★★
レベル

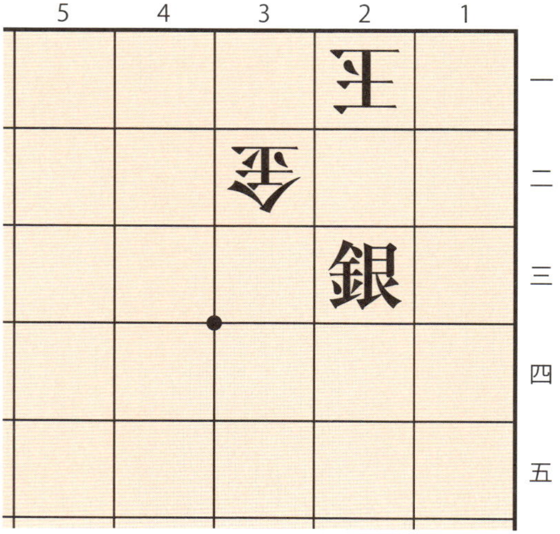

持駒《もちごま》
金《きん》
桂《けい》

ヒント

桂馬《けいま》がカギを握《にぎ》る

第1問

☗2一《いち》歩成《ふなり》　☖同玉《どうぎょく》　☗2二金《にきん》

正解図《せいかいず》

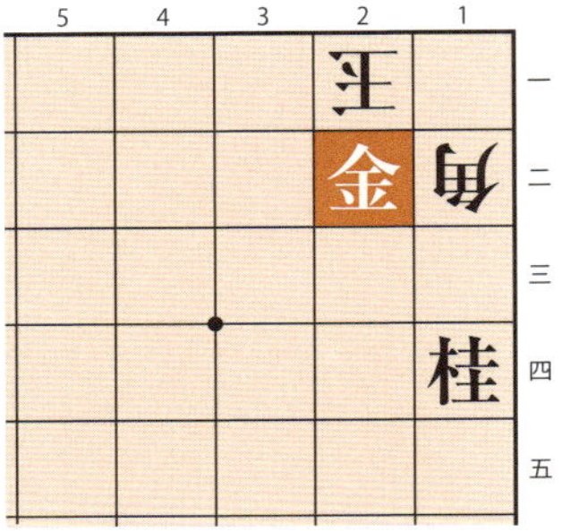

☗持駒《もちごま》　なし

2二《に》歩《ふ》がなければ1手詰《てづめ》。☗2一歩成《いちふなり》と捨《す》てて、金打《きんう》ちで詰《つ》み。2手目《てめ》は☖同玉《どうぎょく》と☖同角《どうかく》、どちらでも正解《せいかい》です。

角《かく》はいらない　失敗《しっぱい》

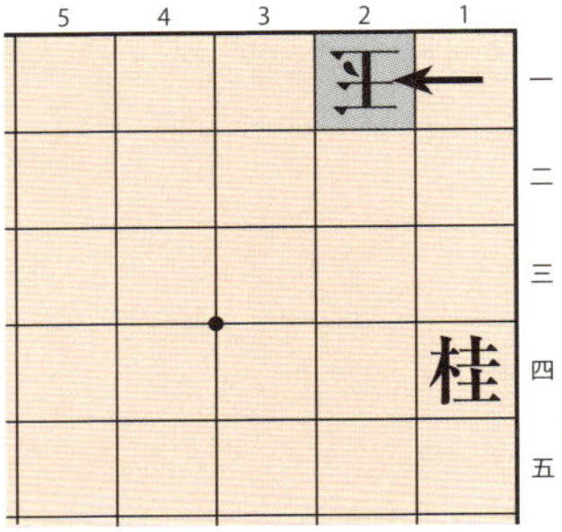

☗持駒《もちごま》　角《かく》

☗2一金《いちきん》☖同角《どうかく》☗同歩成《どうふなり》☖同玉《どうぎょく》（図《ず》）として、角《かく》を取《と》っても手《て》がありません。持駒《もちごま》の角《かく》は意外《いがい》と使《つか》いにくい駒《こま》です。

第2問

☗3三桂《さんけい》　☖同金《どうきん》　☗2二金《にきん》

正解図《せいかいず》

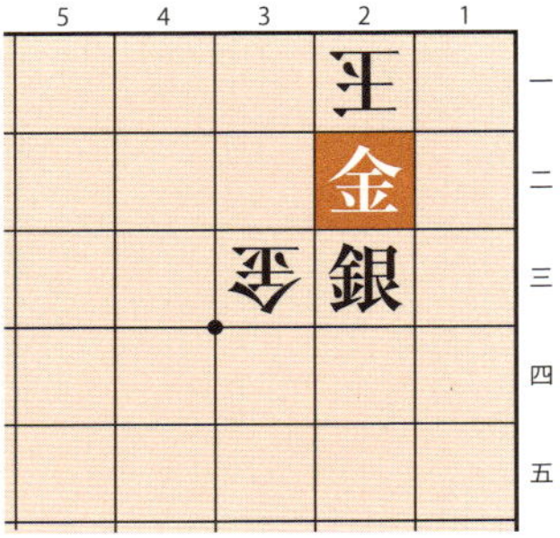

☗持駒《もちごま》　なし

金《きん》の頭《あたま》に桂《けい》を打《う》つ「金頭桂《きんとうけい》※」と呼《よ》ばれる手筋《てすじ》です。金《きん》が動《うご》けば頭金《あたまきん》の詰《つ》み。また、☖3一玉《いちぎょく》は☗4一金《いちきん》まで。

3筋《すじ》に逃《に》がさない　失敗《しっぱい》

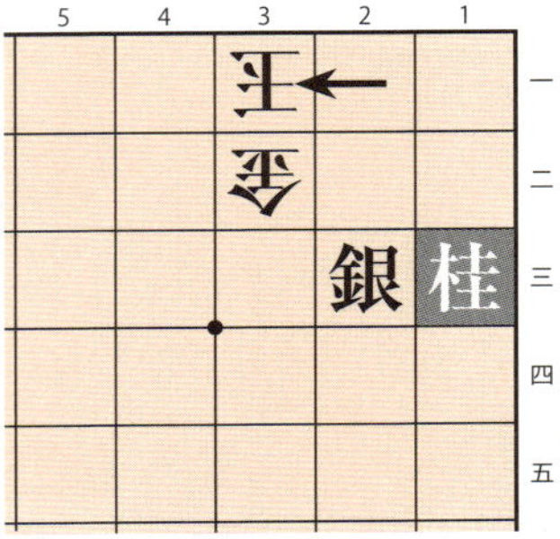

☗持駒《もちごま》　金《きん》

金《きん》のない方《ほう》から☗1三桂《さんけい》は、☖3一玉《いちぎょく》（図《ず》）と逃《に》げられます。駒《こま》を捨《す》てることを恐《おそ》れない気《き》持《も》ちが大切《たいせつ》です。

※金頭桂《きんとうけい》…玉方《ぎょくがた》の金《きん》の真上《まうえ》に攻方《せめかた》の桂《けい》を打《う》って（動《うご》かして）、王手《おうて》をかける手《て》を指《さ》す。金《きん》の守《まも》りを弱《よわ》めたり、桂《けい》の利《き》きによって玉《ぎょく》を逃《に》がさないようにする効果《こうか》がある。

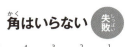

第《だい》3問《もん》

★★★★★
レベル

ヒント
押《お》すか引《ひ》くか

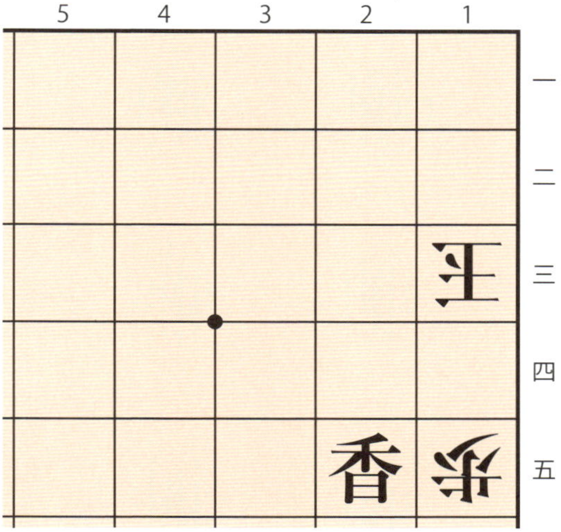

持駒《もちごま》 金《きん》

第《だい》4問《もん》

★★★★★
レベル

ヒント
角《かく》を変身《へんしん》させよう

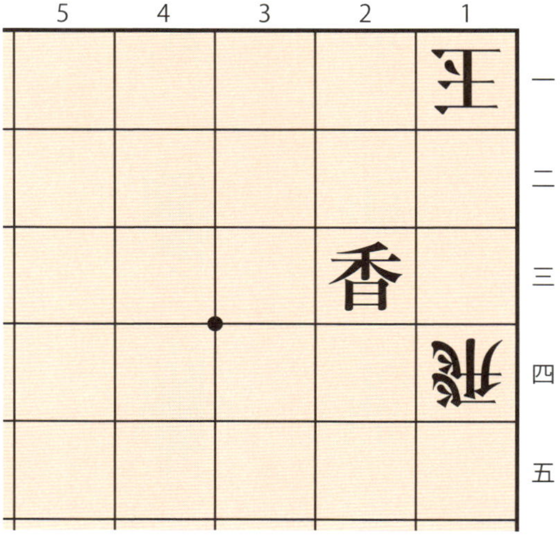

持駒《もちごま》 角《かく》

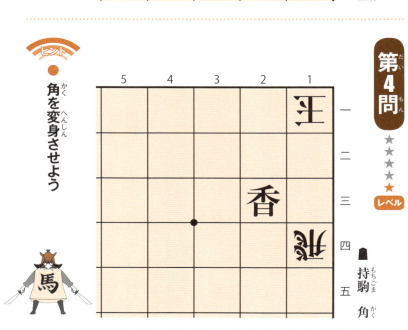

第3問

▲2三金《さんきん》 △1四玉《よんぎょく》 ▲2四金《よんきん》

正解図《せいかいず》

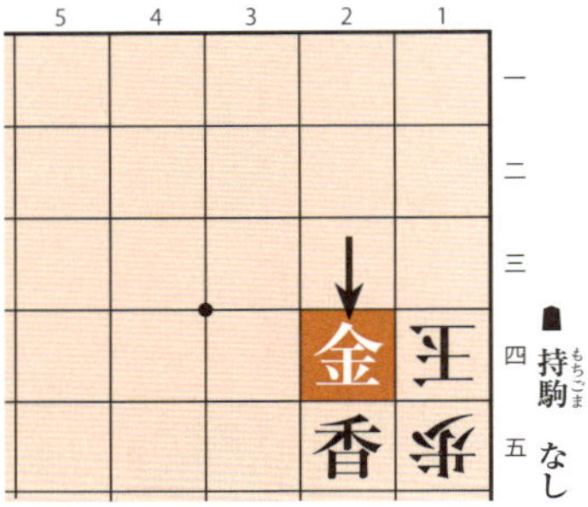

玉《ぎょく》の腹《はら》（横《よこ》）に打《う》った金《きん》を、ぐいっと引《ひ》くのが力強《ちからづよ》い手順《てじゅん》。金《きん》の弱点《じゃくてん》である斜《なな》め下《した》は、1五歩《ごふ》がふさいでいます。

失敗《しっぱい》 押《お》すと失敗《しっぱい》

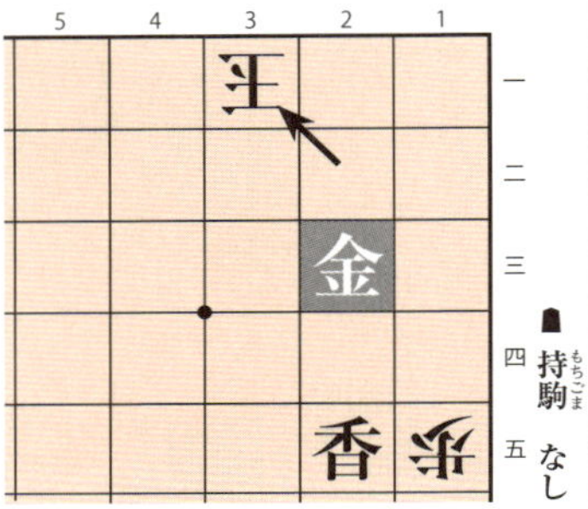

▲2四金《よんきん》として上《うえ》から金《きん》で押《お》すと、△2二玉《にぎょく》▲2三金《さんきん》△3一玉《いちぎょく》（図《ず》）で左側《ひだりがわ》に逃《に》がしてしまいます。

第4問

▲3三角《さんかく》 △1二玉《にぎょく》 ▲2二角成《にかくなり》

正解図《せいかいず》

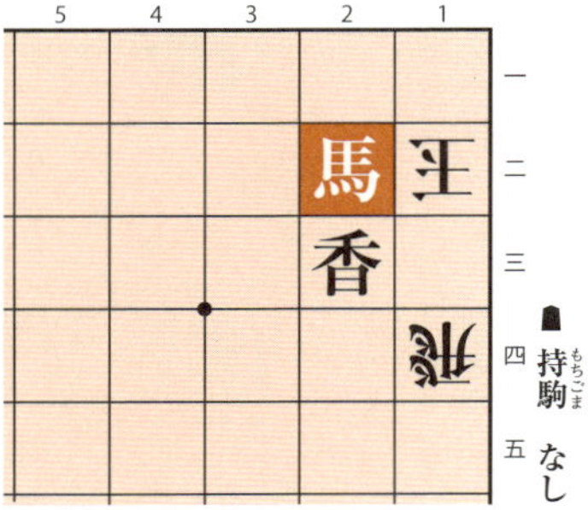

角《かく》を離《はな》して打《う》てば、次《つぎ》に動《うご》かして馬《うま》に成《な》れます。角《かく》の状態《じょうたい》で詰《つ》めるのは困難《こんなん》ですが、馬《うま》にすれば簡単《かんたん》です。

失敗《しっぱい》 離《はな》しすぎはダメ

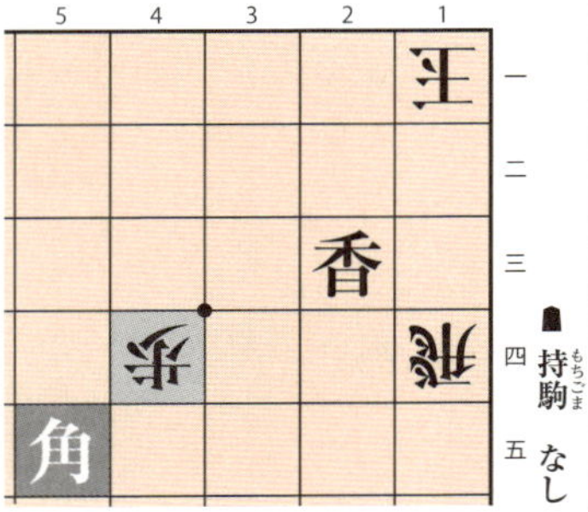

▲5五角《ごかく》と離《はな》しすぎると、△4四歩合《よんふあい》（図《ず》）▲同角《どうかく》△同飛《どうひ》で失敗《しっぱい》です。守《まも》りの駒《こま》に気《き》をつけましょう。

第《だい》5問《もん》

★★★★★
レベル

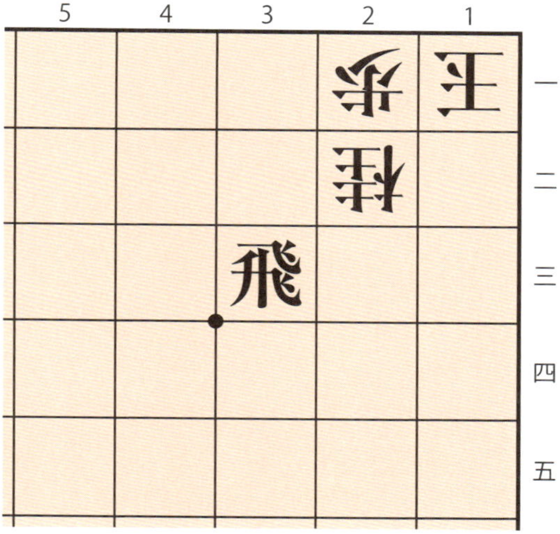

持駒《もちごま》　香《きょう》　歩《ふ》

ヒント
どっちを先《さき》に使《つか》う？

第《だい》6問《もん》

★★★★★
レベル

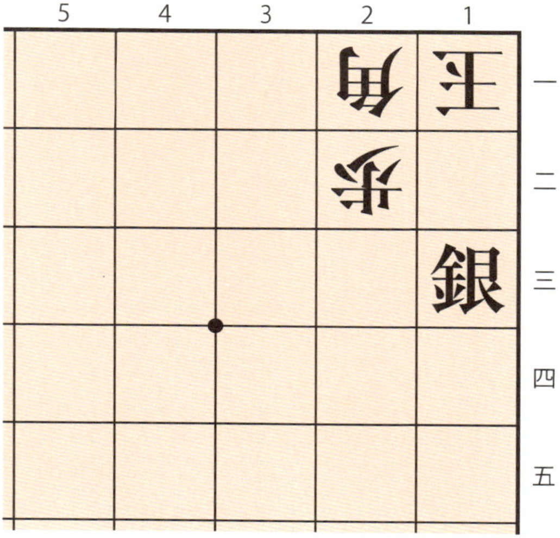

持駒《もちごま》　金《きん》　桂《けい》

ヒント
スペースをつくる

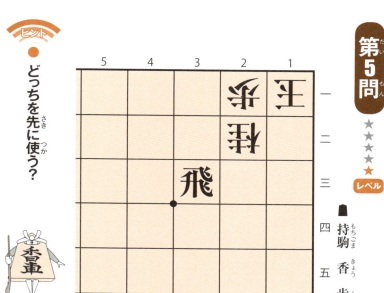

第5問

☗1二歩《にふ》
☖同玉《どうぎょく》
☗1三香《さんきょう》

正解図《せいかいず》

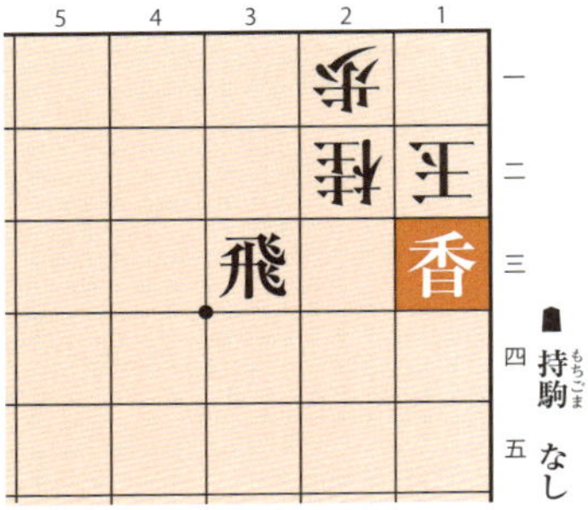

先《さき》に歩《ふ》を使《つか》います。残《のこ》った香《きょう》で、玉《ぎょく》をつらぬくようにして詰《つ》めます。歩《ふ》と香《きょう》の性能《せいのう》の差《さ》をつかみましょう。

歩《ふ》は残《のこ》さない　失敗《しっぱい》

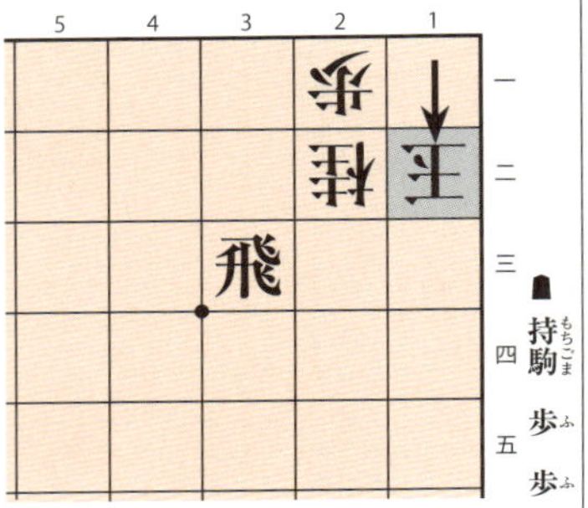

☗1三香《さんきょう》と先《さき》に香《きょう》を使《つか》うと、☖1二歩合《にふあい》☗同香成《どうきょうなり》☖同玉《どうぎょく》(図《ず》)と進《すす》み、持駒《もちごま》が歩《ふ》だけでは詰《つ》みません。

第6問

☗2三桂《さんけい》
☖同歩《どうふ》
☗2二金《にきん》

正解図《せいかいず》

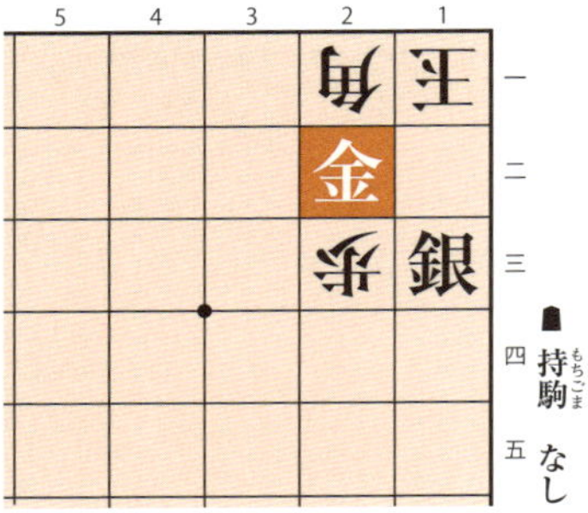

2二歩《にふ》がなければ、☗2二金《にきん》までの1手詰《てづめ》。桂捨《けいす》てでジャマな歩《ふ》を釣《つ》りあげれば、金《きん》を打《う》つスペースがつくれます。

角《かく》は相手《あいて》にしない　失敗《しっぱい》

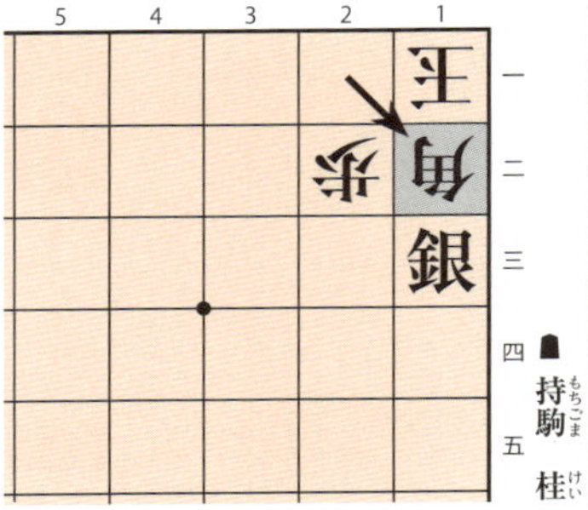

☗1二金《にきん》は☖同角《どうかく》(図《ず》)で攻《せ》めが切《き》れます。角《かく》は斜《なな》めに強《つよ》く、真上《まうえ》には弱《よわ》いもの。その弱点《じゃくてん》を突《つ》きましょう。

第《だい》7問《もん》

★★★★★ レベル

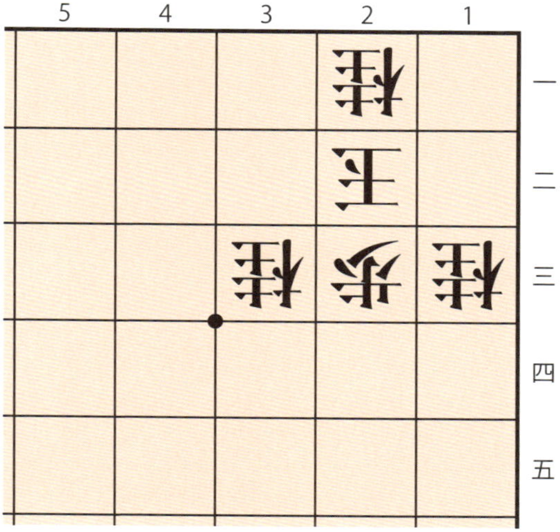

持駒《もちごま》 金《きん》 桂《けい》

ヒント
桂《けい》の能力《のうりょく》がカギ

第《だい》8問《もん》

★★★★★ レベル

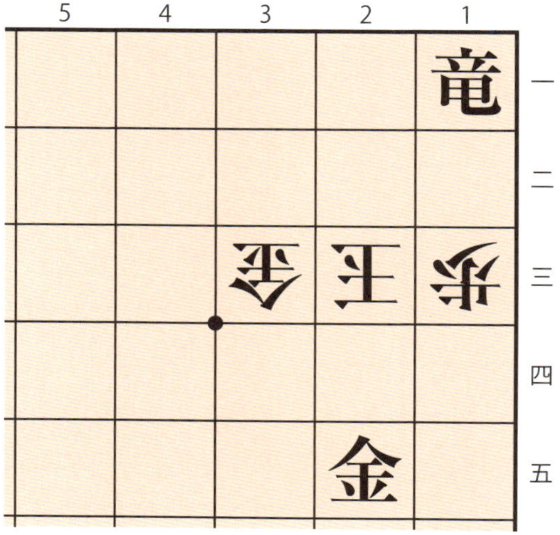

持駒《もちごま》 銀《ぎん》

ヒント
玉《ぎょく》を封《ふう》じこめろ

第7問

☗3四桂《よんけい》 ☖3二玉《にぎょく》 ☗4二金《にきん》

正解図《せいかいず》

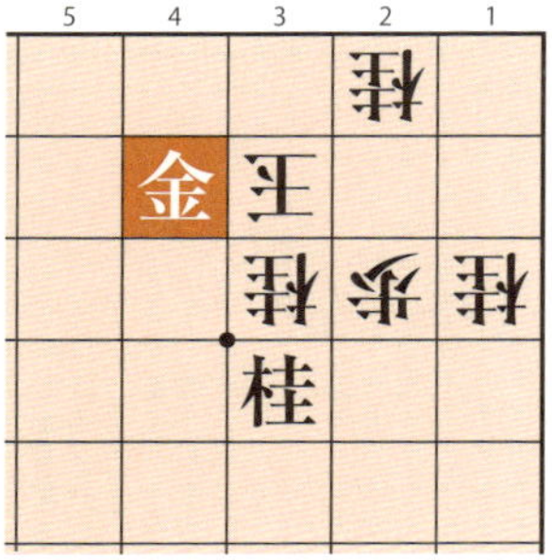

☗持駒《もちごま》 なし

盤上《ばんじょう》に攻《せ》め駒《ごま》がなく、これが詰《つ》むのかと思《おも》える局面《きょくめん》。こういうときは、桂《けい》の特殊《とくしゅ》な利《き》きが役《やく》に立《た》ちます。

失敗《しっぱい》 右《みぎ》は失敗《しっぱい》

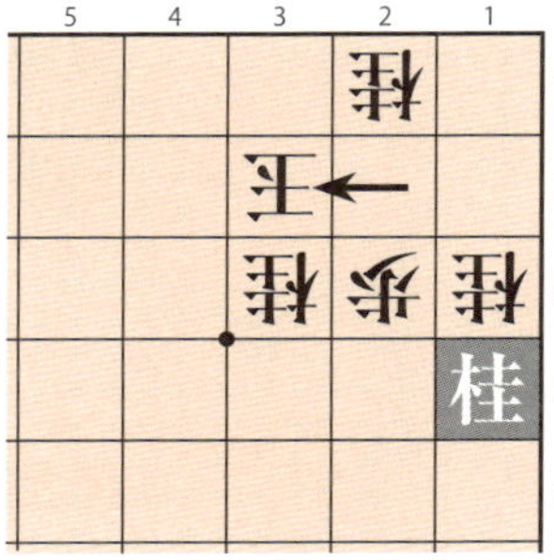

☗持駒《もちごま》 金《きん》

☗1四桂《よんけい》は、☖3二玉《にぎょく》（図《ず》）と左側《ひだりがわ》に逃《に》げられて詰《つ》みません。逃《に》げ道《みち》をふさぐような王《おう》手《て》を心《こころ》がけましょう。

第8問

☗2一竜《いちりゅう》 ☖2二歩合《にふあい》 ☗1二銀《にぎん》

正解図《せいかいず》

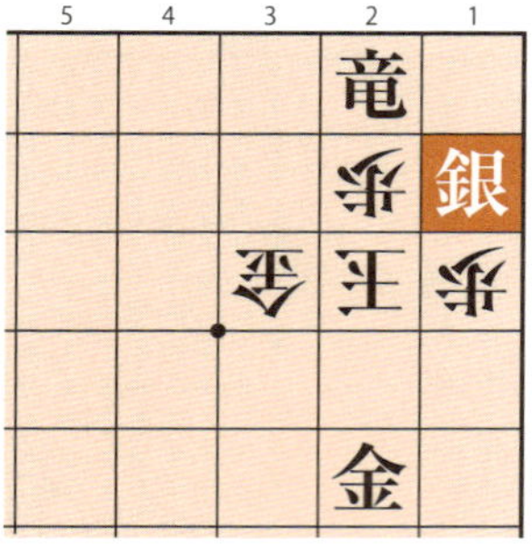

☗持駒《もちごま》 なし

玉方《ぎょくかた》は☖3二玉《にぎょく》を狙《ねら》っています。これを封《ふう》じる手《て》が☗2一《いち》竜《りゅう》。合駒《あいごま》（駒《こま》の種類《しゅるい》はなんでもOK）をさせて、銀打《ぎんう》ちまで。

失敗《しっぱい》 先《さき》に銀《ぎん》は失敗《しっぱい》

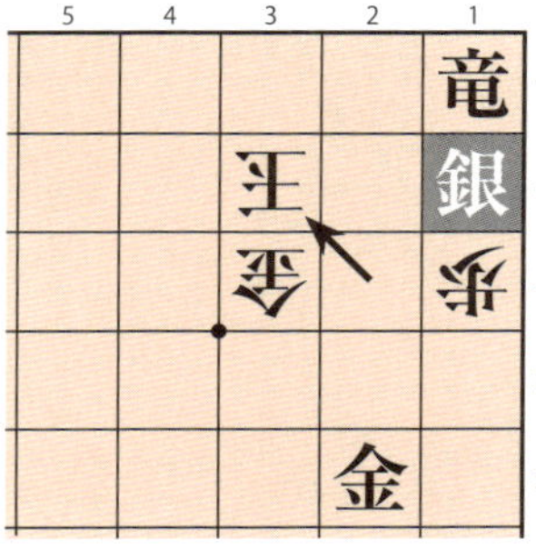

☗持駒《もちごま》 なし

いきなり☗1二銀《にぎん》と打《う》つと、☖3二玉《にぎょく》（図《ず》）と逃《に》げられます。逃《に》げ道《みち》の封《ふう》じ方《かた》を覚《おぼ》えていきましょう。

第《だい》9問《もん》

★★★★★
レベル

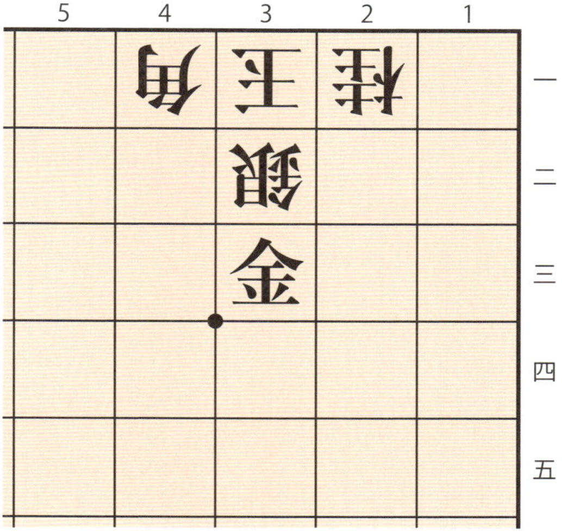

持駒《もちごま》 桂《けい》 桂《けい》

ヒント
桂《けい》を打《う》つ順番《じゅんばん》は？

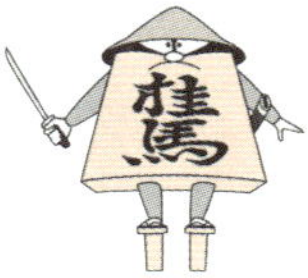

第《だい》10問《もん》

★★★★★
レベル

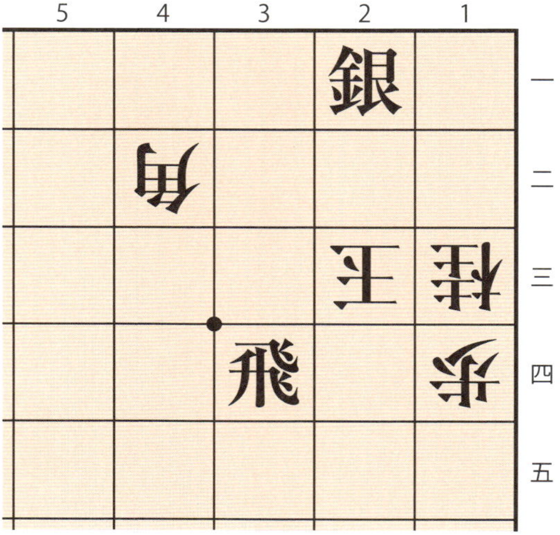

持駒《もちごま》 飛《ひ》

ヒント
飛車《ひしゃ》を成《な》る前《まえ》に…

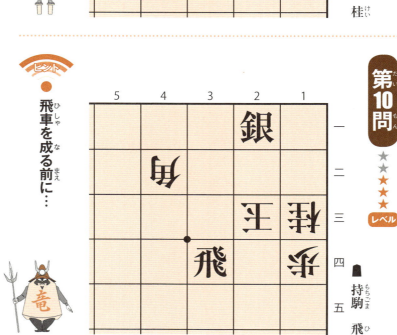

第9問

☗2三桂《さんけい》 ☖同銀《どうぎん》 ☗4三桂《さんけい》

正解図《せいかいず》

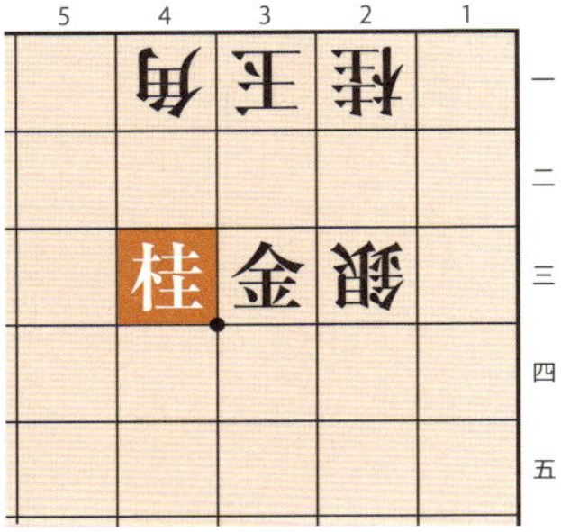

☗持駒《もちごま》 なし

2三《さん》と4三《さん》に桂《けい》を打《う》つしかありません。先《さき》に☗2三桂《さんけい》が正《せい》解《かい》。銀《ぎん》をそらして、左《ひだり》に☗4三桂《さんけい》で詰《つ》みです。

角《かく》が狙《ねら》っている 失敗《しっぱい》

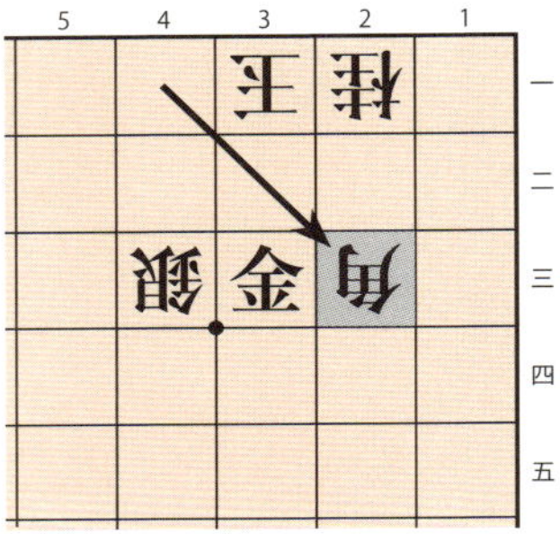

☗持駒《もちごま》 なし

先《さき》に☗4三桂《さんけい》は、☖同銀《どうぎん》☗2三桂《さんけい》☖同角《どうかく》（図《ず》）で詰《つ》みません。守《まも》りの駒《こま》は働《はたら》かせないようにしましょう。

第10問

☗2四飛打《よんひうち》 ☖同角《どうかく》 ☗3二飛成《にひなり》

正解図《せいかいず》

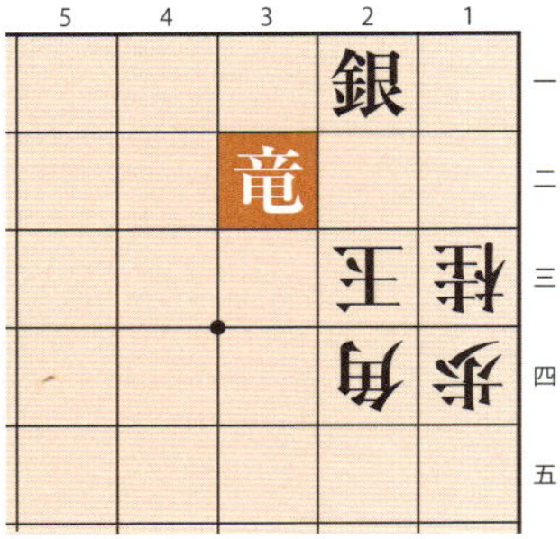

☗持駒《もちごま》 なし

初手《しょて》の☗2四飛打《よんひうち》が好手《こうしゅ》。角《かく》を呼《よ》んで壁《かべ》をつくります。これで☗3二飛成《にひなり》とすれば、玉《ぎょく》を上《うえ》に逃《に》がしません。

上《うえ》は広《ひろ》い 失敗《しっぱい》

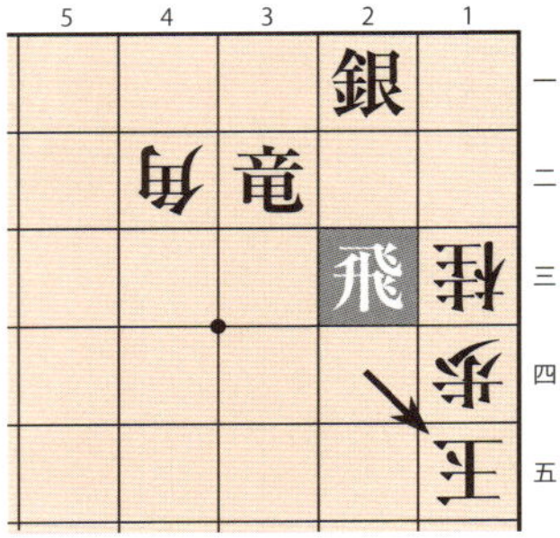

☗持駒《もちごま》 なし

☗3二飛成《にひなり》から入《はい》ると、☖2四玉《よんぎょく》☗2三飛《さんひ》☖1五玉《ごぎょく》（図《ず》）☗3五竜《ごりゅう》☖2五歩合《ごふあい》で詰《つ》みません。

第《だい》11問《もん》

★★★★★
レベル

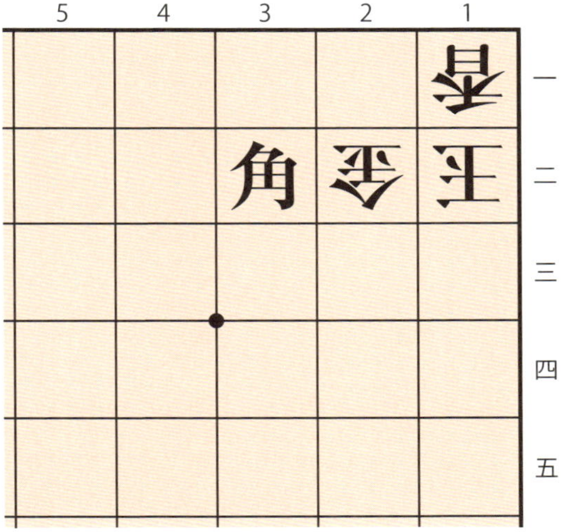

持駒《もちごま》 角《かく》 金《きん》

ヒント
金《きん》を打《う》つためには?

第《だい》12問《もん》

★★★★★
レベル

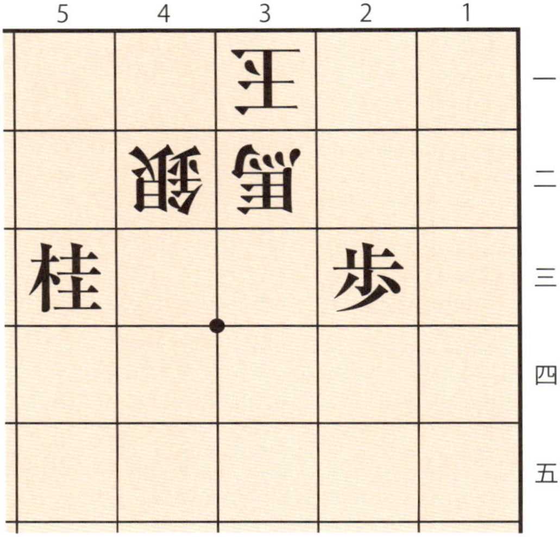

持駒《もちごま》 飛《ひ》 金《きん》

ヒント
馬《うま》がジャマ

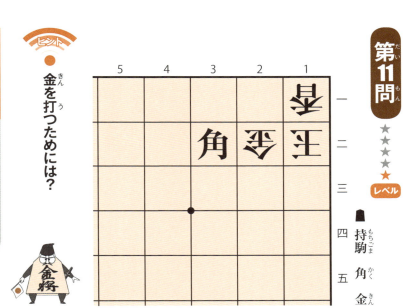

第11問

▲2一《いち》角打《かくうち》 △同金《どうきん》 ▲2三《さん》金《きん》

正解図《せいかいず》

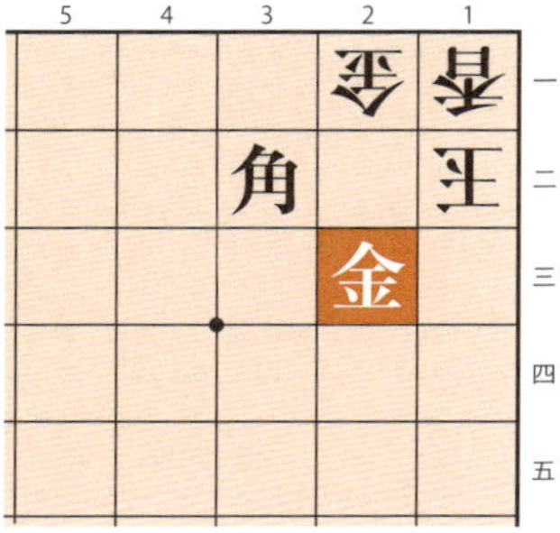

▲持駒《もちごま》 なし

金《きん》を打《う》つため、角《かく》を捨《す》てて金《きん》を動《うご》かします。2手目《てめ》△1三《さん》玉《ぎょく》には、3二《に》角《かく》の利《き》きに▲1四金《よんきん》で間《ま》に合《あ》います。

守備力強化《しゅびりょくきょうか》 失敗《しっぱい》

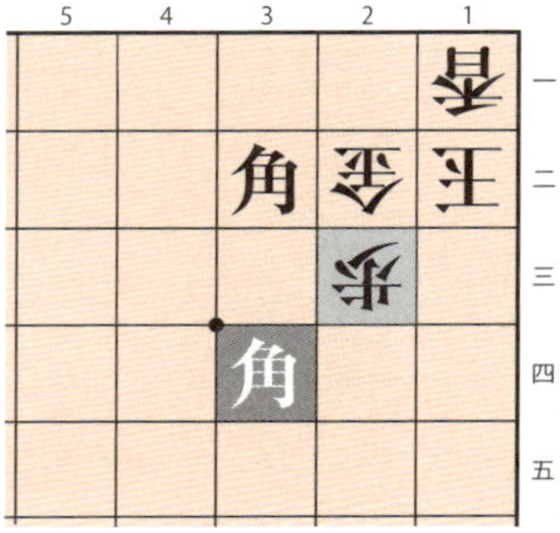

▲持駒《もちごま》 金《きん》

▲3四角《よんかく》の王手《おうて》には、△2三《さん》歩合《ふあい》（図《ず》）と受《う》けて詰《つ》みません。合駒《あいごま》をさせると玉《ぎょく》を固《かた》くしてしまう場合《ばあい》があります。

第12問

▲4一《いち》飛《ひ》 △同馬《どううま》 ▲2二《に》金《きん》

正解図《せいかいず》

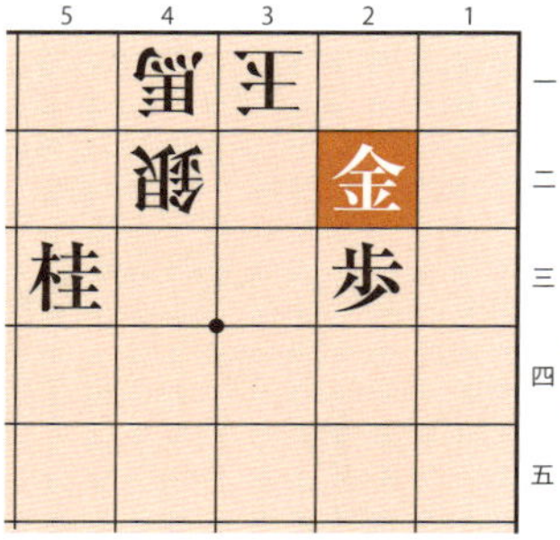

▲持駒《もちごま》 なし

馬《うま》の守《まも》りは金銀《きんぎん》3枚《まい》の価値《かち》があるといわれています。しかし、飛車《ひしゃ》を捨《す》ててどかしてしまえば怖《こわ》くありません。

逆順《ぎゃくじゅん》はダメ 失敗《しっぱい》

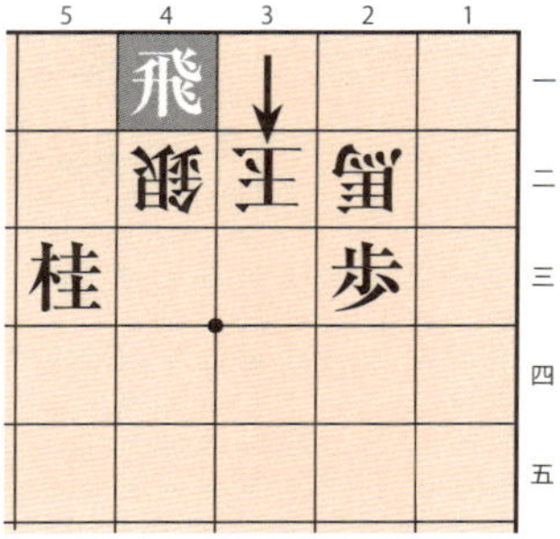

▲持駒《もちごま》 なし

▲2二金《にきん》と捨《す》てて馬《うま》をずらすのは、△同馬《どううま》▲4一飛《いちひ》△3二《に》玉《ぎょく》（図《ず》）で失敗《しっぱい》。金《きん》はトドメ※に残《のこ》したいものです。

※トドメ…最後《さいご》に玉《ぎょく》を詰《つ》める手《て》。

第《だい》13問《もん》

★★★★★ レベル

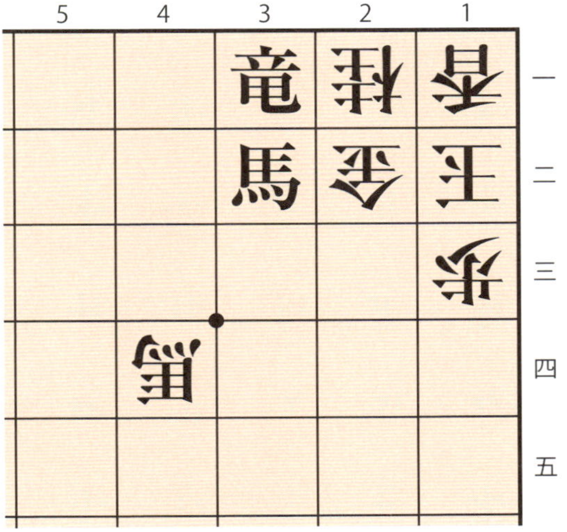

持駒《もちごま》 なし

ヒント

駒《こま》を取《と》って攻《せ》めよう

第《だい》14問《もん》

★★★★★ レベル

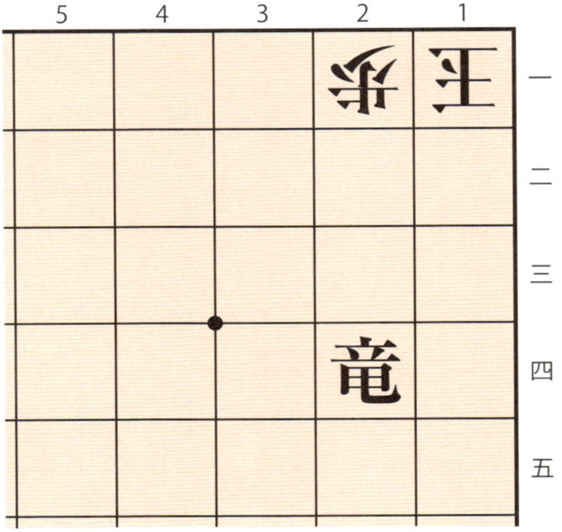

持駒《もちごま》 桂《けい》

ヒント

桂《けい》を打《う》つ前《まえ》に…？

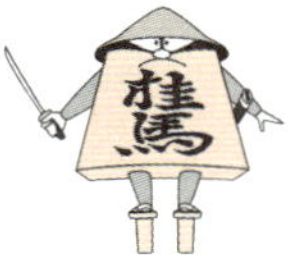

第13問

☗2一竜《いちりゅう》 ☖同金《どうきん》 ☗2四桂《よんけい》

正解図《せいかいず》

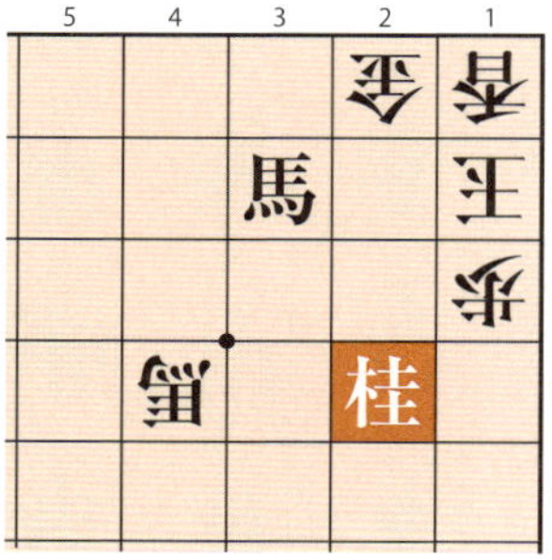

☗持駒《もちごま》 なし

駒《こま》を取《と》らないとどうしようもない形《かたち》。桂《けい》を取《と》って☗2四桂《よんけい》と打《う》てば、受《う》けがありません。

金《きん》は罠《わな》! 失敗《しっぱい》

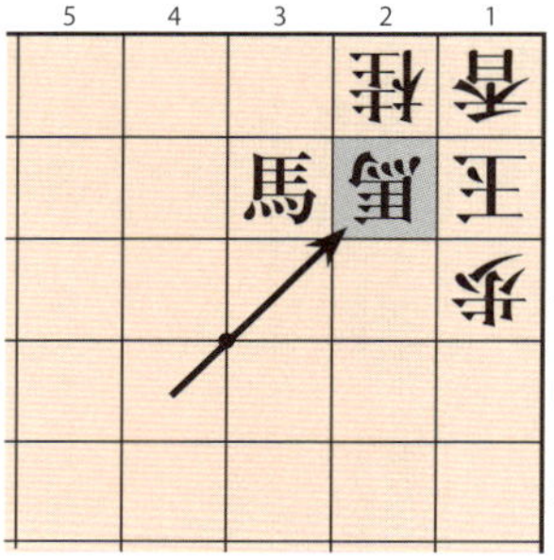

☗持駒《もちごま》 金《きん》

☗2二竜《にりゅう》と金《きん》を取《と》るのは、☖同馬《どううま》（図《ず》）で強力《きょうりょく》な守《まも》りが接《せっ》近《きん》します。金《きん》より桂《けい》が役《やく》に立《た》つ形《かたち》でした。

第14問

☗1三竜《さんりゅう》 ☖1二歩合《にふあい》 ☗2三桂《さんけい》

正解図《せいかいず》

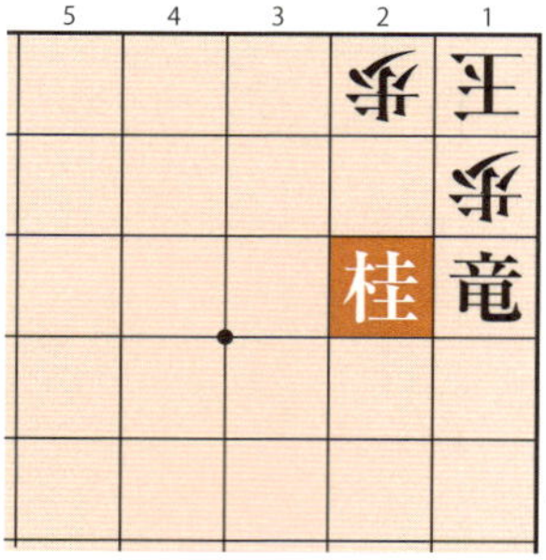

☗持駒《もちごま》 なし

☗1三竜《さんりゅう》と玉《ぎょく》の上《うえ》から圧力《あつりょく》をかけます。合駒《あいごま》をさせれば、もう逃《に》げ道《みち》はありません。桂《けい》を打《う》てば詰《つ》んでいます。

竜《りゅう》の力《ちから》を生《い》かそう 失敗《しっぱい》

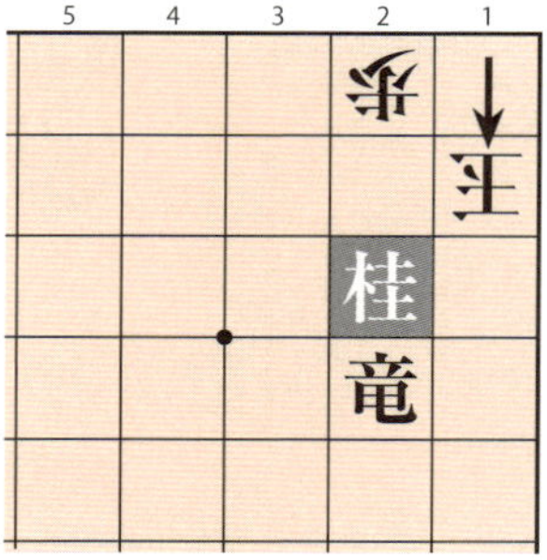

☗持駒《もちごま》 なし

先《さき》に☗2三桂《さんけい》は、☖1二玉《にぎょく》（図《ず》）で、次《つぎ》の王手《おうて》がほとんどありません。竜《りゅう》の力《ちから》を最大《さいだい》限《げん》に生《い》かしましょう。

第《だい》15問《もん》

★★★★★
レベル

ヒント
味方《みかた》のジャマをしない

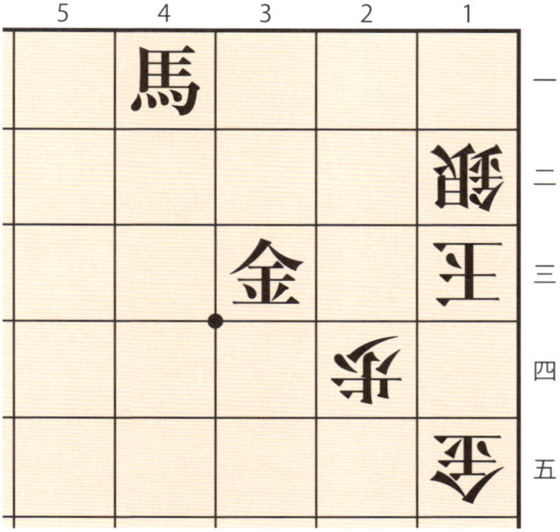

持駒《もちごま》 飛《ひ》

第《だい》16問《もん》

★★★★★
レベル

ヒント
味方《みかた》の馬《うま》を生《い》かす

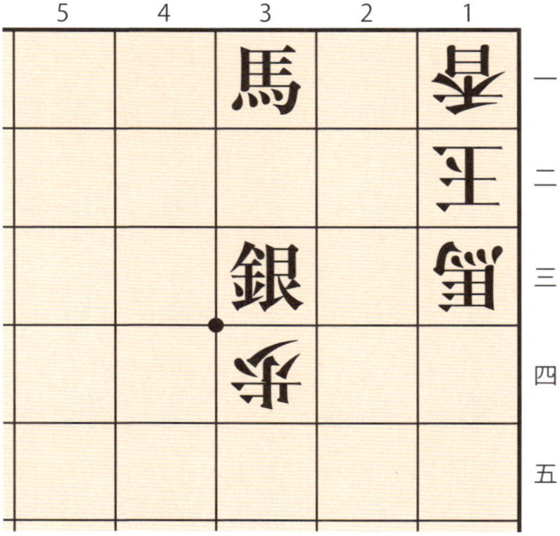

持駒《もちごま》 桂《けい》

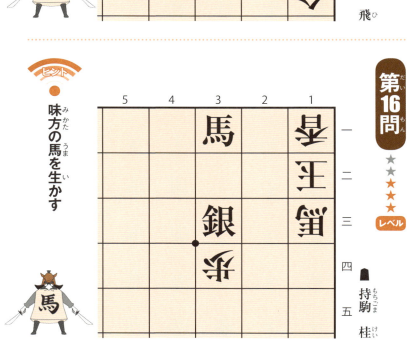

第15問

☗1四飛《よんひ》　☖同金《どうきん》　☗3一馬《いちうま》

正解図《せいかいず》

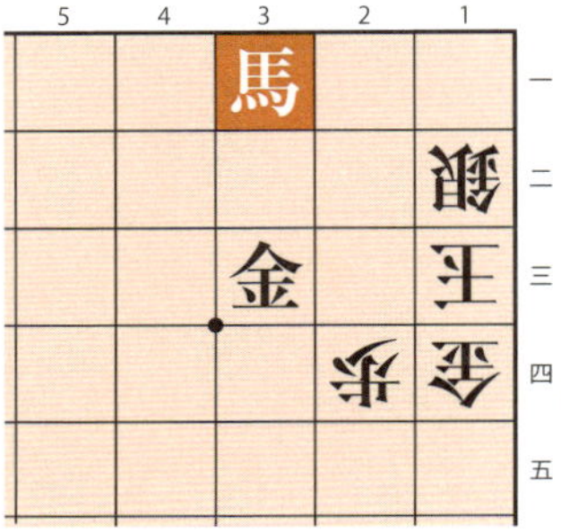

☗持駒《もちごま》 なし

初手《しょて》☗1四飛《よんひ》の捨駒《すてごま》が良《よ》い手《て》。金《きん》に取《と》らせて逃《に》げ道《みち》をふさいだところで、☗3一馬《いちうま》の王手《おうて》が決《き》まります。

馬《うま》の利《き》きが止《と》まる　失敗《しっぱい》

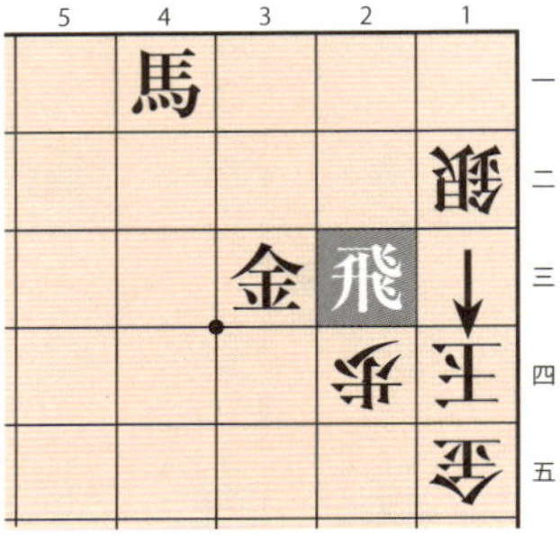

☗持駒《もちごま》 なし

☗2三飛《さんひ》も有力《ゆうりょく》です。銀《ぎん》で取《と》ってくれれば詰《つ》みますが、馬《うま》の利《き》きを止《と》めたため☖1四玉《よんぎょく》（図《ず》）で失敗《しっぱい》します。

第16問

☗2四桂《よんけい》　☖同馬《どううま》　☗2二馬《にうま》

正解図《せいかいず》

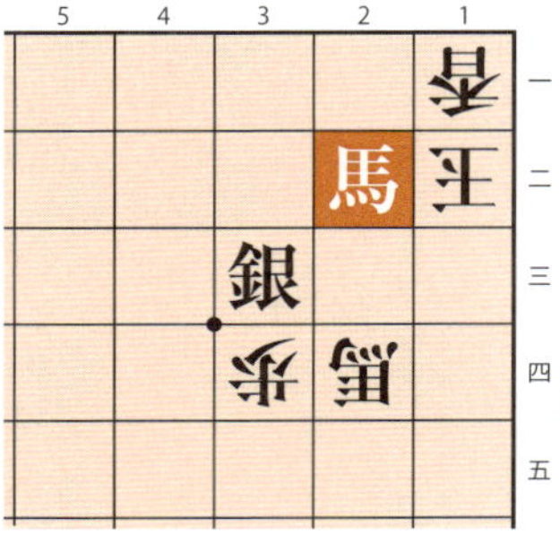

☗持駒《もちごま》 なし

1三馬《さんうま》が守《まも》りの主役《しゅやく》。桂《けい》を捨《す》てて、これを動《うご》かします。☖2三玉《さんぎょく》には、☗3二馬《にうま》がぴったり（この順《じゅん》でも正解《せいかい》）。

馬《うま》を呼《よ》ばない　失敗《しっぱい》

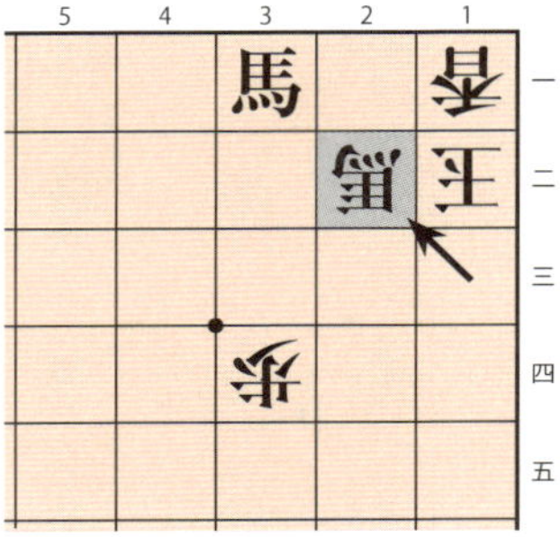

☗持駒《もちごま》 桂《けい》

☗2二銀成《にぎんなり》と捨《す》てるのは、☖同馬《どううま》（図《ず》）で失敗《しっぱい》。また、☗1三馬《さんうま》と馬《うま》を取《と》っても、持駒《もちごま》が角桂《かくけい》では届《とど》きません。

第《だい》17問《もん》

★★★★★
レベル

持駒《もちごま》 飛《ひ》 桂《けい》

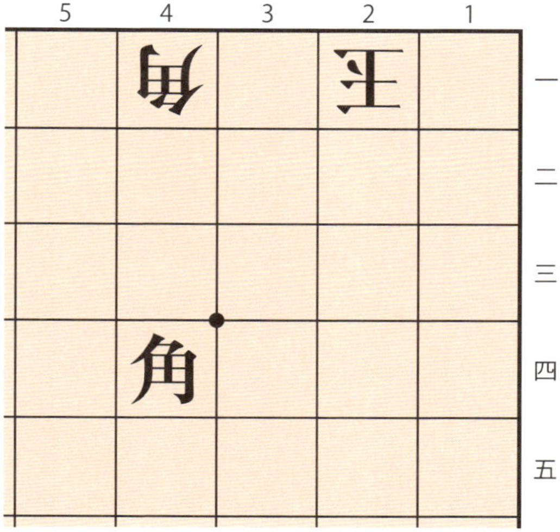

ヒント
角《かく》の守《まも》りをうまくかわそう

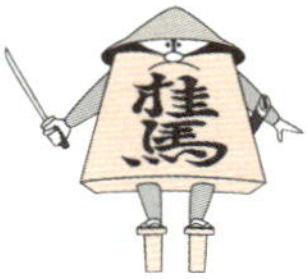

第《だい》18問《もん》

★★★★★
レベル

持駒《もちごま》 金《きん》

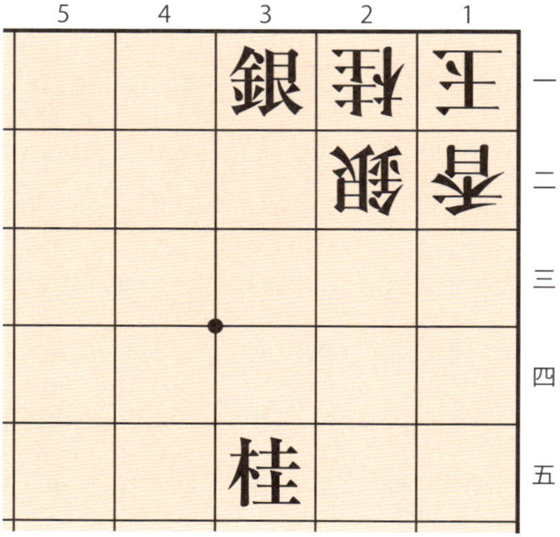

ヒント
穴熊《あなぐま》にはあの駒《こま》!

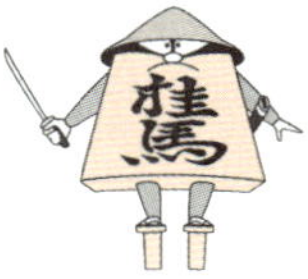

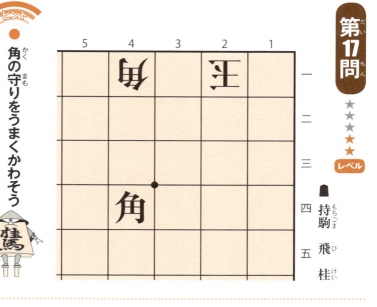

第17問

☗2二飛《にひ》 ☖3一玉《いちぎょく》 ☗4三桂《さんけい》

正解図《せいかいず》

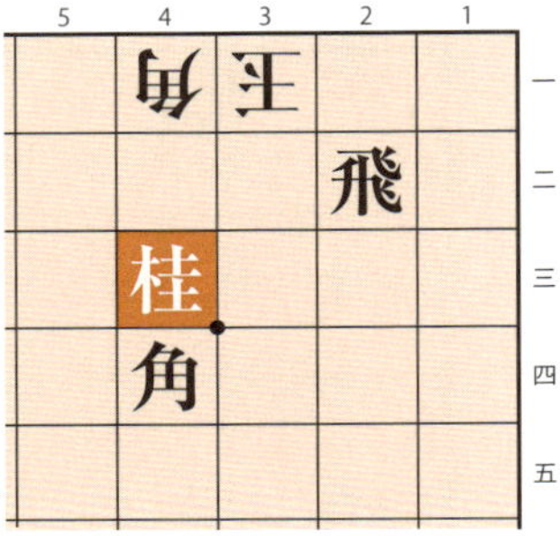

☗持駒《もちごま》 なし

玉《ぎょく》の頭《あたま》に飛車《ひしゃ》を押《お》しつけるのが力強《ちからづよ》い一手《いって》。☖1一玉《いちぎょく》と逃《に》げた場合《ばあい》は、☗3二飛成《にひなり》で、持駒《もちごま》が余《あま》って詰《つ》みます。

4四馬《よんうま》なら詰《つ》む　失敗《しっぱい》

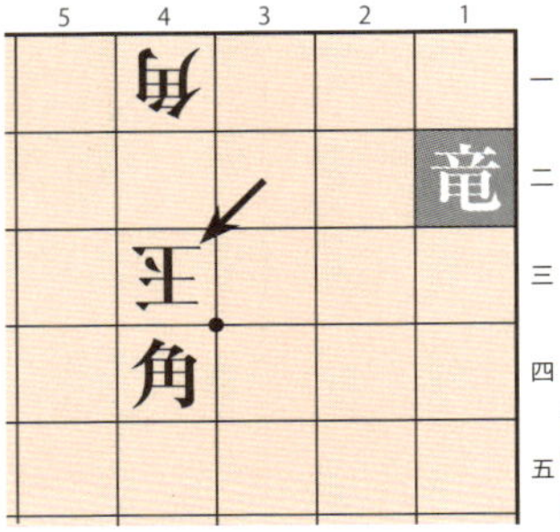

☗持駒《もちごま》 桂《けい》

☗1一飛《いちひ》☖3二玉《にぎょく》☗1二飛成《にひなり》と竜《りゅう》をつくって追《お》うと、☖4三玉《さんぎょく》（図《ず》）で捕《つか》まりません。もし4四角《よんかく》が馬《うま》なら詰《つ》み。

第18問

☗2三桂不成《さんけいならず》 ☖同銀《どうぎん》 ☗2二金《にきん》

正解図《せいかいず》

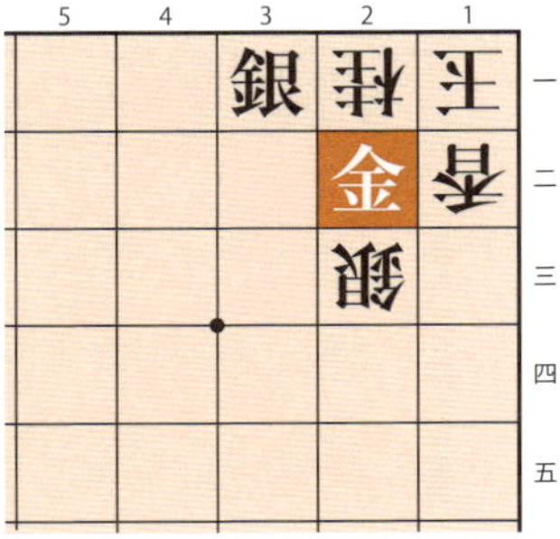

☗持駒《もちごま》 なし

桂《けい》を不成《ならず》で跳《は》ねて王手《おうて》します。銀《ぎん》が動《うご》いてできたスペースに、金打《きんう》ちで詰《つ》み。穴熊《あなぐま》を崩《くず》すのはやはり桂《けい》でした。

駒取《こまと》りはあと一歩《いっぽ》　失敗《しっぱい》

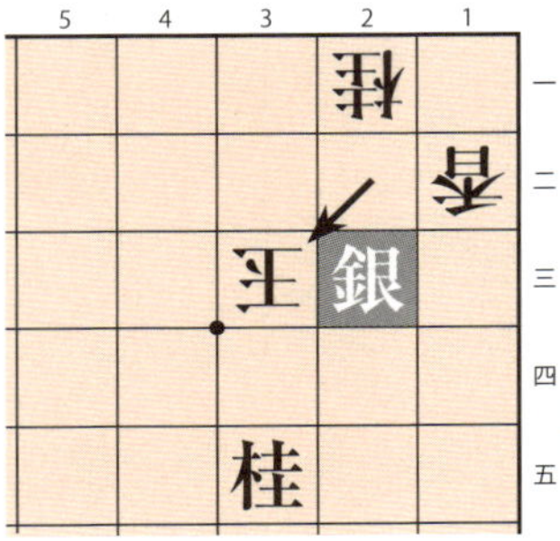

☗持駒《もちごま》 金《きん》

☗2二銀成《にぎんなり》と銀《ぎん》を取《と》るのは、☖同玉《どうぎょく》☗2三銀《さんぎん》☖3三玉《さんぎょく》（図《ず》）☗3四金《よんきん》☖4二玉《にぎょく》と進《すす》んで詰《つ》みません。

第《だい》19問《もん》

★★★★★
レベル

香《きょう》を打《う》ちたい

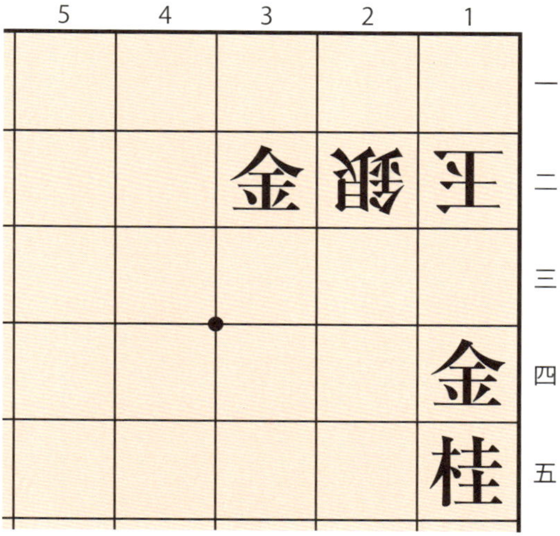

持駒《もちごま》　香《きょう》

第《だい》20問《もん》

★★★★★
レベル

地味《じみ》な動《うご》きだけど…

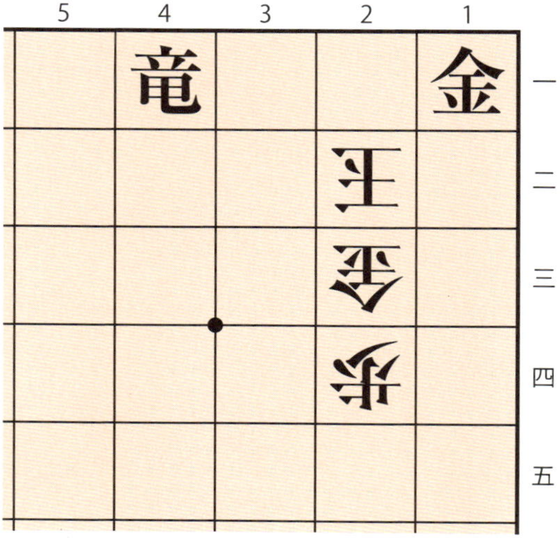

持駒《もちごま》　金《きん》

第19問

☗2三桂成《さんけいなり》 ☖同銀《どうぎん》 ☗1三香《さんきょう》

正解図《せいかいず》

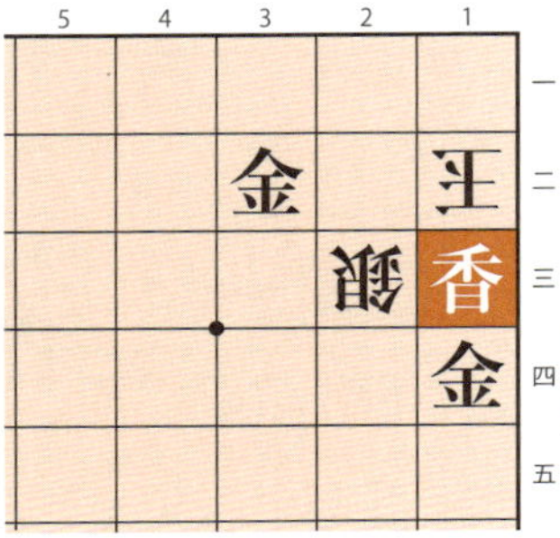

☗持駒《もちごま》 なし

桂《けい》を成《な》り捨《す》てるのが気持《きも》ちの良《よ》い手《て》。銀《ぎん》をずらすと、香《きょう》が打《う》てます。2手目《てめ》☖1一玉《いちぎょく》は、☗2二金《にきん》で駒余《こまあま》り。

先《さき》に香《きょう》は失敗《しっぱい》

失敗《しっぱい》

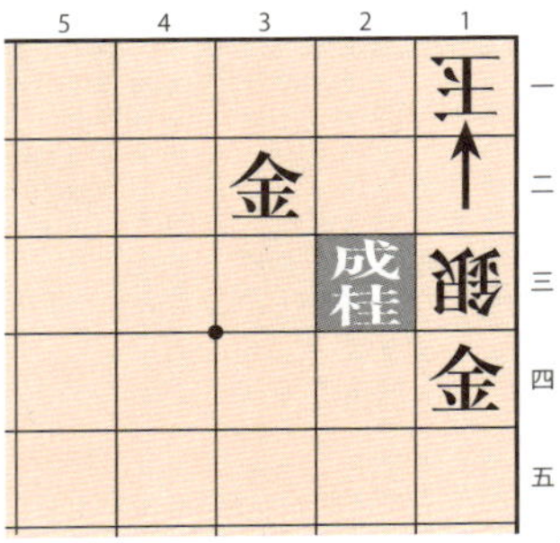

☗持駒《もちごま》 なし

最初《さいしょ》に☗1三香《さんきょう》と使《つか》うと、☖同銀《どうぎん》☗2三桂成《さんけいなり》☖1一玉《いちぎょく》（図《ず》）で手《て》が切《き》れます。強力《きょうりょく》な成駒《なりごま》よりも香《きょう》が役《やく》に立《た》ちますね。

第20問

☗4二竜《にりゅう》 ☖1一玉《いちぎょく》 ☗1二金《にきん》

正解図《せいかいず》

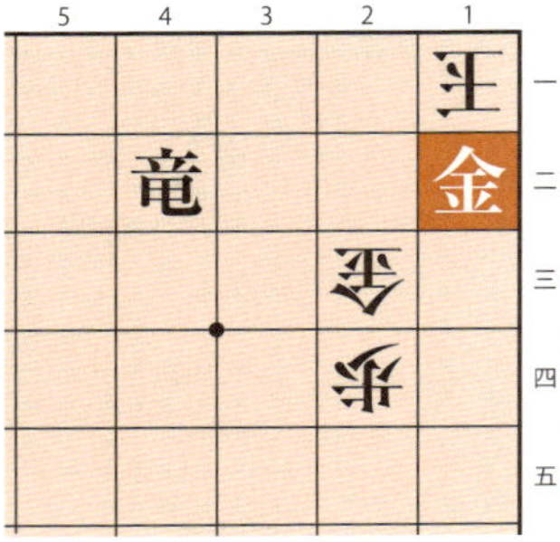

☗持駒《もちごま》 なし

竜《りゅう》をひとつ引《ひ》くのが面白《おもしろ》い手《て》。2手目合駒《てめあいごま》は、☗1二金打《にきんうち》まで。☖1三玉《さんぎょく》は、☗1二竜《にりゅう》（駒余《こまあま》り）で、上《うえ》に逃《に》がしません。

1筋《すじ》に注意《ちゅうい》

失敗《しっぱい》

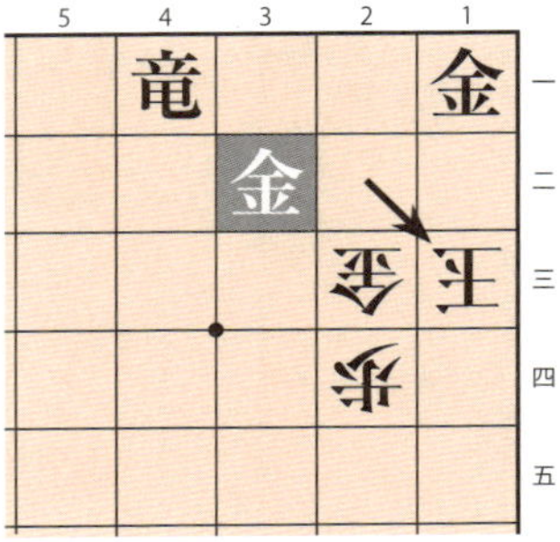

☗持駒《もちごま》 なし

☗3二金《にきん》は☖1三玉《さんぎょく》（図《ず》）で、1筋《すじ》から脱出《だっしゅつ》されます。また☗2一竜《いちりゅう》は、☖3三玉《さんぎょく》で3筋《すじ》から逃《に》がしてしまいます。

第《だい》21問《もん》

★★★★★ レベル

持駒《もちごま》 金《きん》 銀《ぎん》

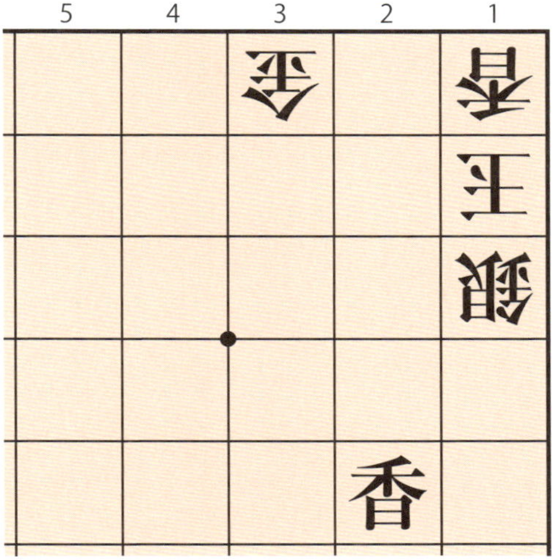

ヒント

香《きょう》を生《い》かす

第《だい》22問《もん》

★★★★★ レベル

持駒《もちごま》 なし

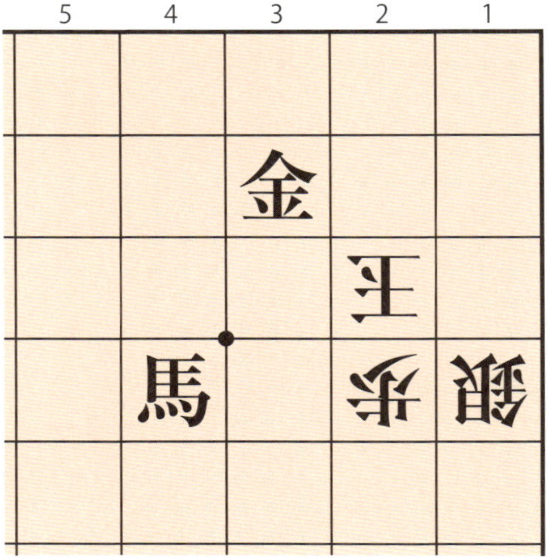

ヒント

やっぱり頼《たよ》りになる

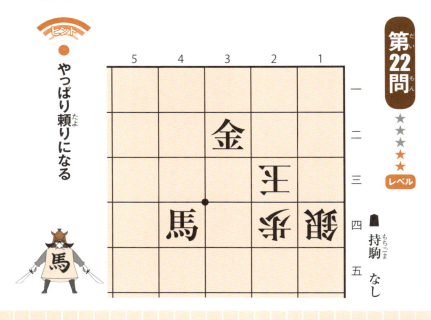

第21問

▲2一銀《いちぎん》 △同金《どうきん》 ▲2三金《さんきん》

正解図《せいかいず》

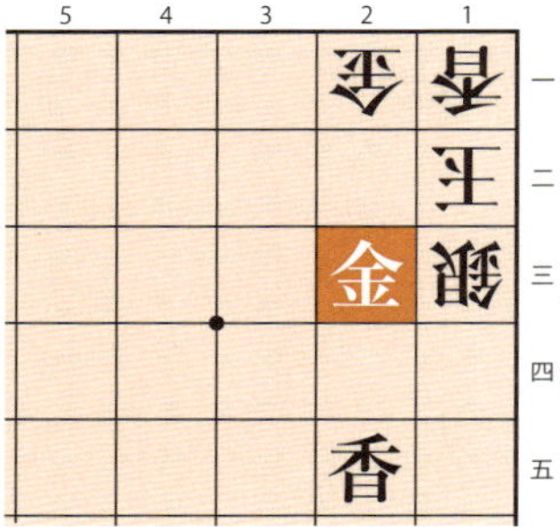

▲持駒《もちごま》 なし

いずれ逃《に》げこまれることを想《そう》定《てい》して▲2一銀《いちぎん》と捨《す》てます。ここが埋《う》まれば簡単《かんたん》ですね。

守《まも》りを働《はたら》かせない　失敗《しっぱい》

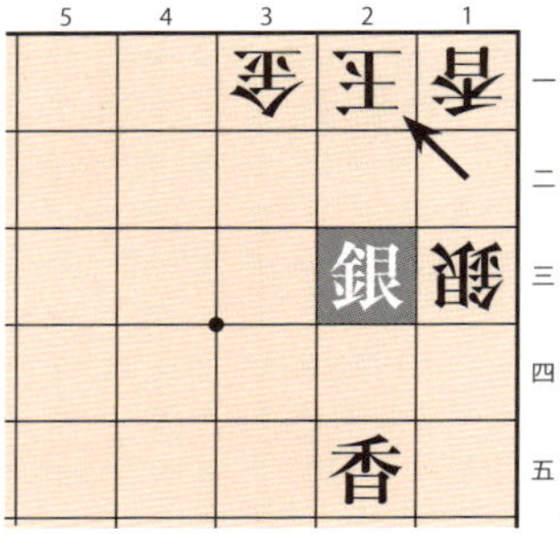

▲持駒《もちごま》 金《きん》

上《うえ》からの▲2三銀《さんぎん》には、△2一玉《いちぎょく》(図《ず》)。こうなると玉《ぎょく》方《かた》の守《まも》りが意外《いがい》としっかりしていて、詰《つ》みません。

第22問

▲3三馬《さんうま》 △1三玉《さんぎょく》 ▲2二馬《にうま》

正解図《せいかいず》

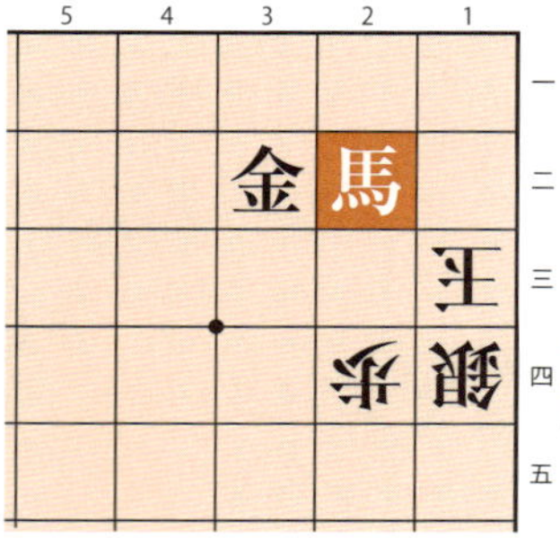

▲持駒《もちごま》 なし

盤《ばん》の端《はし》は、玉《ぎょく》を追《お》い詰《つ》めるのにうってつけです。馬《うま》を2回《かい》動《うご》かし、端《はし》を利《り》用《よう》して詰《つ》めます。

焦《あせ》らない　失敗《しっぱい》

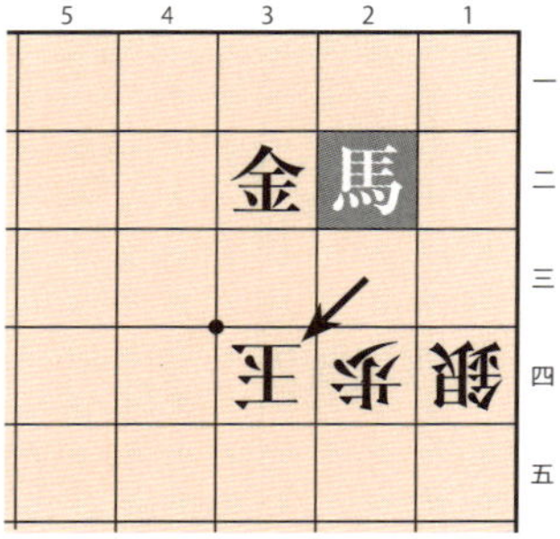

▲持駒《もちごま》 なし

焦《あせ》って一気《いっき》に▲2二馬《にうま》は、△3四玉《よんぎょく》(図《ず》)と上《うえ》に逃《に》がしてしまいます。スキをつくらないようにしましょう。

第《だい》23問《もん》

★★★★★ レベル

ヒント
● 上《うえ》に逃《に》がさないように

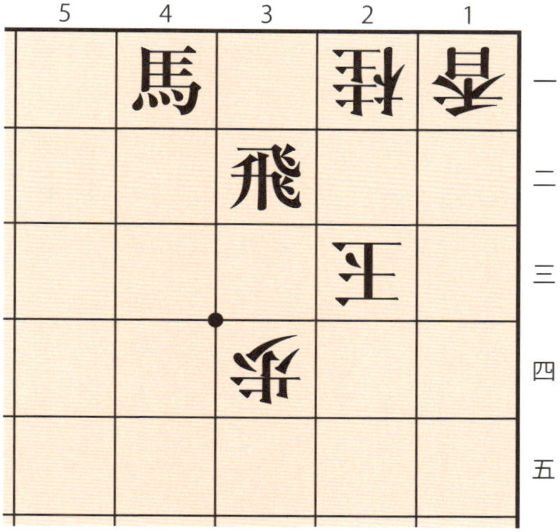

持駒《もちごま》 金《きん》

第《だい》24問《もん》

★★★★★ レベル

ヒント
● 攻《せ》め駒《ごま》が足《た》りない？

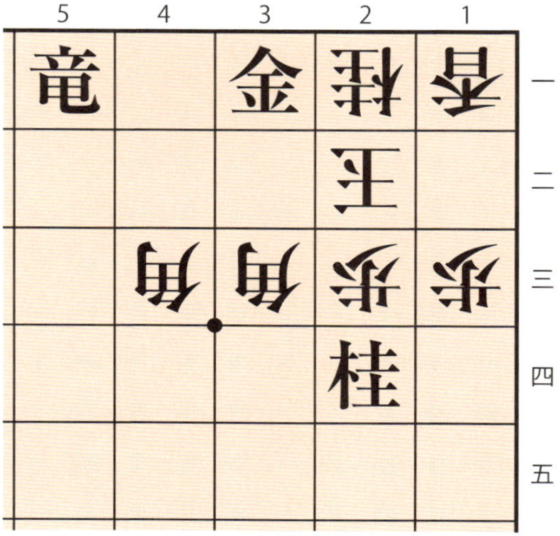

持駒《もちごま》 なし

第23問

▲2二《に》飛成《ひなり》 △同玉《どうぎょく》 ▲2三金《さんきん》

正解図《せいかいず》

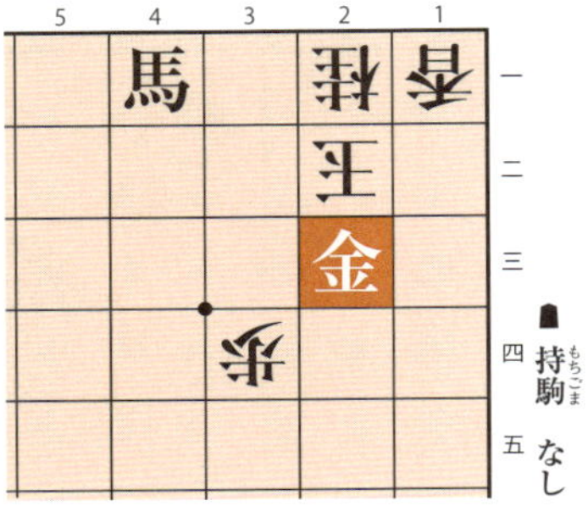

両王手《りょうおうて》で玉《ぎょく》を引《ひ》きずり下《お》ろします。ここから1一香《いちきょう》、2一《いち》桂《けい》など、実戦《じっせん》らしい配置《はいち》の問《もん》題《だい》をいくつか出《だ》しましょう。

飛車捨《ひしゃす》てを恐《おそ》れない　失敗《しっぱい》

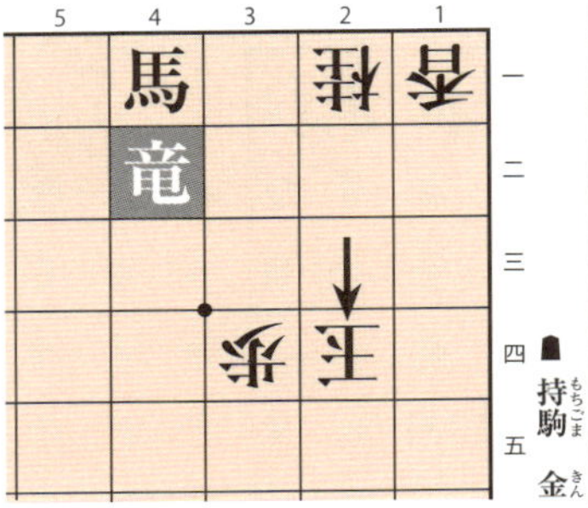

▲4二飛成《にひなり》は、△2四玉《よんぎょく》（図《ず》）と上《うえ》に逃《に》がしてしまいます。飛車《ひしゃ》を渡《わた》すことを恐《おそ》れてはいけません。

第24問

▲2一金《いちきん》 △同角《どうかく》 ▲3四桂《よんけい》

正解図《せいかいず》

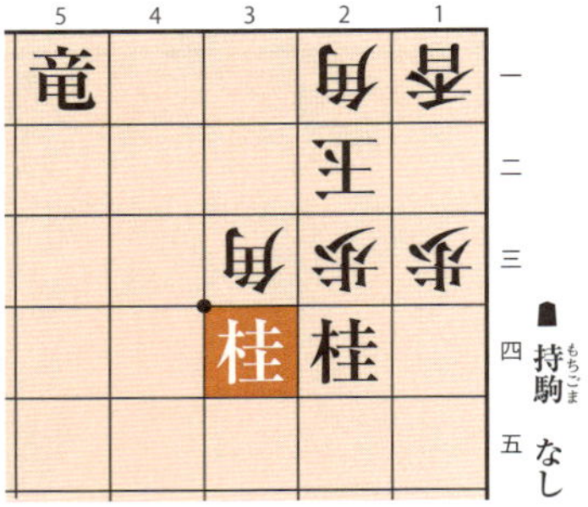

思《おも》い切《き》って桂《けい》を取《と》ってしまいます。3三角《さんかく》の弱点《じゃくてん》を突《つ》き、▲3四桂《よんけい》と打《う》てばおしまいです。

かっこつけない　失敗《しっぱい》

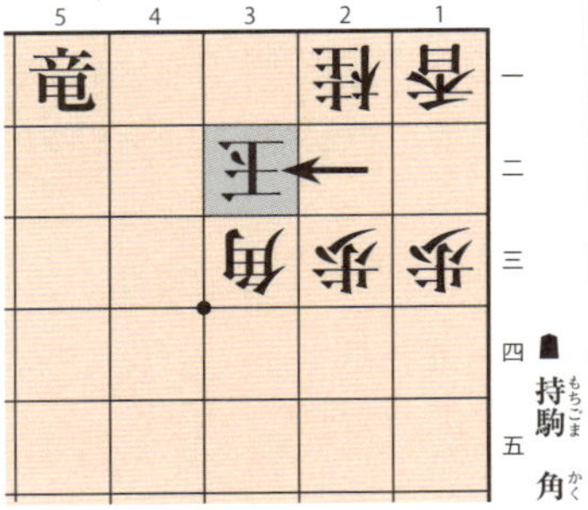

詰将棋《つめしょうぎ》らしい捨駒《すてごま》の▲3二金《にきん》もかっこいい手《て》に思《おも》えますが、以下《いか》、△同角《どうかく》▲同桂成《どうけいなり》△同《どう》玉《ぎょく》（図《ず》）で失敗《しっぱい》です。

第《だい》25問《もん》

★★★★★
レベル

ヒント
矢倉囲《やぐらがこ》い※の弱点《じゃくてん》は?

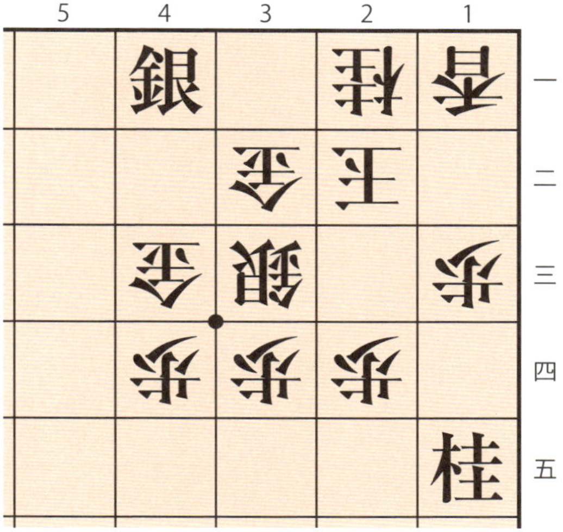

持駒《もちごま》 飛《ひ》 銀《ぎん》

第《だい》26問《もん》

★★★★★
レベル

ヒント
桂《けい》を使《つか》うにはどうする?

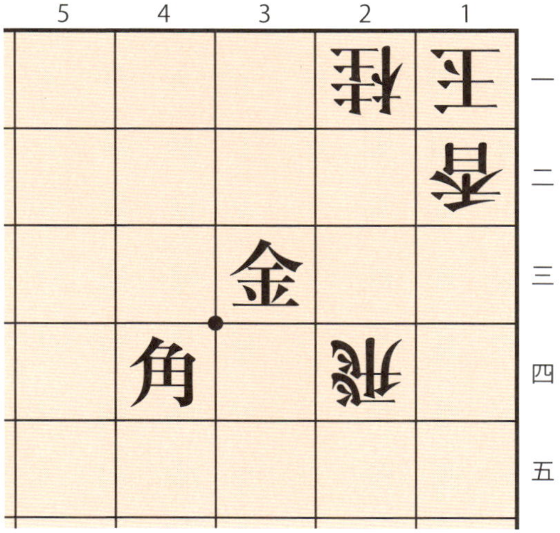

持駒《もちごま》 桂《けい》

※矢倉囲《やぐらがこ》い…出題図《しゅつだいず》は矢倉囲《やぐらがこ》いの一種《いっしゅ》・金矢倉《きんやぐら》の形《かたち》。将棋《しょうぎ》の代表的《だいひょうてき》な囲《かこ》いで、形《かたち》が美《うつく》しいといわれる。

第25問

☗2三銀《さんぎん》 ☖同金《どうきん》 ☗3二飛《にひ》

正解図《せいかいず》

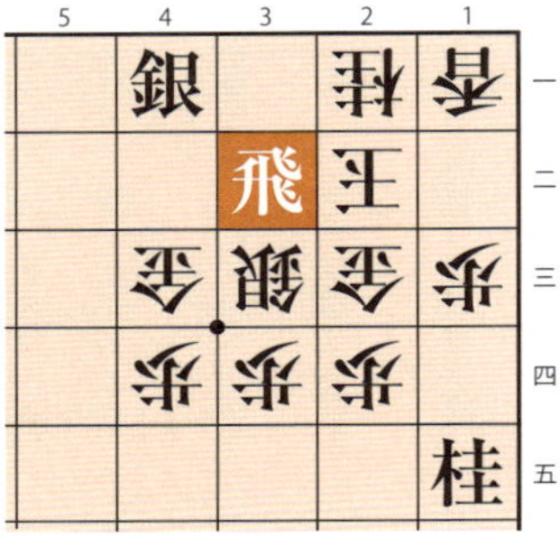

☗持駒《もちごま》 なし

金銀《きんぎん》３枚《まい》の矢倉囲《やぐらがこ》い。鉄壁《てっぺき》に見《み》えますが、玉頭《ぎょくとう》に弱点《じゃくてん》があります。銀捨《ぎんす》てからの飛車打《ひしゃう》ちで、逃《に》げ道《みち》はありません。

金《きん》を取《と》らない　失敗《しっぱい》

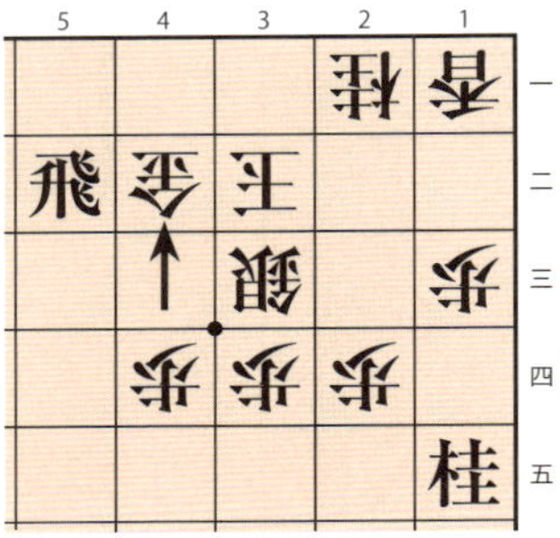

☗持駒《もちごま》 金《きん》 銀《ぎん》

☗3二銀成《にぎんなり》で金《きん》を取《と》れますが、☖同玉《どうぎょく》☗5二飛《にひ》☖4二金《にきん》(図《ず》) ☗2三銀《さんぎん》☖4三玉《さんぎょく》で詰《つ》みません。

第26問

☗2二金《にきん》 ☖同飛《どうひ》 ☗2三桂《さんけい》

正解図《せいかいず》

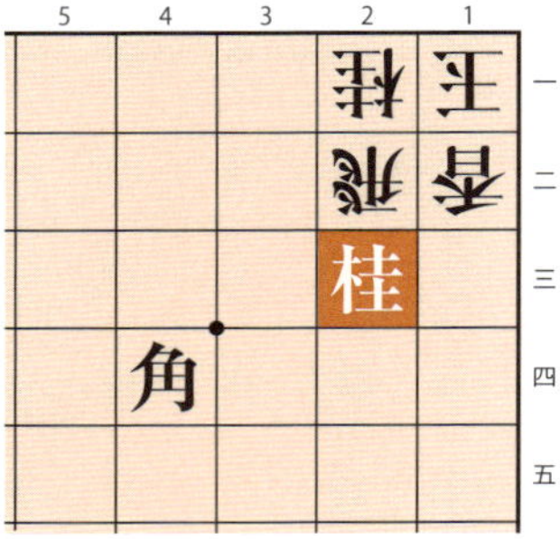

☗持駒《もちごま》 なし

2四飛《よんひ》が動《うご》ける間《あいだ》は、桂《けい》を打《う》っても取《と》られます。そこで金捨《きんす》てが好手《こうしゅ》※。角《かく》の利《き》きにより、飛車《ひしゃ》は動《うご》けません。

飛車《ひしゃ》を取《と》らない　失敗《しっぱい》

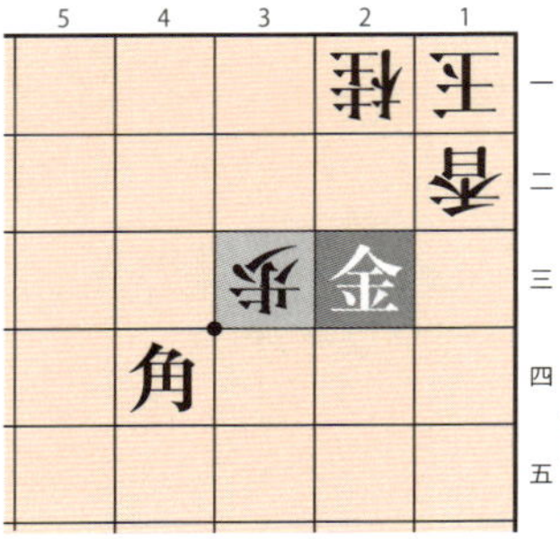

☗持駒《もちごま》 飛《ひ》

☗2三桂《さんけい》☖同飛《どうひ》☗同金《どうきん》として飛車《ひしゃ》を入手《にゅうしゅ》できますが、☖3三歩合《さんふあい》(図《ず》)で攻《せ》めきれません。

※好手《こうしゅ》…良《よ》い手《て》のこと。

第《だい》27問《もん》

★★★★★
レベル

ヒント
金《きん》で寄《よ》り切《き》る

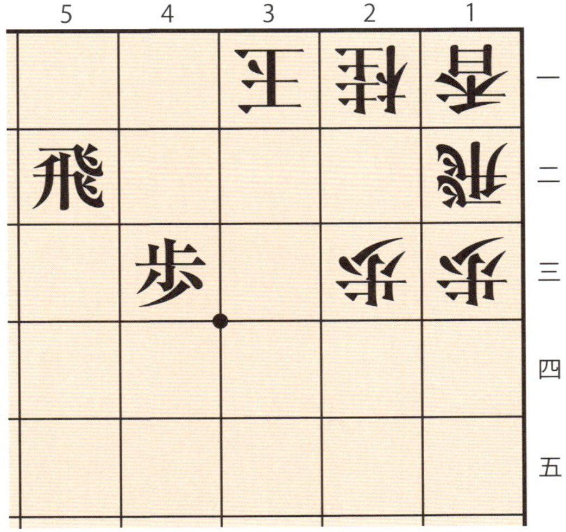

持駒《もちごま》 金《きん》

第《だい》28問《もん》

★★★★★
レベル

ヒント
玉《ぎょく》を誘《さそ》い出《だ》す

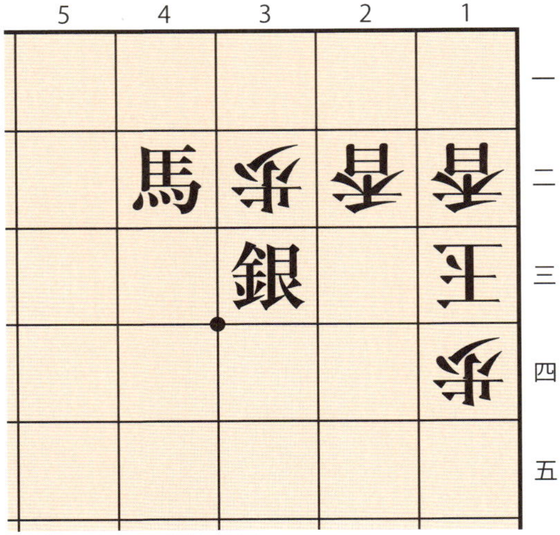

持駒《もちごま》 金《きん》

第27問

☗4二金《にきん》 ☖2二玉《にぎょく》 ☗3二金《にきん》

正解図《せいかいず》

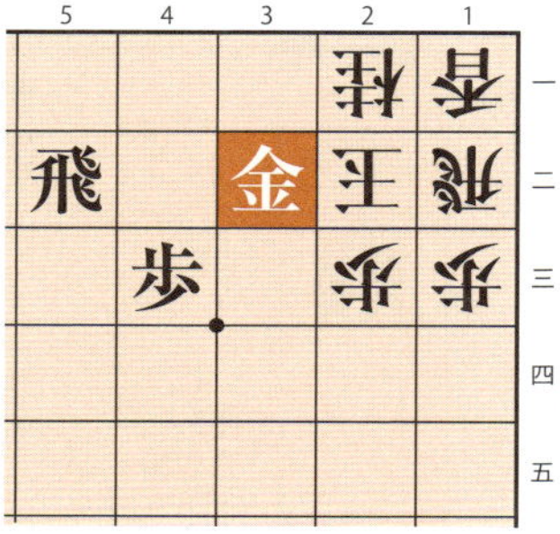

☗持駒《もちごま》 なし

数《かず》で勝《まさ》るところに☗4二金《にきん》と打《う》ち、その金《きん》で寄《よ》り切《き》ります。2手目《てめ》☖同飛《どうひ》は、☗同飛成《どうひなり》まで（駒余《こまあま》り）。

飛車《ひしゃ》は動《うご》かさない 失敗《しっぱい》

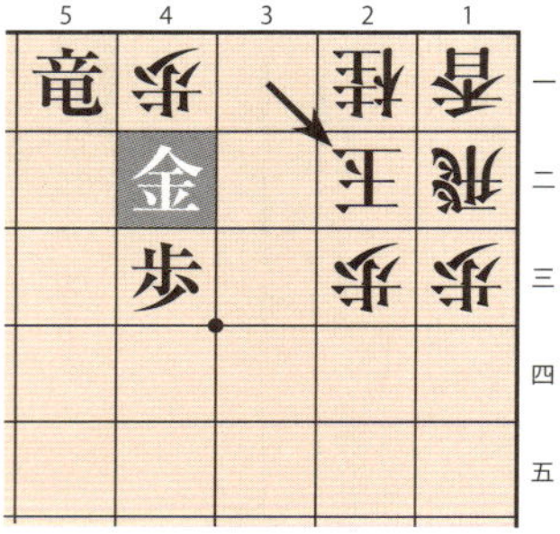

☗持駒《もちごま》 なし

☗5一飛成《いちひなり》と竜《りゅう》をつくる手《て》もありますが、☖4一歩合《いちふあい》☗4二金《にきん》☖2二玉《にぎょく》（図《ず》）で失敗《しっぱい》です。

第28問

☗2三金《さんきん》 ☖同玉《どうぎょく》 ☗2四銀成《よんぎんなり》

正解図《せいかいず》

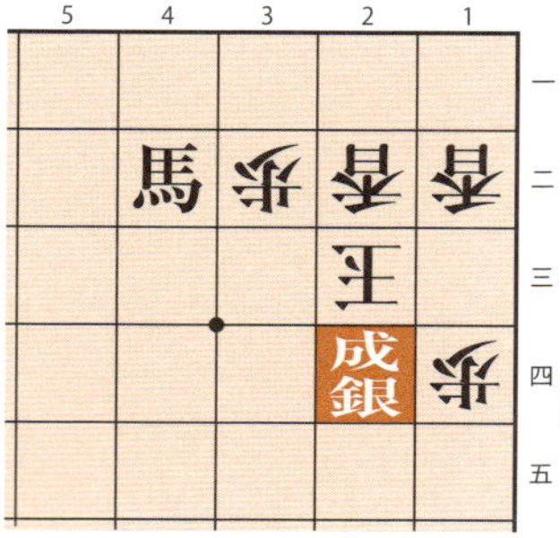

☗持駒《もちごま》 なし

香《きょう》の顔面《がんめん》に☗2三金《さんきん》。この捨《すて》駒《ごま》にインパクトがあります。☖同香《どうきょう》には、☗3一馬《いちうま》と斜《なな》め後《うし》ろから王手《おうて》できます。

香《きょう》は取《と》らない 失敗《しっぱい》

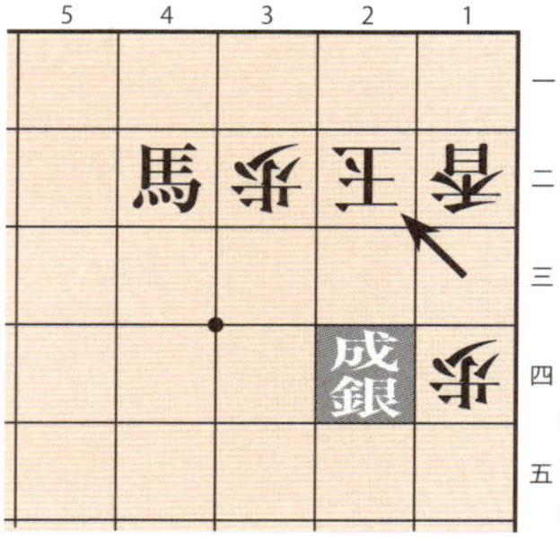

☗持駒《もちごま》 香《きょう》

☗2四金《よんきん》は、☖同香《どうきょう》☗同銀成《どうぎんなり》☖2二玉《にぎょく》（図《ず》）で失敗《しっぱい》。また☗2二銀不成《にぎんならず》は、☖同玉《どうぎょく》☗2四香《よんきょう》☖2三歩合《さんふあい》で逃《のが》れます。

第《だい》29問《もん》

★★★★★ レベル

ヒント
守《まも》りの銀《ぎん》が動《うご》けば……

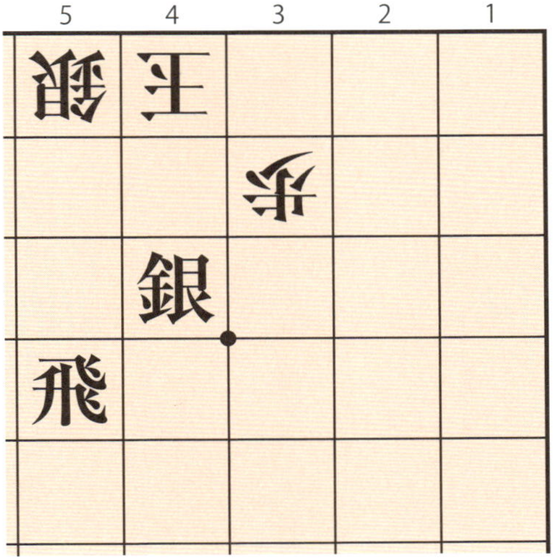

持駒《もちごま》 銀《ぎん》

第《だい》30問《もん》

★★★★★ レベル

ヒント
素直《すなお》に攻《せ》めるのが◎

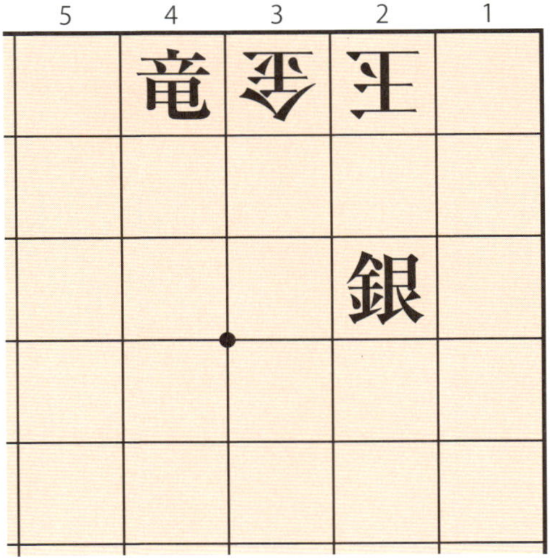

持駒《もちごま》 なし

第29問

☗5二飛成《にひなり》 ☖同銀《どうぎん》 ☗4二銀打《にぎんうち》

正解図《せいかいず》

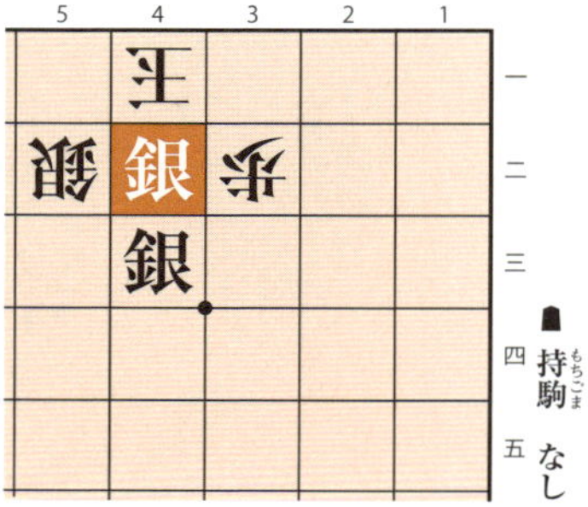

☗5二《に》飛《ひ》成《なり》と捨《す》てて銀《ぎん》に取《と》らせれば、銀《ぎん》の守備力《しゅびりょく》はほぼ失《うしな》われます。2手目《てめ》☖3一玉《いちぎょく》は☗3二竜《にりゅう》まで（駒余《こまあま》り）。

飛車《ひしゃ》を惜《お》しまない　失敗《しっぱい》

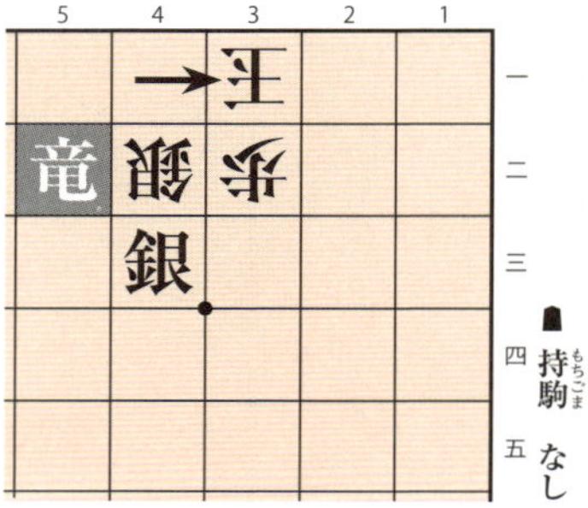

☗4二《に》銀打《ぎんうち》☖同《どう》銀《ぎん》☗5二《に》飛《ひ》成《なり》と竜《りゅう》をつくれますが、☖3一《いち》玉《ぎょく》（図《ず》）☗4二《に》竜《りゅう》☖2二《に》玉《ぎょく》で詰《つ》みません。

第30問

☗3一竜《いちりゅう》 ☖同玉《どうぎょく》 ☗3二金《にきん》

正解図《せいかいず》

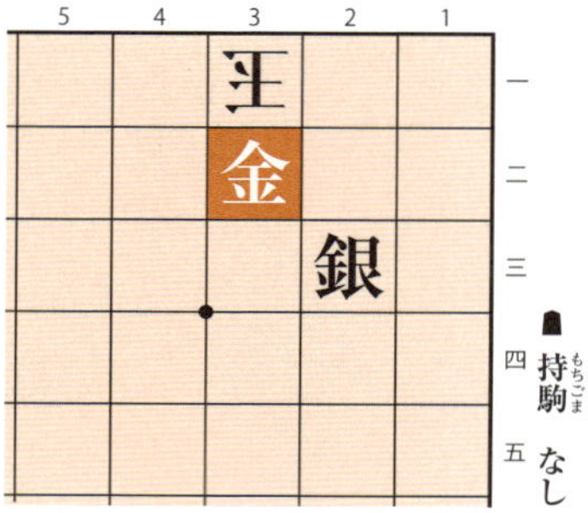

金《きん》1枚《まい》持《も》っていれば詰《つ》む形《かたち》は、覚《おぼ》えておいて損《そん》はありません。竜《りゅう》で金《きん》を取《と》ってしまいましょう。

1筋《すじ》に逃《に》がさない　失敗《しっぱい》

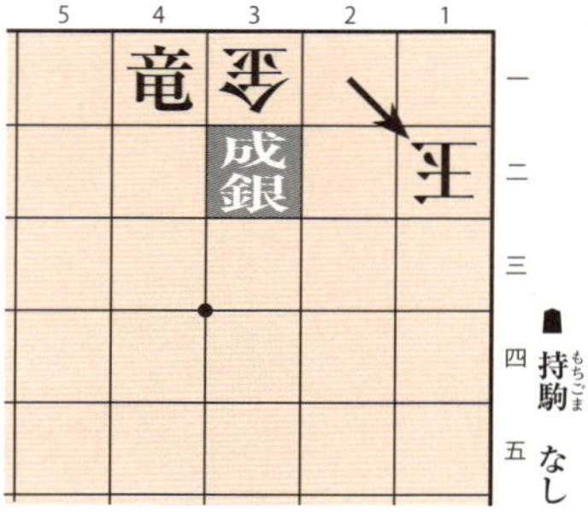

金《きん》は動《うご》けないので☗3二《に》銀《ぎん》成《なり》と指《さ》せますが、☖1二《に》玉《ぎょく》（図《ず》）と1筋《すじ》に逃《に》げられてしまいます。

第《だい》31問《もん》

★★★★★
レベル

持駒《もちごま》 飛《ひ》 金《きん》

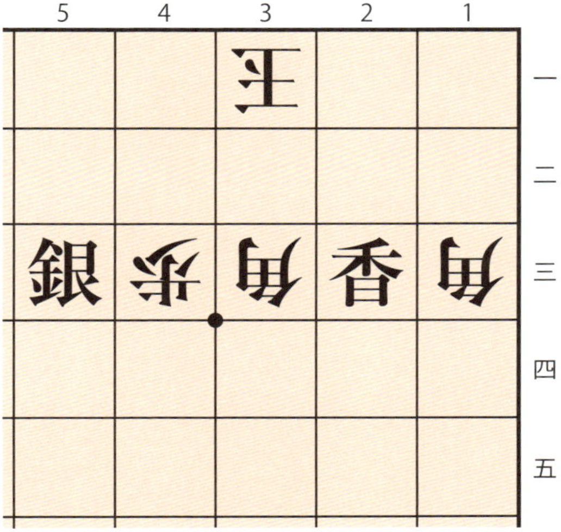

ヒント
金《きん》を打《う》つスキをつくるには？

第《だい》32問《もん》

★★★★★
レベル

持駒《もちごま》 銀《ぎん》

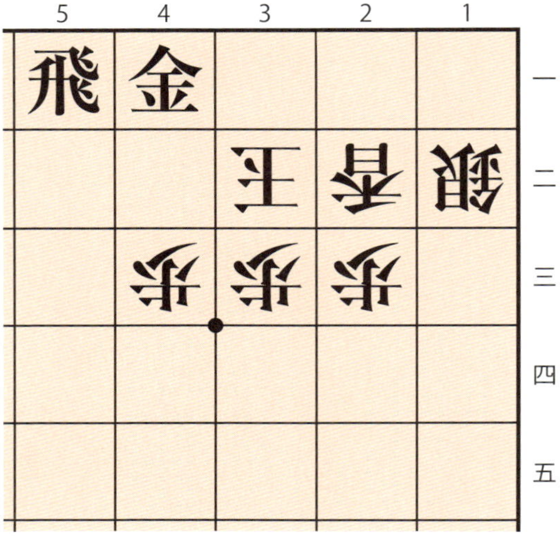

ヒント
飛車《ひしゃ》を働《はたら》かせる

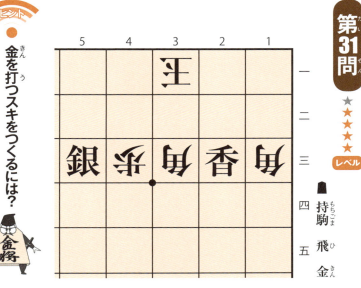

第31問

☗1一《いち》飛《ひ》 ☖同角《どうかく》 ☗4二《に》金《きん》

正解図《せいかいず》

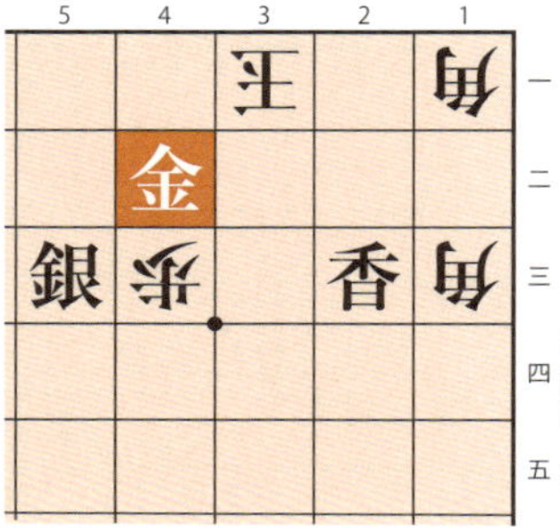

☗持駒《もちごま》 なし

☗1一飛《いちひ》が好手《こうしゅ》。☖同角《どうかく》と動《うご》けば、金打《きんう》ちのスキが生《う》まれます。2手目《てめ》☖3二玉《にぎょく》は、☗2一飛成《いちひなり》まで（駒余《こまあま》り）。

飛車《ひしゃ》が成《な》れない　失敗《しっぱい》

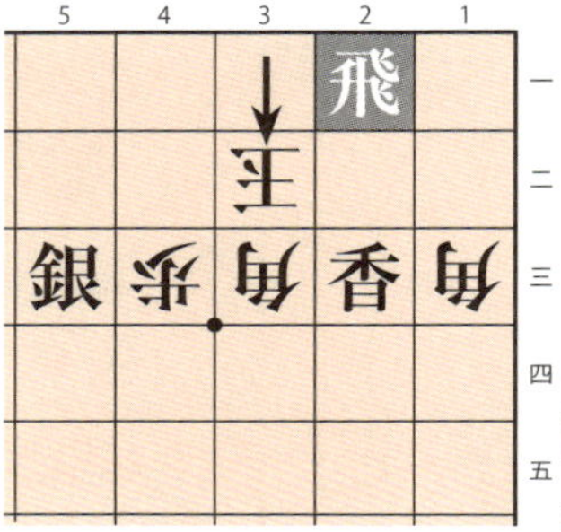

☗持駒《もちごま》 金《きん》

☗2一飛《いちひ》と玉《ぎょく》にくっつけて打《う》つと、☖3二玉《にぎょく》（図《ず》）。角《かく》2枚《まい》の守《まも》りが強力《きょうりょく》なので、意外《いがい》と次《つぎ》の手《て》がありません。

第32問

☗2一《いち》銀《ぎん》 ☖同玉《どうぎょく》 ☗4二《に》金《きん》

正解図《せいかいず》

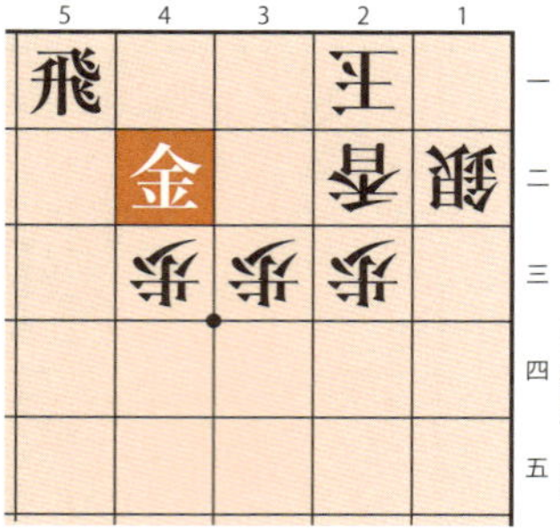

☗持駒《もちごま》 なし

銀《ぎん》を捨《す》てるのが面白《おもしろ》い手《て》。玉《ぎょく》で取《と》れば開《あ》き王手《おうて》で詰《つ》みます。また、☖同銀《どうぎん》なら☗5二飛《にひ》成《なり》まで。

隅《すみ》は詰《つ》めにくい　失敗《しっぱい》

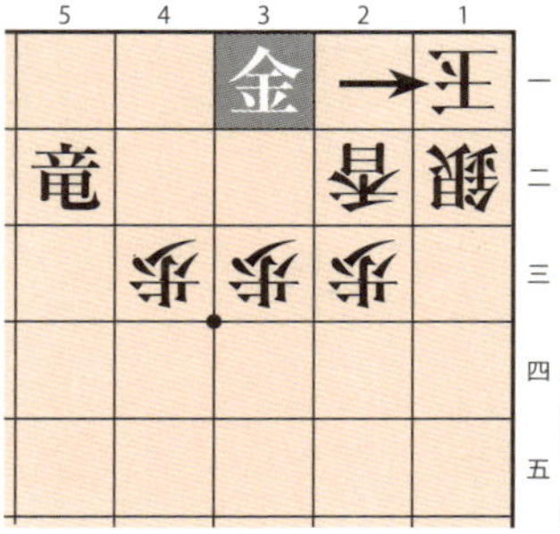

☗持駒《もちごま》 銀《ぎん》

☗5二飛成《にひなり》☖2一玉《いちぎょく》☗3一金《いちきん》には、☖1一玉《いちぎょく》（図《ず》）と隅《すみ》に逃《に》げられます。この形《かたち》は1二《に》銀《ぎん》のせいで詰《つ》みません。

第《だい》33問《もん》

レベル

持駒《もちごま》 香《きょう》

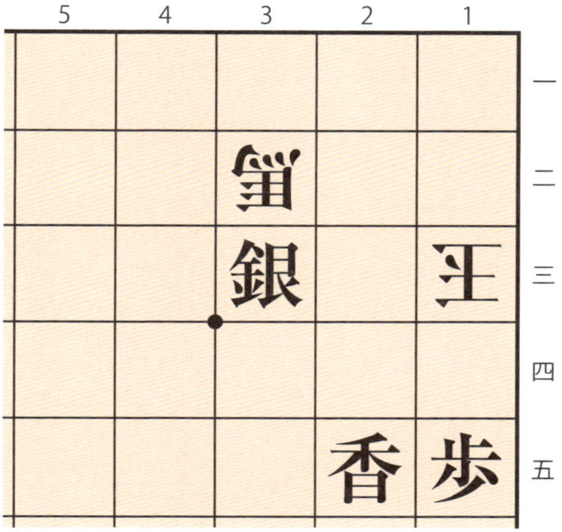

ヒント

馬《うま》が守《まも》っているぞ

第《だい》34問《もん》

レベル

持駒《もちごま》 なし

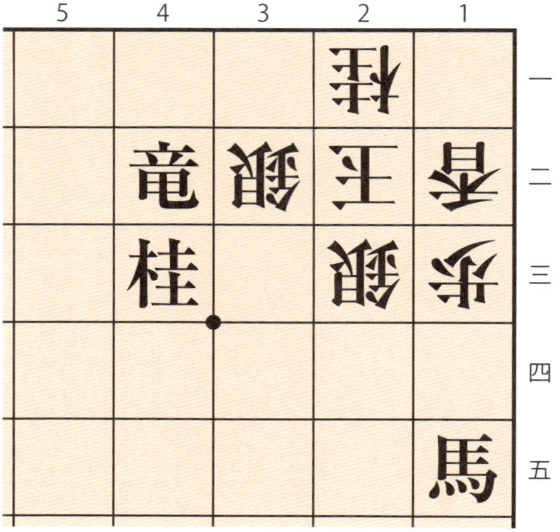

ヒント

押《お》しこまないように

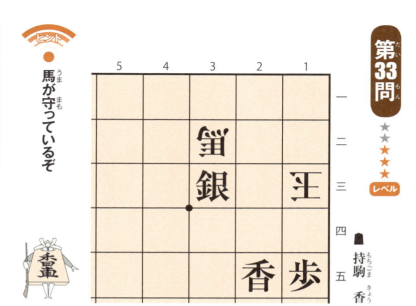

第33問

☗2二銀不成《にぎんならず》 ☖同馬《どううま》 ☗1四香《よんきょう》

正解図《せいかいず》

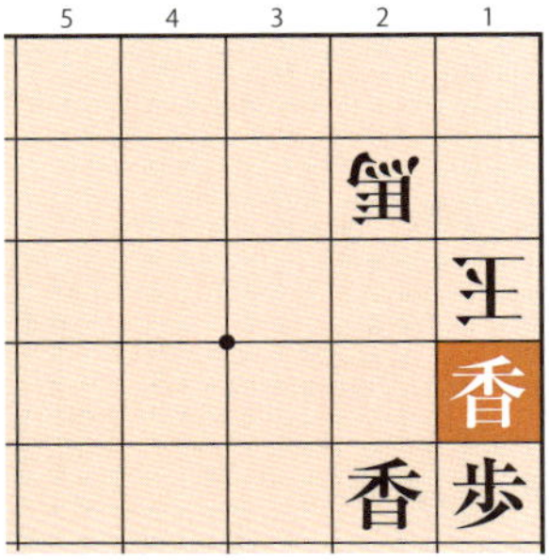

☗持駒《もちごま》 なし

銀不成《ぎんならず》の捨駒《すてごま》で馬《うま》を動《うご》かしてしまえば、☗1四香《よんきょう》で詰《つ》みます。2手目《てめ》☖1二玉《にぎょく》は、☗1三香《さんきょう》まで。

先《さき》に香《きょう》はダメ 失敗《しっぱい》

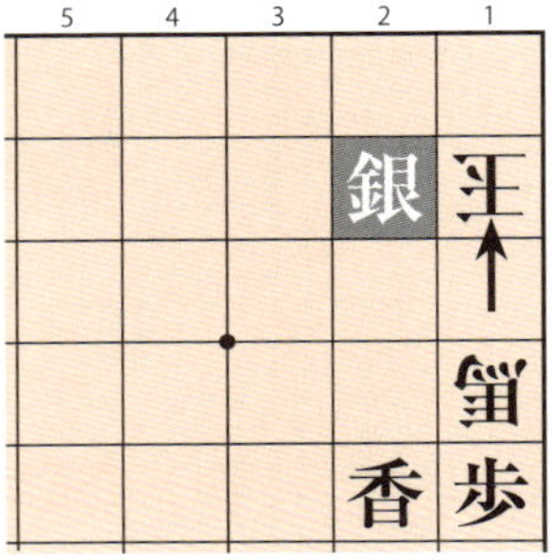

☗持駒《もちごま》 なし

先《さき》に☗1四香《よんきょう》と打《う》つと、☖同《どう》馬《うま》☗2二銀不成《にぎんならず》☖1二玉《にぎょく》（図《ず》）で攻《せ》めが切《き》れてしまいます。

第34問

☗3三馬《さんうま》 ☖同桂《どうけい》 ☗3一竜《いちりゅう》

正解図《せいかいず》

☗持駒《もちごま》 なし

いきなり馬《うま》を捨《す》てるのが迫力《はくりょく》のある一手《いって》。桂《けい》が動《うご》くと1段《だん》目《め》ががら空《あ》きになるので、☗3一竜《いちりゅう》で詰《つ》み。

穴熊《あなぐま》は強《つよ》し 失敗《しっぱい》

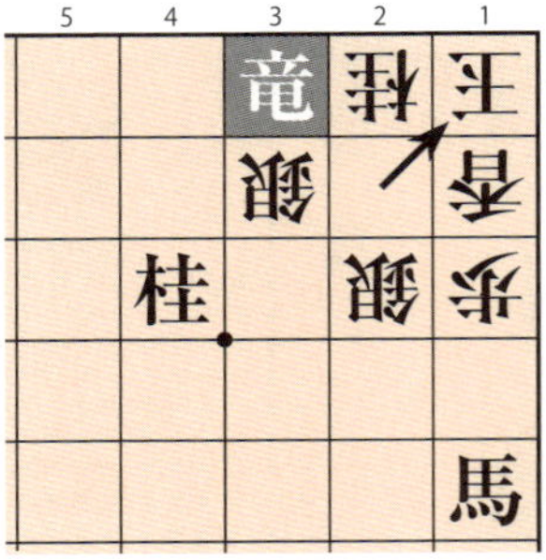

☗持駒《もちごま》 なし

単純《たんじゅん》に☗3一竜《いちりゅう》は、☖1一玉《いちぎょく》（図《ず》）で穴熊《あなぐま》の形《かたち》になります。ここで☗3三馬《さんうま》としても、☖同銀《どうぎん》でうまくいきません。

第《だい》35問《もん》

★★★★★ レベル

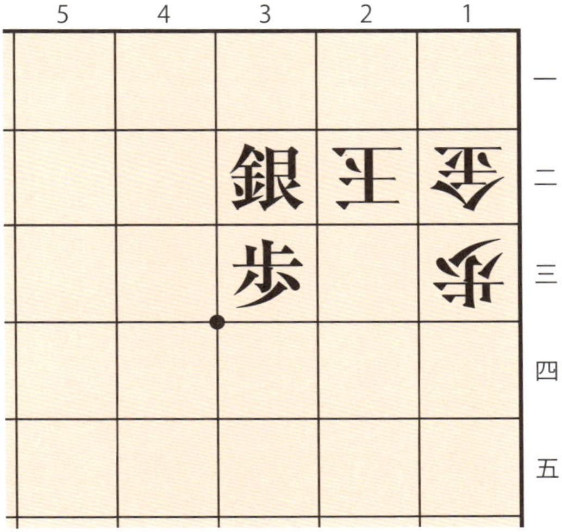

持駒《もちごま》 角《かく》 金《きん》

ヒント
逃《に》げ道《みち》はどこにある?

第《だい》36問《もん》

★★★★★ レベル

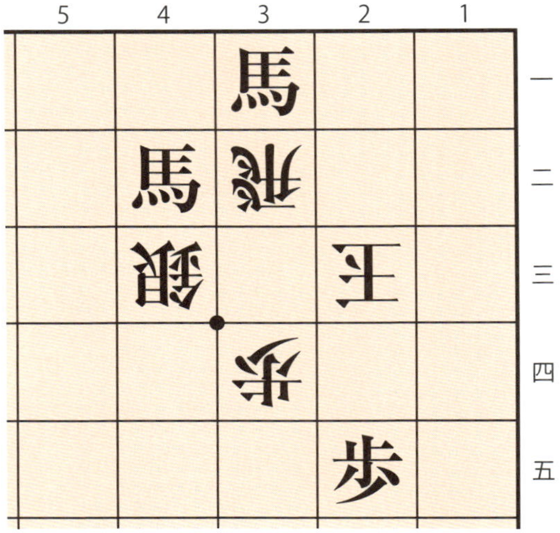

持駒《もちごま》 なし

ヒント
馬《うま》だけで詰《つ》むかどうか

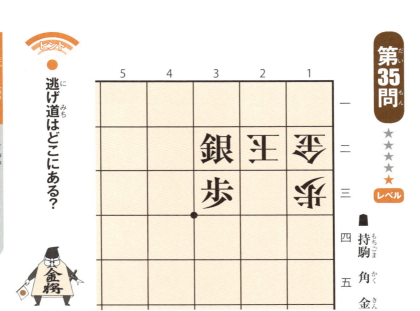

第35問

☗1一角《いちかく》 ☖同玉《どうぎょく》 ☗2一金《いちきん》

正解図《せいかいず》

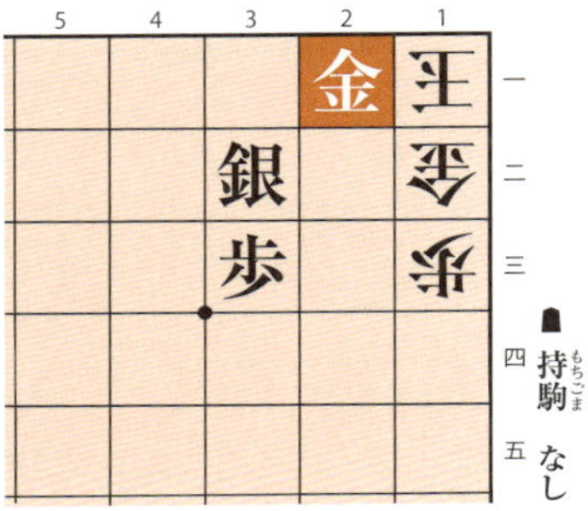

隅《すみ》に打《う》つ角《かく》が手筋《てすじ》（テクニック）です。これで☖3三玉《さんぎょく》と逃《に》がしません。2手目《てめ》☖同《どう》金《きん》は、☗2三金《さんきん》で詰《つ》んでいます。

見落《みお》としに注意《ちゅうい》

失敗《しっぱい》

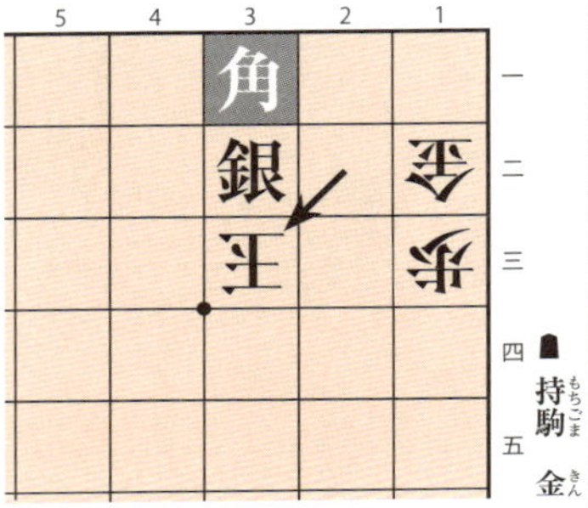

☗3一角《いちかく》は☖3三玉《さんぎょく》（図《ず》）で詰《つ》みません。駒《こま》を取《と》って逃《に》げる手《て》は見落《みお》としやすいので注意《ちゅうい》しましょう。

第36問

☗3二馬寄《にうまよる》 ☖同銀《どうぎん》 ☗1三飛《さんひ》

正解図《せいかいず》

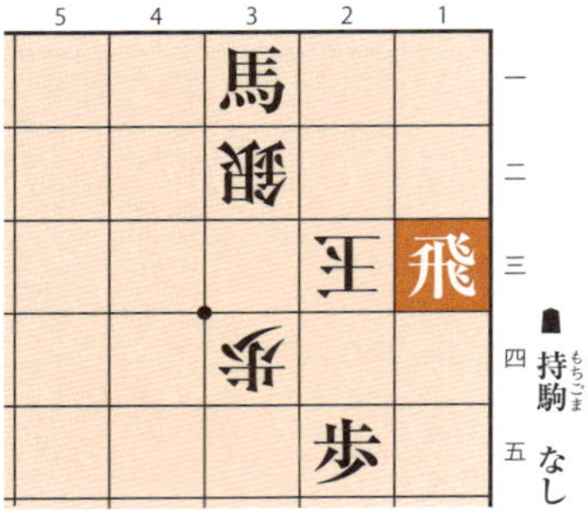

思《おも》い切《き》って、4二馬《にうま》で飛車《ひしゃ》を取《と》ります。駒《こま》を取《と》るのは最終《さいしゅう》手段《しゅだん》ですが、勇気《ゆうき》を持《も》って踏《ふ》みこみましょう。

馬《うま》だけでは不足《ふそく》

失敗《しっぱい》

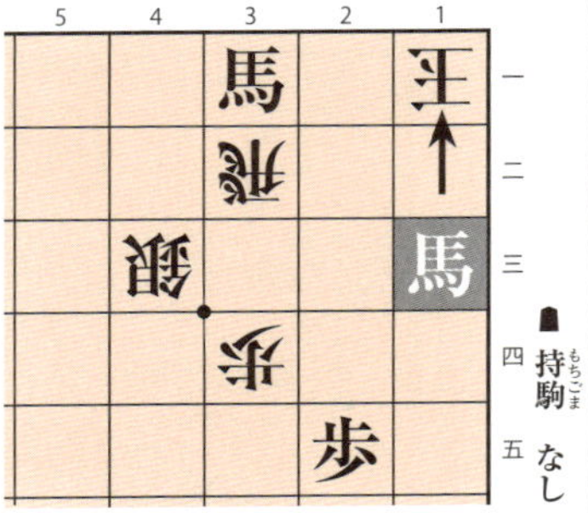

☗2四馬《よんうま》と引《ひ》くと、☖1二玉《にぎょく》☗1三馬上《さんうまあがる》☖1一玉《いちぎょく》（図《ず》）となって失敗《しっぱい》です。馬《うま》より飛車《ひしゃ》が役《やく》に立《た》つ形《かたち》です。

第《だい》37問《もん》

★★★★★ レベル

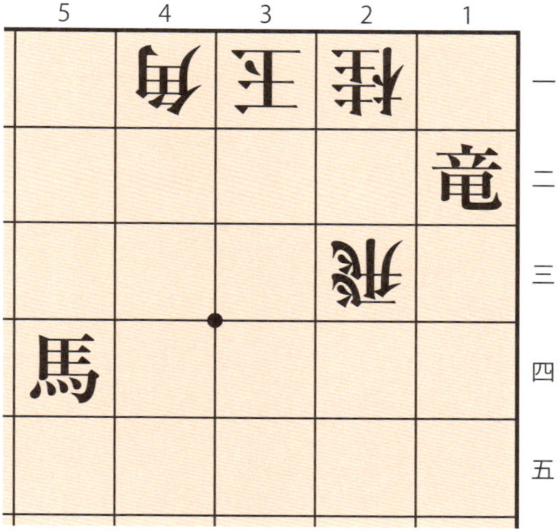

持駒《もちごま》 なし

ヒント
馬《うま》をどう動《うご》かすか

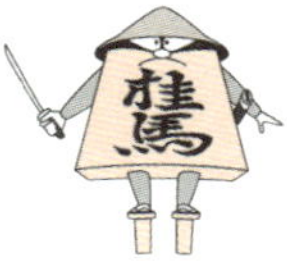

第《だい》38問《もん》

★★★★★ レベル

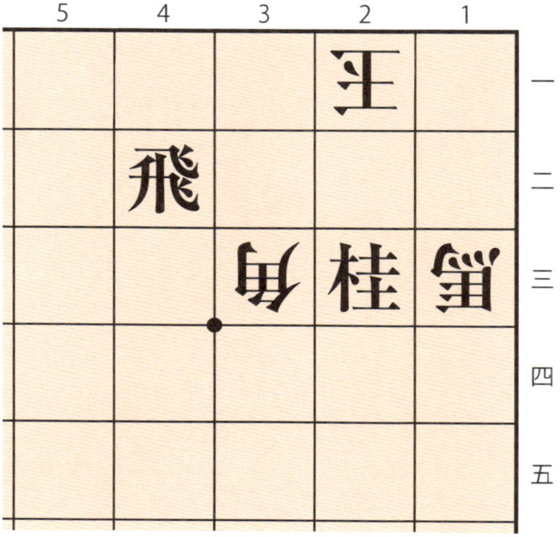

持駒《もちごま》 金《きん》

ヒント
意外《いがい》な捨駒《すてごま》

第37問

☗2一馬《いちうま》 ☖同飛《どうひ》 ☗4三桂《さんけい》

正解図《せいかいず》

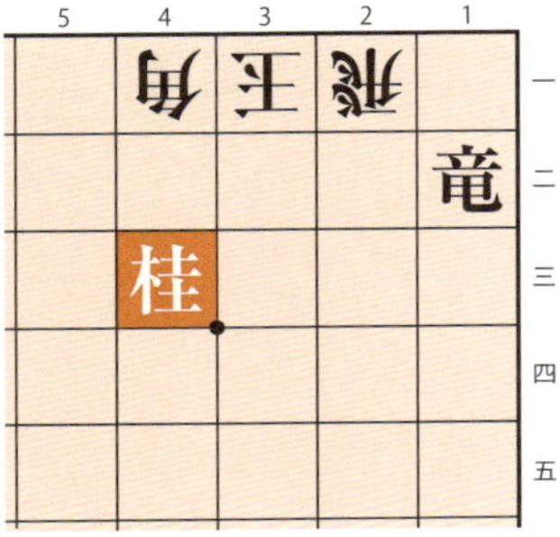

☗持駒《もちごま》 なし

役《やく》に立《た》ちそうな馬《うま》ですが、前《まえ》の問題《もんだい》に続《つづ》いてあっさり駒《こま》を取《と》ります。桂《けい》で詰《つ》める形《かたち》には慣《な》れましたか？

飛車《ひしゃ》は横《よこ》にも利《き》く　失敗《しっぱい》

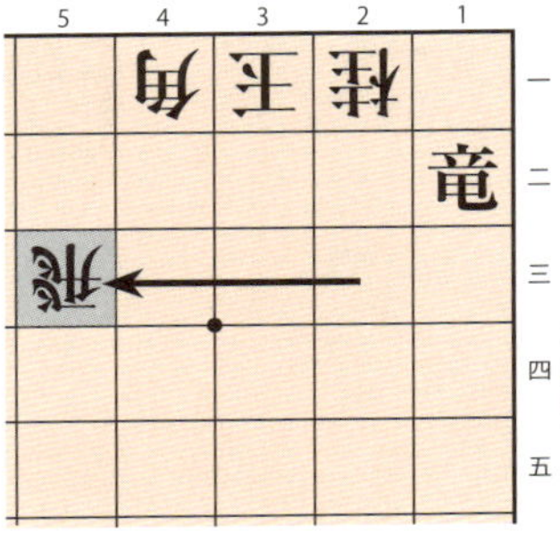

☗持駒《もちごま》 なし

☗5三馬《さんうま》と上《あ》がって詰《つ》みそうですが、☖同飛《どうひ》（図《ず》）と取《と》られてしまいます。飛車《ひしゃ》の守《まも》りはあなどれません。

第38問

☗3一桂成《いちけいなり》 ☖同馬《どううま》 ☗1二金《にきん》

正解図《せいかいず》

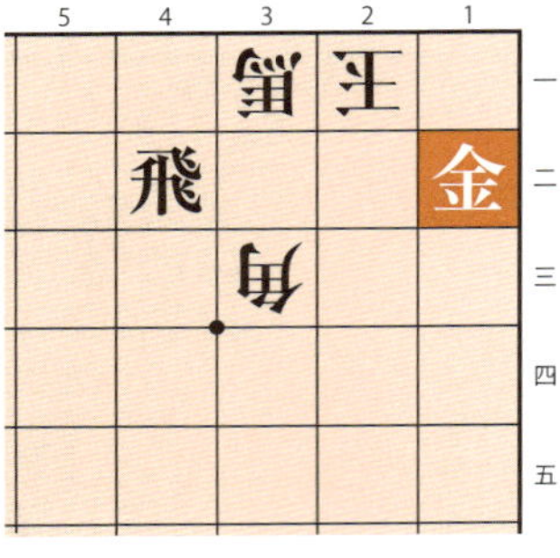

☗持駒《もちごま》 なし

左右《さゆう》をにらむ重要《じゅうよう》そうな2三《さん》桂《けい》を、左《ひだり》に捨《す》てます。2手目《てめ》☖同玉《どうぎょく》は☗3二金《にきん》まで、☖1一玉《いちぎょく》は☗2一金《いちきん》まで。

角取《かくと》りには合駒《あいごま》　失敗《しっぱい》

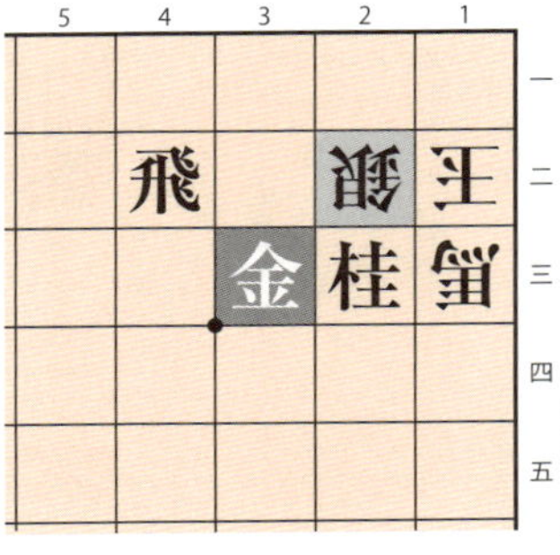

☗持駒《もちごま》 角《かく》

☗3二金《にきん》☖1二玉《にぎょく》☗3三金《さんきん》と角《かく》を取《と》ると、☖2二銀合《にぎんあい》（図《ず》）が巧《たく》みな受《う》けで詰《つ》みません。

第《だい》39問《もん》

★★★★★
レベル

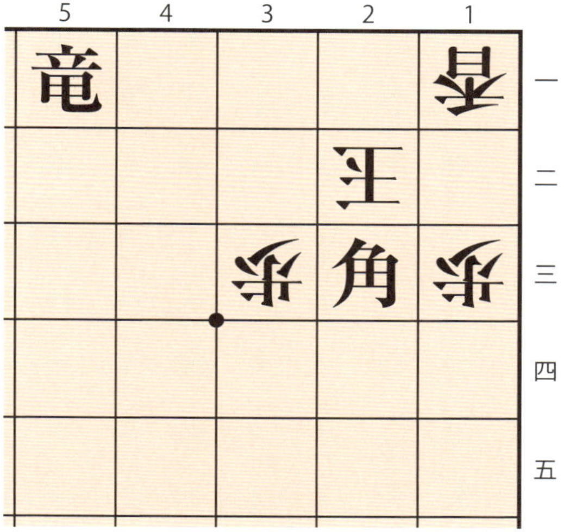

持駒《もちごま》　金《きん》

ヒント
2三角《さんかく》を取《と》られないように

第《だい》40問《もん》

★★★★★
レベル

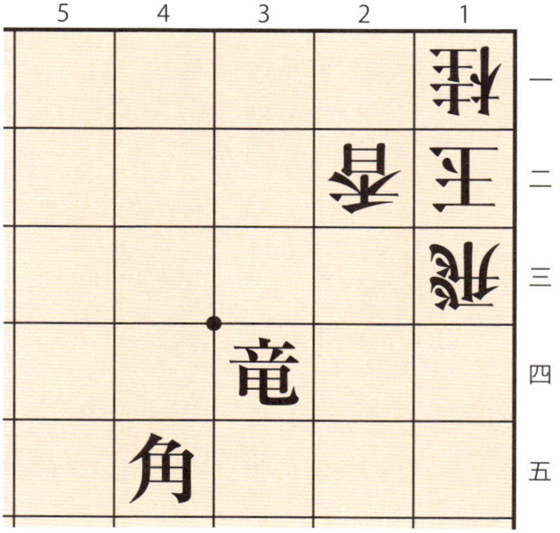

持駒《もちごま》　桂《けい》

ヒント
1一桂《いちけい》に注意《ちゅうい》しよう

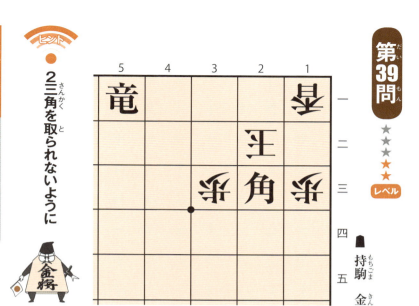

第39問

☗2一竜《いちりゅう》 ☖同玉《どうぎょく》 ☗3二金《にきん》

正解図《せいかいず》

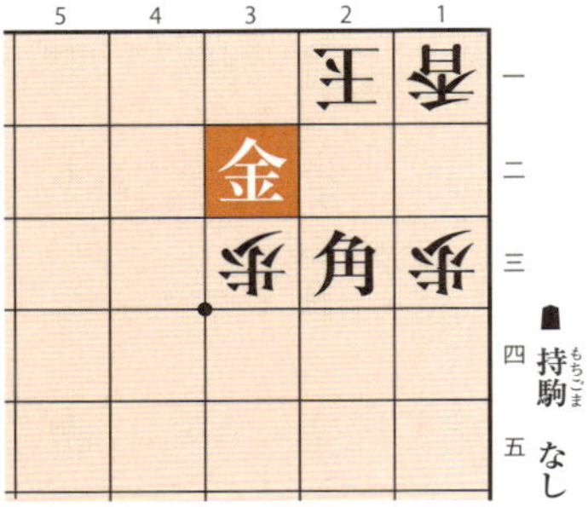

2三角《さんかく》を取《と》られないよう、☗2一竜《いちりゅう》と捨《す》てるのが気持《きも》ち良《よ》い手《て》。下段《げだん》に玉《ぎょく》を引《ひ》きずりこめば、金打《きんう》ちで終《お》わりです。

筋《すじ》をずらすと失敗《しっぱい》

失敗《しっぱい》

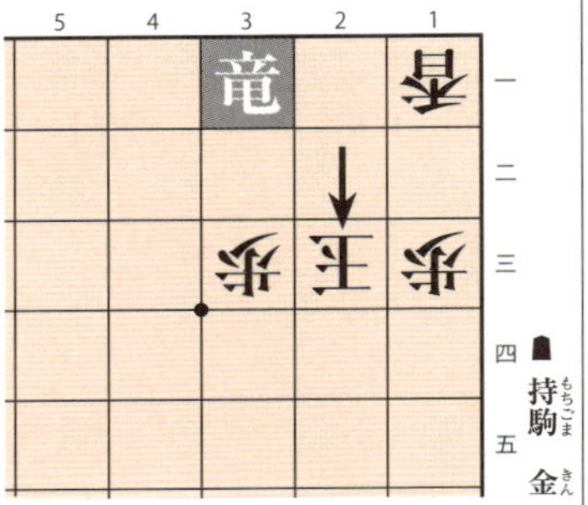

☗3一竜《いちりゅう》（☗1一竜《いちりゅう》）は、☖2三玉《さんぎょく》（図《ず》）と角《かく》を取《と》られていけません。竜《りゅう》の力《ちから》で拠点《きょてん》の角《かく》を守《まも》りましょう。

第40問

☗2四桂《よんけい》 ☖同香《どうきょう》 ☗3二竜《にりゅう》

正解図《せいかいず》

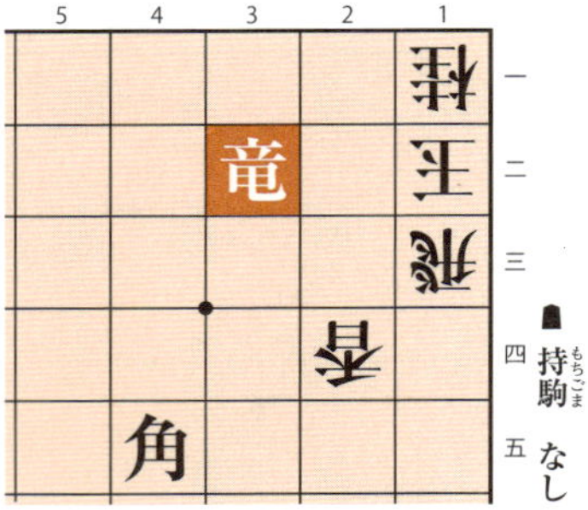

桂《けい》を捨《す》てて香《きょう》を動《うご》かすと、風《かぜ》通《とお》しが良《よ》くなります。まさに、両王手《りょうおうて》をかける絶好《ぜっこう》のタイミングです。

桂跳《けいは》ねがある

失敗《しっぱい》

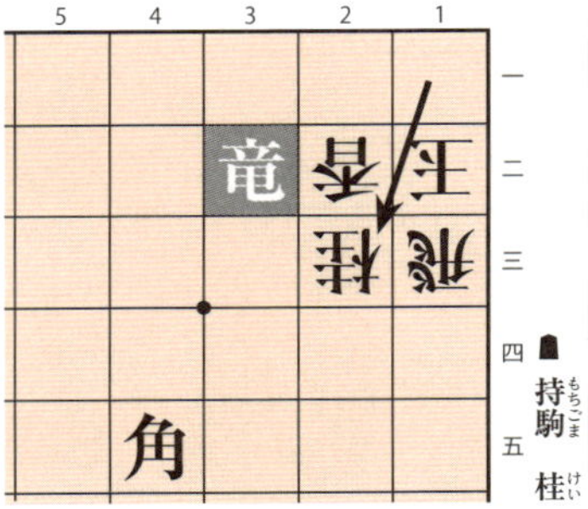

☗3二竜《にりゅう》とすれば、合駒《あいごま》しても☗2四桂《よんけい》で詰《つ》みそうです。しかし、☖2三桂《さんけい》（図《ず》）が絶妙《ぜつみょう》の受《う》けで失敗《しっぱい》します。

第《だい》41問《もん》

★★★★★ レベル

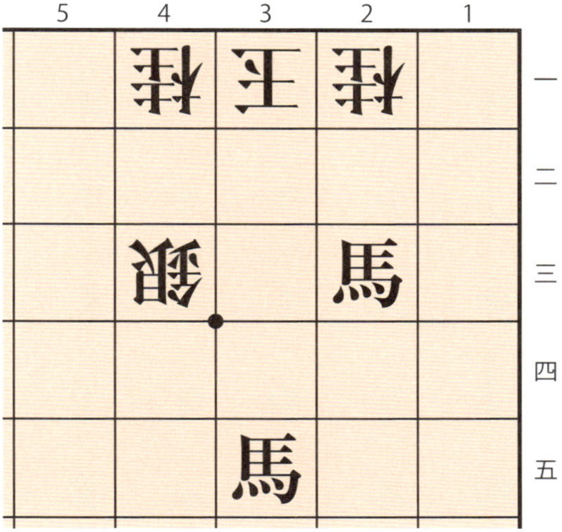

持駒《もちごま》 金《きん》

ヒント
左《ひだり》か右《みぎ》か

第《だい》42問《もん》

★★★★★ レベル

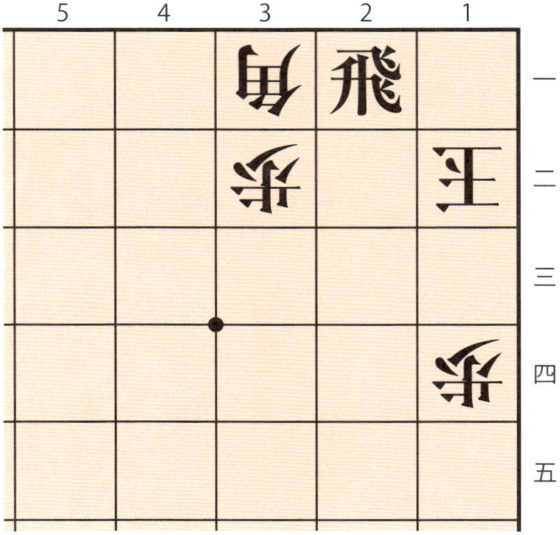

持駒《もちごま》 金《きん》 歩《ふ》

ヒント
一歩千金《いっぷせんきん》。歩《ふ》を軽《かろ》んじない

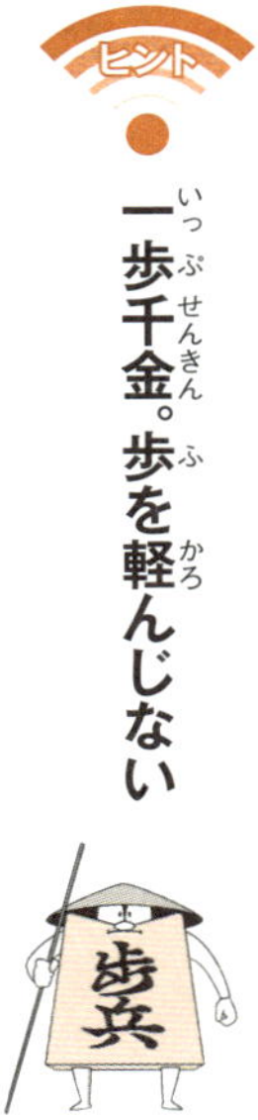

第41問

☗5三馬《さんうま》 ☖同桂《どうけい》 ☗4一金《いちきん》

正解図《せいかいず》

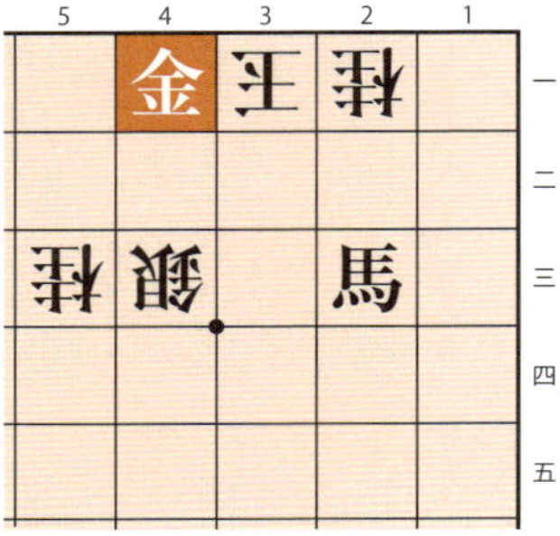

持駒《もちごま》 なし

3五馬《ごうま》を動《うご》かしますが、左右《さゆう》どちらにも桂《けい》が利《き》いています。正解《せいかい》は、左《ひだり》。☖4二歩合《にふあい》は☗2二金《にきん》まで。

右《みぎ》はダメ　失敗《しっぱい》

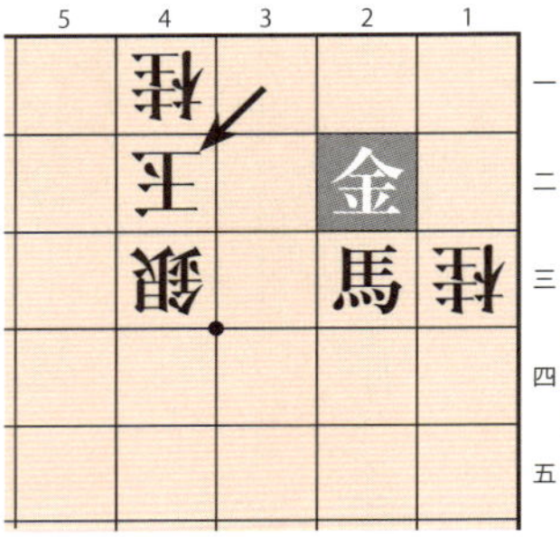

持駒《もちごま》 なし

右《みぎ》に☗1三馬上《さんうまあがる》は、☖同桂《どうけい》と取《と》られます。以下《いか》、☗2二金《にきん》としても☖4二玉《にぎょく》（図《ず》）で詰《つ》みません。

第42問

☗1三歩《さんふ》 ☖同玉《どうぎょく》 ☗2三金《さんきん》

正解図《せいかいず》

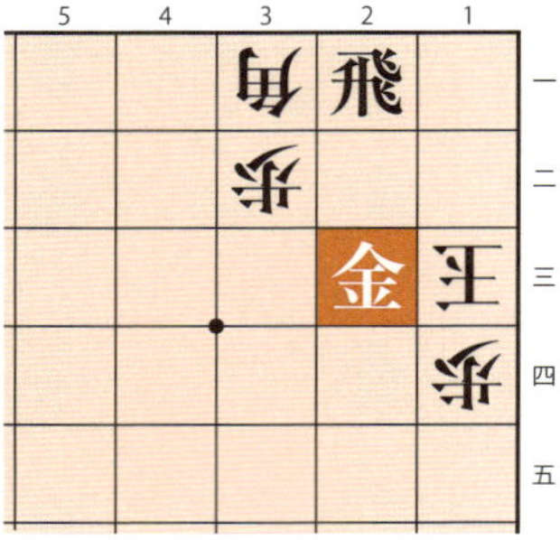

持駒《もちごま》 なし

まず歩《ふ》を打《う》って局面《きょくめん》を動《うご》かします。2手目《てめ》☖同角《どうかく》は、☗1一金《いちきん》まで、☖2一玉《いちぎょく》は☗1二金《にきん》まで。

歩《ふ》を残《のこ》さない　失敗《しっぱい》

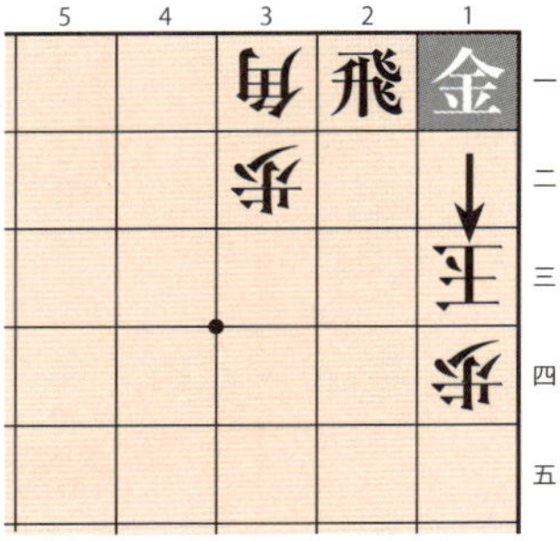

持駒《もちごま》 歩《ふ》

☗1一金《いちきん》は☖1三玉《さんぎょく》（図《ず》）で、持駒《もちごま》が歩《ふ》1枚《まい》ではどうしようもありません。金《きん》はトドメが似合《にあ》います。

第《だい》43問《もん》

★★★★★
レベル

ヒント
両王手《りょうおうて》を狙《ねら》え！

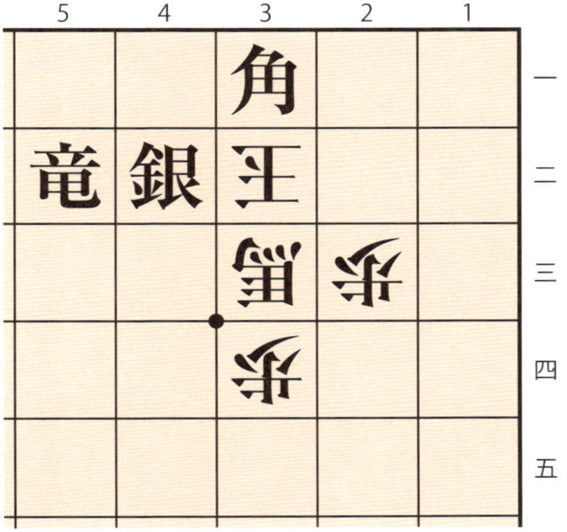

持駒《もちごま》 なし

第《だい》44問《もん》

★★★★★
レベル

ヒント
金《きん》の弱点《じゃくてん》はどこか？

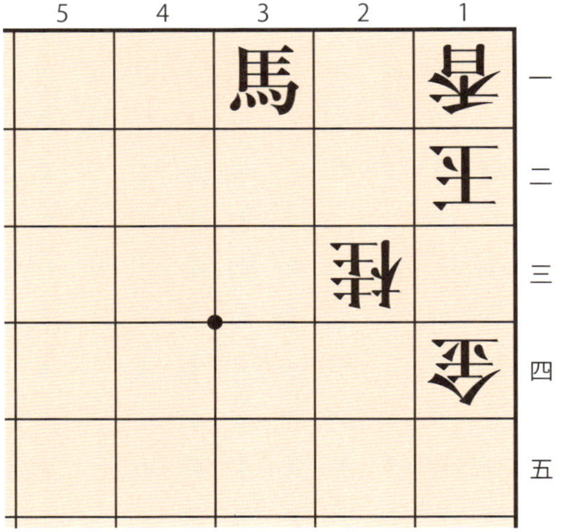

持駒《もちごま》 桂《けい》 香《きょう》

第43問

☗4一竜《いちりゅう》 ☖4三玉《さんぎょく》 ☗5三銀成《さんぎんなり》

正解図《せいかいず》

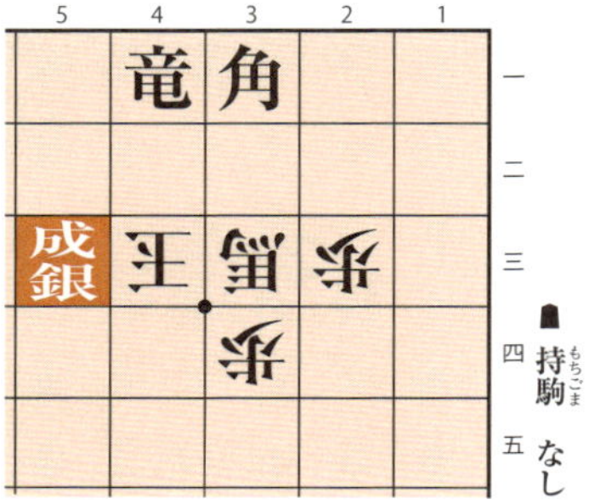

玉《ぎょく》を上《うえ》に逃《に》がすような☗4一《いち》竜《りゅう》が難《むずか》しい手《て》。銀成《ぎんなり》の両王手《りょうおうて》で捕《つか》まえています。2手目《てめ》☖2一玉《いちぎょく》は☗1三角成《さんかくなり》まで。

馬《うま》は取《と》らない　失敗《しっぱい》

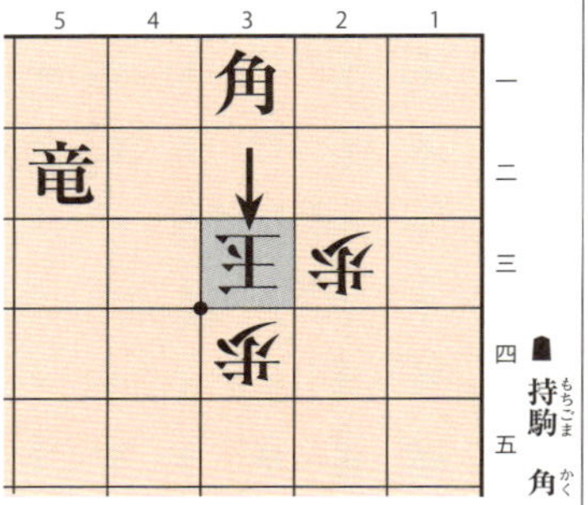

☗3三銀成《さんぎんなり》は☖同玉《どうぎょく》（図《ず》）で、上《うえ》が空《あ》いています。そのほかの銀《ぎん》の移動《いどう》は、☖2一玉《いちぎょく》で詰《つ》みません。

第44問

☗2四桂《よんけい》 ☖同金《どうきん》 ☗1三香《さんきょう》

正解図《せいかいず》

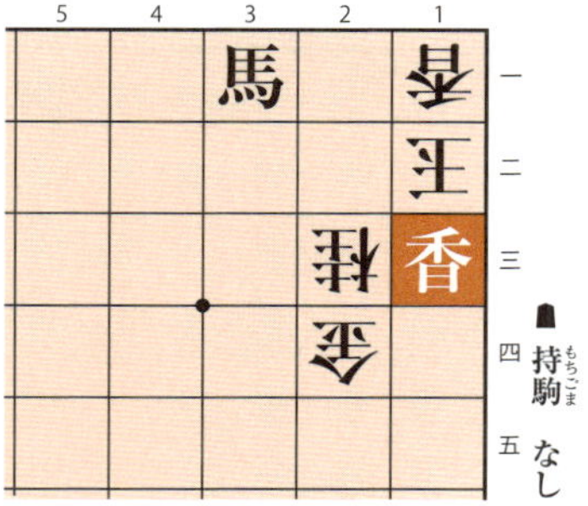

☗2四桂《よんけい》と捨《す》てて金《きん》をずらします。これで金《きん》の斜《なな》め下《した》、つまり玉《ぎょく》の頭《あたま》ががら空《あ》きになります。

逆《ぎゃく》の順番《じゅんばん》はダメ　失敗《しっぱい》

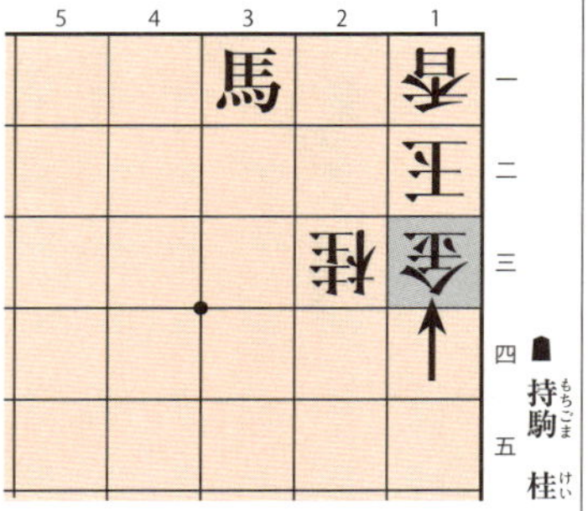

先《さき》に☗1三香《さんきょう》は☖同金《どうきん》（図《ず》）と取《と》ります。これでは金《きん》の位《い》置《ち》が悪《わる》く、☗2四桂《よんけい》と打《う》っても取《と》られて失敗《しっぱい》します。

第《だい》45問《もん》

★★★★★ レベル

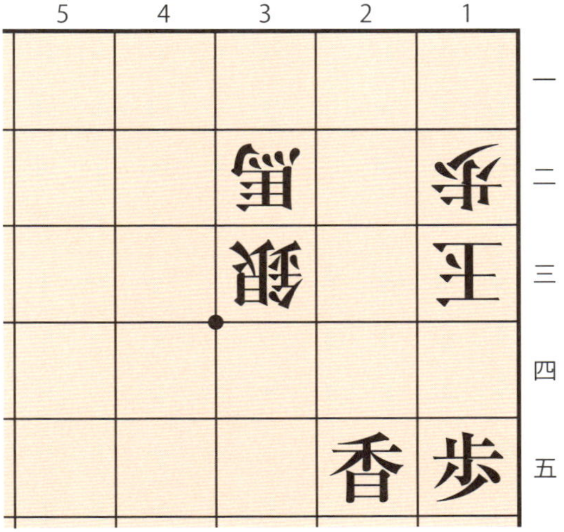

☗持駒《もちごま》 金《きん》 銀《ぎん》

ヒント

● 守《まも》りを動《うご》かす

第《だい》46問《もん》

★★★★★ レベル

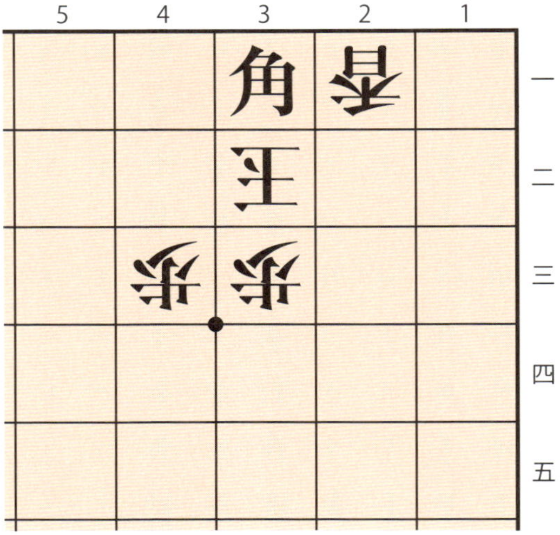

☗持駒《もちごま》 角《かく》 金《きん》

ヒント

● ☖2三玉《さんぎょく》を防《ふせ》ぐには

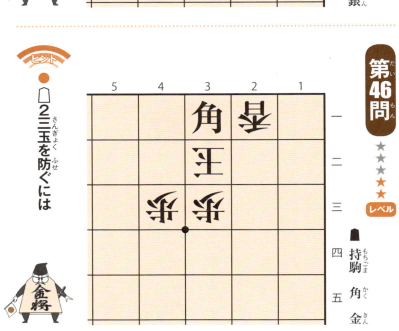

第45問

☗２二銀《にぎん》 ☖同銀《どうぎん》 ☗２四金《よんきん》

正解図《せいかいず》

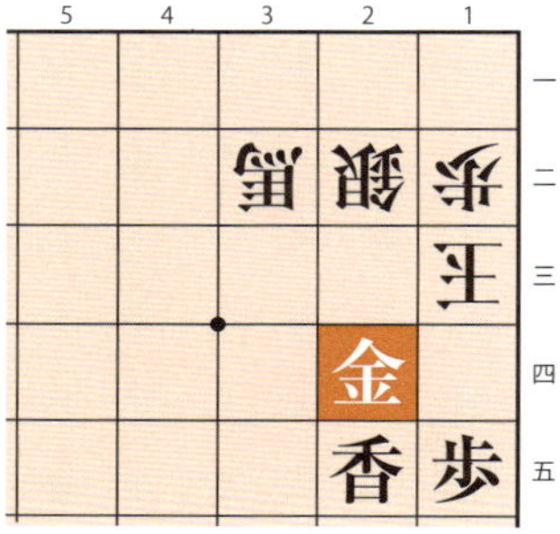

☗持駒《もちごま》 なし

馬《うま》と銀《ぎん》の利《き》きを攻撃《こうげき》。☖同馬《どううま》は☗１四金《よんきん》まで。守《まも》りの駒《こま》がいくつか利《き》いているマスは、攻《せ》める価値《かち》があります。

失敗《しっぱい》 銀《ぎん》も相手《あいて》

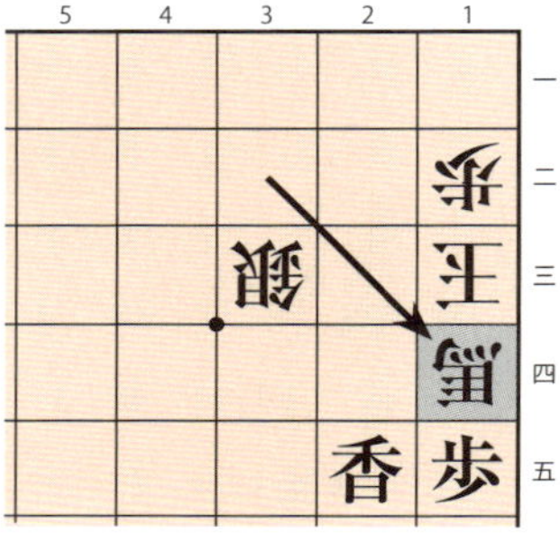

☗持駒《もちごま》 銀《ぎん》

☗１四金《よんきん》☖同馬《どううま》（図《ず》）と馬《うま》をそらしても、銀《ぎん》の守《まも》りが残《のこ》っています。馬《うま》だけに気《き》を取《と》られてはいけません。

第46問

☗４一角《いちかく》 ☖同玉《どうぎょく》 ☗４二金《にきん》

正解図《せいかいず》

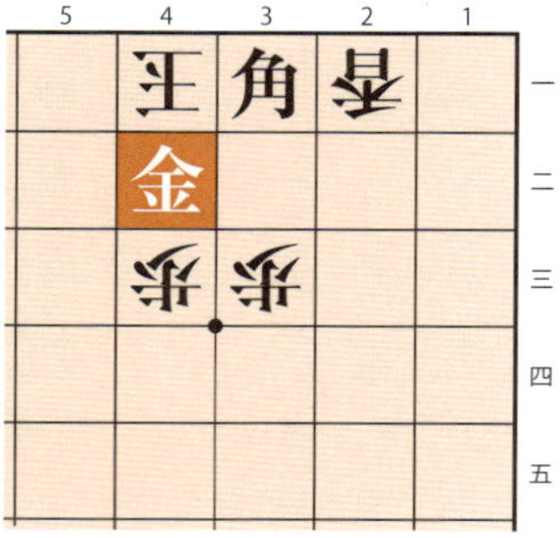

☗持駒《もちごま》 なし

下段《げだん》からの角打《かくう》ちが決《き》め手《て》で、☖２三玉《さんぎょく》を許《ゆる》しません。☖３一玉《いちぎょく》と引《ひ》いても、やはり頭《あたま》金《きん》で詰《つ》みます。

失敗《しっぱい》 香《きょう》の裏技《うらわざ》

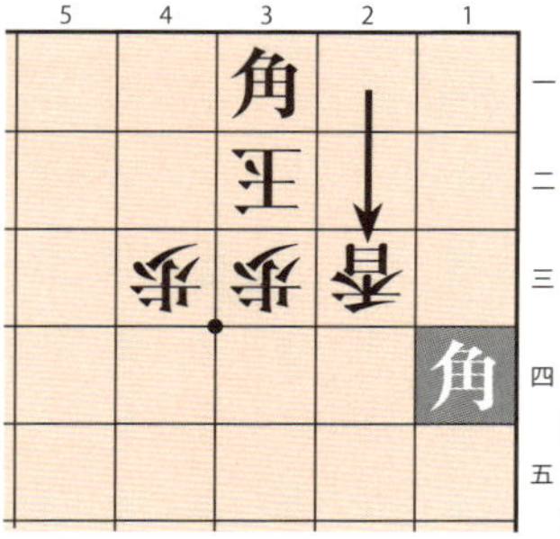

☗持駒《もちごま》 金《きん》

☗１四角《よんかく》と打《う》っても詰《つ》みそうですが、☖２三香《さんきょう》（図《ず》）がうまい受《う》け。☗４二金《にきん》に☖２一《いち》玉《ぎょく》と逃《に》げられます。

第《だい》47問《もん》

★★★★★
レベル

ヒント
飛車角《ひしゃかく》の弱点《じゃくてん》を突《つ》く

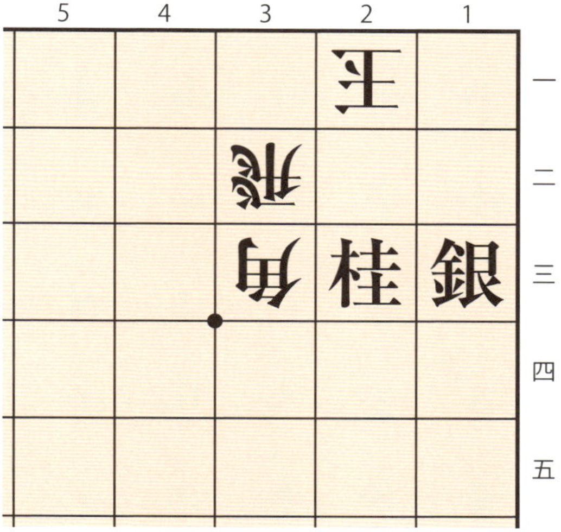

持駒《もちごま》
金《きん》
歩《ふ》

第《だい》48問《もん》

★★★★★
レベル

ヒント
竜《りゅう》で王手《おうて》をかける

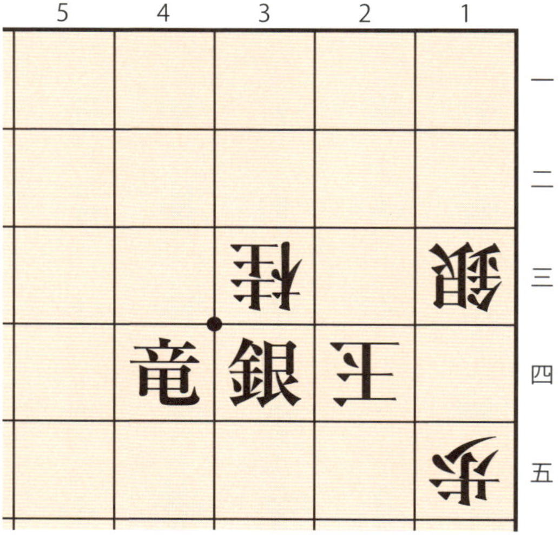

持駒《もちごま》
銀《ぎん》

第47問

☗2二歩《にふ》 ☖同角《どうかく》 ☗1二金《にきん》

正解図《せいかいず》

☗持駒《もちごま》 なし

飛車角《ひしゃかく》がスッと利《き》いていて、金《きん》の打《う》ち場所《ばしょ》がありません。これを☗2二歩《にふ》で乱《みだ》します。☖同飛《どうひ》は☗3一金《いちきん》まで。

大駒《おおごま》を取《と》らない　失敗《しっぱい》

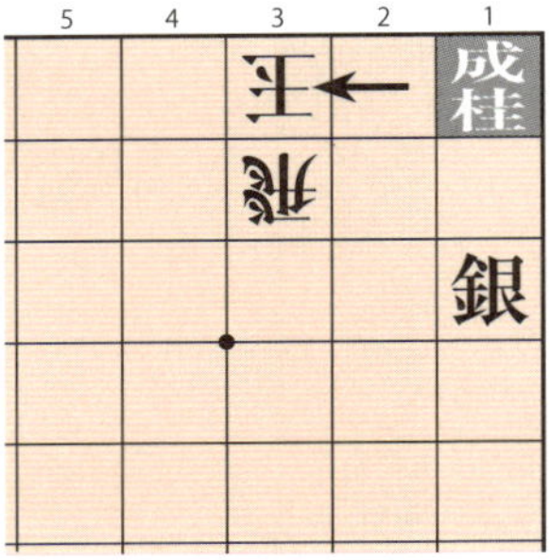

☗持駒《もちごま》 角《かく》 歩《ふ》

☗1一金《いちきん》☖同角《どうかく》☗同桂成《どうけいなり》と角《かく》を取《と》っても、☖3一玉《いちぎょく》（図《ず》）で失敗《しっぱい》。☗3一金《いちきん》から飛車《ひしゃ》を取《と》っても同《おな》じです。

第48問

☗2五銀打《ごぎんうち》 ☖同桂《どうけい》 ☗3三銀成《さんぎんなり》

正解図《せいかいず》

☗持駒《もちごま》 なし

まず2五《ご》に銀《ぎん》を捨《す》てて、フタをして逃《に》げ道《みち》をふさぎます。続《つづ》く☗3三銀成《さんぎんなり》で、竜《りゅう》の力《ちから》を最大限《さいだいげん》に発揮《はっき》します。

端《はし》に追《お》わない　失敗《しっぱい》

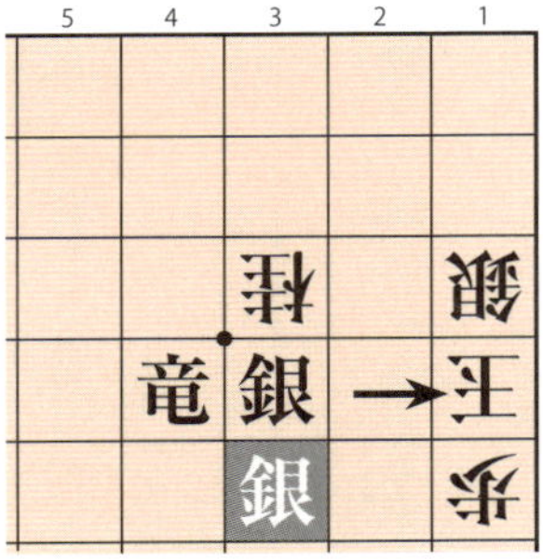

☗持駒《もちごま》 なし

☗3五銀《ごぎん》☖1四玉《よんぎょく》（図《ず》）と端《はし》に追《お》うと、竜《りゅう》の力《ちから》が発揮《はっき》できません。以下《いか》、☗3三銀不成《さんぎんならず》☖2五玉《ごぎょく》で逃《のが》れます。

第《だい》49問《もん》

★★★★★
レベル

ヒント
金《きん》があるので大胆《だいたん》に

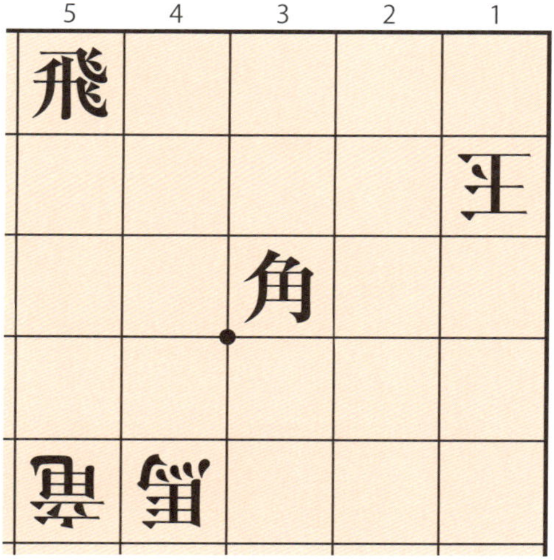

持駒《もちごま》
金《きん》

第《だい》50問《もん》

★★★★★
レベル

ヒント
王《おう》を閉《と》じ込《こ》めてしまおう

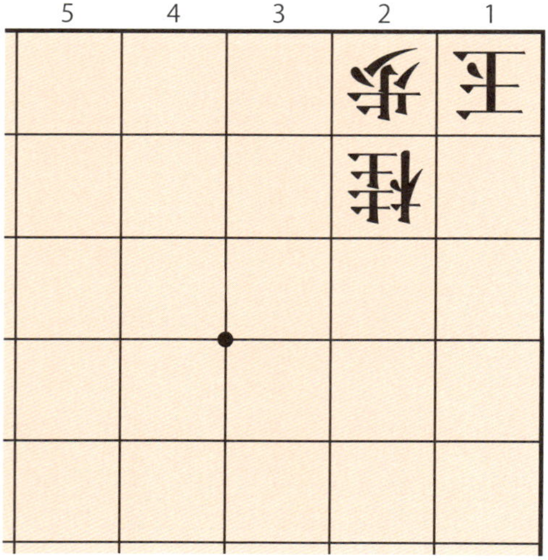

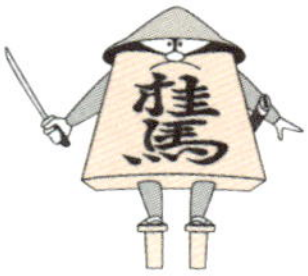

持駒《もちごま》
桂《けい》
香《きょう》

第49問

☗2一《いち》飛成《ひなり》 ☖同玉《どうぎょく》 ☗2二《に》金《きん》

正解図《せいかいず》

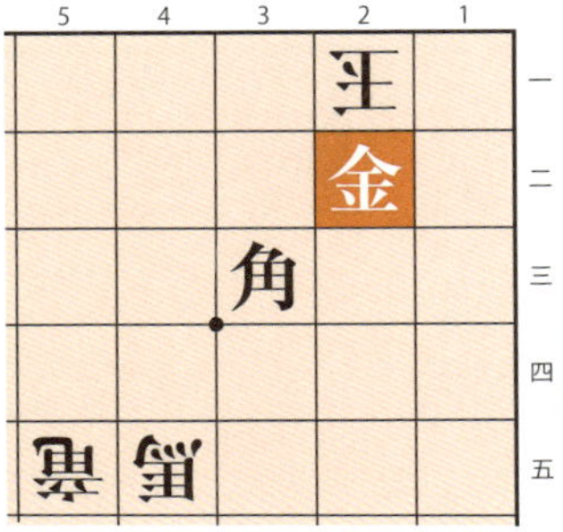

☗持駒《もちごま》 なし

持駒《もちごま》に金《きん》があるので、大胆《だいたん》に攻《せ》めましょう。☗2一《いち》飛《ひ》成《なり》と捨《す》てて、頭金《あたまきん》の形《かたち》に持《も》ち込《こ》みます。

竜《りゅう》を惜《お》しまない 失敗《しっぱい》

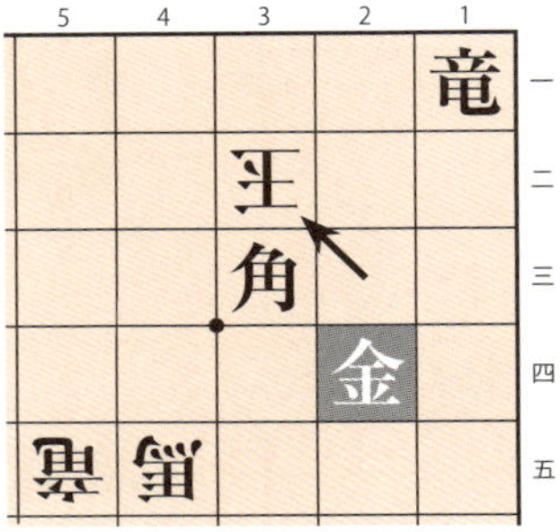

☗持駒《もちごま》 なし

☗1一《いち》飛《ひ》成《なり》として竜《りゅう》をつくることができます。しかし、☖2三《さん》玉《ぎょく》☗2四《よん》金《きん》☖3二《に》玉《ぎょく》(図《ず》)となって詰《つ》みません。

第50問

☗1三《さんきょう》香 ☖1二《に》歩合《ふあい》 ☗2三《さん》桂《けい》

正解図《せいかいず》

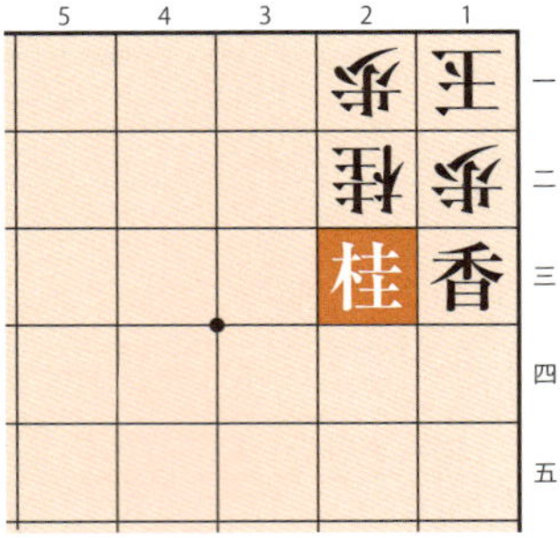

☗持駒《もちごま》 なし

☗1三香《さんきょう》として合駒《あいごま》を打《う》たせます。これで玉《ぎょく》の缶詰《かんづめ》のできあがり。最後《さいご》は桂《けい》でしとめます。

上《うえ》は広《ひろ》い 失敗《しっぱい》

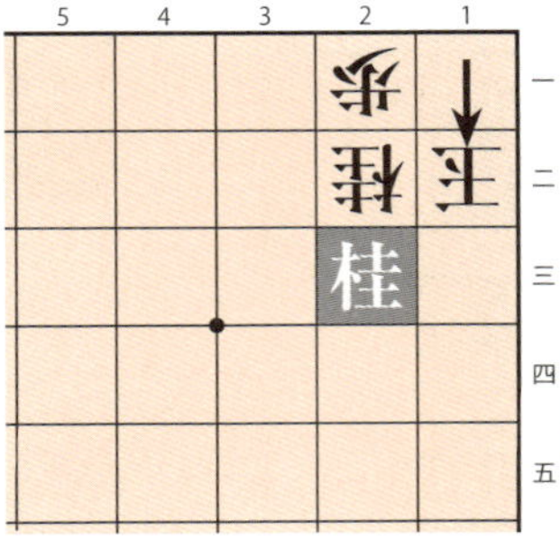

☗持駒《もちごま》 香《きょう》

先《さき》に☗2三桂《さんけい》は☖1二玉《にぎょく》(図《ず》)で、上《うえ》に逃《に》がしてしまいます。桂《けい》と香《きょう》をうまく使《つか》いこなしましょう。

第《だい》51問《もん》

★★★★★
レベル

☗持駒《もちごま》 桂《けい》 香《きょう》

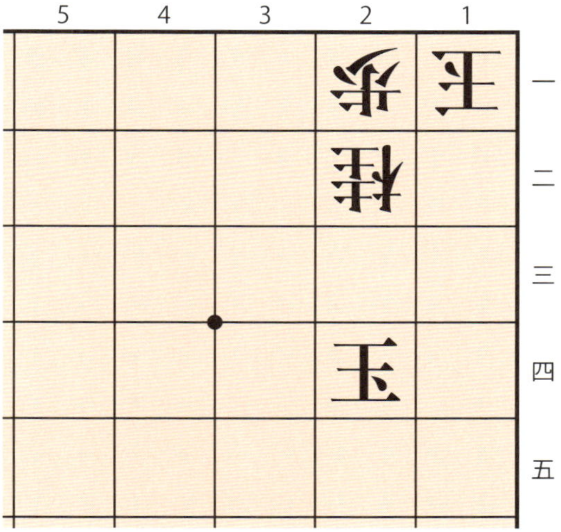

ヒント
自分《じぶん》の王様《おうさま》に注意《ちゅうい》

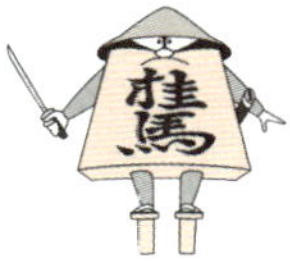

第《だい》52問《もん》

★★★★★
レベル

☗持駒《もちごま》 桂《けい》 香《きょう》

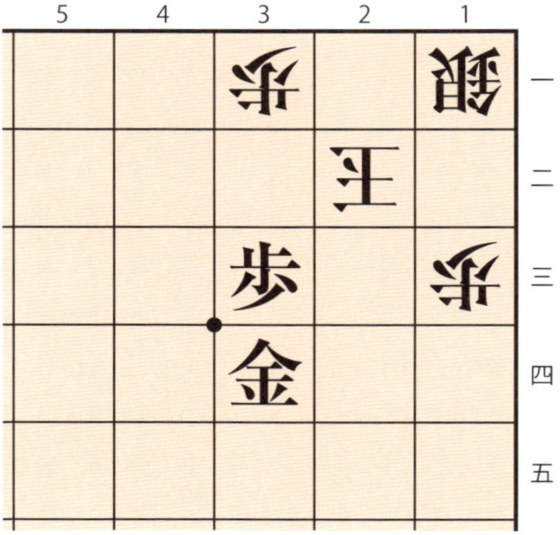

ヒント
香《きょう》をどこから打《う》つか

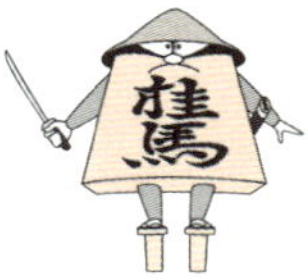

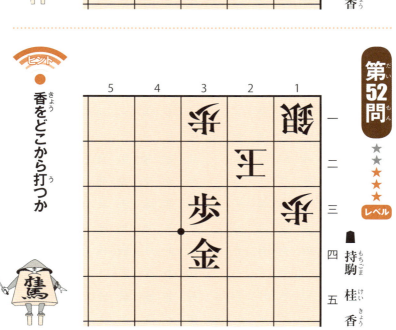

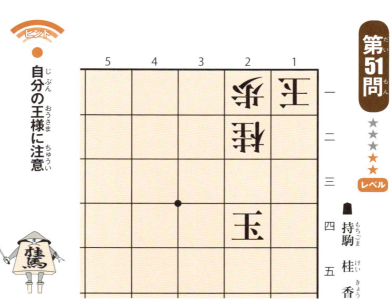

第51問

☗2三桂《さんけい》　☖1二玉《にぎょく》　☗1三香《さんきょう》

正解図《せいかいず》

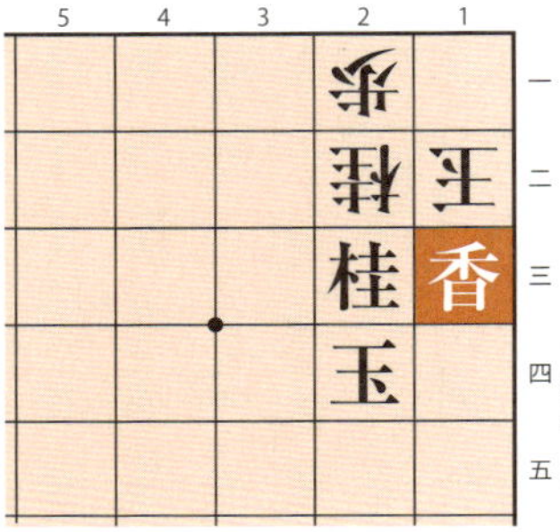

☗持駒《もちごま》　なし

前《まえ》の問題《もんだい》との違《ちが》いは、自分《じぶん》の王様《おうさま》（2四玉《よんぎょく》）があるかどうかです。逃《に》げ道《みち》はないので、桂《けい》、香《きょう》の順《じゅん》に打《う》って詰《つ》み。

逆王手《ぎゃくおうて》！　失敗《しっぱい》

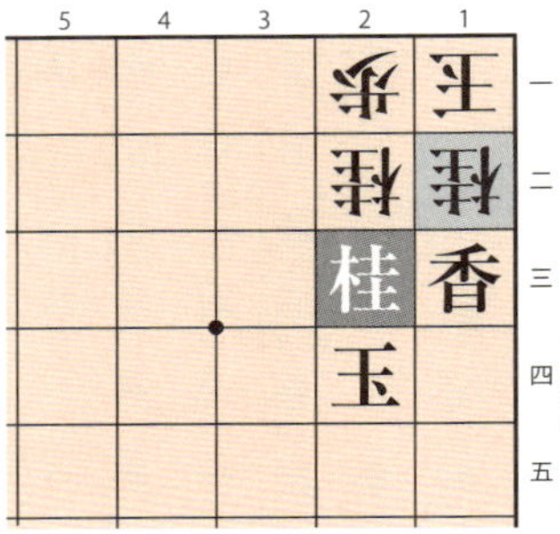

☗持駒《もちごま》　なし

☗1三香《さんきょう》☖1二桂合《にけいあい》☗2三桂《さんけい》（図《ず》）で詰《つ》み…ではありません！　合駒《あいごま》の桂《けい》に自分《じぶん》の玉《ぎょく》を取《と》られ、負《ま》けてしまいます。

第52問

☗2三香《さんきょう》　☖1二玉《にぎょく》　☗2四桂《よんけい》

正解図《せいかいず》

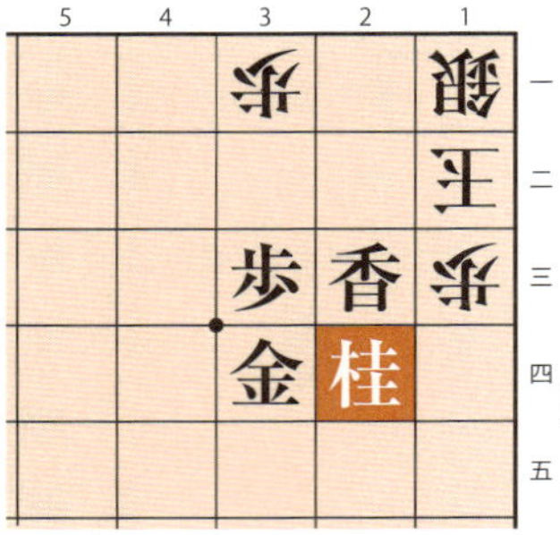

☗持駒《もちごま》　なし

玉《ぎょく》にくっつけて☗2三香《さんきょう》と打《う》つのが正解《せいかい》です。これなら桂《けい》を打《う》つスペースが確保《かくほ》できています。

絶妙《ぜつみょう》の受《う》け　失敗《しっぱい》

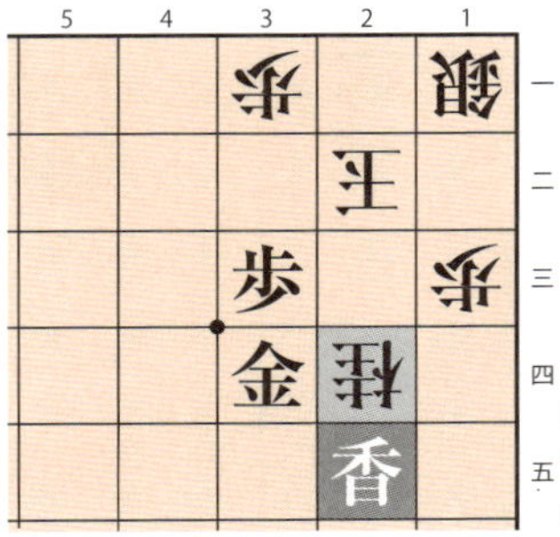

☗持駒《もちごま》　桂《けい》

☗2五香《ごきょう》には☖2四桂合《よんけいあい》（図《ず》）が絶妙《ぜつみょう》の受《う》け。☗同香《どうきょう》☖1二玉《にぎょく》のときに、桂《けい》を打《う》つ場所《ばしょ》がありません。

第《だい》53問《もん》

★★★★★
レベル

ヒント
飛車《ひしゃ》を動《うご》かす前《まえ》に一工夫《ひとくふう》

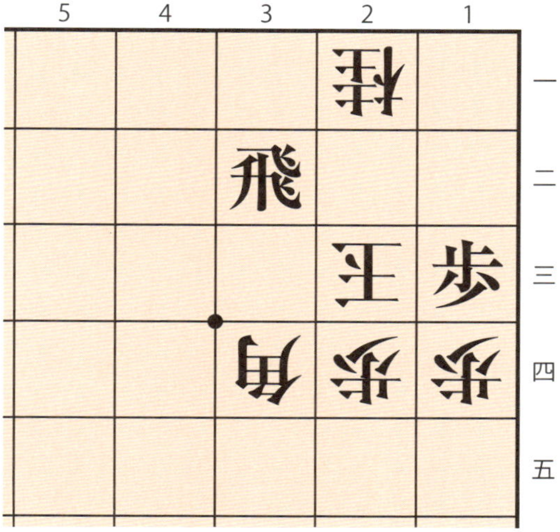

持駒《もちごま》 金《きん》

第《だい》54問《もん》

★★★★★
レベル

ヒント
動《うご》かす駒《こま》を考《かんが》えよう

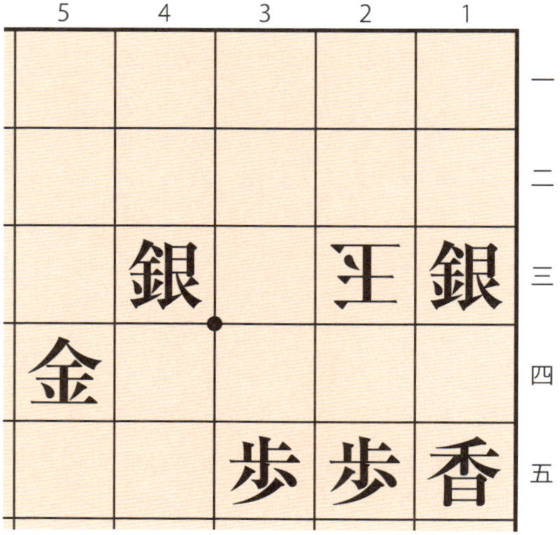

持駒《もちごま》 なし

第53問

☗3三金《さんきん》 ☖同桂《どうけい》 ☗1二飛成《にひなり》

正解図《せいかいず》

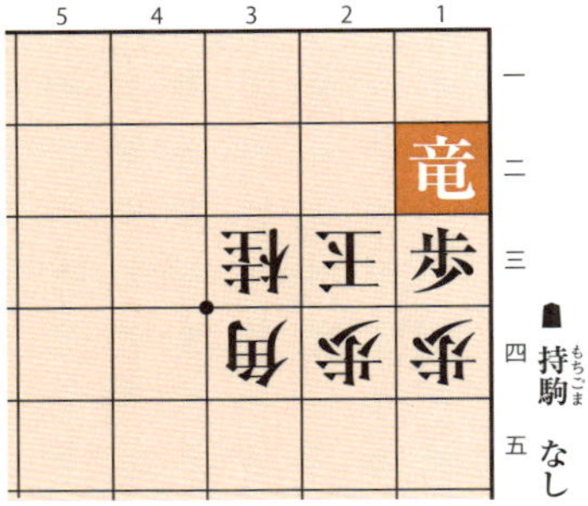

飛車《ひしゃ》を動《うご》かす前《まえ》に☗3三金《さんきん》と捨《す》てるのが、逃《に》げ道《みち》をふさぐ好手《こうしゅ》です。2手目《てめ》☖1三玉《さんぎょく》は☗2二飛成《にひなり》まで。

角《かく》を働《はたら》かせない 失敗《しっぱい》

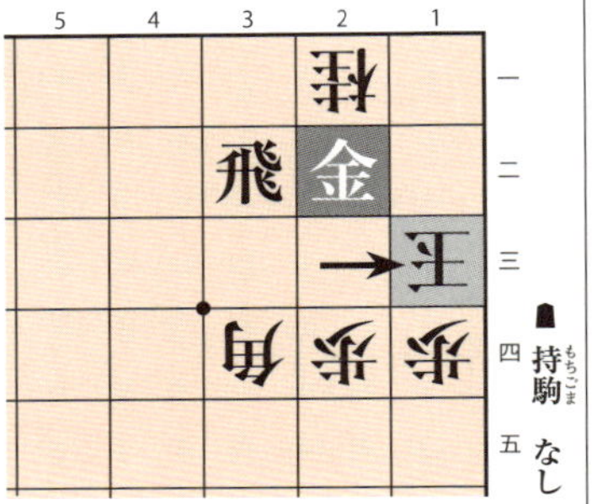

☗2二金《にきん》は☖1三玉《さんぎょく》（図《ず》）で、守《まも》りの角《かく》が働《はたら》いてしまいます。また、☗1二飛成《にひなり》は、☖3三玉《さんぎょく》で詰《つ》みません。

第54問

☗2四歩《よんふ》 ☖3三玉《さんぎょく》 ☗3四歩《よんふ》

正解図《せいかいず》

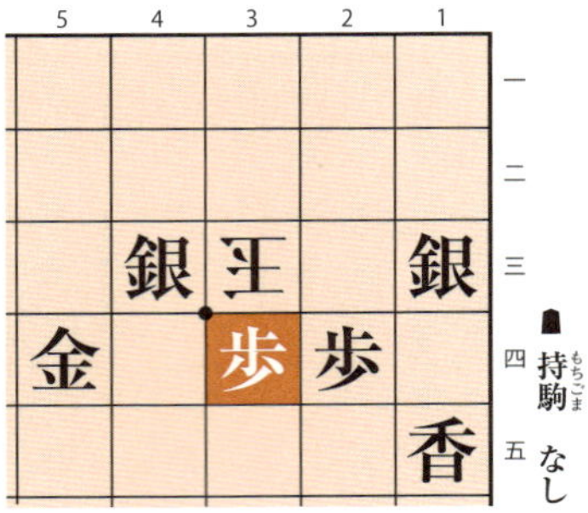

2筋《すじ》、3筋《すじ》の歩《ふ》を連続《れんぞく》で突《つ》きます。歩《ふ》を突《つ》いて詰《つ》めるのは禁《きん》じ手《て》ではないことを思《おも》い出《だ》しましょう。

銀《ぎん》は動《うご》かさない 失敗《しっぱい》

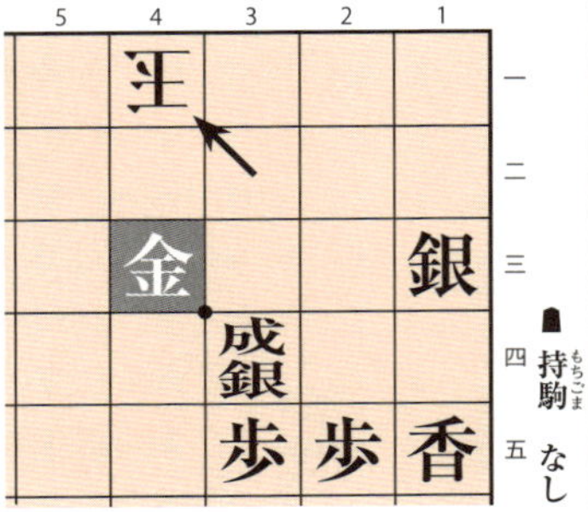

☗3四銀成《よんぎんなり》は、☖3二玉《にぎょく》☗4三金《さんきん》☖4一玉《いちぎょく》（図《ず》）で攻《せ》めが切《き》れます。歩以外《ふいがい》の駒《こま》は、玉《ぎょく》を囲《かこ》む壁《かべ》なのです。

第《だい》55問《もん》

★★★★★ レベル

持駒《もちごま》 角《かく》 銀《ぎん》

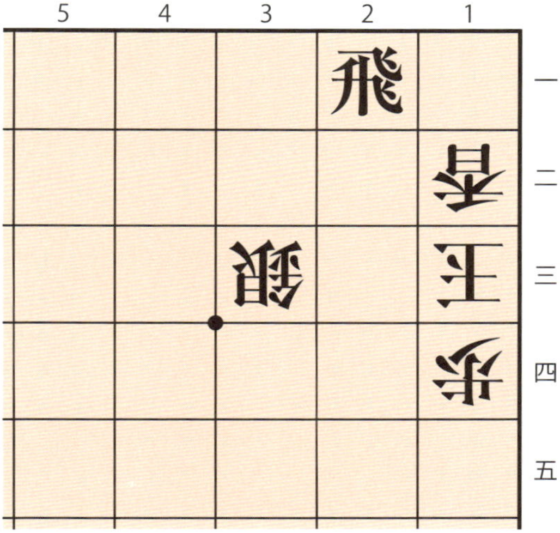

ヒント

大駒《おおごま》パワーの見《み》せどころ

第《だい》56問《もん》

★★★★★ レベル

持駒《もちごま》 角《かく》 金《きん》

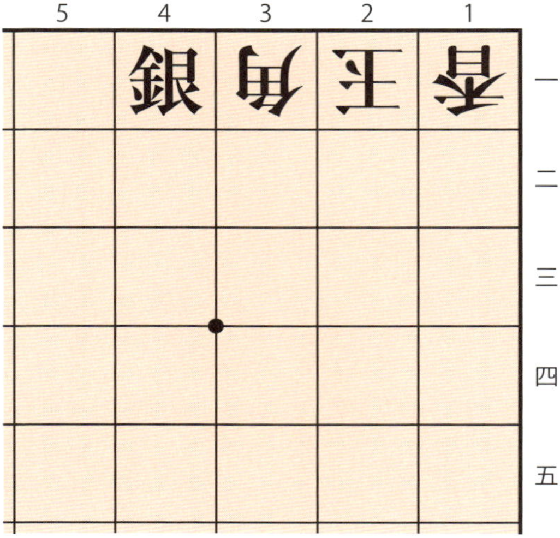

ヒント

角《かく》らしくない使《つか》い方《かた》がカギ

第55問

▲2四銀《よんぎん》 △同銀《どうぎん》 ▲3一角《いちかく》

正解図《せいかいず》

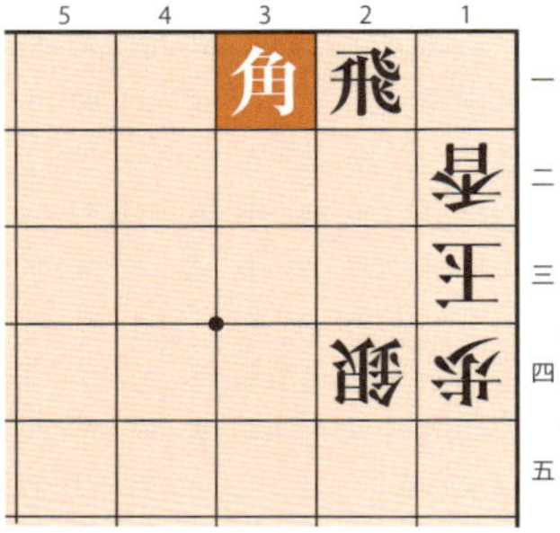

▲持駒《もちごま》 なし

銀《ぎん》を捨《す》てて守《まも》りの銀《ぎん》を誘《さそ》い出《だ》します。これで2二《に》にスキができたので、▲3一角《いちかく》と離《はな》して打《う》って詰《つ》みです。

飛車《ひしゃ》の利《き》きが止《と》まる　失敗《しっぱい》

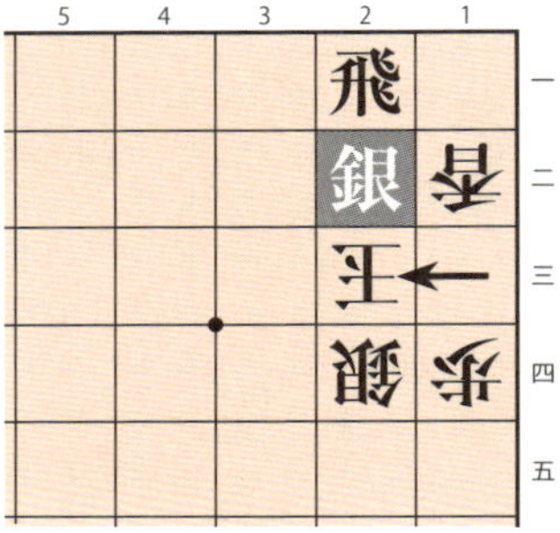

▲持駒《もちごま》 なし

▲2四角《よんかく》△同銀《どうぎん》▲2二銀《にぎん》は、飛《ひ》の利《き》きが止《と》まったので、△2三玉《さんぎょく》（図《ず》）と逃《に》がしてしまいます。

第56問

▲3二角《にかく》 △1二玉《にぎょく》 ▲2三金《さんきん》

正解図《せいかいず》

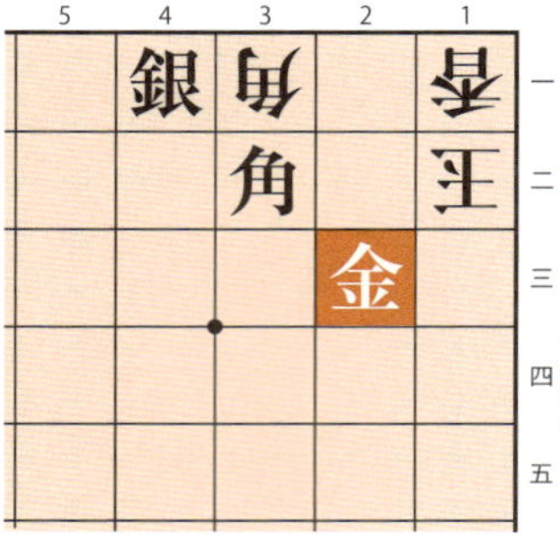

▲持駒《もちごま》 なし

角《かく》を玉《ぎょく》にくっつけて打《う》つのがポイントです。2三《さん》に利《き》きをつくれば、▲2三金《さんきん》で詰《つ》むのです。

馬《うま》づくりは失敗《しっぱい》　失敗《しっぱい》

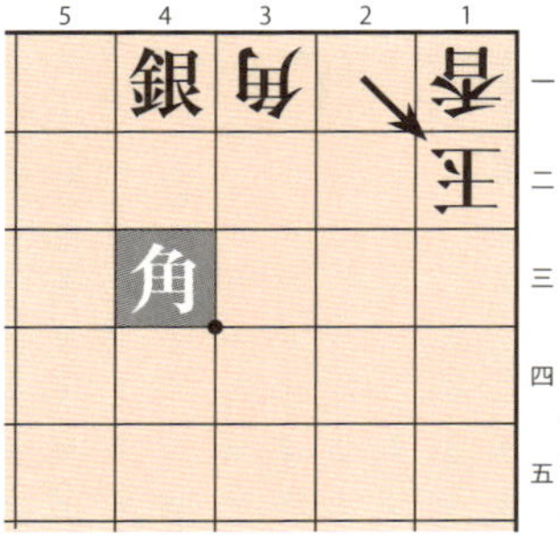

▲持駒《もちごま》 金《きん》

角《かく》は離《はな》して打《う》ちたくなるかもしれませんが、▲4三角《さんかく》は△1二玉《にぎょく》（図《ず》）で、攻《せ》め駒《ごま》が玉《ぎょく》から遠《とお》すぎます。

第《だい》57問《もん》

★★★★★ レベル

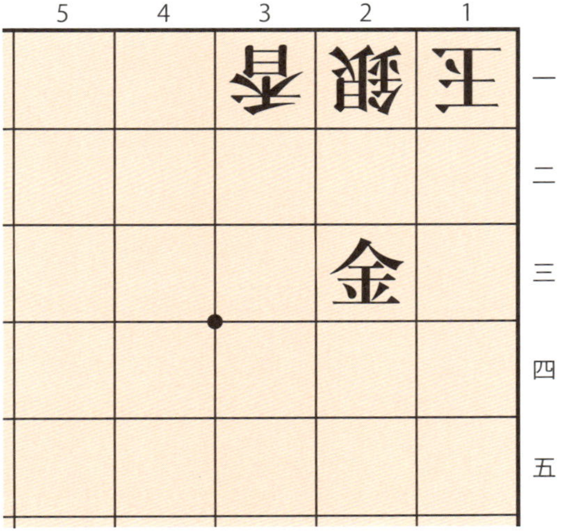

☗持駒《もちごま》 角《かく》 銀《ぎん》

ヒント
● 守《まも》りにスキをつくる

第《だい》58問《もん》

★★★★★ レベル

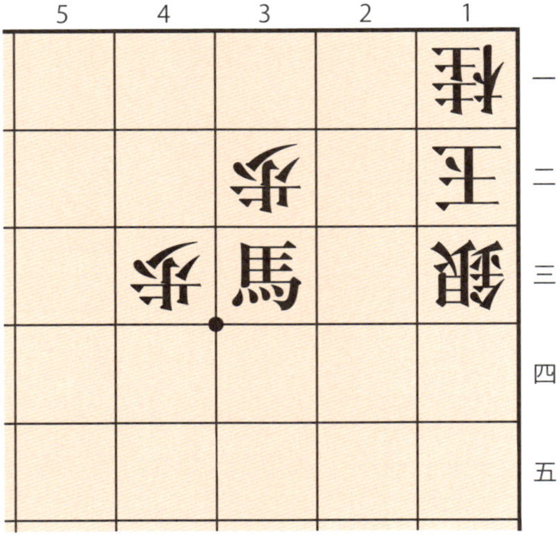

☗持駒《もちごま》 角《かく》 金《きん》

ヒント
● ☖2一《いち》玉《ぎょく》には?

第57問

☗2二角《にかく》 ☖同銀《どうぎん》 ☗1二銀《にぎん》

正解図《せいかいず》

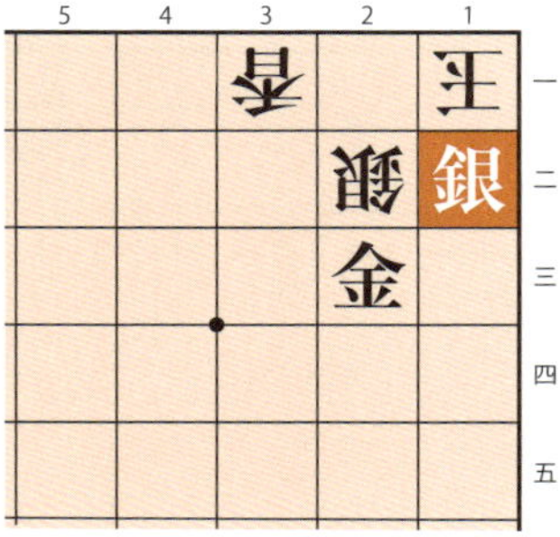

☗持駒《もちごま》 なし

☗2二角《にかく》とくっつけて捨《す》てると、銀《ぎん》で取《と》る一手《いって》。そのおかげで、銀《ぎん》の腹《はら》にスキがつくれます。

合駒《あいごま》狙《ねら》いは失敗《しっぱい》

失敗《しっぱい》

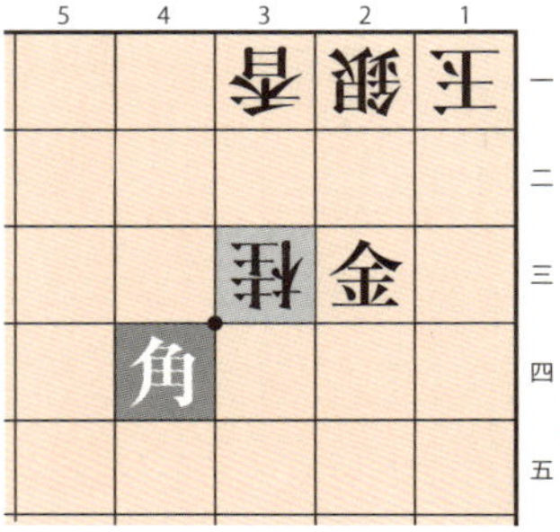

☗持駒《もちごま》 銀《ぎん》

☗4四角《よんかく》には、☖3三桂合《さんけいあい》（図《ず》）が巧妙《こうみょう》な受《う》け。他《ほか》の合駒《あいごま》では詰《つ》みがあります。考《かんが》えてみてください※。

第58問

☗2三角《さんかく》 ☖同桂《どうけい》 ☗1一金《いちきん》

正解図《せいかいず》

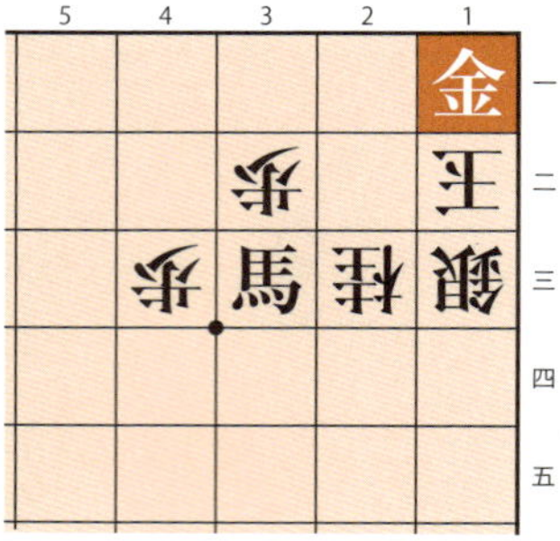

☗持駒《もちごま》 なし

3問連続《もんれんぞく》で、角《かく》を玉《ぎょく》にくっつけて打《う》ちます。☖2一玉《いちぎょく》のときに、☗3二馬《にうま》（駒余《こまあま》り）を用意《ようい》できます。

歩《ふ》がジャマ

失敗《しっぱい》

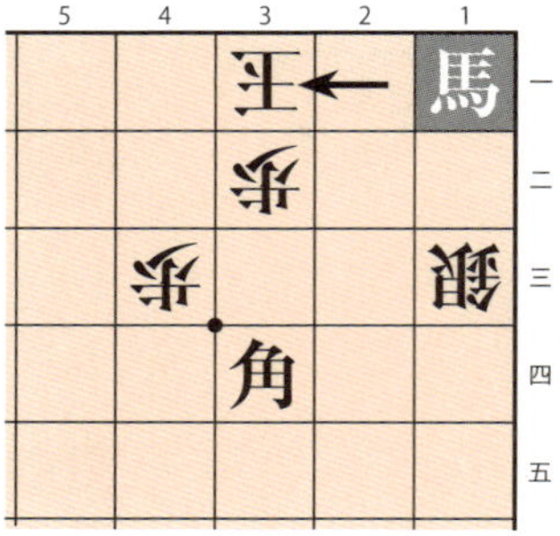

☗持駒《もちごま》 金《きん》 桂《けい》

☗3四角《よんかく》と離《はな》して打《う》つのは、☖2一玉《いちぎょく》☗1一馬《いちうま》☖3一玉《いちぎょく》（図《ず》）と進《すす》み、歩《ふ》がジャマで詰《つ》みません。

※第《だい》57問《もん》…合駒《あいごま》が前《まえ》に利《き》く駒《こま》の場合《ばあい》、例《たと》えば☖3三歩合《さんふあい》は、☗同角成《どうかくなり》☖同香《どうきょう》☗1二歩《にふ》☖同銀《どうぎん》☗2二銀《にぎん》まで詰《つ》み。

第《だい》59問《もん》

レベル ★★★★★

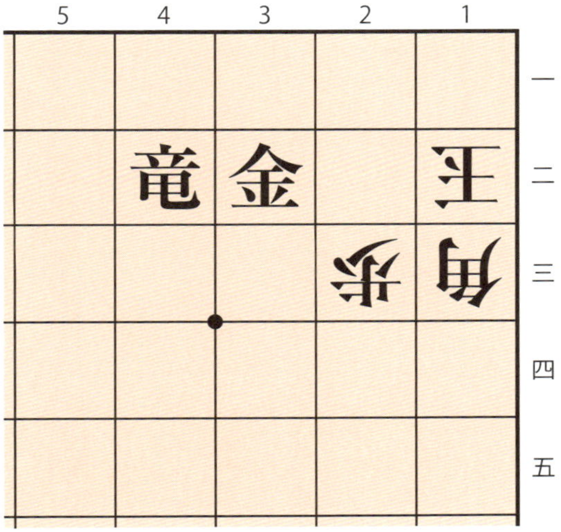

持駒《もちごま》 金《きん》

ヒント

ふところに飛《と》びこむ

第《だい》60問《もん》

レベル ★★★★★

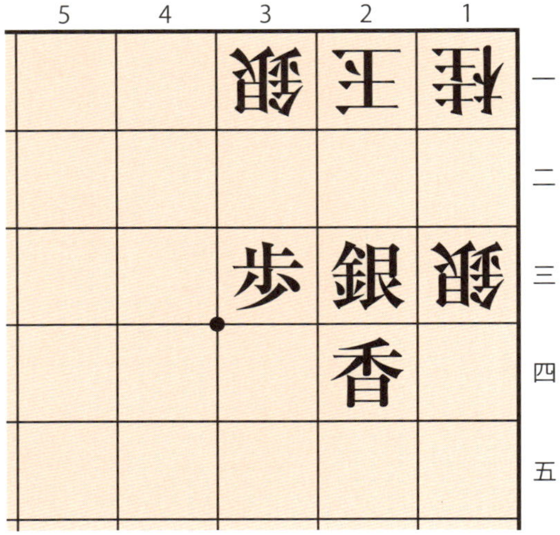

持駒《もちごま》 なし

ヒント

銀《ぎん》の活用《かつよう》を考《かんが》えてみよう

第59問

☗2一金《いちきん》 ☖同玉《どうぎょく》 ☗1二金《にきん》

正解図《せいかいず》

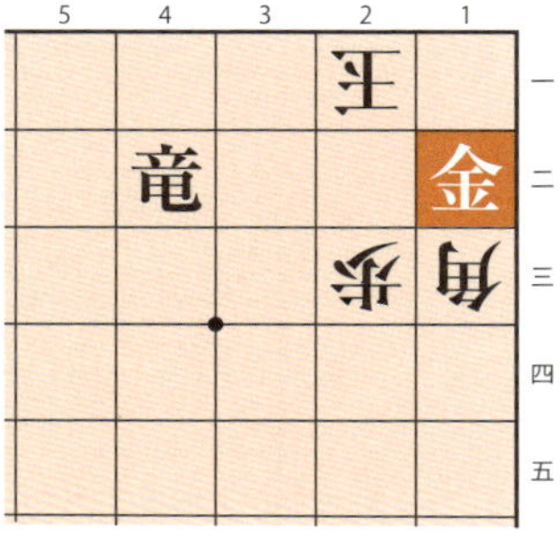

☗持駒《もちごま》 なし

☗2一金《いちきん》が、玉《ぎょく》のふところに飛《と》びこむような好手《こうしゅ》。2二《に》に合駒《あいごま》を打《う》つと、☗1一金打《いちきんうち》で詰《つ》みます。

竜《りゅう》は動《うご》けない　失敗《しっぱい》

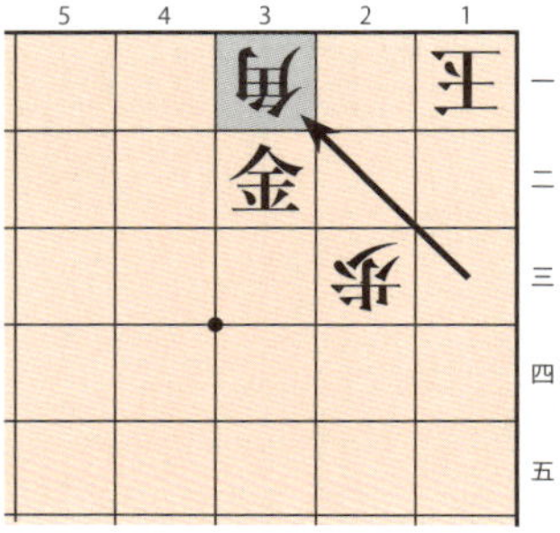

☗持駒《もちごま》 なし

☗1一金《いちきん》☖同玉《どうぎょく》と玉《ぎょく》を下段《げだん》に誘《さそ》い、☗3一竜《いちりゅう》と入《はい》りたくなります。しかし、☖同角《どうかく》(図《ず》)と取《と》られて失敗《しっぱい》です。

第60問

☗3二銀不成《にぎんならず》 ☖1二玉《にぎょく》 ☗2一銀不成《いちぎんならず》

正解図《せいかいず》

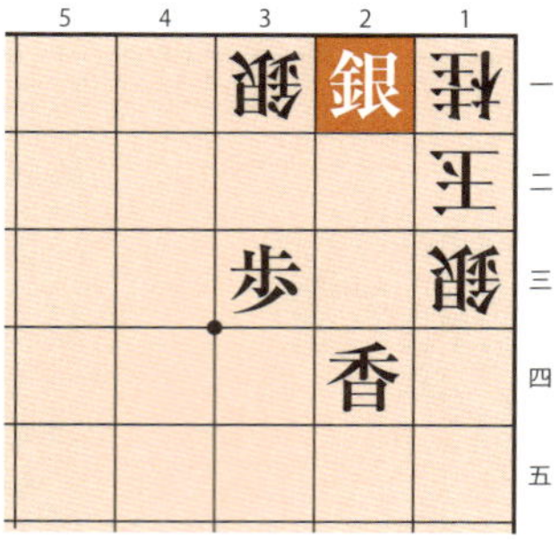

☗持駒《もちごま》 なし

3二《に》に銀《ぎん》を動《うご》かして両王手《りょうおうて》をかけたい形《かたち》ですが、3手目《てめ》を見越《みこ》して不成《ならず》で動《うご》かすのが好手《こうしゅ》です。

守《まも》りの銀《ぎん》は2枚《まい》　失敗《しっぱい》

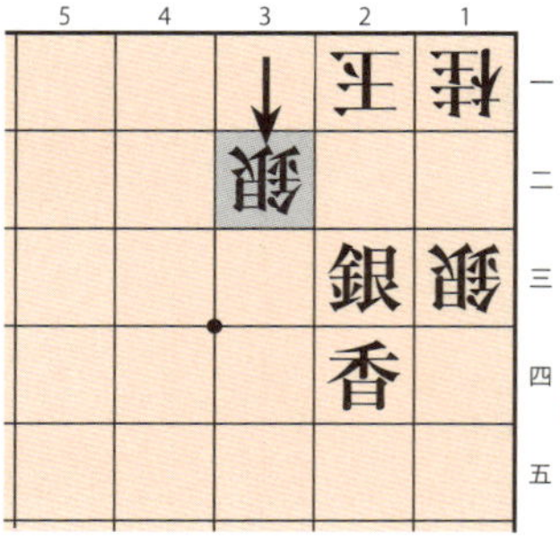

☗持駒《もちごま》 なし

☗3二歩成《にふなり》☖同銀《どうぎん》(図《ず》)として☗2二銀成《にぎんなり》は、1三《さん》の銀《ぎん》に取《と》られて失敗《しっぱい》です。守《まも》りの枚数《まいすう》を確認《かくにん》しましょう。

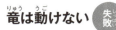

第《だい》61問《もん》

★★★★★ レベル

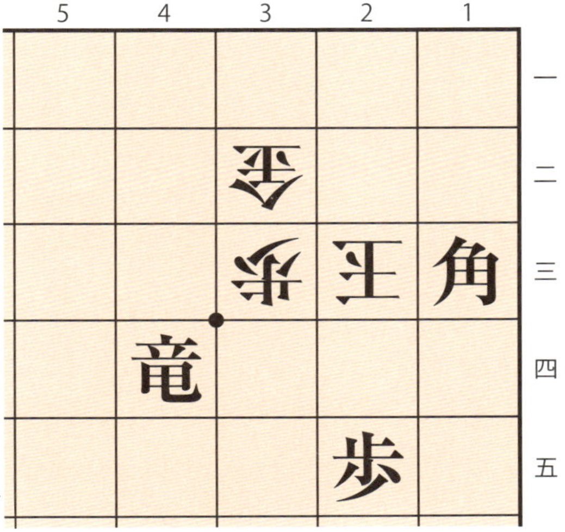

持駒《もちごま》　なし

ヒント
思《おも》い切《き》った攻《せ》めだ！

第《だい》62問《もん》

★★★★★ レベル

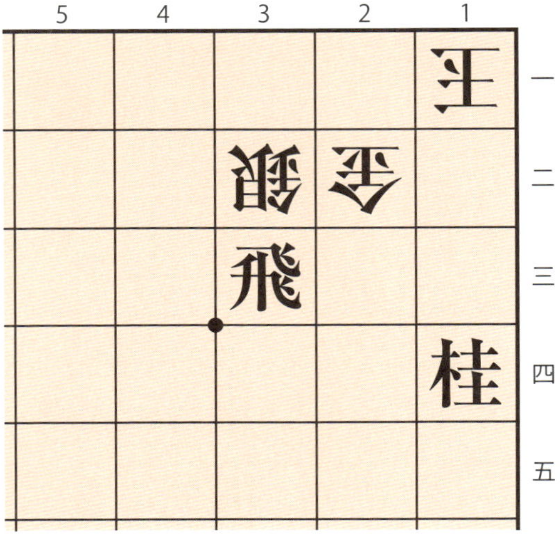

持駒《もちごま》　金《きん》

ヒント
2二金《にきん》がなければ

第61問

☗1四竜《よんりゅう》 ☖同玉《どうぎょく》 ☗2四角成《よんかくなり》

正解図《せいかいず》

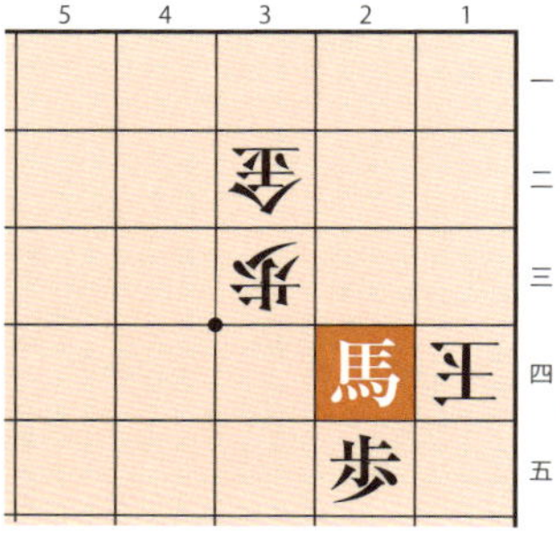

☗持駒《もちごま》 なし

大事《だいじ》そうな竜《りゅう》を最初《さいしょ》に捨《す》ててしまうのが英断《えいだん》の一手《いって》。☖1二玉《にぎょく》と引《ひ》くと、☗3一角成《いちかくなり》が決《き》まります。

守《まも》りの金《きん》に注意《ちゅうい》 失敗《しっぱい》

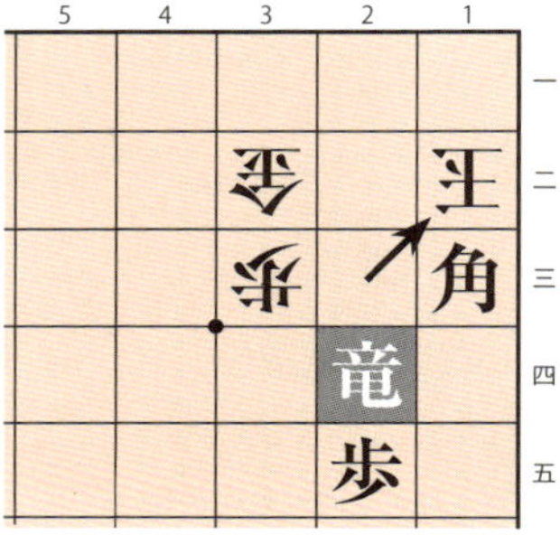

☗持駒《もちごま》 なし

安全《あんぜん》にいくなら☗2四竜《よんりゅう》ですが、☖1二玉《にぎょく》（図《ず》）と引《ひ》いた形《かたち》が問題《もんだい》。守《まも》りの金《きん》が働《はたら》いてきます。

第62問

☗1三飛成《さんひなり》 ☖同金《どうきん》 ☗2二金《にきん》

正解図《せいかいず》

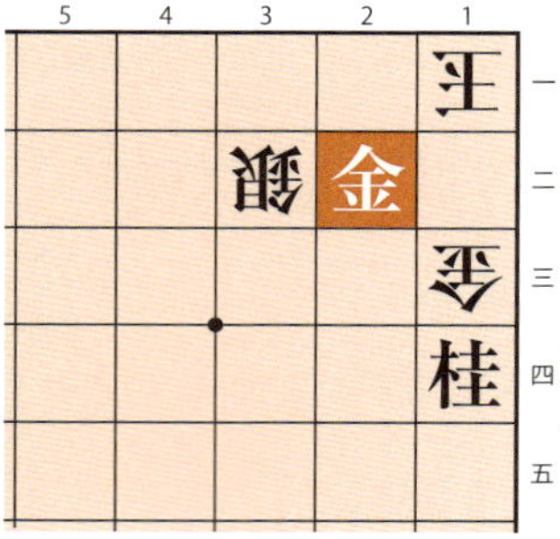

☗持駒《もちごま》 なし

2二金《にきん》がなければ1手詰《てづめ》。それを実現《じつげん》するのが☗1三飛成《さんひなり》です。合駒《あいごま》や☖2一玉《いちぎょく》は、☗2二桂成《にけいなり》まで（駒余《こまあま》り）。

金《きん》を食《た》べない 失敗《しっぱい》

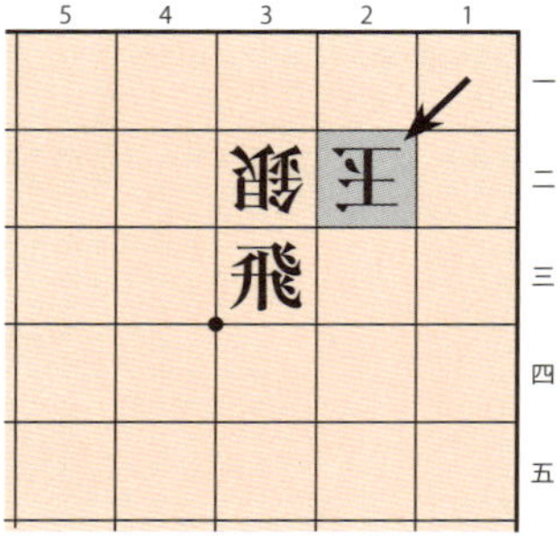

☗持駒《もちごま》 金《きん》金《きん》

☗2二桂成《にけいなり》とすれば、あっさり金《きん》を取《と》れます。しかし、☖同玉《どうぎょく》（図《ず》）で、金《きん》をうまく使《つか》えません。

第《だい》63問《もん》

★★★★★
レベル

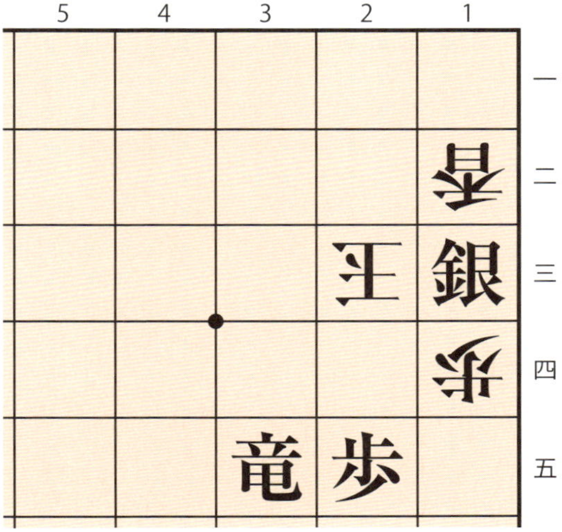

■持駒《もちごま》 なし

ヒント
2段目《だんめ》に引《ひ》かせないように

第《だい》64問《もん》

★★★★★
レベル

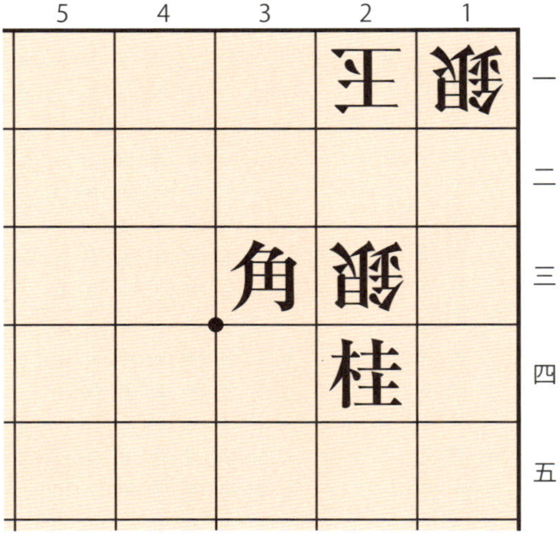

■持駒《もちごま》 金《きん》 金《きん》

ヒント
銀《ぎん》2枚《まい》、同時《どうじ》に相手《あいて》だ

第63問

▲2四歩《よんふ》 △1三玉《さんぎょく》 ▲3三竜《さんりゅう》

正解図《せいかいず》

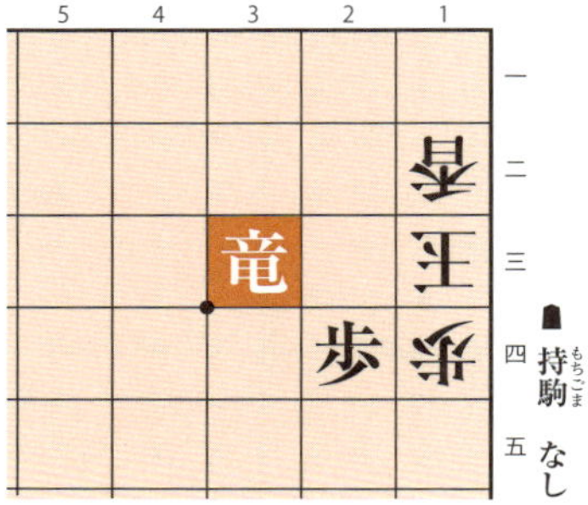

ちょこんと歩《ふ》を突《つ》くのが正解《せいかい》。銀《ぎん》を取《と》られても焦《あせ》らずに、▲3三竜《さんりゅう》と入《はい》れば詰《つ》んでいます。

下段《げだん》は広《ひろ》い　失敗《しっぱい》

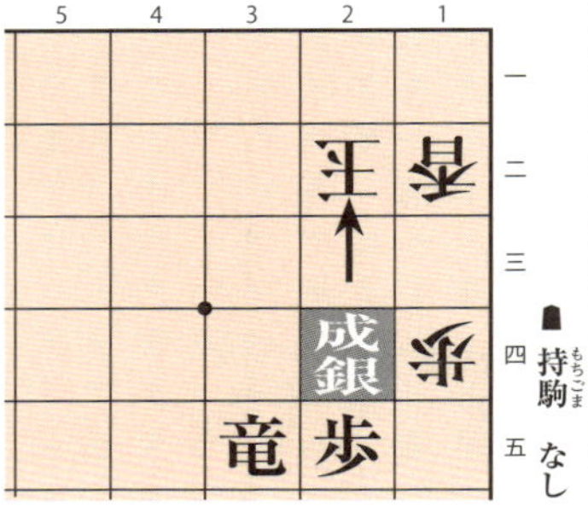

▲2四銀成《よんぎんなり》は△2二玉《にぎょく》（図《ず》）で、▲2四竜《よんりゅう》は△3二玉《にぎょく》で、いずれも2段目《だんめ》に逃《に》げられて詰《つ》みません。

第64問

▲1二金《にきん》 △同銀引《どうぎんひく》 ▲3二金《にきん》

正解図《せいかいず》

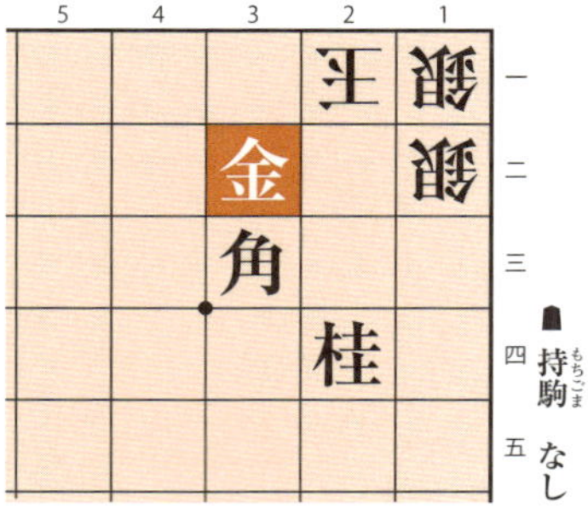

守《まも》りの銀《ぎん》2枚《まい》の利《き》きに▲1二《に》金《きん》が好手《こうしゅ》。2手目《てめ》△同銀上《どうぎんあがる》は▲2二金《にきん》まで、△3一玉《いちぎょく》は▲4二金《にきん》まで。

銀《ぎん》を避《さ》けてはダメ　失敗《しっぱい》

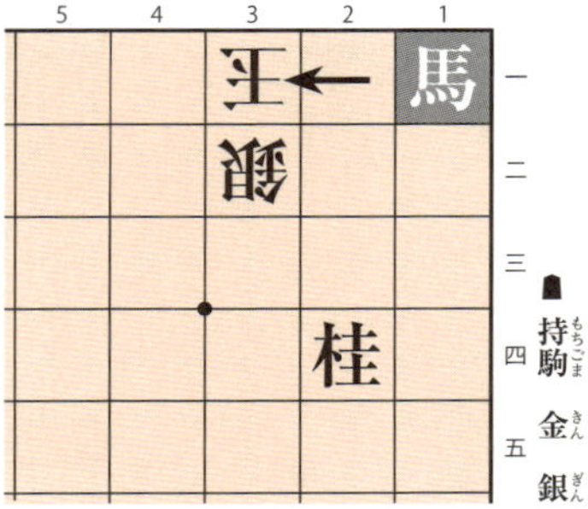

▲3二金《にきん》△同銀《どうぎん》▲1一角成《いちかくなり》は、△3一玉《いちぎょく》（図《ず》）で駒《こま》が足《た》りません。捨駒《すてごま》で守《まも》りを崩《くず》す方法《ほうほう》を覚《おぼ》えましょう。

第《だい》65問《もん》

★★★★★ レベル

ヒント
竜《りゅう》をそらす

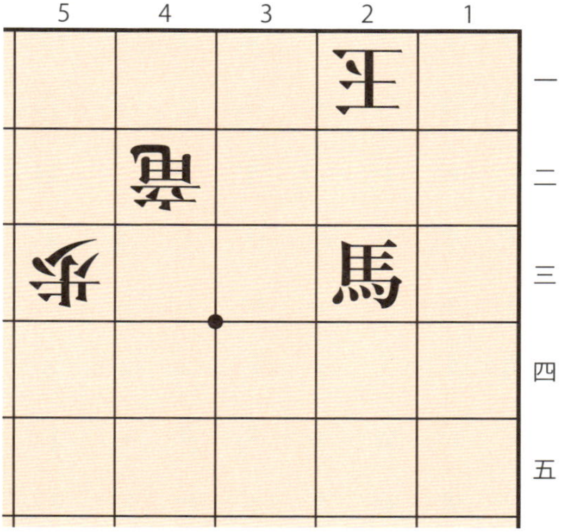

持駒《もちごま》 角《かく》 金《きん》

第《だい》66問《もん》

★★★★★ レベル

ヒント
ジャマをしない

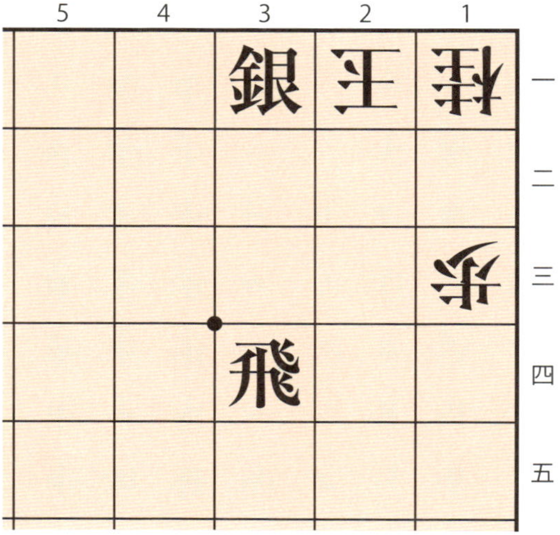

持駒《もちごま》 銀《ぎん》

第65問

☗4三角《さんかく》 ☖同竜《どうりゅう》 ☗2二金《にきん》

正解図《せいかいず》

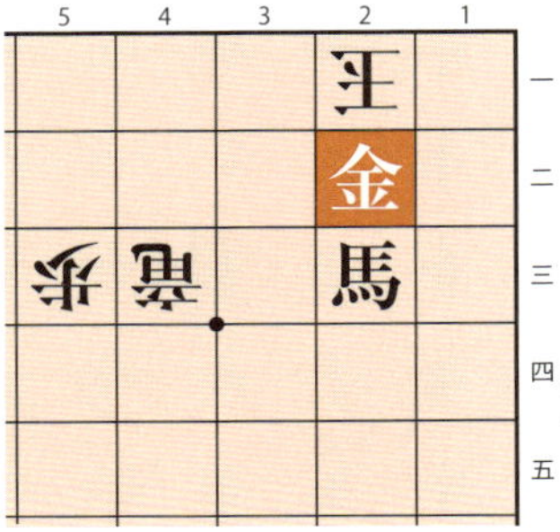

☗持駒《もちごま》 なし

☗4三角《さんかく》の捨駒《すてごま》で竜《りゅう》をそらします。2手目《てめ》☖3二歩合《にふあい》は☗2二金《にきん》まで。☖1一玉《いちぎょく》や☖3一玉《いちぎょく》は☗2一金《いちきん》まで。

2段目《だんめ》の竜《りゅう》は強力《きょうりょく》 失敗《しっぱい》

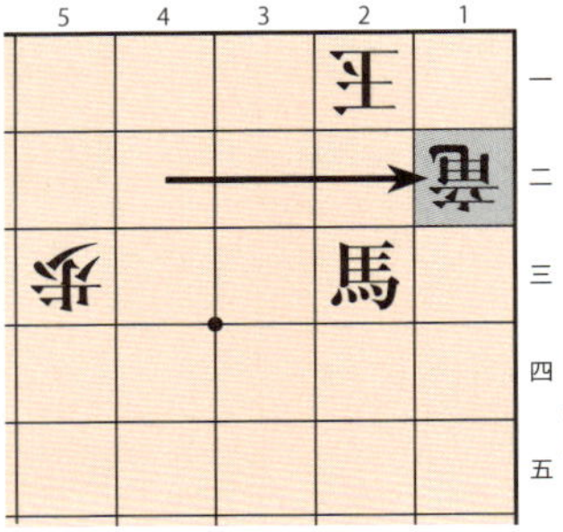

☗持駒《もちごま》 金《きん》

同《どう》じ角《かく》捨《す》てでも、☗1二角《にかく》は☖同竜《どうりゅう》（図《ず》）で進展《しんてん》がありません。竜《りゅう》をどこに動《うご》かせば得《とく》になるかを考《かんが》えます。

第66問

☗1二銀《にぎん》 ☖同玉《どうぎょく》 ☗3二飛成《にひなり》

正解図《せいかいず》

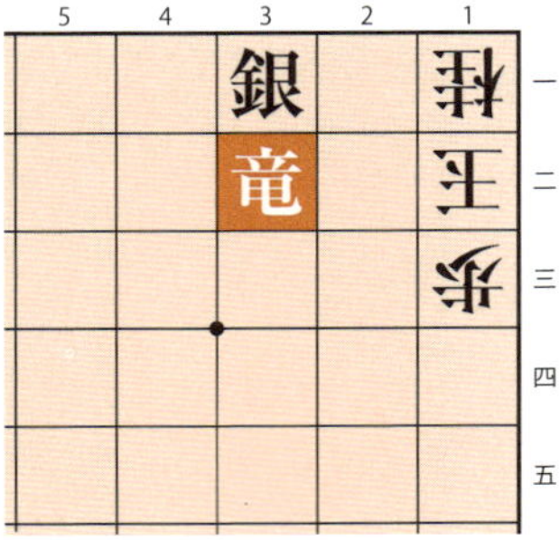

☗持駒《もちごま》 なし

飛車《ひしゃ》を成《な》らないと詰《つ》みません。そこで、☗1二銀《にぎん》の捨駒《すてごま》で玉《ぎょく》を端《はし》に誘《さそ》います。☗3二飛成《にひなり》で逃《に》げ場所《ばしょ》がありません。

ジャマな銀《ぎん》 失敗《しっぱい》

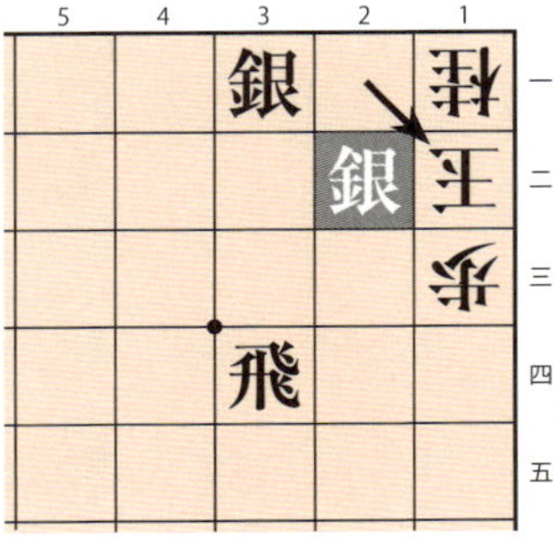

☗持駒《もちごま》 なし

☗2二銀打《にぎんうち》は☖1二玉《にぎょく》（図《ず》）で、☗3二飛成《にひなり》が王手《おうて》になりません。以下《いか》、☗1一銀成《いちぎんなり》☖2三玉《さんぎょく》で失敗《しっぱい》です。

第《だい》67問《もん》

★★★★★
レベル

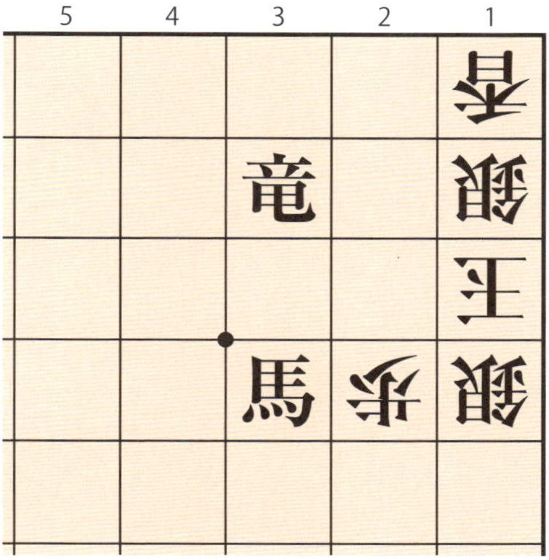

持駒《もちごま》 なし

ヒント
大駒《おおごま》より小駒《こごま》

第《だい》68問《もん》

★★★★★
レベル

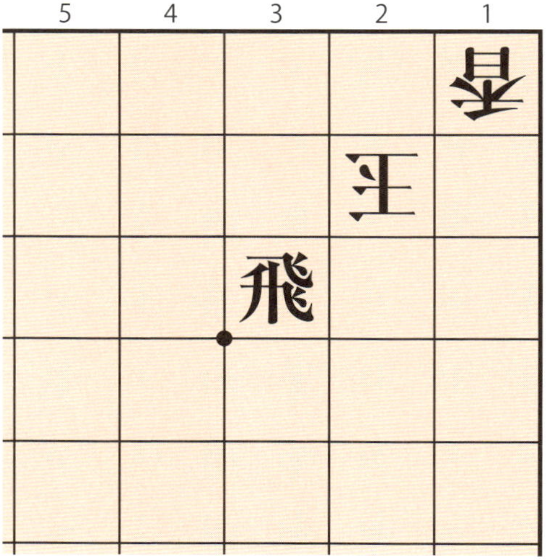

持駒《もちごま》 金《きん》

ヒント
金《きん》の利《き》きをよく考《かんが》えて

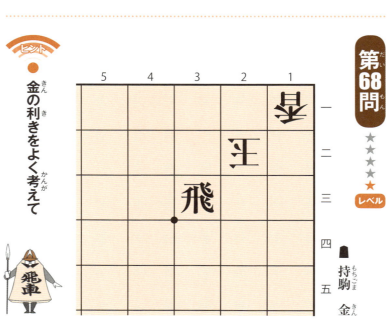

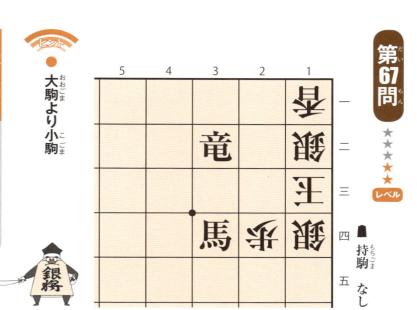

第67問

☗1二馬《にうま》 ☖同香《どうきょう》 ☗2二銀《にぎん》

正解図《せいかいず》

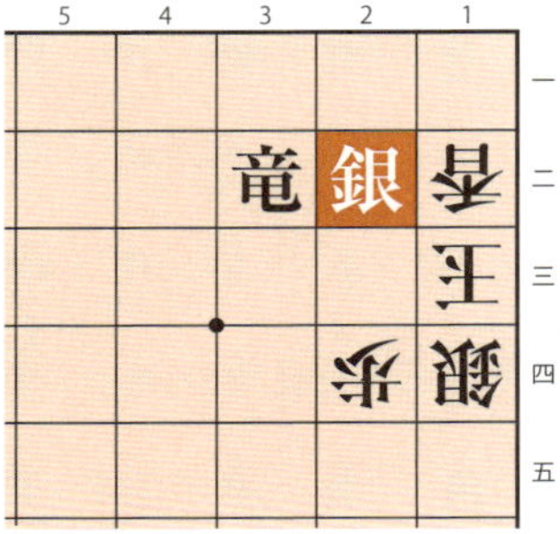

☗持駒《もちごま》 なし

普通《ふつう》の手《て》では詰《つ》まないので、駒取《こまと》りに頼《たよ》ります。馬《うま》を切《き》って銀《ぎん》を入手《にゅうしゅ》し、銀《ぎん》の利《き》きを生《い》かして詰《つ》み。

銀《ぎん》が動《うご》く　失敗《しっぱい》

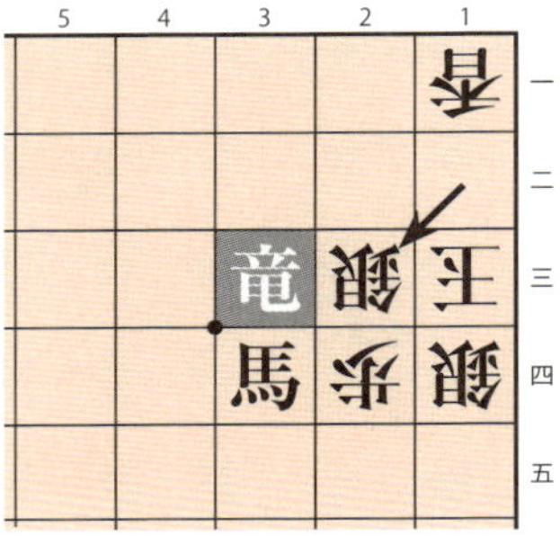

☗持駒《もちごま》 なし

☗3三竜《さんりゅう》には☖2三銀上《さんぎんあがる》（図《ず》）と、移動《いどう》する受《う》けがあります。以下《いか》、☗2四馬《よんうま》☖1二玉《にぎょく》☗2三馬《さんうま》☖同銀《どうぎん》で逃《のが》れ。

第68問

☗2三金《さんきん》 ☖2一玉《いちぎょく》 ☗3二飛成《にひなり》

正解図《せいかいず》

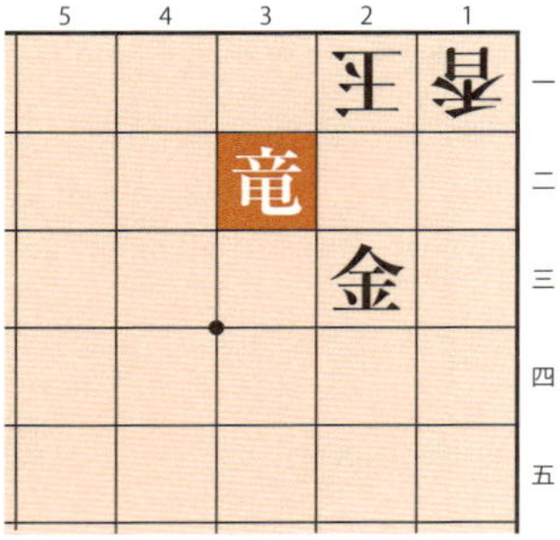

☗持駒《もちごま》 なし

頭《あたま》から金《きん》を打《う》つのが正解《せいかい》。金《きん》は前方《ぜんぽう》の利《き》きが強力《きょうりょく》なので、玉《ぎょく》を上《うえ》から押《お》さえつけるのに役立《やくだ》ちます。

斜《なな》め下《した》は弱《よわ》い　失敗《しっぱい》

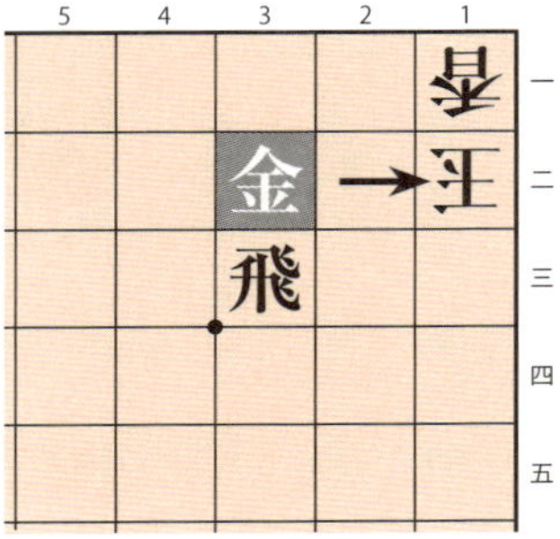

☗持駒《もちごま》 なし

☗3二金《にきん》と玉《ぎょく》の腹《はら》に打《う》つのは、☖1二玉《にぎょく》（図《ず》）で、手《て》がありません。斜《なな》め下《した》に利《き》かないことが金《きん》の弱点《じゃくてん》でした。

第《だい》69問《もん》

★★★★★
レベル

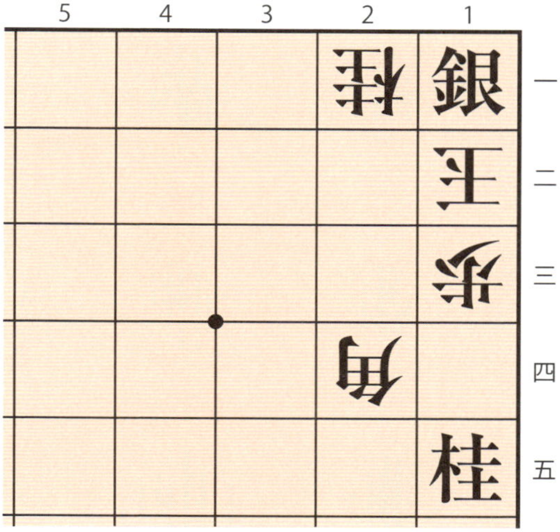

持駒《もちごま》 飛《ひ》

ヒント
銀《ぎん》は取《と》られるが……

第《だい》70問《もん》

★★★★★
レベル

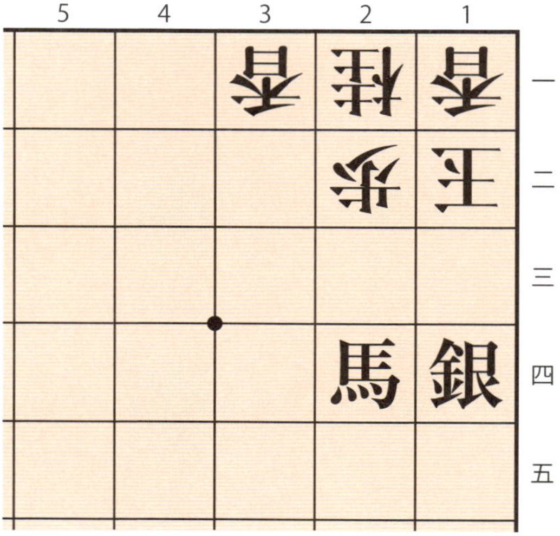

持駒《もちごま》 桂《けい》

ヒント
桂《けい》を打《う》つにはどうする？

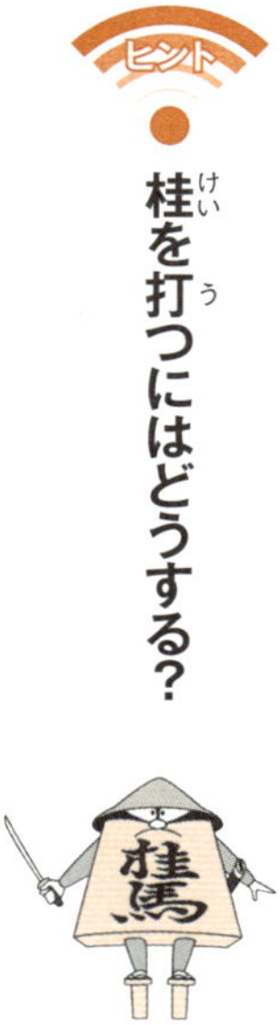

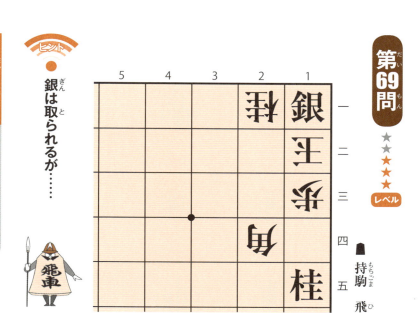

第69問

▲3二飛《にひ》 △1一玉《いちぎょく》 ▲2三桂不成《さんけいならず》

正解図《せいかいず》

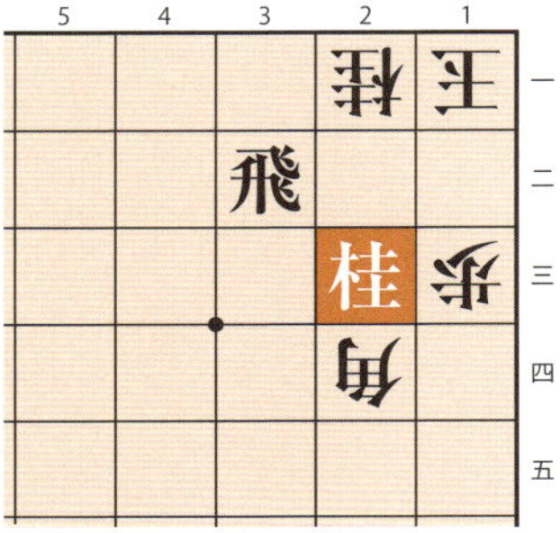

▲持駒《もちごま》 なし

近《ちか》すぎず遠《とお》すぎず、▲3二飛《にひ》が絶好《ぜっこう》の打《う》ち場所《ばしょ》です。最後《さいご》は、桂《けい》が不成《ならず》で跳《は》ねて詰《つ》め上《あ》げます。

飛車《ひしゃ》を取《と》られる　失敗《しっぱい》

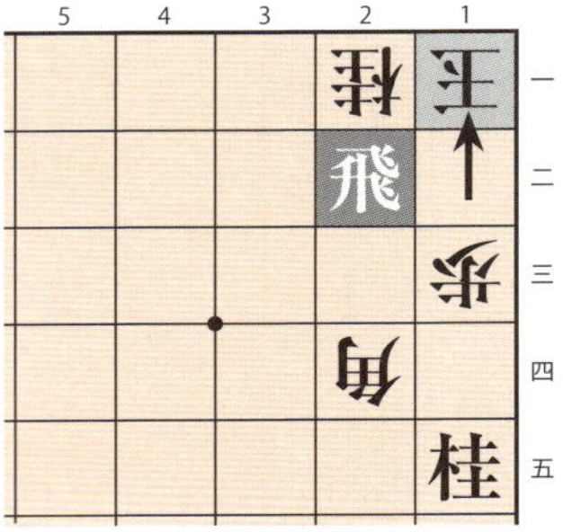

▲持駒《もちごま》 なし

▲2二飛《にひ》は近《ちか》すぎで、△1一《いち》玉《ぎょく》(図《ず》)▲2三桂不成《さんけいならず》△2二《に》玉《ぎょく》で失敗《しっぱい》。▲5二飛《にひ》は、2四《よん》角《かく》の利《き》きに△4二歩合《にふあい》でダメ。

第70問

▲3四馬《よんうま》 △同香《どうきょう》 ▲2四桂《よんけい》

正解図《せいかいず》

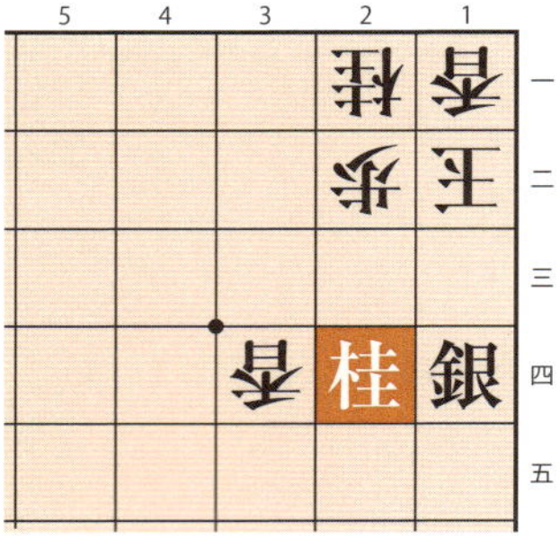

▲持駒《もちごま》 なし

馬《うま》がなければ桂打《けいう》ちまでの1手詰《てづめ》。香《きょう》の利《き》きに▲3四馬《よんうま》と捨《す》ててそれを実現《じつげん》します。2手目合駒《てめあいごま》も▲2四桂《よんけい》まで。

新《あたら》しい逃《に》げ道《みち》　失敗《しっぱい》

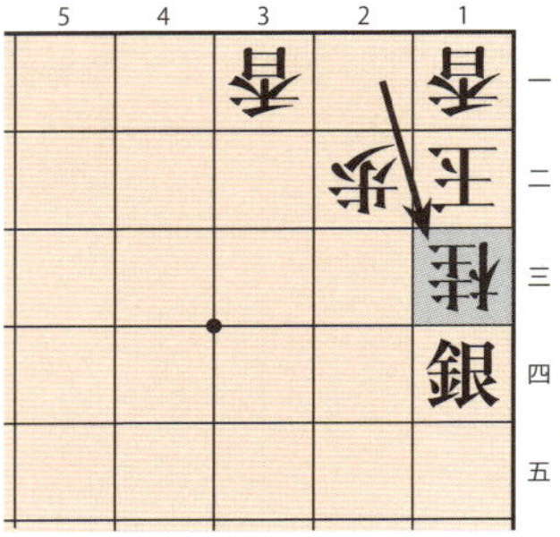

▲持駒《もちごま》 桂《けい》

▲1三馬《さんうま》と捨《す》てると、△同桂《どうけい》(図《ず》)▲2四桂《よんけい》△2一玉《いちぎょく》で詰《つ》みません。駒《こま》が動《うご》いてできる逃《に》げ道《みち》に注意《ちゅうい》しましょう。

第《だい》71問《もん》

★★★★★ レベル

ヒント
これも桂《けい》を打《う》ちたい

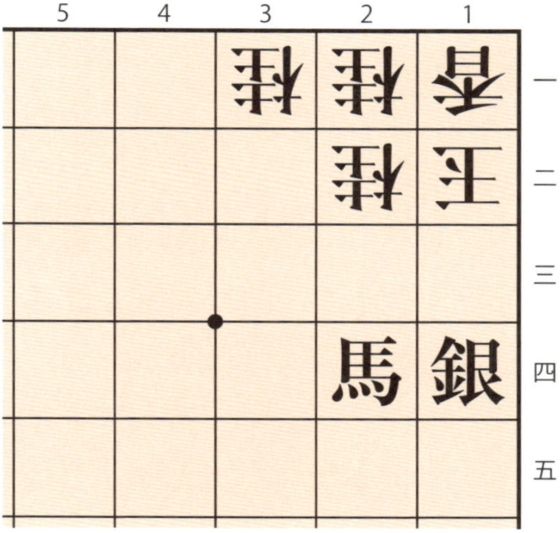

持駒《もちごま》 桂《けい》

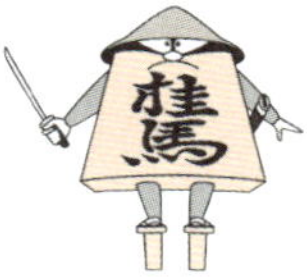

第《だい》72問《もん》

★★★★★ レベル

ヒント
角《かく》の利《き》きを生《い》かす

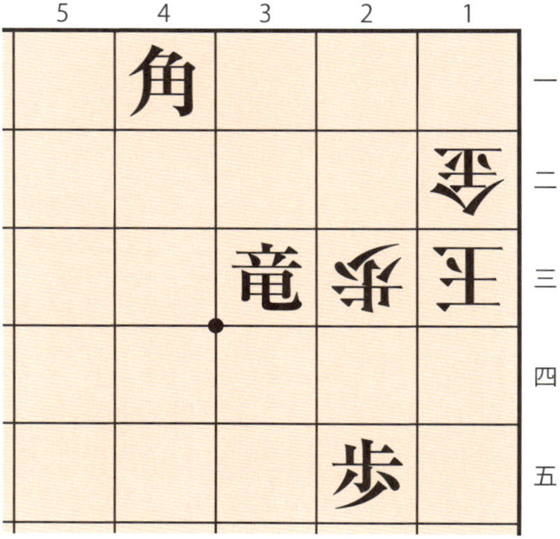

持駒《もちごま》 銀《ぎん》

第71問

▲2三馬《さんうま》 △同桂《どうけい》 ▲2四桂《よんけい》

正解図《せいかいず》

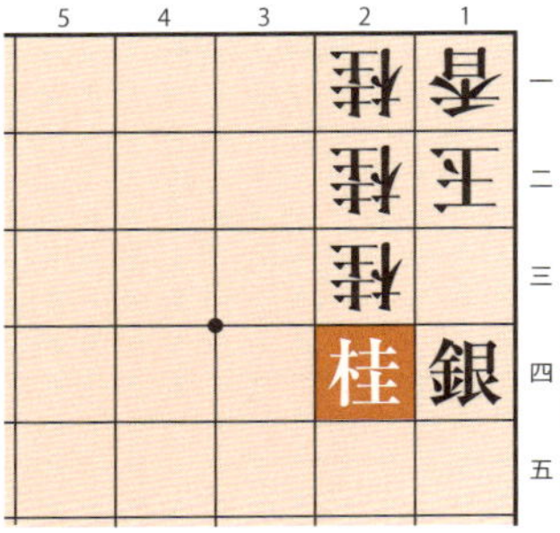

▲持駒《もちごま》 なし

前《まえ》の問題《もんだい》と似《に》た配置《はいち》ですが、今度《こんど》は▲2三馬《さんうま》と突進《とっしん》します。前《まえ》に利《き》かない桂《けい》の弱点《じゃくてん》を、桂《けい》で突《つ》きます。

失敗《しっぱい》 逃《に》げ道《みち》が空《あ》く

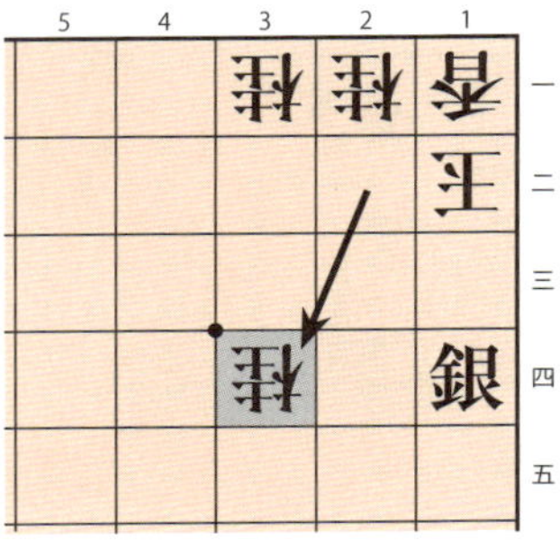

▲持駒《もちごま》 桂《けい》

▲3四馬《よんうま》と寄《よ》るのは、△同桂《どうけい》（図《ず》）で逃《に》げ道《みち》が空《あ》きます。以下《いか》、▲2四桂《よんけい》△2二玉《にぎょく》で捕《つか》まりません。

第72問

▲1四銀《よんぎん》 △同玉《どうぎょく》 ▲2四竜《よんりゅう》

正解図《せいかいず》

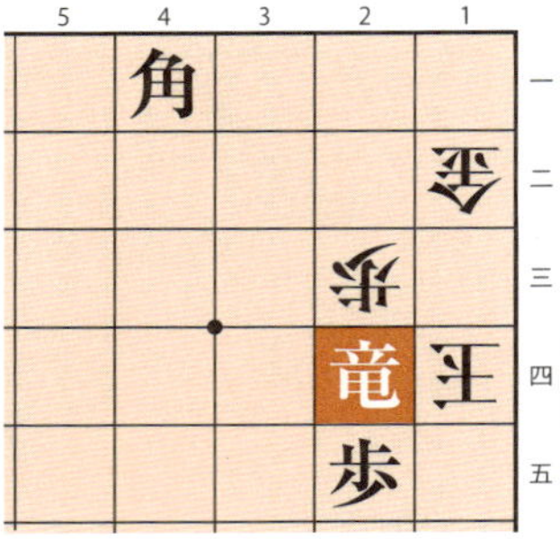

▲持駒《もちごま》 なし

▲1四銀《よんぎん》と捨《す》てて玉《ぎょく》を誘《さそ》います。ここで▲2四竜《よんりゅう》が強手《きょうしゅ》。4一《いち》角《かく》が1四玉《よんぎょく》を狙《ねら》っているので、歩《ふ》で取《と》れません。

失敗《しっぱい》 銀《ぎん》がジャマ

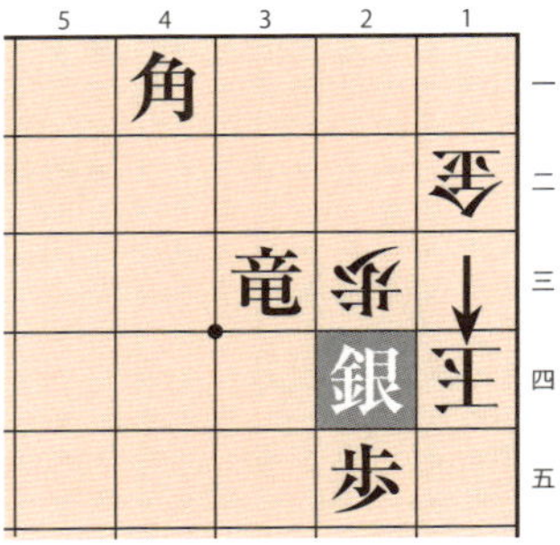

▲持駒《もちごま》 なし

▲2四銀《よんぎん》は△1四玉《よんぎょく》（図《ず》）で、銀《ぎん》がジャマになります。また、▲2三角成《さんかくなり》は、△同金《どうきん》▲2四《よん》銀《ぎん》△1四玉《よんぎょく》で詰《つ》みません。

第《だい》73問《もん》

レベル ★★★★★

ヒント
角《かく》と桂《けい》を協力《きょうりょく》させよう

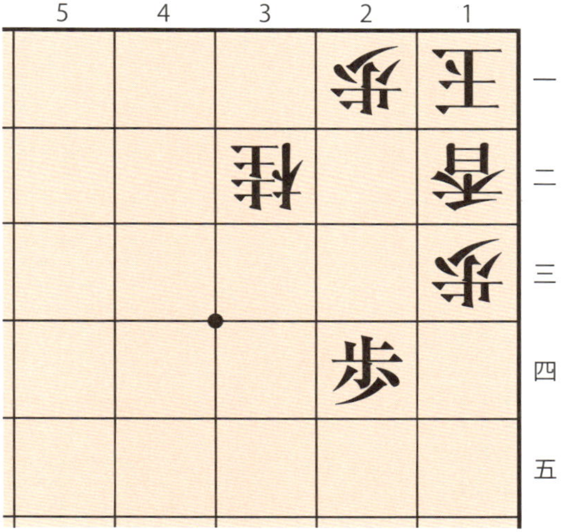

持駒《もちごま》 角《かく》 桂《けい》

第《だい》74問《もん》

レベル ★★★★★

ヒント
馬《うま》を使《つか》うための金打《きんう》ち

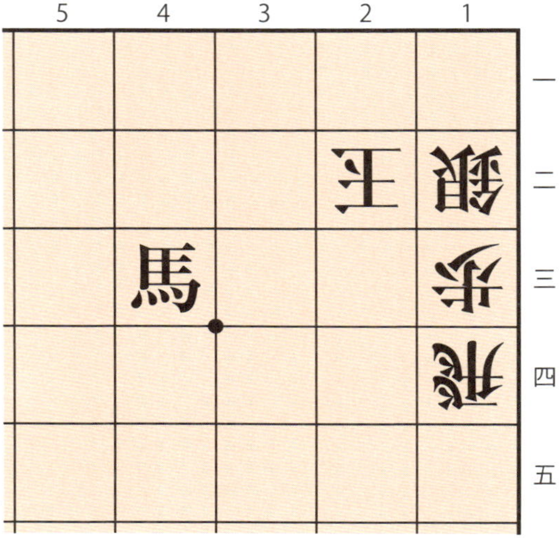

持駒《もちごま》 金《きん》

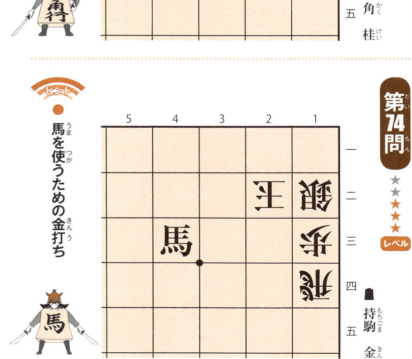

第73問

▲2三桂《さんけい》 △2二玉《にぎょく》 ▲1一角《いちかく》

正解図《せいかいず》

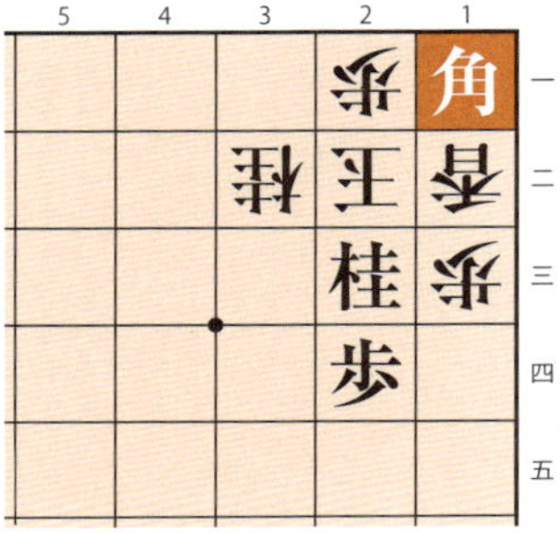

▲持駒《もちごま》 なし

先《さき》に角《かく》を使《つか》うか桂《けい》を使《つか》うかという問題《もんだい》。▲2三桂《さんけい》と打《う》ち、玉《ぎょく》が逃《に》げ出《だ》そうとしたところを▲1一角《いちかく》で捕《つか》まえます。

歩《ふ》が意地《いじ》を見《み》せる　失敗《しっぱい》

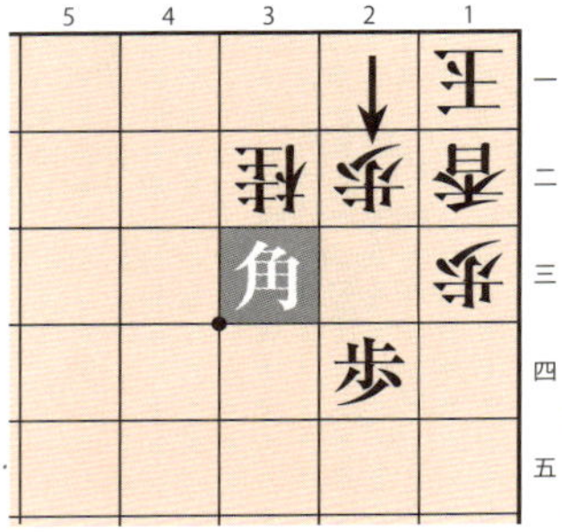

▲持駒《もちごま》 桂《けい》

▲3三角《さんかく》に合駒《あいごま》をさせて▲2三桂《さんけい》まで、という順《じゅん》は失敗《しっぱい》。△2二歩《にふ》（図《ず》）と移動《いどう》する手《て》を見落《みお》としています。

第74問

▲3二金《にきん》 △1一玉《いちぎょく》 ▲3三馬《さんうま》

正解図《せいかいず》

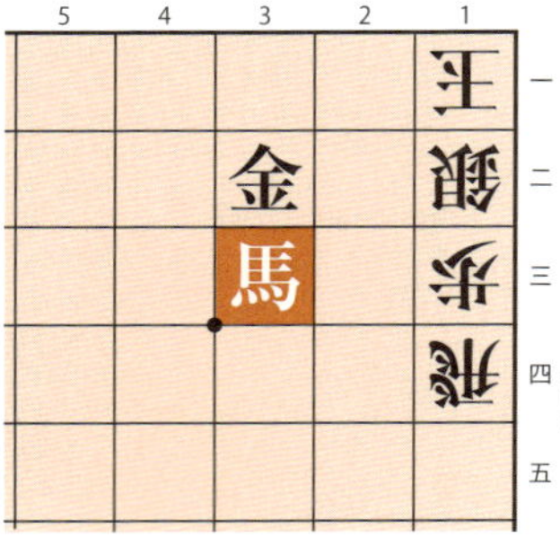

▲持駒《もちごま》 なし

金《きん》を2段目《だんめ》に使《つか》うのが面白《おもしろ》い手《て》。△1一玉《いちぎょく》には馬《うま》が遠《とお》くから王手《おうて》。△2三玉《さんぎょく》には、▲3三馬《さんうま》と近《ちか》くから王手《おうて》。

上《うえ》から押《お》さえない　失敗《しっぱい》

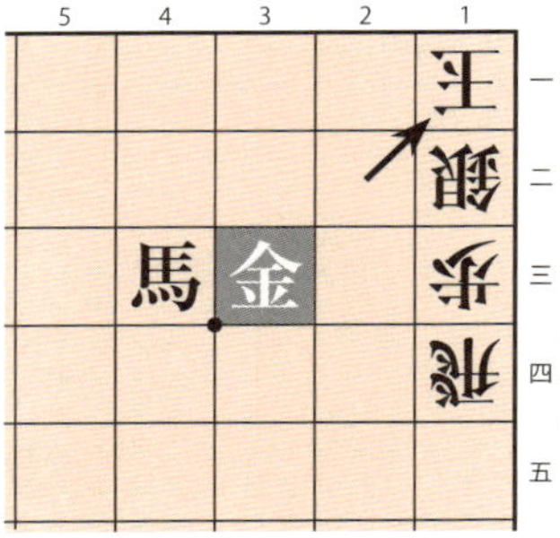

▲持駒《もちごま》 なし

金《きん》の性質《せいしつ》から考《かんが》えて▲3三金《さんきん》が有力《ゆうりょく》です。ところが、△1一玉《いちぎょく》（図《ず》）と隅《すみ》にもぐられて手《て》がありません。

第《だい》75問《もん》

★★★★★ レベル

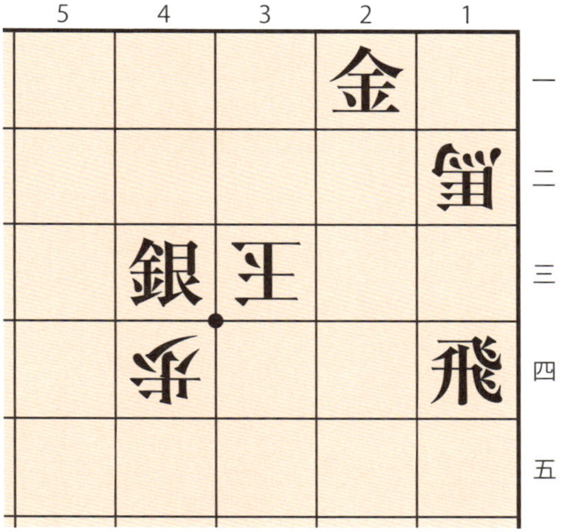

持駒《もちごま》 金《きん》

ヒント
馬《うま》の力《ちから》を奪《うば》う手《て》は？

第《だい》76問《もん》

★★★★★ レベル

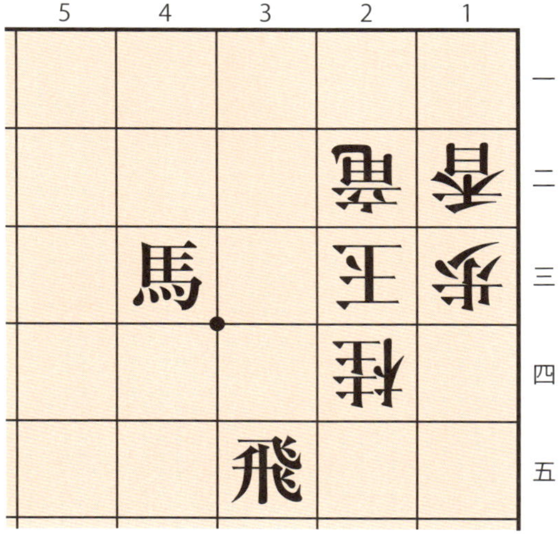

持駒《もちごま》 銀《ぎん》

ヒント
馬《うま》が動《うご》くぞ

第75問

☗1三《さん》飛《ひ》成《なり》 ☖同馬《どううま》 ☗3四金《よんきん》

正解図《せいかいず》

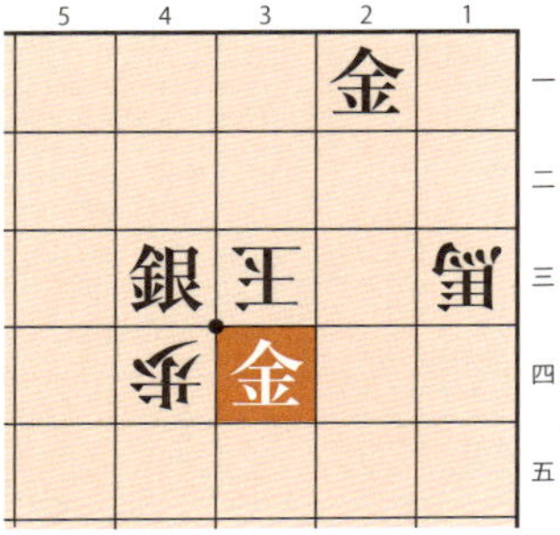

☗持駒《もちごま》 なし

馬《うま》の鼻先《はなさき》に☗1三《さん》飛《ひ》成《なり》と動《うご》かすのが迫力《はくりょく》のある捨駒《すてごま》。☖同《どう》馬《うま》でも☖2三《さん》歩《ふ》合《あい》でも、☗3四金《よんきん》が打《う》てます。

銀《ぎん》が浮《う》いている 失敗《しっぱい》

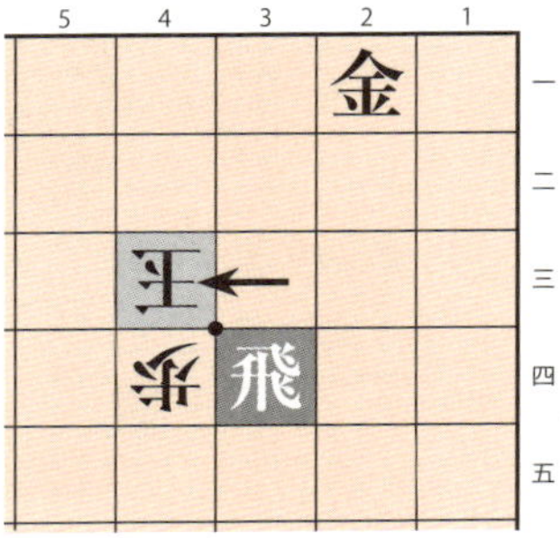

☗持駒《もちごま》 角《かく》

☗3四金《よんきん》☖同馬《どううま》☗同飛《どうひ》は、☖4三玉《さんぎょく》（図《ず》）と銀《ぎん》を取《と》られて失敗《しっぱい》。この銀《ぎん》を守《まも》るのも、☗1三《さん》飛《ひ》成《なり》の役目《やくめ》です。

第76問

☗3二銀《にぎん》 ☖1四玉《よんぎょく》 ☗2五馬《ごうま》

正解図《せいかいず》

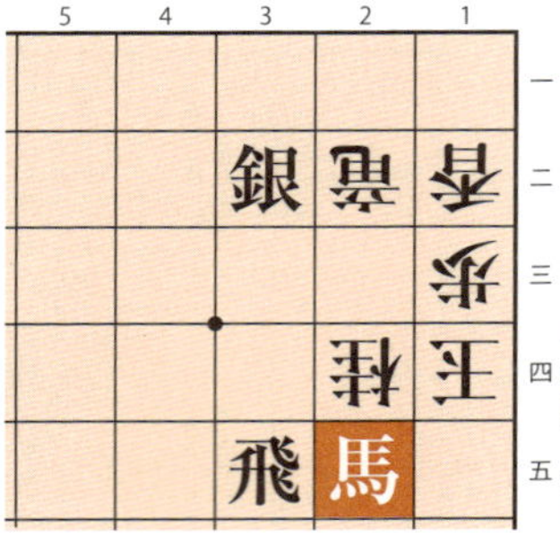

☗持駒《もちごま》 なし

先後《せんご》合《あ》わせて駒《こま》が4枚《まい》も利《き》いているところに、さらに☗3二銀《にぎん》と投入《とうにゅう》します。☖同竜《どうりゅう》なら☗同馬《どううま》まで（駒余《こまあま》り）。

馬《うま》利《き》きが止《と》まる 失敗《しっぱい》

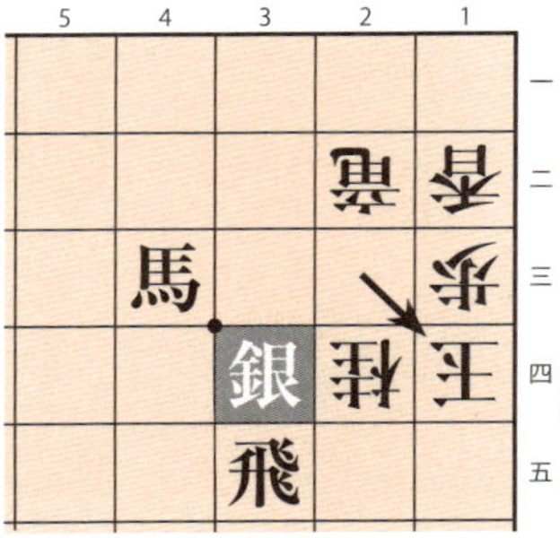

☗持駒《もちごま》 なし

☗3四銀《よんぎん》は☖1四玉《よんぎょく》（図《ず》）で、馬《うま》を引《ひ》けません。また、☗3四馬《よんうま》☖3二玉《にぎょく》に、☗3三銀《さんぎん》は、☖4一玉《いちぎょく》とかわして逃《のが》れ。

第《だい》77問《もん》

★★★★★ レベル

持駒《もちごま》 金《きん》 香《きょう》

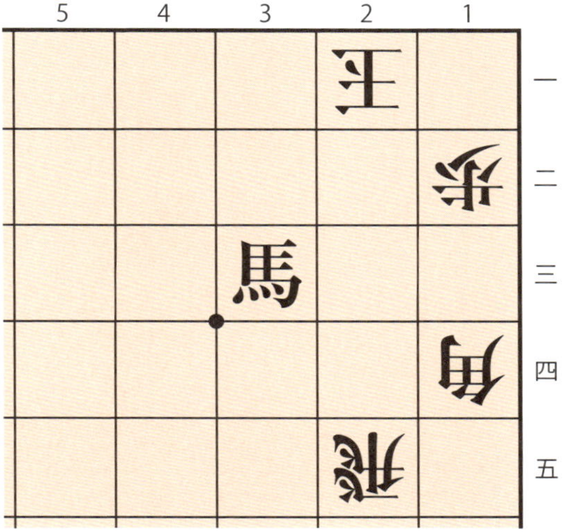

ヒント
弱点《じゃくてん》はどこ?

第《だい》78問《もん》

★★★★★ レベル

持駒《もちごま》 なし

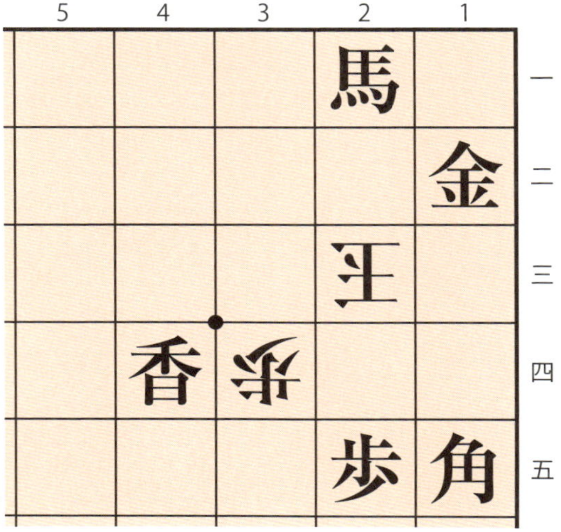

ヒント
1四玉《よんぎょく》の対策《たいさく》は?

第77問

▲2三香《さんきょう》 △同飛《どうひ》 ▲3二金《にきん》

正解図《せいかいず》

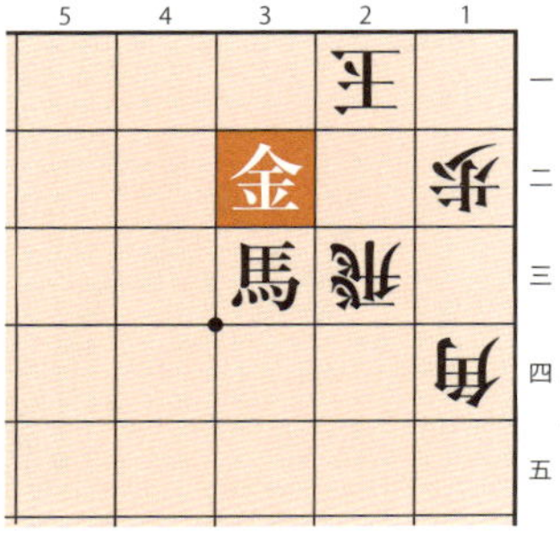

▲持駒《もちごま》 なし

2三《さん》は、玉方《ぎょくかた》の飛車角《ひしゃかく》の利《き》きが交《まじ》わる点。ここに香《きょう》を打《う》って、飛車角《ひしゃかく》の利《き》きをブロック。△同角《どうかく》は▲2二金《にきん》まで。

利《き》きが止《と》まらない 失敗《しっぱい》

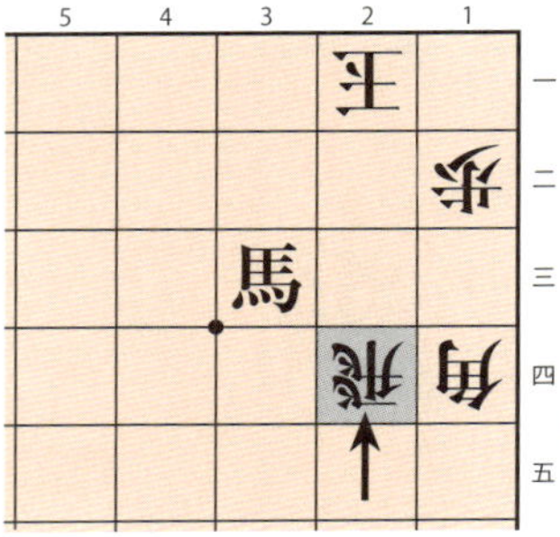

▲持駒《もちごま》 金《きん》

▲2四香《よんきょう》は△同飛《どうひ》（図《ず》）で、飛車角《ひしゃかく》の守《まも》りに変《か》わりありません。▲2二香《にきょう》もやはり△同《どう》飛《ひ》で逃《のが》れています。

第78問

▲3三角成《さんかくなり》 △同玉《どうぎょく》 ▲2二馬《にうま》

正解図《せいかいず》

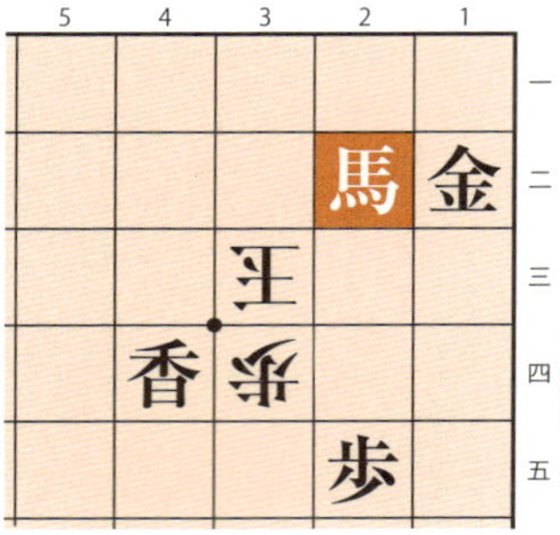

▲持駒《もちごま》 なし

▲3三角成《さんかくなり》の飛《と》びこみが、玉《ぎょく》を1筋《すじ》から遠《とお》ざけようという一手《いって》です。△1四玉《よんぎょく》には▲2四馬《よんうま》と引《ひ》いて詰《つ》み。

金《きん》は大事《だいじ》な拠点《きょてん》 失敗《しっぱい》

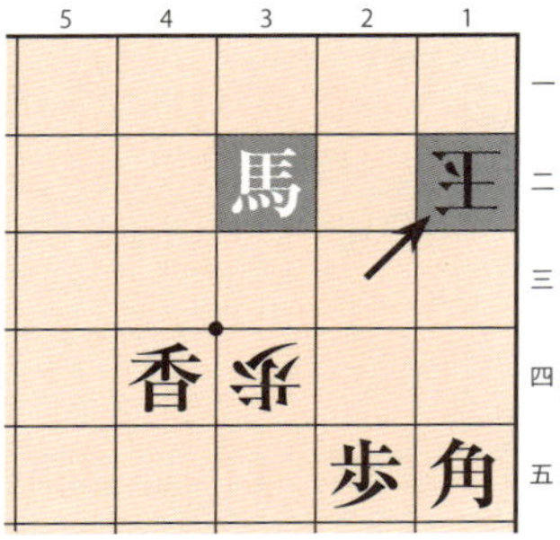

▲持駒《もちごま》 なし

△1四玉《よんぎょく》を防《ふせ》ぐ手《て》として▲3二馬《にうま》がありますが、△1二《に》玉《ぎょく》（図《ず》）と金《きん》を取《と》られてしまい、続《つづ》きがありません。

第《だい》79問《もん》

★★★★★
レベル

ヒント
馬《うま》と銀《ぎん》は仲良《なかよ》し

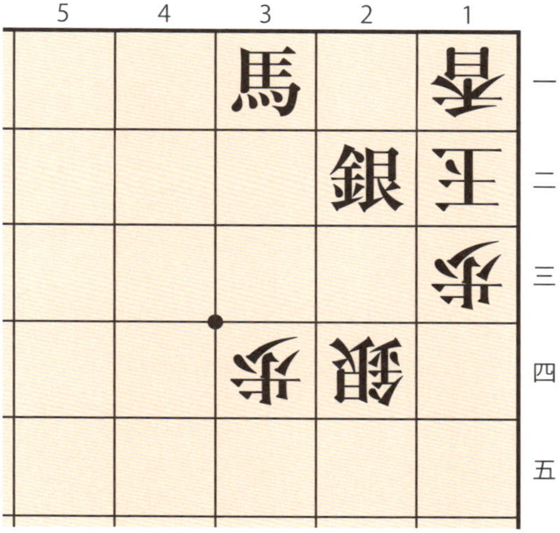

持駒《もちごま》 なし

第《だい》80問《もん》

★★★★★
レベル

ヒント
角《かく》の弱点《じゃくてん》をカバーしよう

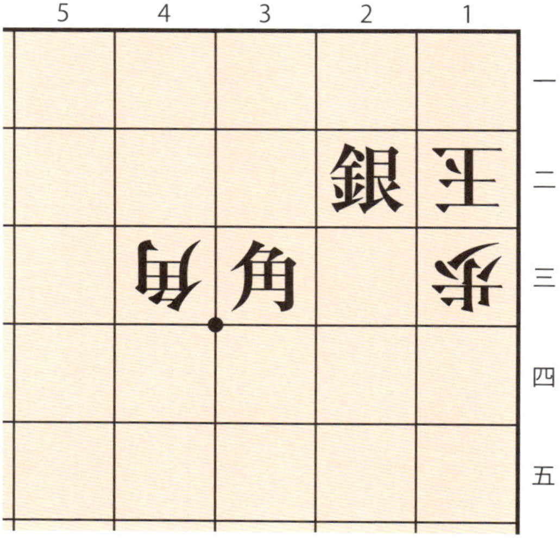

持駒《もちごま》 金《きん》

第79問

☗2一銀不成《いちぎんならず》 ☖2三玉《さんぎょく》 ☗3二馬《にうま》

正解図《せいかいず》

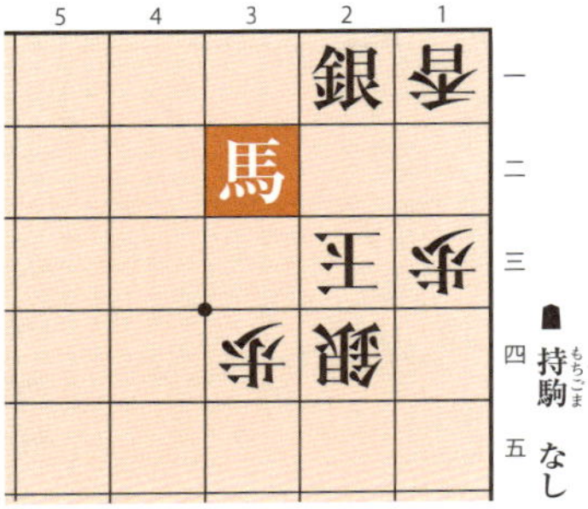

馬《うま》と銀《ぎん》をうまく組《く》み合《あ》わせると、大《おお》きな力《ちから》を発揮《はっき》します。２一銀《いちぎん》と３二馬《にうま》の形《かたち》は覚《おぼ》えておくと役立《やくだ》つはずです。

失敗《しっぱい》 玉方《ぎょくかた》の駒《こま》は壁《かべ》

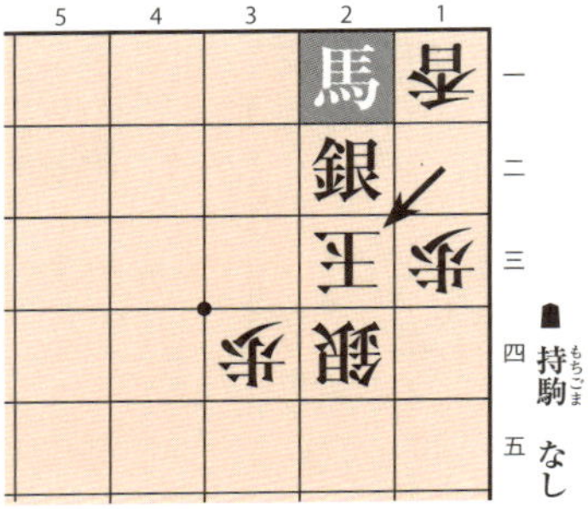

馬《うま》と銀《ぎん》を縦《たて》につなげる☗2一《いち》馬《うま》は、☖2三玉《さんぎょく》（図《ず》）で逃《のが》れ。玉方《ぎょくかた》の駒《こま》を壁《かべ》として利用《りよう》することを考《かんが》えましょう。

第80問

☗2一銀不成《いちぎんならず》 ☖同角《どうかく》 ☗2二金《にきん》

正解図《せいかいず》

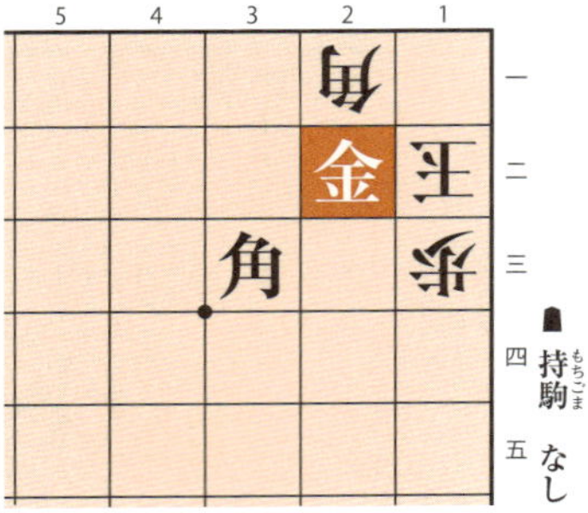

銀《ぎん》がなければ、☗2二金《にきん》の1手詰《てづめ》。☗2一銀不成《いちぎんならず》と動《うご》かす理由《りゆう》は、☖2三玉《さんぎょく》を☗2四金《よんきん》で詰《つ》めるためです。

失敗《しっぱい》 角《かく》の頭《あたま》は丸《まる》い

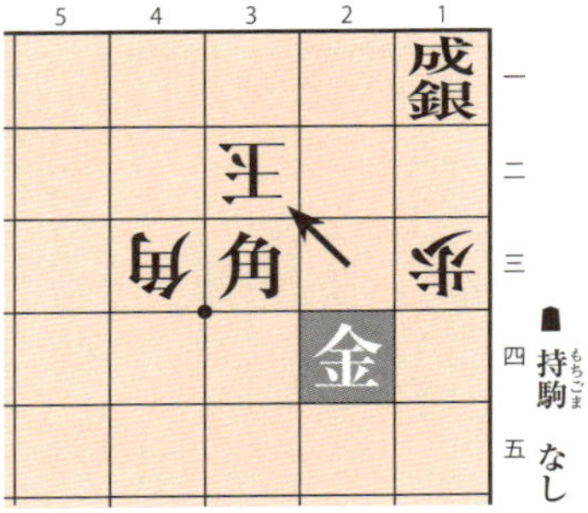

☗1一銀成《いちぎんなり》は、☖2三玉《さんぎょく》☗2四金《よんきん》☖3二玉《にぎょく》（図《ず》）と、角《かく》の弱点《じゃくてん》を突《つ》かれて逃《に》げられます。

第《だい》81問《もん》

★★★★★ レベル

ヒント
1段目《だんめ》に逃《に》がさない

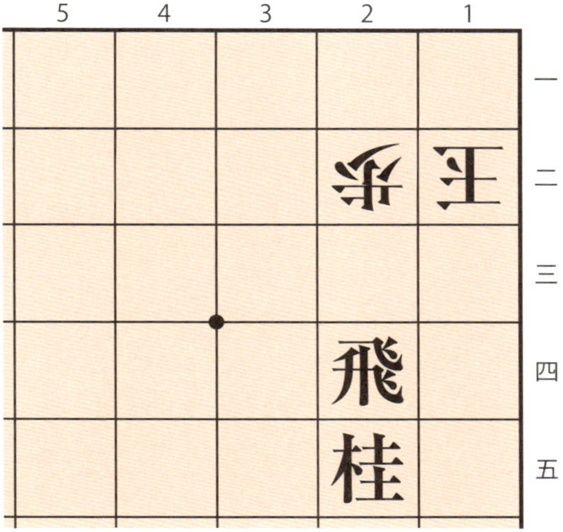

持駒《もちごま》 飛《ひ》

第《だい》82問《もん》

★★★★★ レベル

ヒント
金打《きんう》ちのスキをつくる

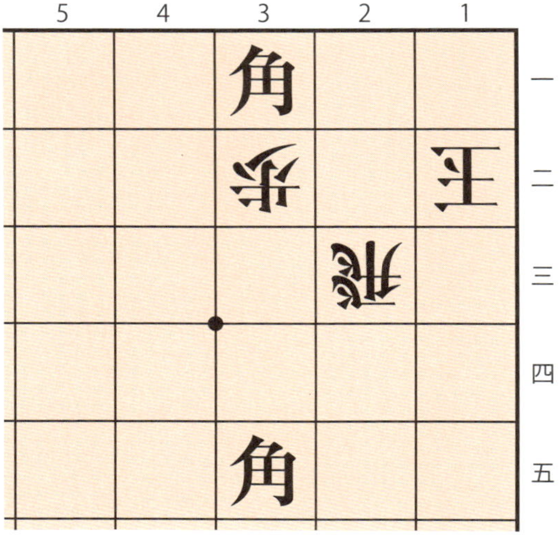

持駒《もちごま》 金《きん》

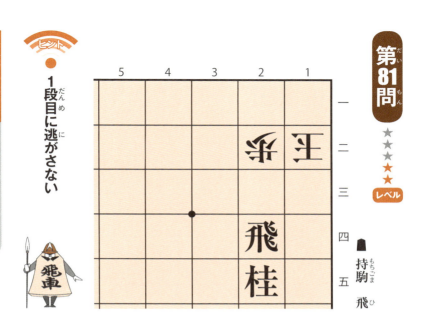

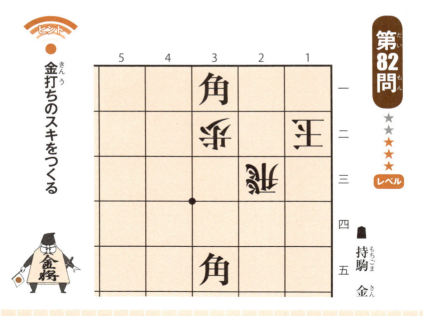

第81問

☗1三桂成《さんけいなり》 ☖同玉《どうぎょく》 ☗1四飛打《よんひうち》

正解図《せいかいず》

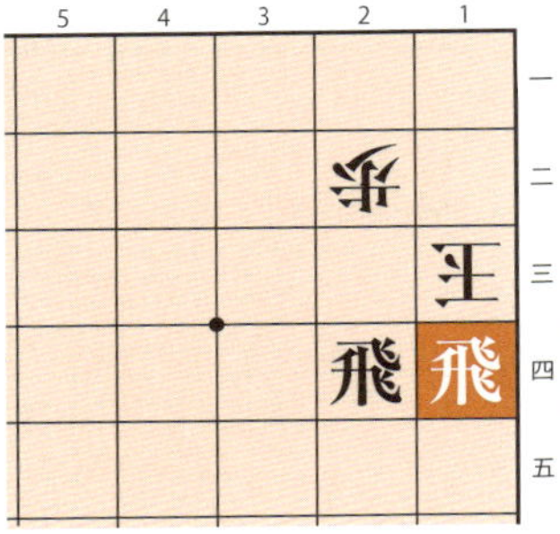

☗持駒《もちごま》 なし

2五桂《ごけい》をいきなり捨《す》てるのは盲点《もうてん》になりそうな手《て》です。2手目《てめ》☖2一玉《いちぎょく》は、☗2二飛成《にひなり》まで（駒余《こまあま》り）。

左《ひだり》は広《ひろ》すぎる

失敗《しっぱい》

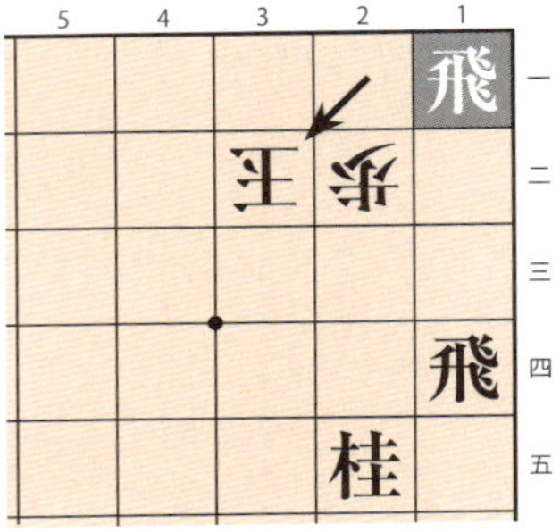

☗持駒《もちごま》 なし

☗1四《よん》飛《ひ》は、☖2一玉《いちぎょく》 ☗1一《いち》飛打《ひうち》 ☖3二玉《にぎょく》（図《ず》）と進《すす》み、まだまだ手《て》は続《つづ》きますが詰《つ》みません。

第82問

☗1三角上成《さんかくあがるなり》 ☖同飛《どうひ》 ☗2二金《にきん》

正解図《せいかいず》

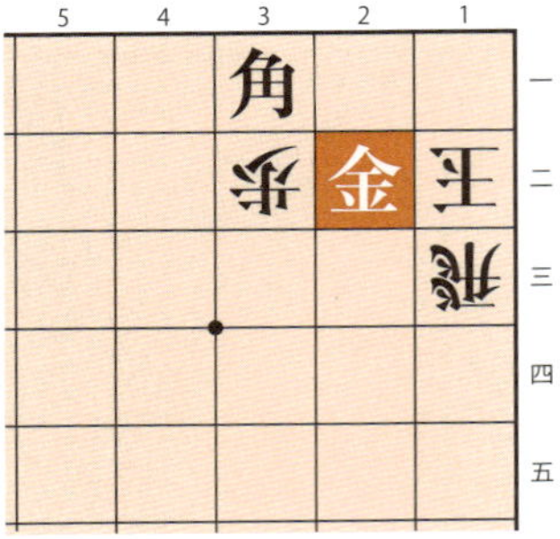

☗持駒《もちごま》 なし

2三飛《さんひ》が守《まも》りの中心《ちゅうしん》。これをずらすため、3五角《ごかく》を1三《さん》に成《な》り捨《す》てます。☖2一玉《いちぎょく》は、☗1二金《にきん》まで。

数《かず》の攻《せ》めはかわす

失敗《しっぱい》

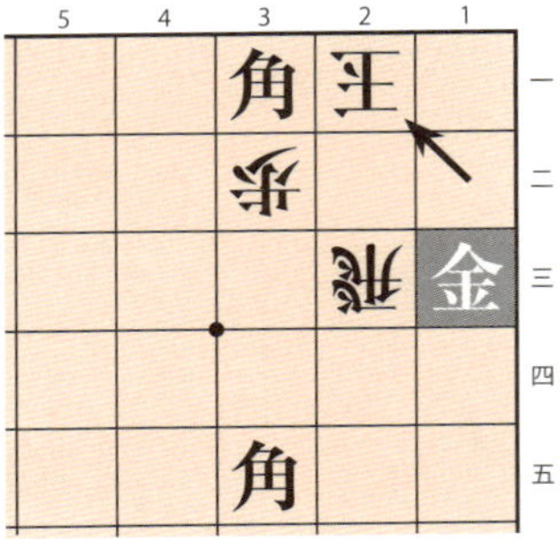

☗持駒《もちごま》 なし

角《かく》2枚《まい》の利《き》きに☗1三金《さんきん》と打《う》っても、飛車《ひしゃ》で取《と》ってくれません。☖2一玉《いちぎょく》（図《ず》）とかわされて失敗《しっぱい》です。

第《だい》83問《もん》

★★★★★
レベル

ヒント
銀《ぎん》が取《と》られそうだ

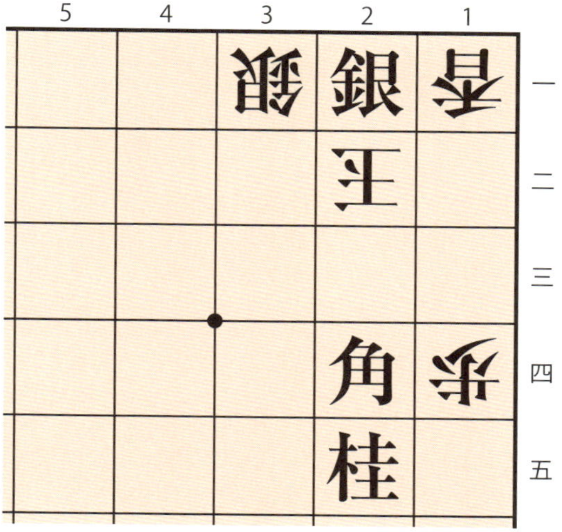

持駒《もちごま》 銀《ぎん》

第《だい》84問《もん》

★★★★★
レベル

ヒント
桂《けい》を打《う》ちたい

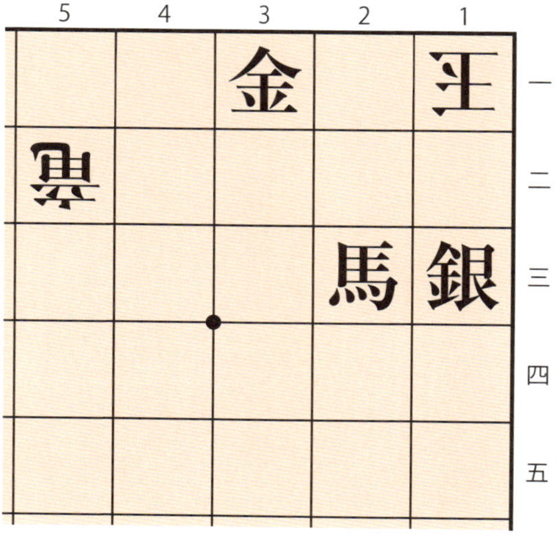

持駒《もちごま》 桂《けい》

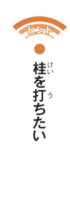

第83問

☗2三銀《さんぎん》 ☖同玉《どうぎょく》 ☗3三角成《さんかくなり》

正解図《せいかいず》

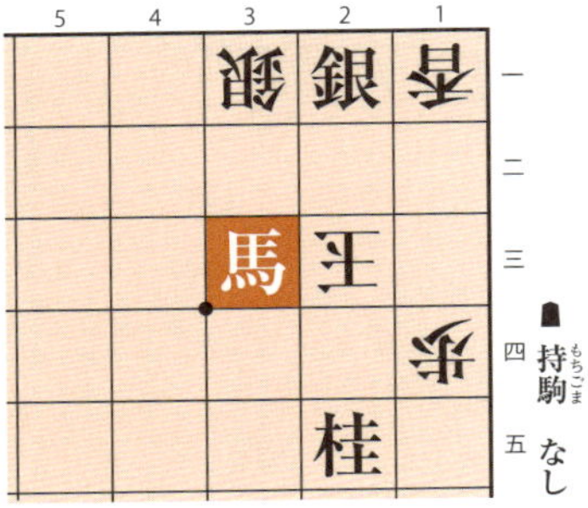

2一銀《いちぎん》を守《まも》る方法《ほうほう》はないので、取《と》られても詰《つ》む形《かたち》を考《かんが》えます。正解《せいかい》の☗2三銀《さんぎん》に☖2一玉《いちぎょく》は、☗3三桂不成《さんけいならず》まで。

銀《ぎん》では詰《つ》まない

失敗《しっぱい》

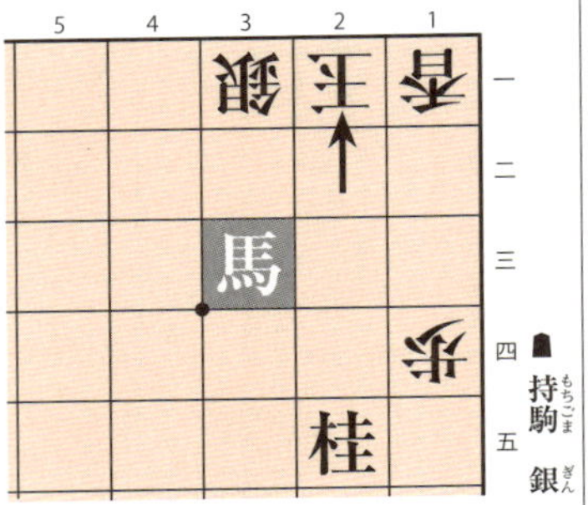

☗3三角成《さんかくなり》は、☖2一玉《いちぎょく》（図《ず》）と銀《ぎん》を取《と》られます。持駒《もちごま》の銀《ぎん》の使《つか》いみちがなく、これでは詰《つ》みません。

第84問

☗3三馬《さんうま》 ☖2二歩合《にふあい》 ☗2三桂《さんけい》

正解図《せいかいず》

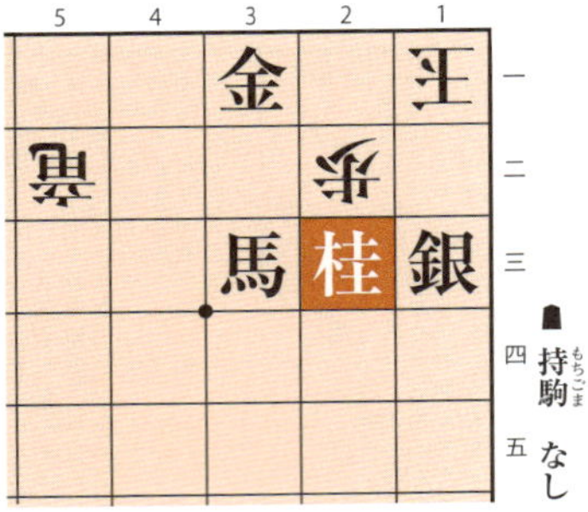

桂《けい》を打《う》つには馬《うま》がジャマ。そこで☗3三馬《さんうま》と王手《おうて》しながら、馬《うま》を移動《いどう》します。空《あ》いたところに桂《けい》を打《う》って詰《つ》み。

馬《うま》は捨《す》てられない

失敗《しっぱい》

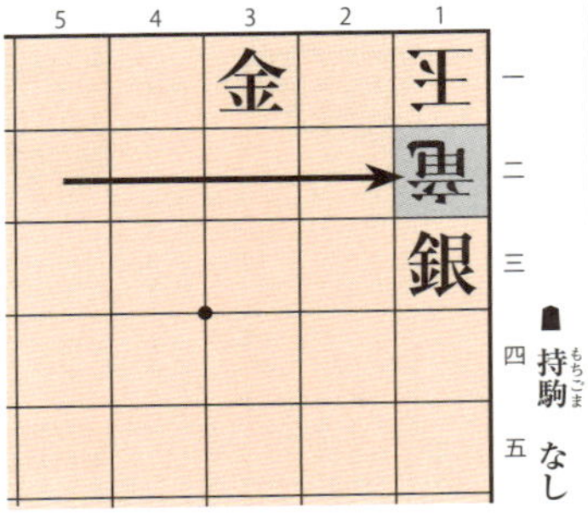

☗1二馬《にうま》は、☖同竜《どうりゅう》（図《ず》）と取《と》られ、動《うご》いてきた竜《りゅう》のせいで桂《けい》が打《う》てません。☗2二馬《にうま》でも同《おな》じです。

第《だい》85問《もん》

★★★★★ レベル

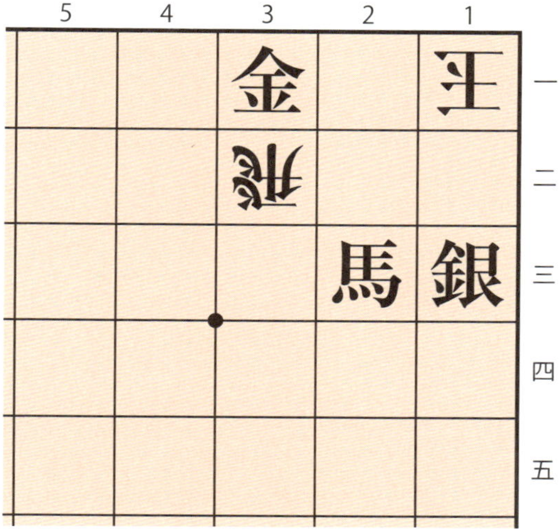

持駒《もちごま》 桂《けい》

ヒント

前《まえ》の問題《もんだい》との違《ちが》いを考《かんが》える

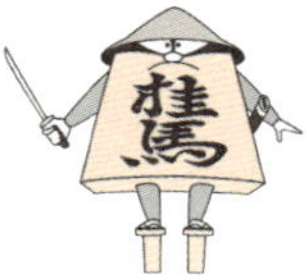

第《だい》86問《もん》

★★★★★ レベル

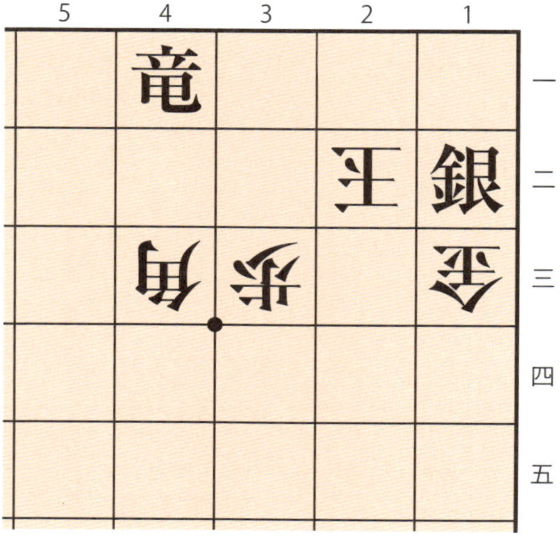

持駒《もちごま》 金《きん》

ヒント

逃《に》げ道《みち》をふさごう

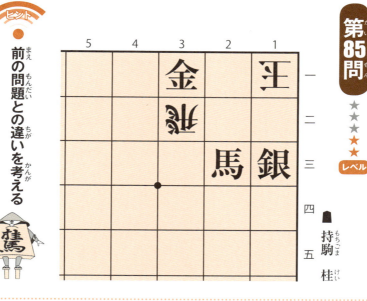

第85問

☗1二《に》馬《うま》 ☖同《どう》飛《ひ》 ☗2三《さん》桂《けい》

正解図《せいかいず》

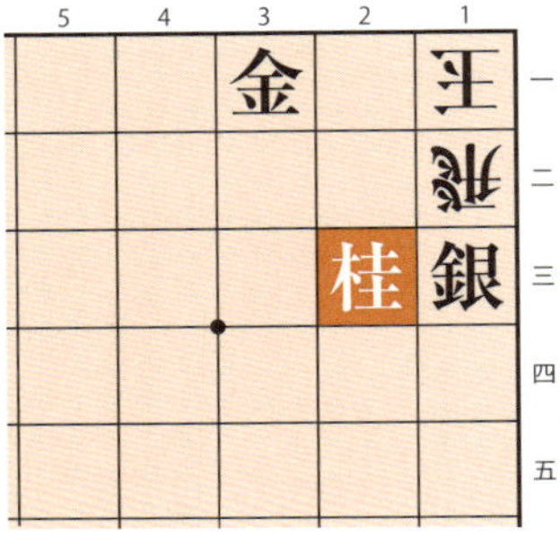

☗持駒《もちごま》 なし

前《まえ》の問題《もんだい》との違《ちが》いは5二竜《にりゅう》が3二飛《にひ》になったこと。相変《あいか》わらずジャマな馬《うま》を、今度は1二《に》に捨《す》てると桂《けい》が打《う》てます。

飛車《ひしゃ》が利《き》くと✕ 失敗《しっぱい》

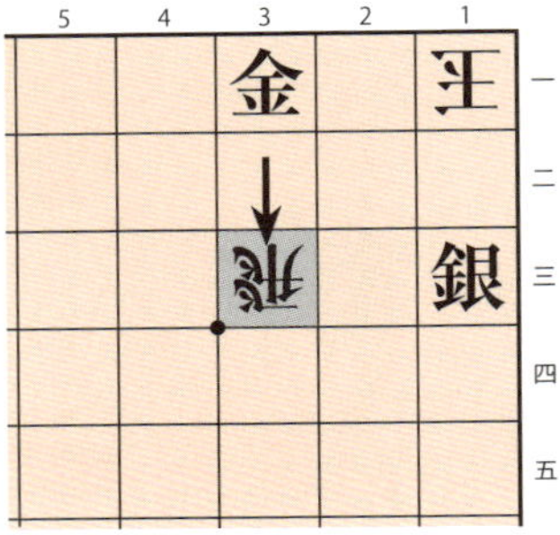

☗持駒《もちごま》 桂《けい》

前《まえ》の問題《もんだい》の正解《せいかい》と同《おな》じように☗3三馬《さんうま》と寄《よ》ると、☖同飛《どうひ》(図《ず》)と取《と》られ、飛車《ひしゃ》が2三《さん》に利《き》いてきてしまいます。

第86問

☗3二《に》金《きん》 ☖同《どう》角《かく》 ☗1一竜《いちりゅう》

正解図《せいかいず》

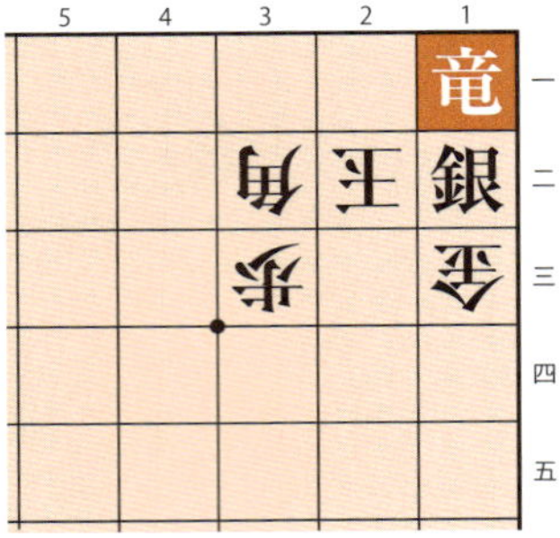

☗持駒《もちごま》 なし

☗3二金《にきん》で角《かく》を呼《よ》びます。3手目《てめ》☗1一竜《いちりゅう》のとき、この角《かく》が壁駒《かべごま》になって詰《つ》み。2手目《てめ》☖1二玉《にぎょく》は☗2一竜《いちりゅう》まで。

銀《ぎん》が浮《う》いている 失敗《しっぱい》

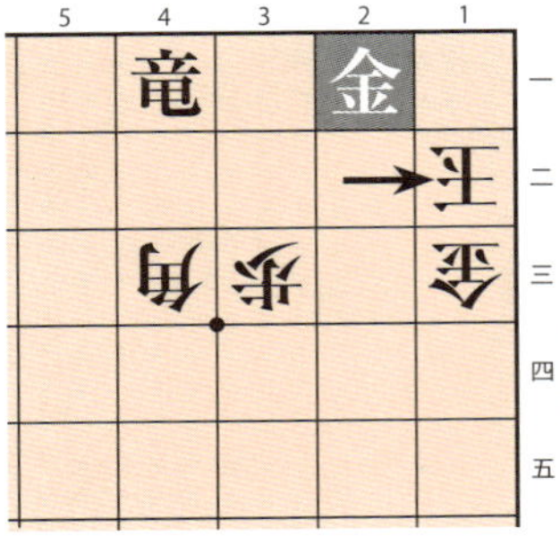

☗持駒《もちごま》 なし

☗2一金《いちきん》は、☖1二玉《にぎょく》(図《ず》)と寄《よ》って詰《つ》みません。銀《ぎん》を取《と》られるのは同《おな》じでも、正解《せいかい》の☗3二金《にきん》とは大違《おおちが》いです。

第《だい》87問《もん》

★★★★★
レベル

ヒント
金《きん》を使《つか》うか銀《ぎん》を使《つか》うか

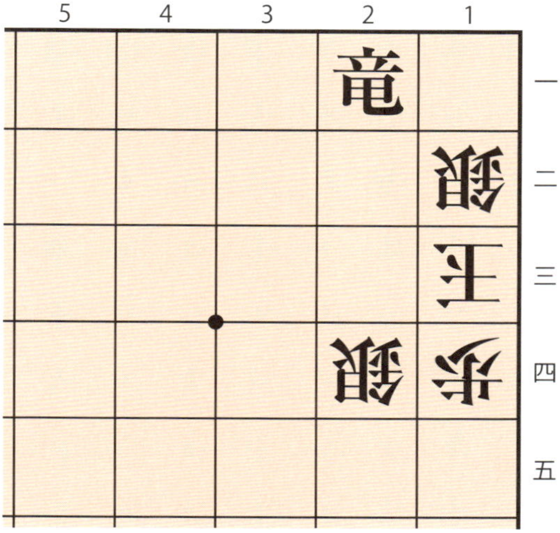

持駒《もちごま》 金《きん》 銀《ぎん》

第《だい》88問《もん》

★★★★★
レベル

ヒント
ジャマにならないように

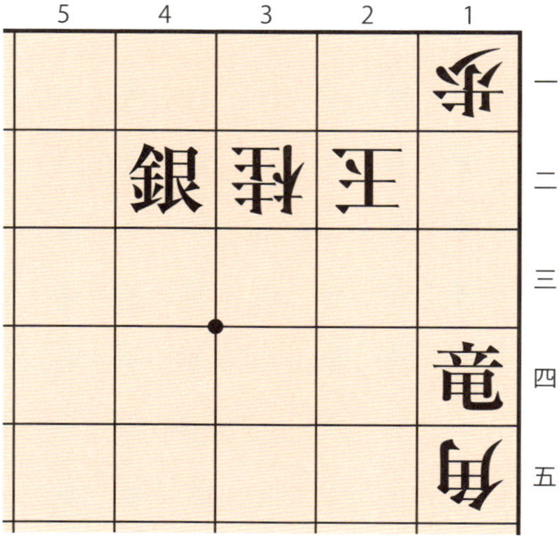

持駒《もちごま》 金《きん》

第87問

☗2三金《さんきん》 ☖同銀《どうぎん》 ☗2二銀《にぎん》

正解図《せいかいず》

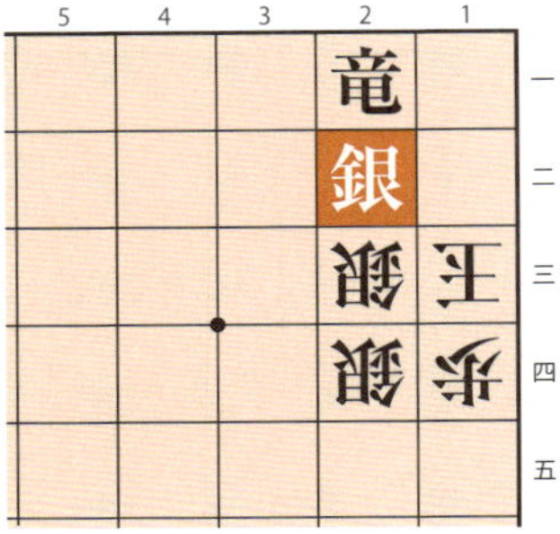

金《きん》と銀《ぎん》、どちらを先《さき》に使《つか》うかという問題《もんだい》です。正解《せいかい》は☗2三金《さんきん》。これで銀《ぎん》を壁駒《かべごま》にすることができます。

2四銀《よんぎん》が働《はたら》く

失敗《しっぱい》

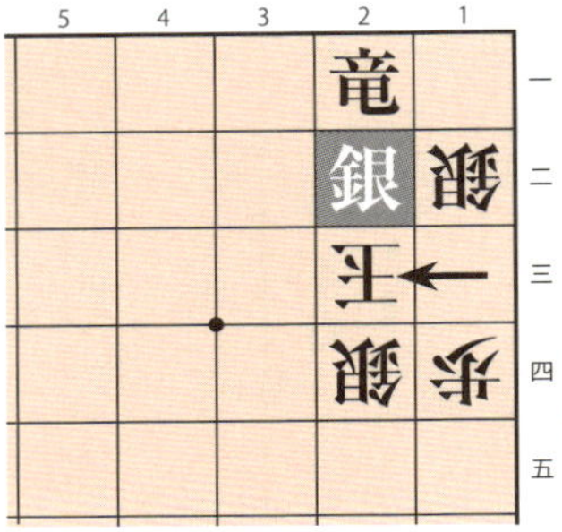

金《きん》はトドメに残《のこ》したくなるもの。しかし、☗2二銀《にぎん》は、☖2三玉《さんぎょく》（図《ず》）☗3三金《さんきん》☖同銀《どうぎん》で詰《つ》みません。

第88問

☗1三金《さんきん》 ☖2一玉《いちぎょく》 ☗2三竜《さんりゅう》

正解図《せいかいず》

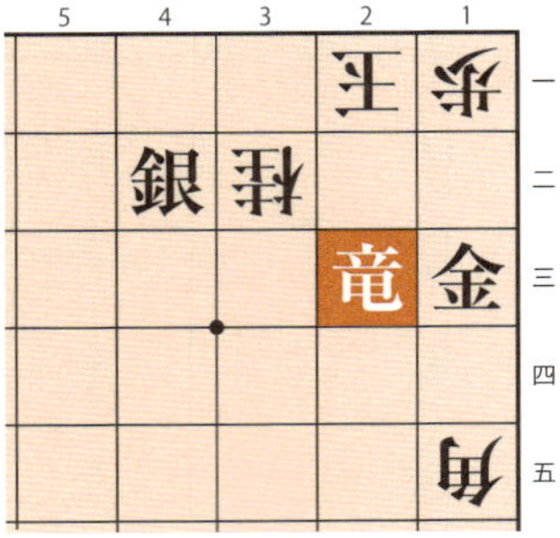

1筋《すじ》に☗1三金《さんきん》と打《う》つのが渋《しぶ》い手《て》です。玉《ぎょく》を引《ひ》くしかありませんが、初手《しょて》の効果《こうか》で☗2三竜《さんりゅう》と入《はい》りこめます。

頭金《あたまきん》はジャマ

失敗《しっぱい》

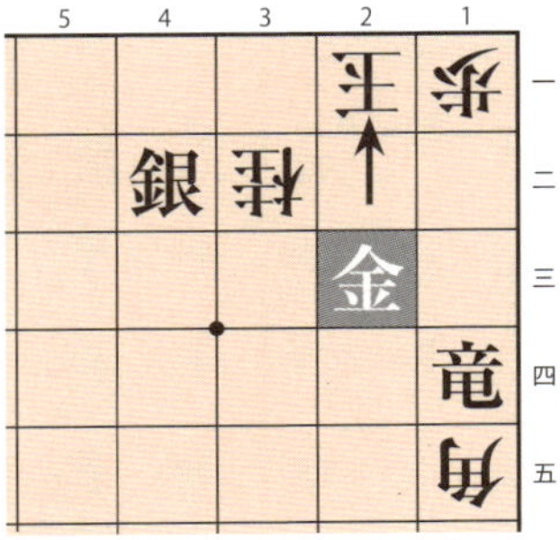

玉《ぎょく》の頭《あたま》に☗2三金《さんきん》は、☖2一玉《いちぎょく》（図《ず》）。金《きん》がジャマで、竜《りゅう》で王手《おうて》できません。また、☗3三金《さんきん》は☖同角《どうかく》があります。

第《だい》89問《もん》

★★★★★
レベル

持駒《もちごま》　金《きん》　金《きん》

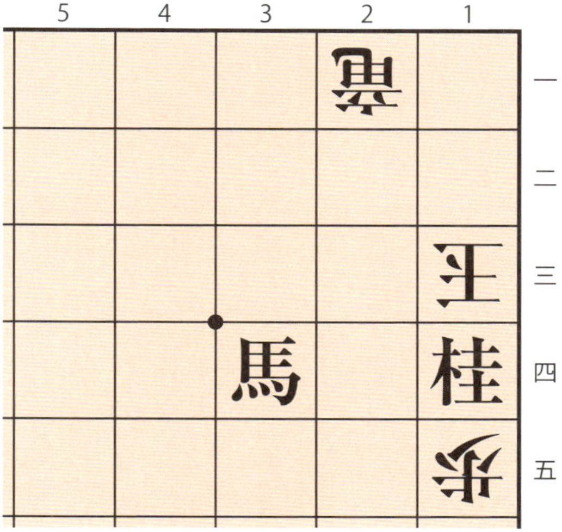

ヒント
竜《りゅう》に働《はたら》きかける

第《だい》90問《もん》

★★★★★
レベル

持駒《もちごま》　金《きん》　銀《ぎん》

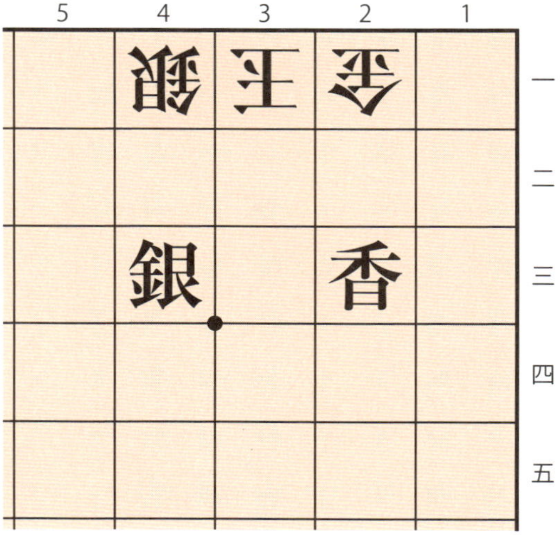

ヒント
金銀《きんぎん》の弱点《じゃくてん》を狙《ねら》おう

第89問

▲1二金《にきん》 △同竜《どうりゅう》 ▲2四金《よんきん》

正解図《せいかいず》

▲持駒《もちごま》 なし

玉方《ぎょくかた》が頼《たよ》りにするのが2一《いち》竜《りゅう》。この竜《りゅう》に働《はたら》きかける手《て》が▲1二金《にきん》です。△1四玉《よんぎょく》は、▲1三金打《さんきんうち》まで。

金《きん》が足《た》りない 失敗《しっぱい》

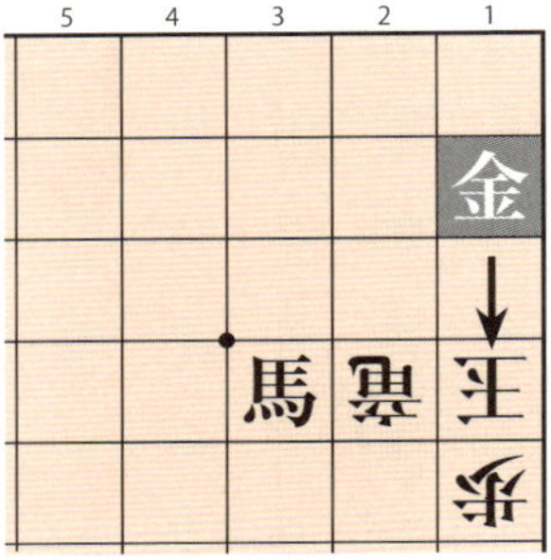

▲持駒《もちごま》 なし

▲2四金《よんきん》△同竜《どうりゅう》と、竜《りゅう》を上《うえ》にずらすのも有力《ゆうりょく》です。しかし、以下《いか》、▲1二金《にきん》△1四玉《よんぎょく》（図《ず》）で金《きん》が足《た》りません。

第90問

▲3二銀打《にぎんうち》 △同銀《どうぎん》 ▲4二金《にきん》

正解図《せいかいず》

▲持駒《もちごま》 なし

守《まも》りの金銀《きんぎん》が両方《りょうほう》とも利《き》くところに▲3二銀打《にぎんうち》が好手《こうしゅ》です。△同金《どうきん》は、▲2一金《いちきん》まで。金銀《きんぎん》の弱点《じゃくてん》を狙《ねら》いましょう。

1筋《すじ》に逃《に》げこむ 失敗《しっぱい》

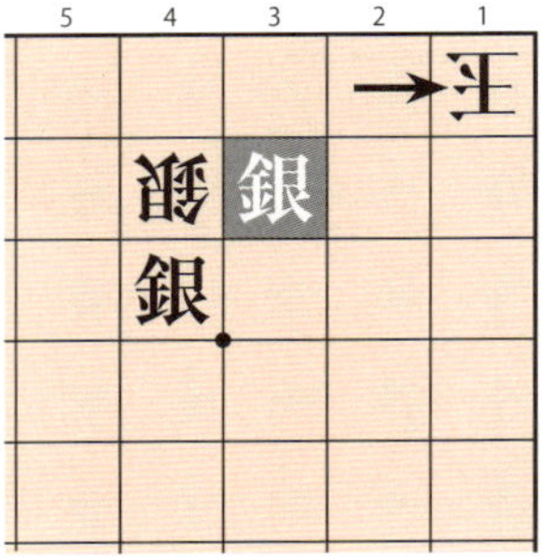

▲持駒《もちごま》 金《きん》

▲4二金《にきん》△同銀《どうぎん》▲2一香成《いちきょうなり》と金《きん》を取《と》るのは、△同玉《どうぎょく》▲3二銀打《にぎんうち》△1一玉《いちぎょく》（図《ず》）できわどく詰《つ》みません。

第《だい》91問《もん》

★★★★★
レベル

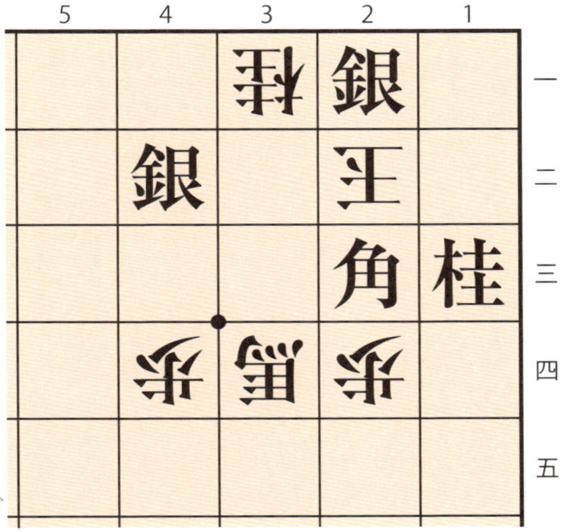

持駒《もちごま》 なし

ヒント
角《かく》を守《まも》る手《て》から考《かんが》えよう

第《だい》92問《もん》

★★★★★
レベル

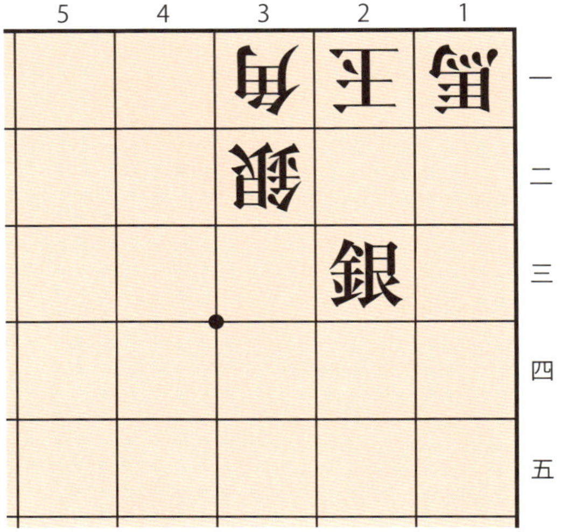

持駒《もちごま》 金《きん》 桂《けい》

ヒント
左《ひだり》に打《う》つ? 右《みぎ》に打《う》つ?

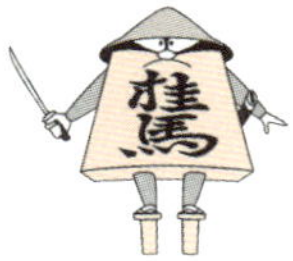

第91問

☗3三銀成《さんぎんなり》 ☖同玉《どうぎょく》 ☗3二角成《にかくなり》

正解図《せいかいず》

☗持駒《もちごま》 なし

角《かく》を守《まも》る☗3三銀成《さんぎんなり》が妙手《みょうしゅ》※。☖1一玉《いちぎょく》は、☗1二銀成《にぎんなり》まで。☖同馬《どううま》は、☗1二角成《にかくなり》まで。☖1三玉《さんぎょく》は、☗1二銀成《にぎんなり》まで。

失敗《しっぱい》 馬《うま》のニラミ

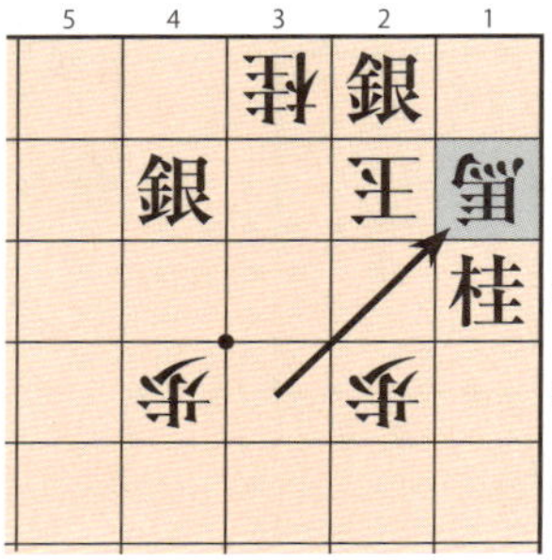

☗持駒《もちごま》 なし

☗1二角成《にかくなり》は、☖同馬《どううま》（図《ず》）と取《と》られてしまいます。また☗3二角成《にかくなり》は、☖1三玉《さんぎょく》で駒《こま》が足《た》りません。

第92問

☗3三桂《さんけい》 ☖同銀《どうぎん》 ☗3二金《にきん》

正解図《せいかいず》

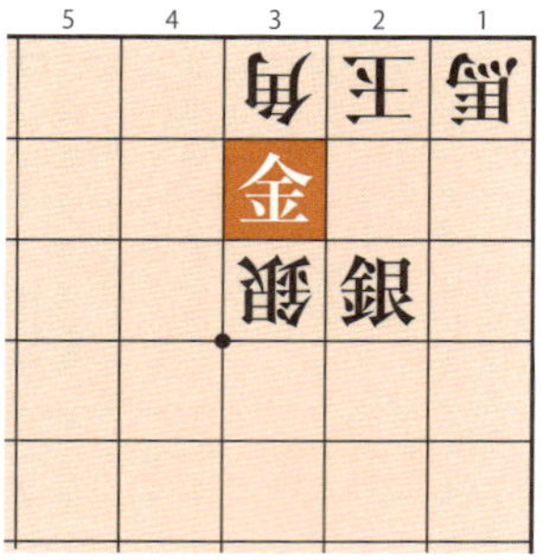

☗持駒《もちごま》 なし

左《ひだり》に☗3三桂《さんけい》が正《ただ》しい選択《せんたく》。馬《うま》と銀《ぎん》のどちらで取《と》っても、金《きん》を打《う》つスキが生《う》まれます。☖同馬《どううま》は、☗1二金《にきん》まで。

失敗《しっぱい》 角《かく》の相手《あいて》はムダ

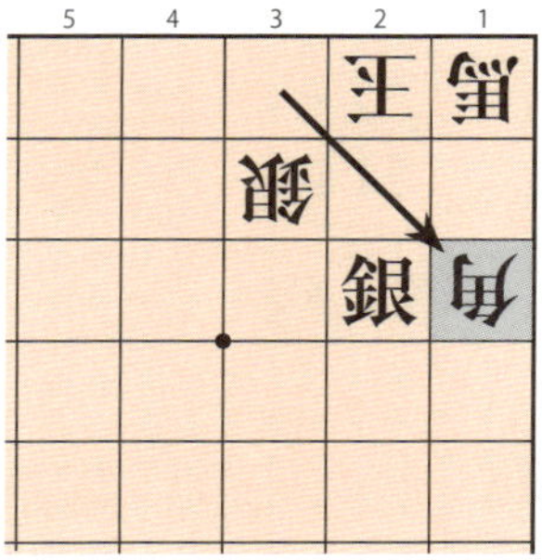

☗持駒《もちごま》 金《きん》

右《みぎ》に☗1三桂《さんけい》は、☖同角《どうかく》（図《ず》）です。これでは玉方《ぎょくかた》の守《まも》りが崩《くず》れていないので、桂《けい》を打《う》った意味《いみ》がありません。

※妙手《みょうしゅ》…見《み》つけにくい好手《こうしゅ》。

第《だい》93問《もん》

★★★★★ レベル

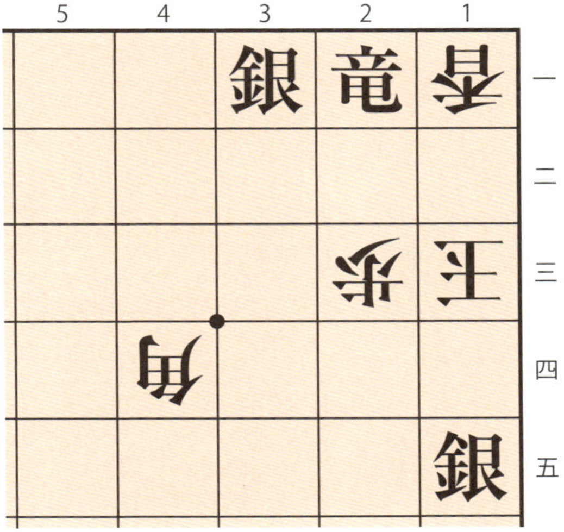

持駒《もちごま》 なし

ヒント
詰《つ》みに必要《ひつよう》な駒《こま》は?

第《だい》94問《もん》

★★★★★ レベル

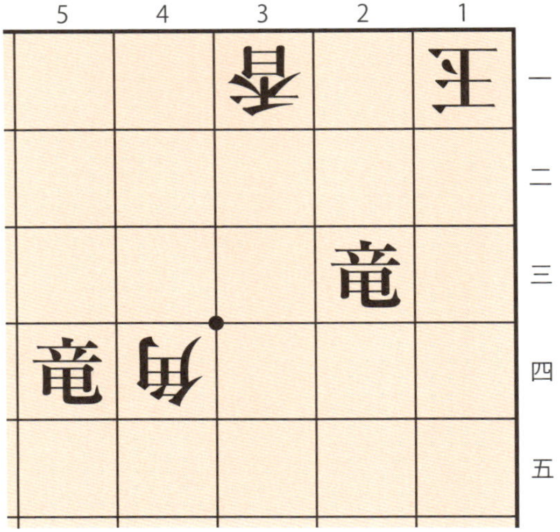

持駒《もちごま》 角《かく》

ヒント
意外《いがい》(?)ななまけ者《もの》が動《うご》く

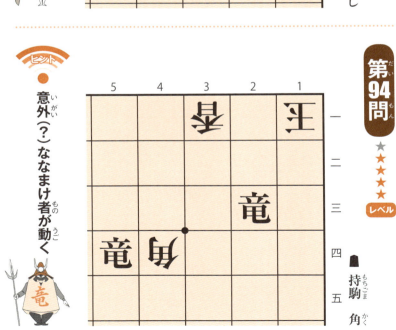

第93問

☗1一竜《いちりゅう》 ☖同角《どうかく》 ☗1四香《よんきょう》

正解図《せいかいず》

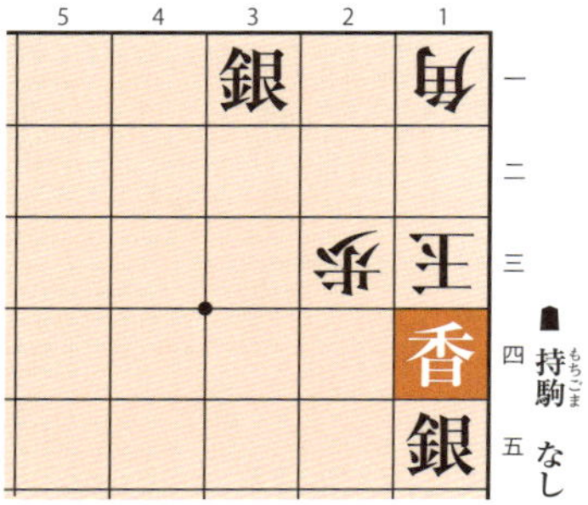

1枚《まい》でも駒《こま》があれば詰《つ》む形《かたち》。盤上《ばんじょう》をよく見《み》ると、1一香《いちきょう》に目《め》がとまります。これを竜《りゅう》で奪《うば》えば、香《きょう》を打《う》って詰《つ》み。

銀捨《ぎんす》ては余計《よけい》 失敗《しっぱい》

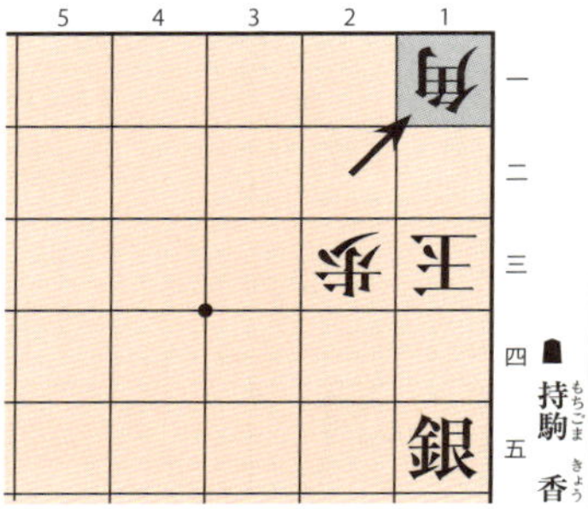

☗2二銀不成《にぎんならず》と捨《す》てるのは、余計《よけい》な手《て》。以下《いか》、☖同角《どうかく》☗1一竜《いちりゅう》☖同角《どうかく》（図《ず》）☗1四《よん》香《きょう》☖2二玉《にぎょく》と逃《に》げられます。

第94問

☗3三角《さんかく》 ☖同香《どうきょう》 ☗5一竜《いちりゅう》

正解図《せいかいず》

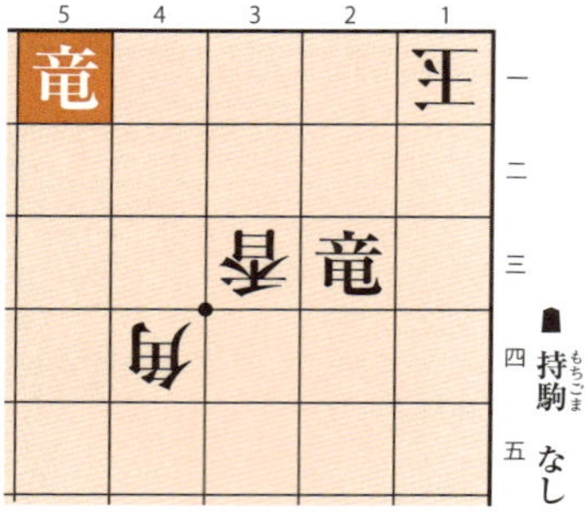

角《かく》と香《きょう》の利《き》きに打《う》つ☗3三角《さんかく》が好手《こうしゅ》です。☖2二歩合《にふあい》は、☗同竜《どうりゅう》まで（駒余《こまあま》り）。☖同角《どうかく》は、☗1四竜寄《よんりゅうよる》まで。

くっつけてはダメ 失敗《しっぱい》

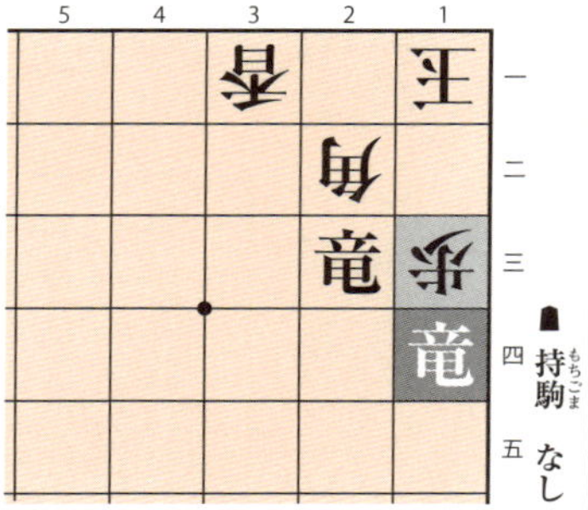

玉《ぎょく》にくっつけて☗2二角《にかく》と打《う》つと、☖同角《どうかく》と取《と》られます。以下《いか》、☗1四竜寄《よんりゅうよる》☖1三歩合《さんふあい》（図《ず》）で詰《つ》みません。

第《だい》95問《もん》

★★★★★ レベル

持駒《もちごま》 金《きん》 桂《けい》

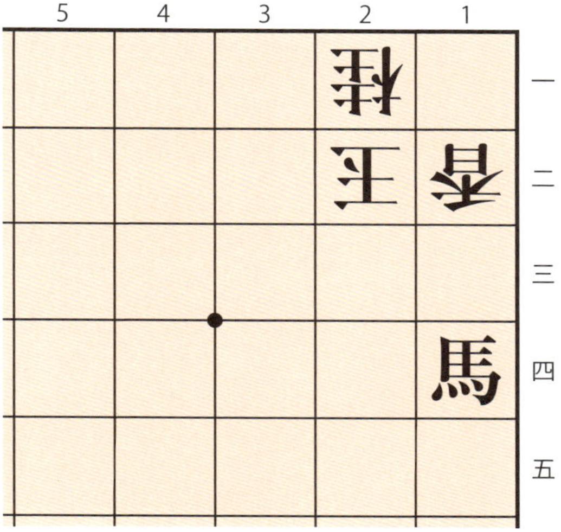

ヒント
穴熊《あなぐま》は○○で決《き》める

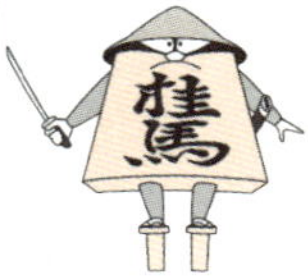

第《だい》96問《もん》

★★★★★ レベル

持駒《もちごま》 角《かく》

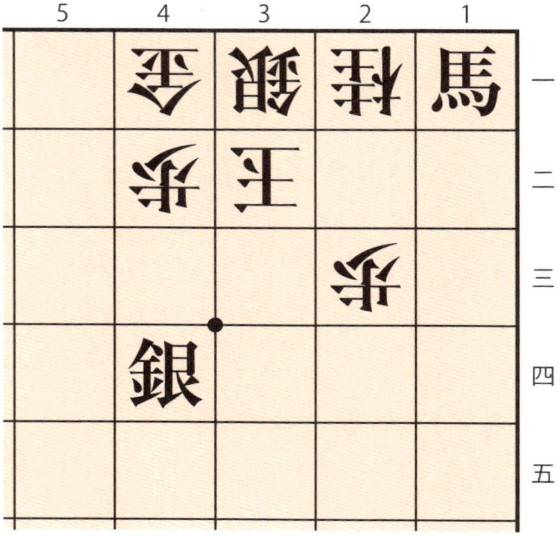

ヒント
角《かく》が主役《しゅやく》だ！

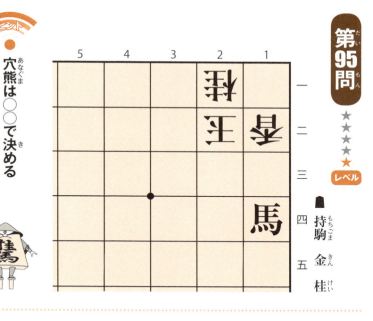

第95問

☗3二金《にきん》 ☖1一玉《いちぎょく》 ☗2三桂《さんけい》

正解図《せいかいず》

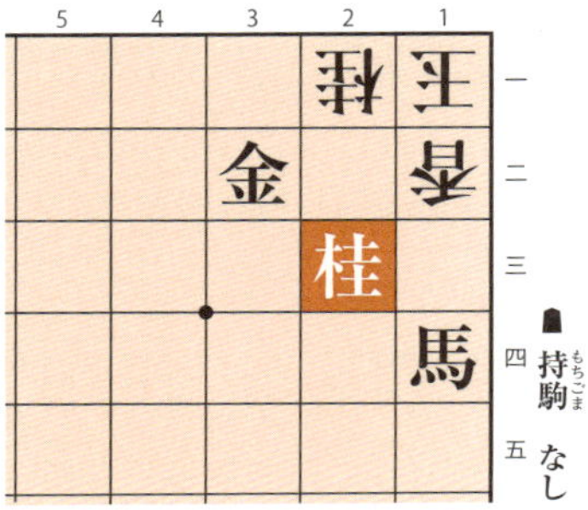

☗3二金《にきん》と玉《ぎょく》の腹《はら》に金《きん》を打《う》つのが面白《おもしろ》い手《て》。穴熊《あなぐま》の形《かたち》に逃《に》げられますが、おなじみの☗2三桂《さんけい》で詰《つ》みます。

桂《けい》が打《う》てない 失敗《しっぱい》

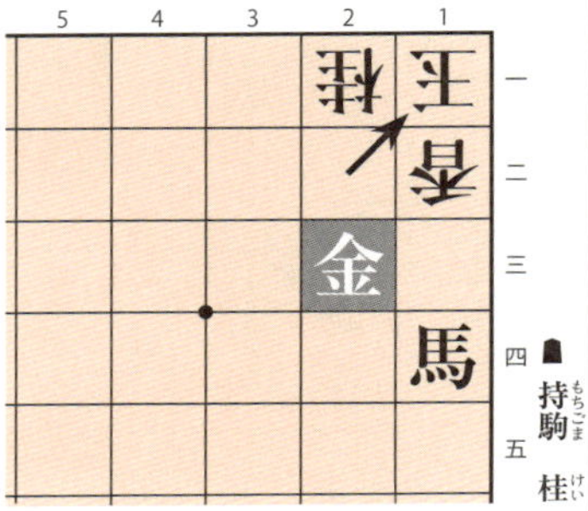

☗2三金《さんきん》が自然《しぜん》ですが、☖1一玉《いちぎょく》（図《ず》）で桂《けい》が打《う》てません。ジャマにならないように金《きん》を打《う》つ位置《いち》を考《かんが》えましょう。

第96問

☗3三銀成《さんぎんなり》 ☖同桂《どうけい》 ☗2一角《いちかく》

正解図《せいかいず》

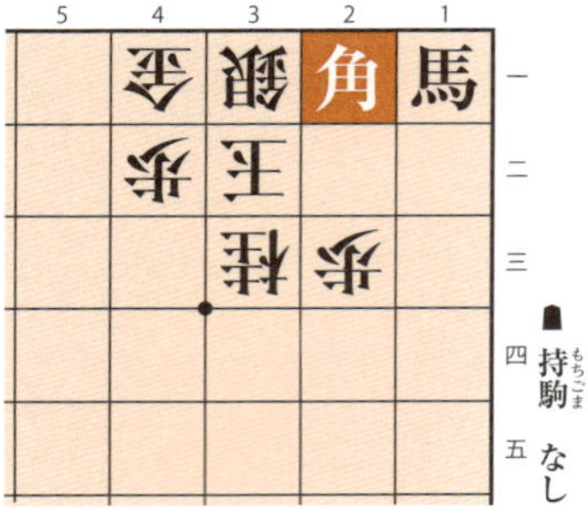

上《うえ》を押《お》さえている銀《ぎん》を、いきなり成《な》り捨《す》ててしまいます。桂《けい》が動《うご》いたあとに、☗2一角《いちかく》がピッタリのトドメです。

うっかりに注意《ちゅうい》 失敗《しっぱい》

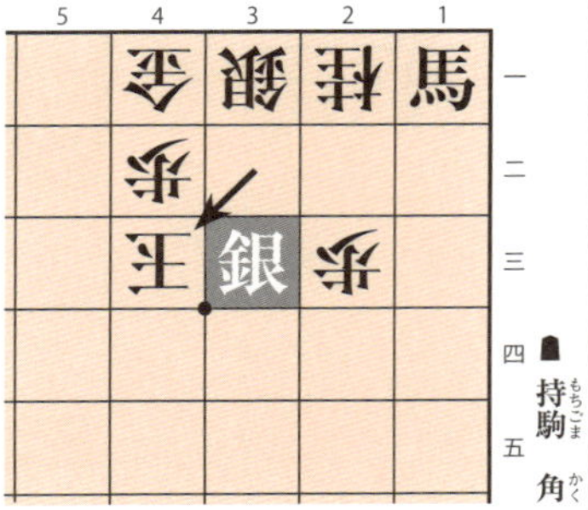

うっかり☗3三銀不成《さんぎんならず》は、☖4三玉《さんぎょく》（図《ず》）とかわされます。成《なり》と不成《ならず》の違《ちが》いは、しっかり意識《いしき》しましょう。

第《だい》97問《もん》

レベル ★★★★★

持駒《もちごま》 なし

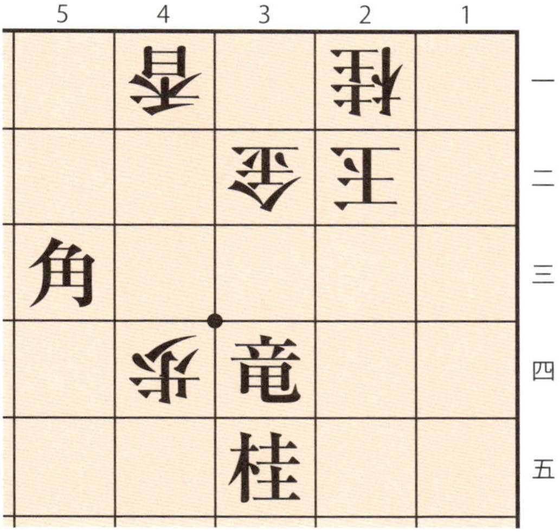

ヒント

思《おも》い切《き》っていこう

第《だい》98問《もん》

レベル ★★★★★

持駒《もちごま》 銀《ぎん》

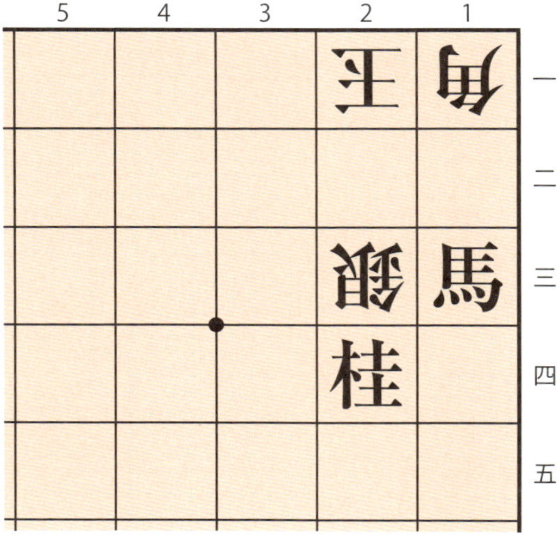

ヒント

馬《うま》が攻《せ》めの軸《じく》になる

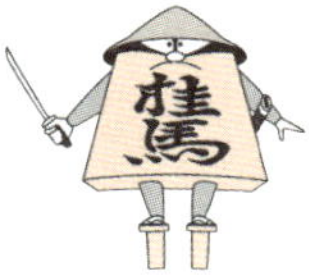

第97問

▲3二竜《にりゅう》 △同玉《どうぎょく》 ▲2三金《さんきん》

正解図《せいかいず》

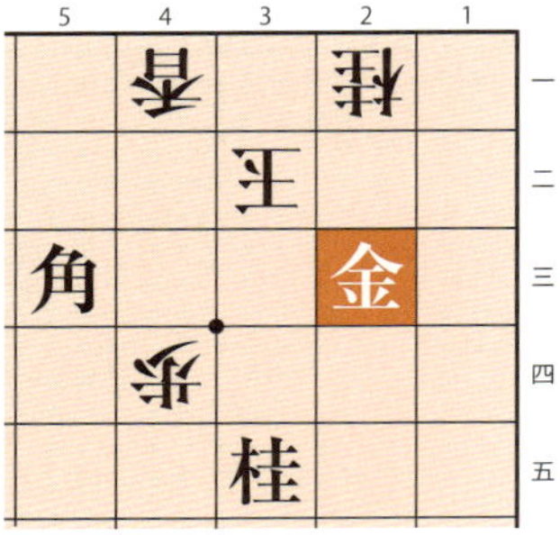

▲持駒《もちごま》 なし

守《まも》りの要《かなめ》の金《きん》を逆《ぎゃく》に利用《りよう》して詰《つ》み。2手目《てめ》△1一玉《いちぎょく》は▲2三《さん》桂不成《けいならず》まで、△1三玉《さんぎょく》は▲2三《さん》竜《りゅう》まで（いずれも駒余《こまあま》り）。

かわされて届《とど》かず　失敗《しっぱい》

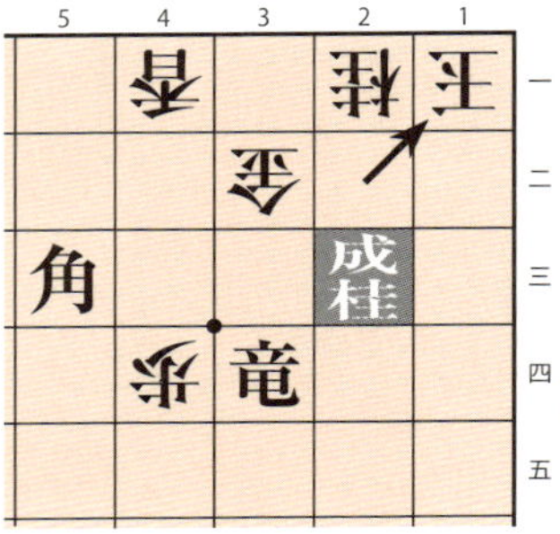

▲持駒《もちごま》 なし

▲2三桂成《さんけいなり》は、△1一玉《いちぎょく》（図《ず》）とかわされます。以下《いか》、▲1二成桂《になりけい》△同玉《どうぎょく》▲3二竜《にりゅう》△1三玉《さんぎょく》で惜《お》しくも失敗《しっぱい》です。

第98問

▲3二銀《にぎん》 △同銀《どうぎん》 ▲1二桂成《にけいなり》

正解図《せいかいず》

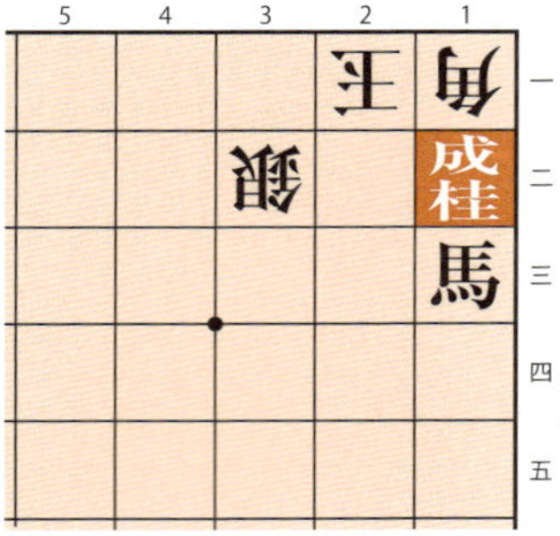

▲持駒《もちごま》 なし

銀捨《ぎんす》ての狙《ねら》いは、守《まも》りの銀《ぎん》を動《うご》かして3二《に》をふさぐことです。これで桂《けい》を右《みぎ》に動《うご》かせば詰《つ》んでいます。

銀《ぎん》だけではダメ　失敗《しっぱい》

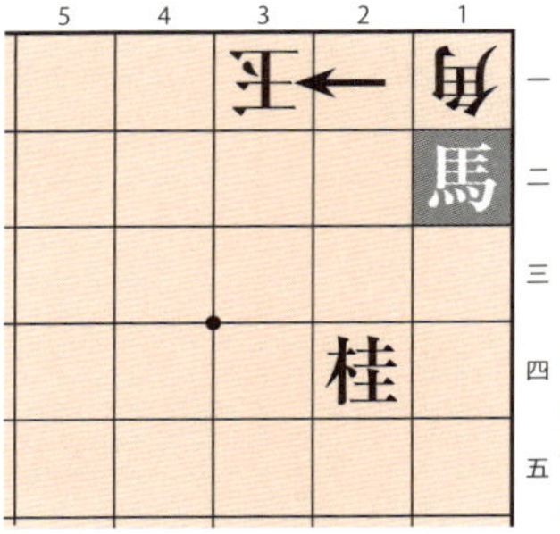

▲持駒《もちごま》 銀《ぎん》

▲1二銀《にぎん》△同銀《どうぎん》▲同馬《どううま》と銀《ぎん》を取《と》れます。しかし、△3一《いち》玉《ぎょく》（図《ず》）で、持駒《もちごま》が銀《ぎん》だけでは攻《せ》めが続《つづ》きません。

第《だい》99問《もん》

★★★★★
レベル

☗持駒《もちごま》 なし

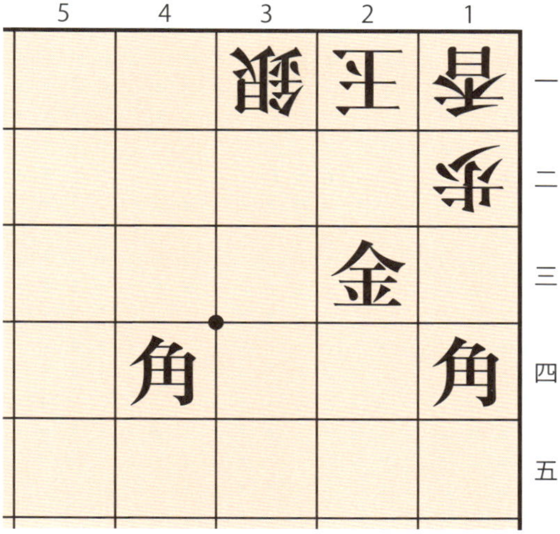

ヒント
銀《ぎん》の弱点《じゃくてん》はどこかな?

第《だい》100問《もん》

★★★★★
レベル

☗持駒《もちごま》 なし

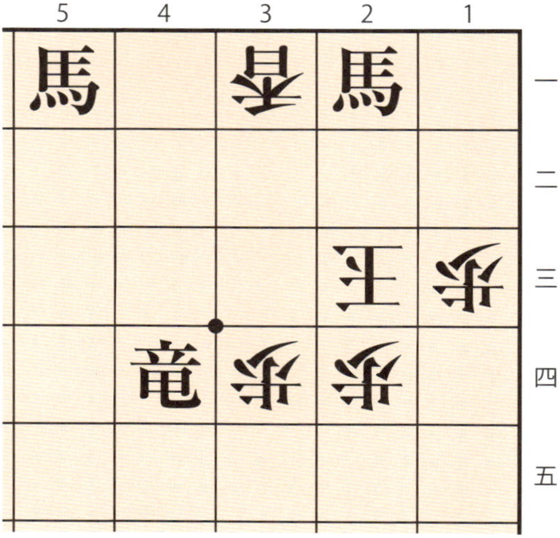

ヒント
☖1四玉《よんぎょく》を阻止《そし》しよう

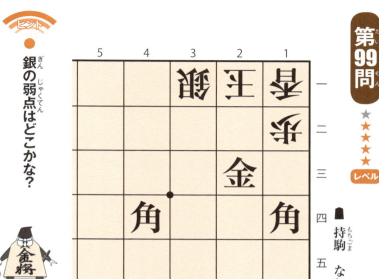

第99問

▲2二《に》角成《かくなり》 △同銀《どうぎん》 ▲3二《に》金《きん》

正解図《せいかいず》

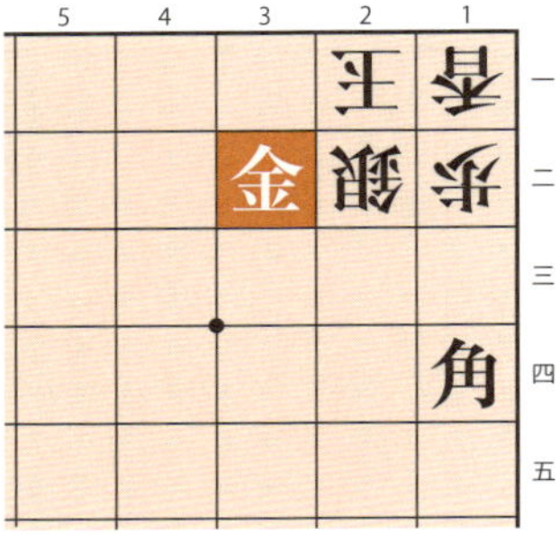

銀《ぎん》の弱点《じゃくてん》を思《おも》い出《だ》す問題《もんだい》。角《かく》を成《な》り捨《す》てて銀《ぎん》を動《うご》かします。銀《ぎん》の弱点《じゃくてん》である腹《はら》に金《きん》を滑《すべ》らせて詰《つ》みです。

角《かく》は使《つか》いにくい 失敗《しっぱい》

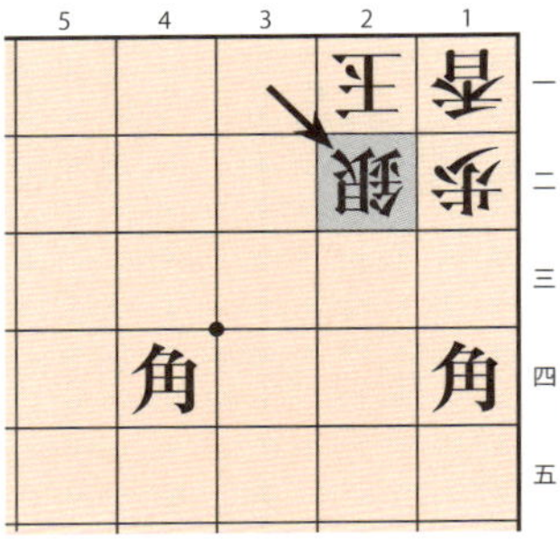

▲2二金《にきん》△同銀《どうぎん》（図《ず》）と捨《す》てて、1四角《よんかく》の利《き》きを通《とお》してもパッとしません。頼《たよ》りになるのはやはり金《きん》でした。

第100問

▲3三竜《さんりゅう》 △同香《どうきょう》 ▲4一馬《いちうま》

正解図《せいかいず》

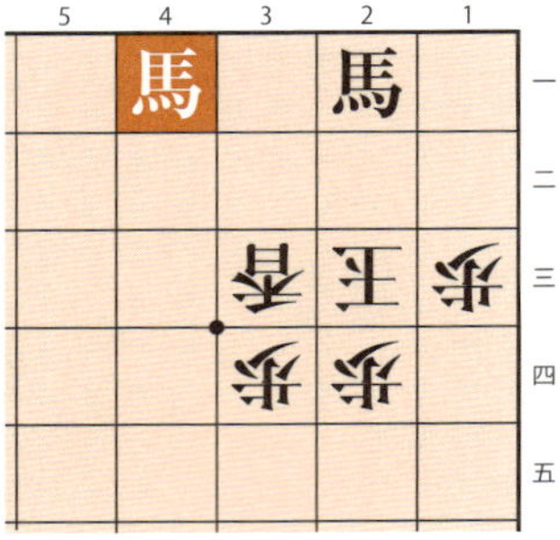

▲3三竜《さんりゅう》と入《はい》るのが妙手《みょうしゅ》。馬《うま》2枚《まい》の連携《れんけい》であざやかに詰《つ》みます。2手目《てめ》△1四玉《よんぎょく》は、▲2四竜《よんりゅう》まで（駒余《こまあま》り）。

上《うえ》は広《ひろ》い 失敗《しっぱい》

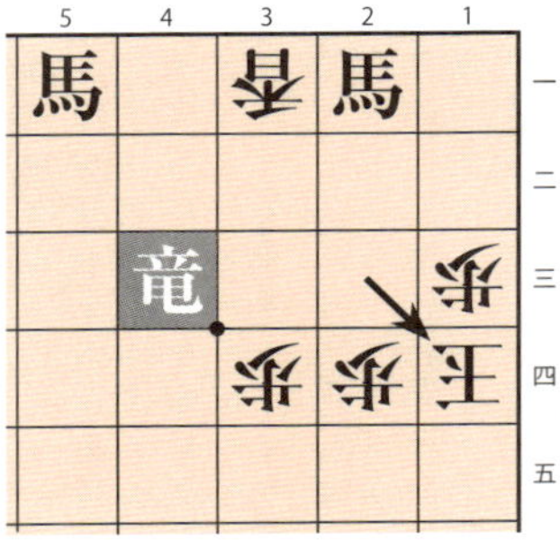

香《きょう》を怖《こわ》がって▲4三竜《さんりゅう》は、△1四玉《よんぎょく》（図《ず》）で失敗《しっぱい》です。また、▲4一馬《いちうま》は、△3二香合《にきょうあい》と合駒《あいごま》で守《まも》られます。

第《だい》4章《しょう》

5手詰《てづめ》にチャレンジ

５手詰《てづめ》は、３手詰《てづめ》にさらに２手《て》加《くわ》わり、詰《つ》め上《あ》げるまでに５手《て》が必要《ひつよう》です。連続捨駒《れんぞくすてごま》や、駒《こま》を打《う》ってから捨《す》てる手など、詰将棋《つめしょうぎ》らしいテクニックが登場《とうじょう》。集中《しゅうちゅう》して５手《て》を読《よ》み切《き》る力《ちから》を養《やしな》いましょう。

5手詰《てづめ》の解《と》き方《かた》

焦《あせ》らずじっくり取《と》り組《く》もう!

3手詰《てづめ》では「2手《て》進《すす》めた局面《きょくめん》が1手《て》で詰《つ》むかどうか」を考《かんが》えました。5手詰《てづめ》では、「2手《て》進《すす》めた局面《きょくめん》が3手《て》で詰《つ》むかどうか」を考《かんが》えます。

5手詰《てづめ》の解《と》き方《かた》のコツは、考《かんが》えを整理《せいり》することです。玉方《ぎょくかた》の手《て》が2回《かい》あるので、詰《つ》みを確認《かくにん》する回数《かいすう》が増《ふ》えます。また、一度《いちど》あきらめた手《て》を何度《なんど》も繰《く》り返《かえ》してしまうこともあります。読《よ》んだ手順《てじゅん》と読《よ》んでいない手順《てじゅん》をしっかり整理《せいり》しましょう。

実際《じっさい》に盤《ばん》と駒《こま》を使《つか》っても動《うご》かしながら考《かんが》えたり、メモを取《と》ったりしながら考《かんが》えてもいいです。焦《あせ》らずにじっくりと取《と》り組《く》んでください。

5手詰《てづめ》を解《と》いてみよう！

例題《れいだい》（図《ず》1）を見《み》てみましょう。攻方《せめかた》は盤上《ばんじょう》に2一竜《いちりゅう》しかありませんが、持駒《もちごま》がたくさんあります。対《たい》する玉方《ぎょくかた》は銀《ぎん》の守《まも》りが3枚《まい》。ここから、持駒《もちごま》を捨《す》てて銀《ぎん》を動《うご》かし、スキをつくるような手順《てじゅん》を予想《よそう》できると大《おお》きなヒントになります。

初手《しょて》は、☗2二銀《にぎん》、☗1二金《にきん》、☗2三金《さんきん》の3つが有力《ゆうりょく》です。順《じゅん》に考《かんが》えてみましょう。

・☗2二銀《にぎん》は、☖同銀《どうぎん》と取《と》ると☗1二金《にきん》以下《いか》詰《つ》みます。しかし、☖2三玉《さんぎょく》とかわされて、☗1一《いち》銀不成《ぎんならず》☖3三玉《さんぎょく》以下《いか》詰《つ》みません。

・☗1二金《にきん》（図《ず》2）は、☖同銀《どうぎん》（214ページ図《ず》3）と取《と》ります。この形《かたち》に見覚《みおぼ》えはありませんか？ 3手詰《てづめ》第《だい》87問《もん》に似《に》ています。☗2三金《さんきん》と捨《す》てて、☖同銀上《どうぎんあがる》（引《ひく》も正解《せいかい》）☗2二銀《にぎん》（214ページ図《ず》

図《ず》1

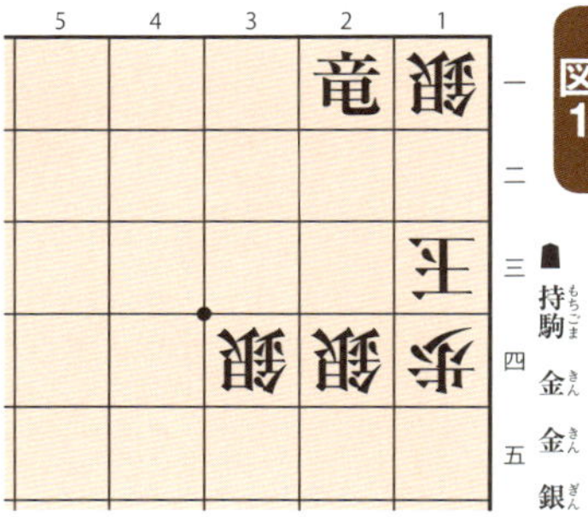

出題図《しゅつだいず》。初手《しょて》の候補《こうほ》は、☗2二銀《にぎん》、☗1二金《にきん》、☗2三金《さんきん》の3つ。

図《ず》2

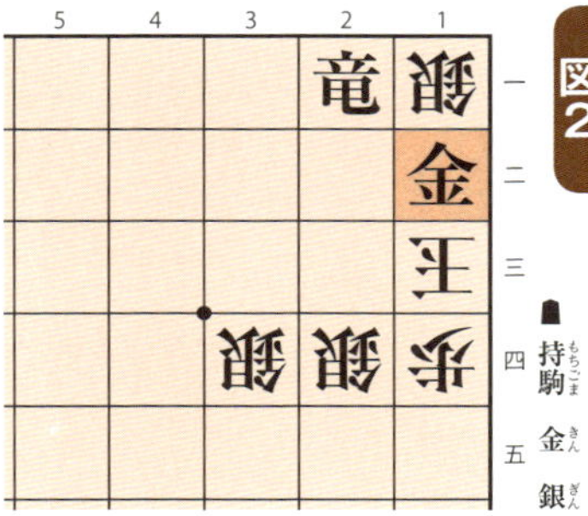

初手《しょて》☗1二金《にきん》。次《つぎ》は王手《おうて》を外《はず》す手《て》を考《かんが》えましょう。

4）で詰《つ》み。

・☗2三金《さんきん》は、☖同銀《どうぎん》と取《と》ります。以下《いか》☗1二金《にきん》は、☖同銀引《どうぎんひく》で銀《ぎん》の守《まも》りが崩《くず》せません。また、☗1一竜《いちりゅう》は、☖1二銀《にぎん》と引《ひ》くのがうまい受《う》けで、☗2二銀《にぎん》☖2三玉《さんぎょく》となって詰《つ》みません。

☗って、正解《せいかい》は次《つぎ》の手順《てじゅん》となります。

1二金《にきん》☖同銀《どうぎん》☗2三金《さんきん》☖同銀上《どうぎんあがる》☗2二銀《にぎん》まで5手詰《てづめ》（4手目《てめ》は☖同銀引《どうぎんひく》でもよい）。

5手詰《てづめ》になると、手《て》を読《よ》む数《かず》が増《ふ》えているのがよくわかります。はじめのうちは難《むずか》しいかもしれませんが、ひとつひとつ丁寧《ていねい》に読《よ》み、考《かんが》えを整理《せいり》すると、正解《せいかい》が見《み》えてくるはず。また、この問題《もんだい》のように、3手《て》で詰《つ》む形《かたち》を覚《おぼ》えておくと、早《はや》く解《と》けることがあります。

図《ず》3

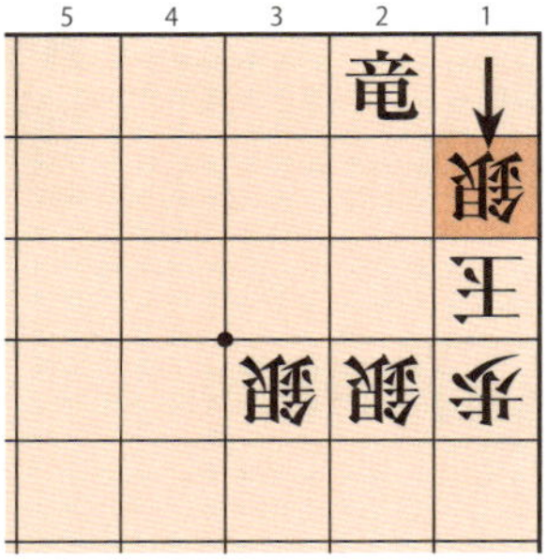

☗持駒《もちごま》 金《きん》 銀《ぎん》

2手目《てめ》☖1二同銀《にどうぎん》。

図《ず》4

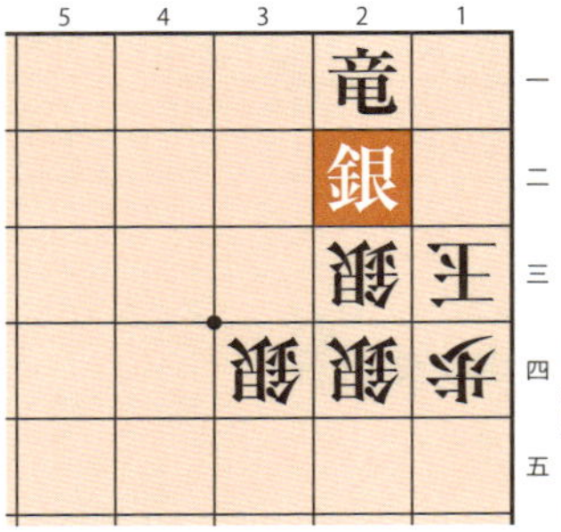

☗持駒《もちごま》 なし

☗2三金《さんきん》☖同銀上《どうぎんあがる》（または☖同銀引《どうぎんひく》）☗2二銀《にぎん》で詰《つ》み。

第《だい》1問《もん》

★★★★★ レベル

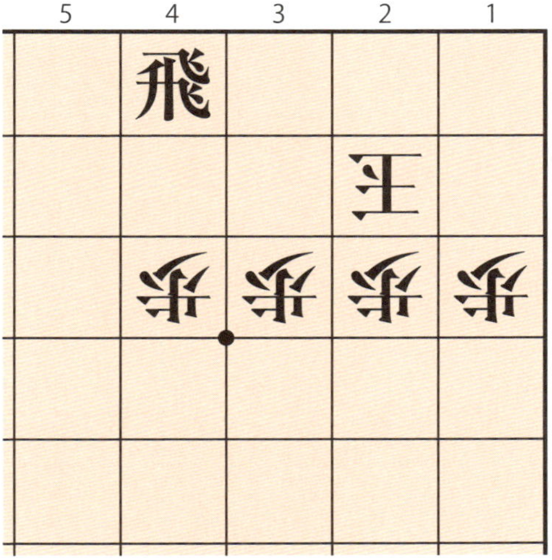

持駒《もちごま》 金《きん》

ヒント
飛車《ひしゃ》を成《な》るための支《ささ》えをつくる

第《だい》2問《もん》

★★★★★ レベル

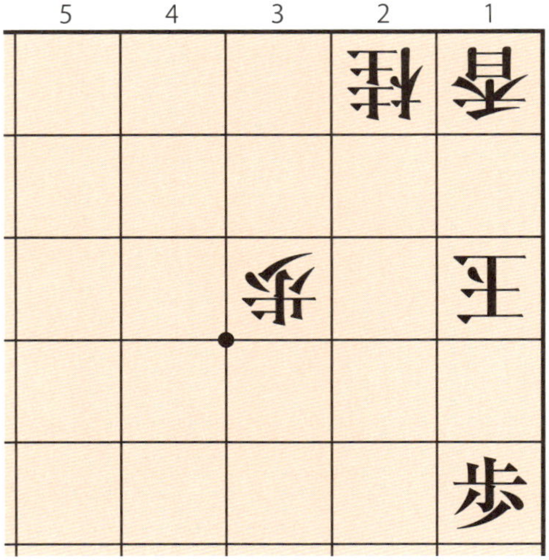

持駒《もちごま》 金《きん》 銀《ぎん》 銀《ぎん》

ヒント
金《きん》と銀《ぎん》を使《つか》い分《わ》けよう

第1問

▲2一金《いちきん》 △1二玉《にぎょく》 ▲1一金《いちきん》 △2二玉《にぎょく》 ▲2一飛成《いちひなり》

初手《しょて》

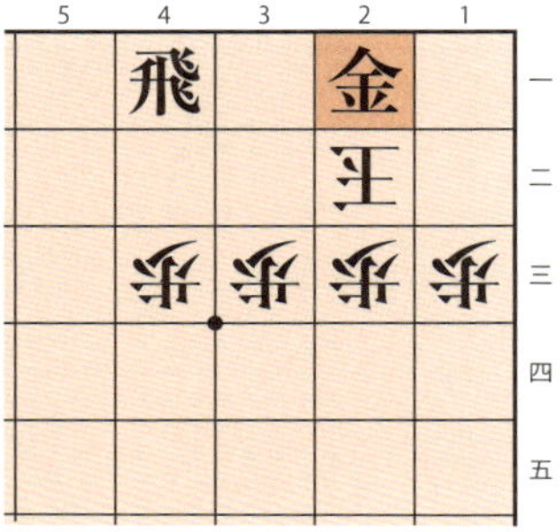

▲持駒《もちごま》 なし

正解図《せいかいず》

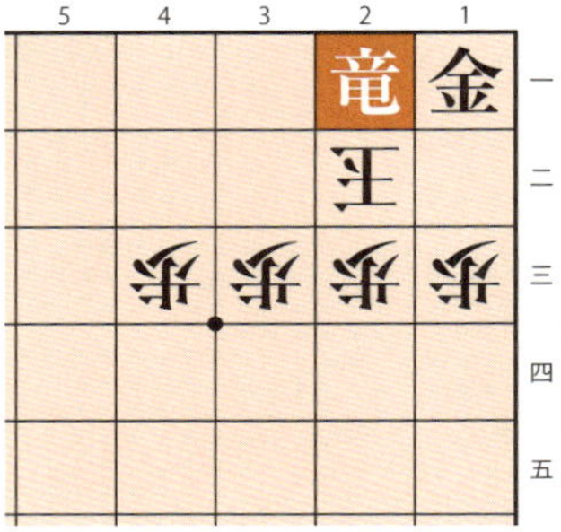

▲持駒《もちごま》 なし

初手《しょて》▲4二飛成《にひなり》は、△3二香合《にきょうあい》で困《こま》ります。玉《ぎょく》の尻《しり》に▲2一《いち》金《きん》が正解《せいかい》。△3二玉《にぎょく》は、▲3一飛成《いちひなり》まで3手《て》で詰《つ》みます。△1二玉《にぎょく》に▲1一金《いちきん》と追《お》いかけると、玉《ぎょく》は元《もと》の位置《いち》に戻《もど》りますが、盤上《ばんじょう》に1一金《いちきん》が出現《しゅつげん》。この金《きん》を支《ささ》えに、▲2一飛成《いちひなり》で詰《つ》みます。

第2問

▲1四銀《よんぎん》 △2二玉《にぎょく》 ▲2三銀打《さんぎんうち》 △3一玉《いちぎょく》 ▲3二金《にきん》

初手《しょて》

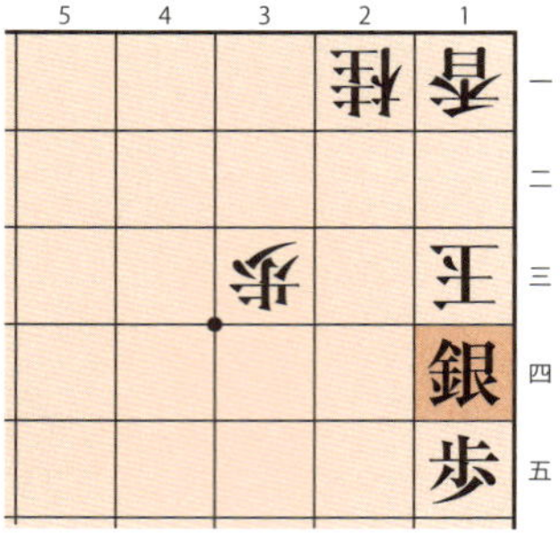

▲持駒《もちごま》 金《きん》 銀《ぎん》

正解図《せいかいず》

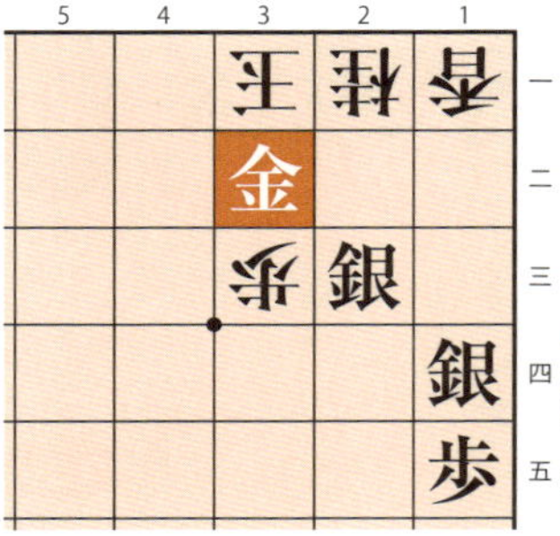

▲持駒《もちごま》 なし

玉《ぎょく》の頭《あたま》に金《きん》と銀《ぎん》のどちらを打《う》つかという問題《もんだい》。上《うえ》に逃《に》がすのを嫌《きら》って▲1四金《よんきん》から入《はい》ると、△2二玉《にぎょく》▲2三銀《さんぎん》△3一玉《いちぎょく》▲3二銀打《にぎんうち》△4二玉《にぎょく》となって失敗《しっぱい》します。銀《ぎん》を先《さき》に使《つか》って、金《きん》はトドメに残《のこ》しましょう。2手目《てめ》△2四玉《よんぎょく》は、▲2五金《ごきん》まで。

第《だい》3問《もん》

★★★★★
レベル

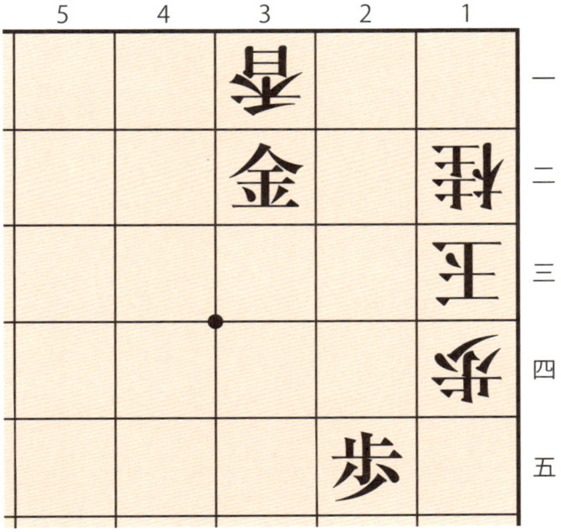

持駒《もちごま》　角《かく》

ヒント

● 守《まも》りの駒《こま》には注意《ちゅうい》しよう

第《だい》4問《もん》

★★★★★
レベル

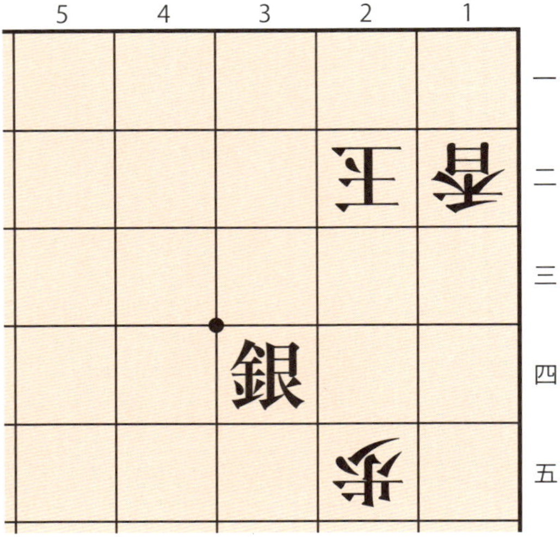

持駒《もちごま》　銀《ぎん》　銀《ぎん》

ヒント

● 銀《ぎん》ブロックを組《く》み立《た》てる

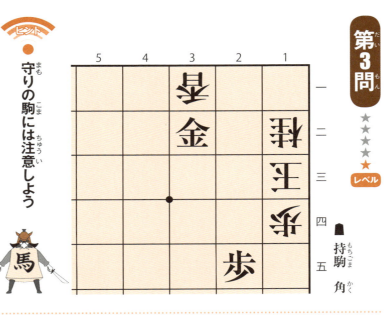

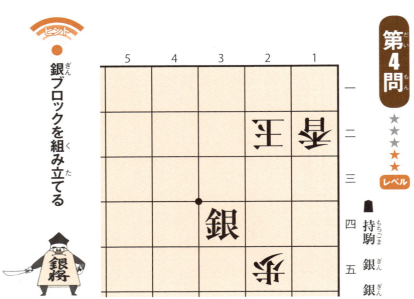

第3問

▲2二角《にかく》
△2三玉《さんぎょく》
▲3三角成《さんかくなり》
△1三玉《さんぎょく》
▲2二馬《にうま》

初手《しょて》

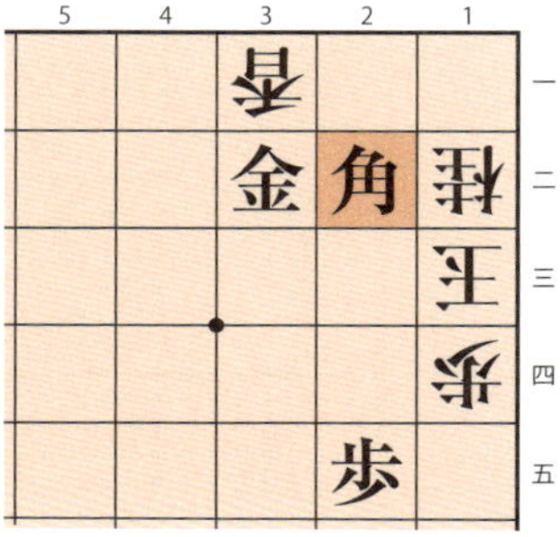

▲持駒《もちごま》 なし

正解図《せいかいず》

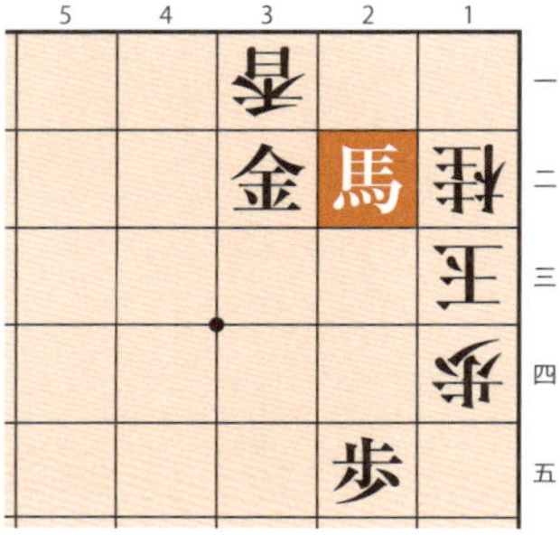

▲持駒《もちごま》 なし

初手《しょて》、上《うえ》から▲2四角は△同桂《どうけい》と取《と》られます。正解《せいかい》は、下《した》から▲2二角《にかく》。次《つぎ》に、3手目《てめ》▲3三金《さんきん》は、△同香《どうきょう》と取《と》られます。このように守《まも》りの駒《こま》が働《はたら》くと詰《つ》まないので、刺激《しげき》しないようにしましょう。初手《しょて》で打《う》った角《かく》が、馬《うま》に変身《へんしん》して詰《つ》みます。

第4問

▲3三銀打《さんぎんうち》
△1三玉《さんぎょく》
▲2四銀打《よんぎんうち》
△1四玉《よんぎょく》
▲2三銀左不成《さんぎんひだりならず》

初手《しょて》

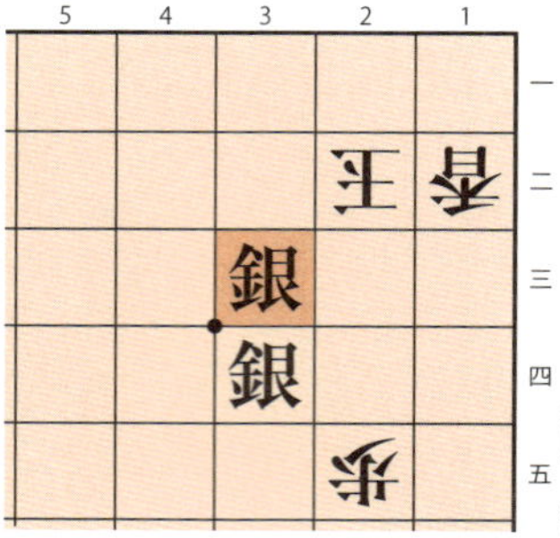

▲持駒《もちごま》 銀《ぎん》

正解図《せいかいず》

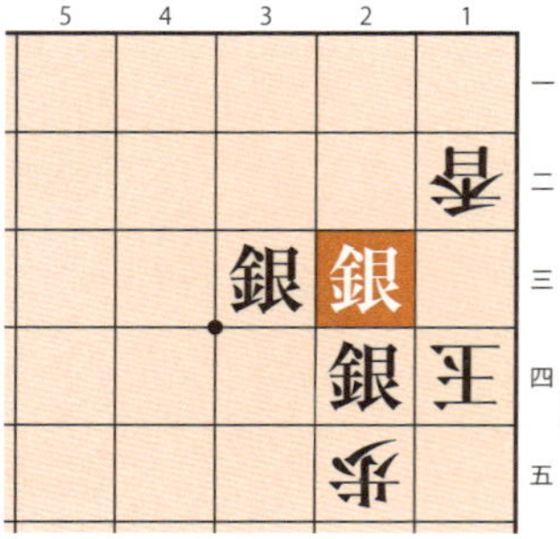

▲持駒《もちごま》 なし

攻《せ》め駒《ごま》は弱点《じゃくてん》の多《おお》い銀《ぎん》だけ。初手《しょて》▲2三銀打《さんぎんうち》は、△1三玉《さんぎょく》▲1四銀打《よんぎんうち》△2四玉《よんぎょく》で失敗《しっぱい》です。▲3三銀打《さんぎんうち》～▲2四銀打《よんぎんうち》と玉《ぎょく》のコビン※を徹底《てってい》して攻《せ》めるのが正解《せいかい》。最後《さいご》は3四銀《よんぎん》を使《つか》って銀不成《ぎんならず》まで。玉方《ぎょくかた》の2五歩《ごふ》を壁駒《かべごま》として使《つか》います。

※コビン…駒《こま》の斜《なな》め上《うえ》のマスのこと。

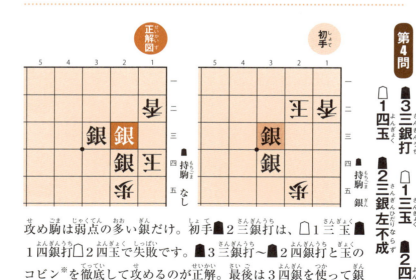

第《だい》5問《もん》

★★★★★
レベル

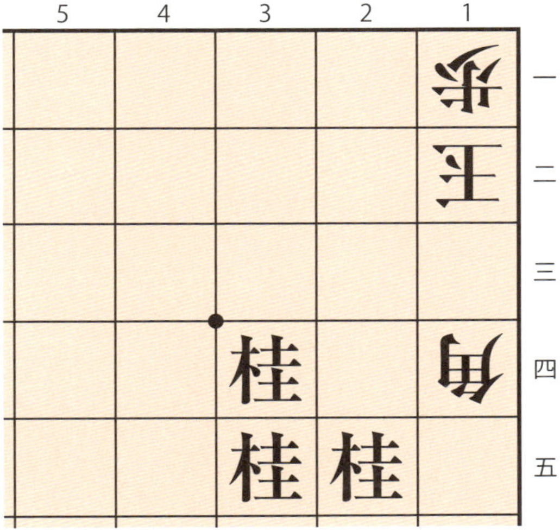

▲持駒《もちごま》　桂《けい》

ヒント

桂《けい》だけで詰《つ》む形《かたち》とは？

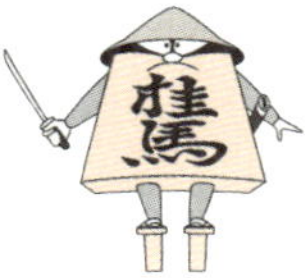

第《だい》6問《もん》

★★★★★
レベル

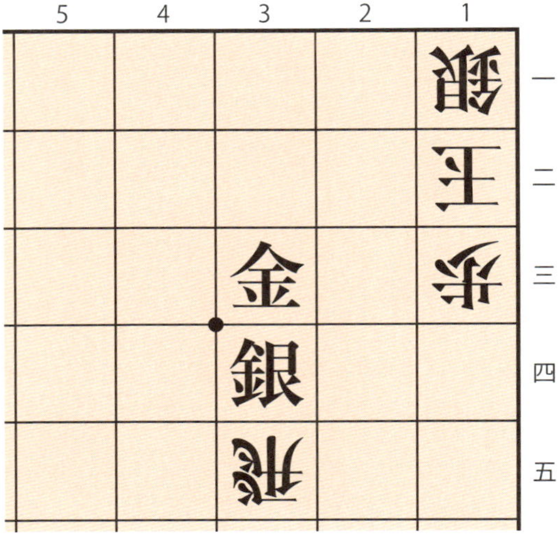

▲持駒《もちごま》　なし

ヒント

銀《ぎん》の特徴《とくちょう》を生《い》かそう

第5問

▲2四桂《よんけい》 △2一玉《いちぎょく》 ▲3三桂不成《さんけいならず》 △3一玉《いちぎょく》 ▲4三桂不成《さんけいならず》

初手《しょて》

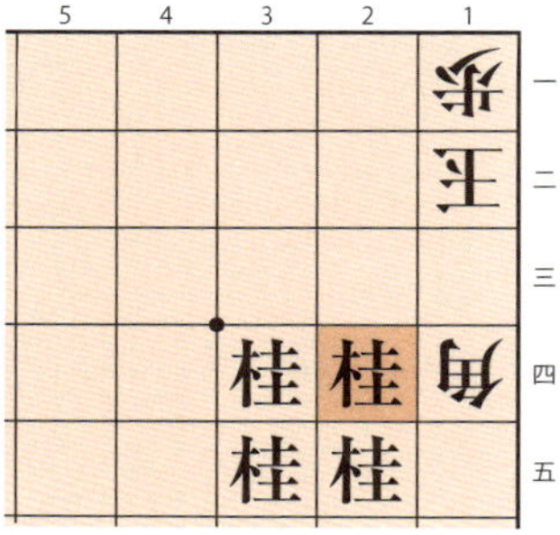

▲持駒《もちごま》 なし

正解図《せいかいず》

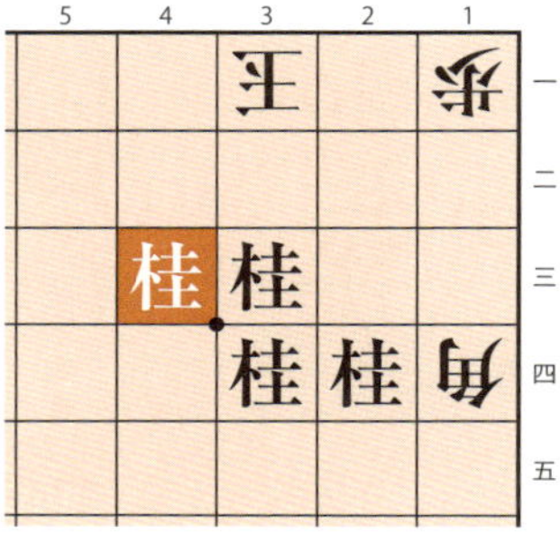

▲持駒《もちごま》 なし

攻《せ》め駒《ごま》は桂《けい》4枚《まい》だけ。成《な》って使《つか》いたいものの桂《けい》の位置《いち》がずれているので、うまくいきません。初手《しょて》の桂打《けいう》ちで2段目《だんめ》を押《お》さえて、連続桂不成《れんぞくけいならず》で桂《けい》4枚《まい》の詰みが実現《じつげん》。3手目《てめ》▲1三桂《さんけい》不成《ならず》は左《ひだり》に逃《に》げられ、5手目《てめ》▲2三桂不成《さんけいならず》は角《かく》に取《と》られます。

第6問

▲2三銀不成《さんぎんならず》 △2一玉《いちぎょく》 ▲3二銀不成《にぎんならず》 △1二玉《にぎょく》 ▲2三金《さんきん》

初手《しょて》

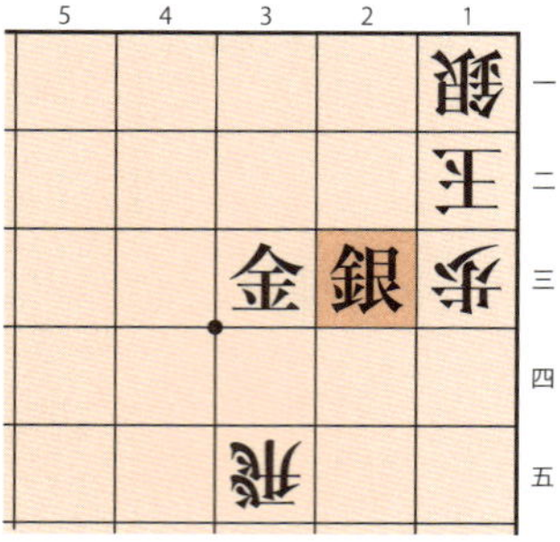

▲持駒《もちごま》 なし

正解図《せいかいず》

▲持駒《もちごま》 なし

初手《しょて》▲2三銀成《さんぎんなり》は、△2一玉《いちぎょく》▲3二成銀《になりぎん》△1二玉《にぎょく》で詰《つ》みませんが、この局面《きょくめん》でもし成銀《なりぎん》が銀《ぎん》ならば、▲2三金《さんきん》で詰《つ》みます。そこで、初手《しょて》と3手目《てめ》はともに不成《ならず》で動《うご》かすのがポイント。3手目《てめ》にうっかり▲3二金《にきん》は、△同飛《どうひ》と取《と》られてしまいます。

第《だい》7問《もん》

★★★★★
レベル

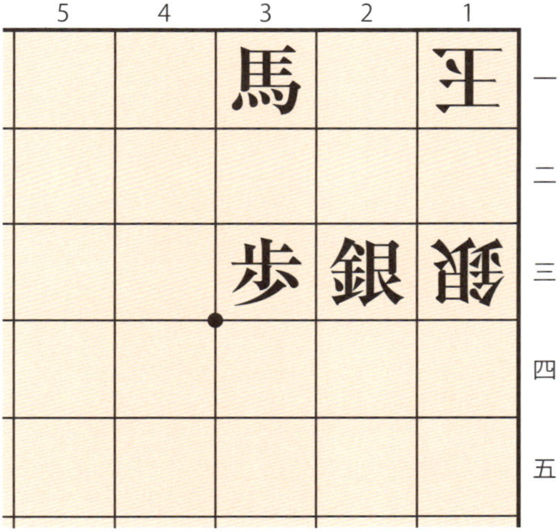

持駒《もちごま》　歩《ふ》

ヒント

歩《ふ》を打《う》って詰《つ》めるのは禁《きん》じ手《て》

第《だい》8問《もん》

★★★★★
レベル

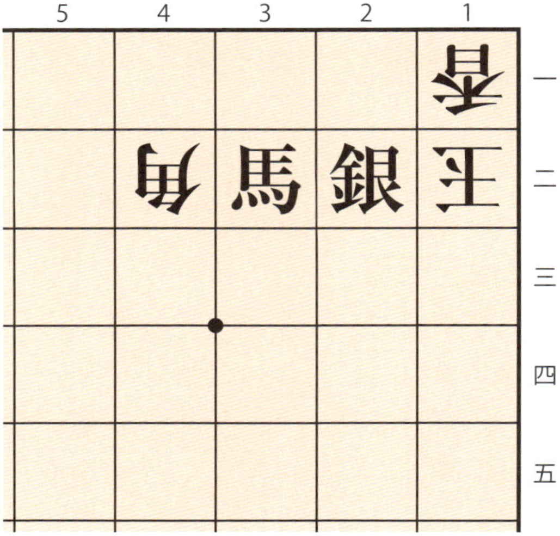

持駒《もちごま》　桂《けい》　歩《ふ》

ヒント

銀《ぎん》を動《うご》かしたい

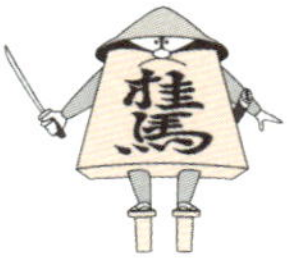

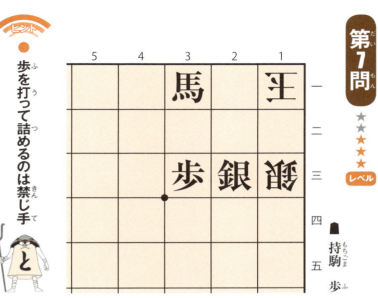

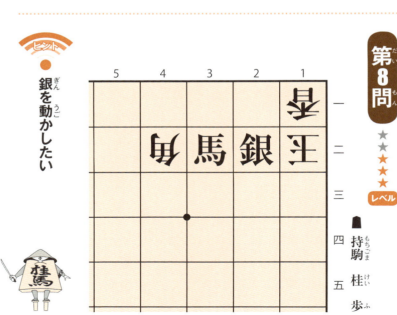

第7問

▲2二馬《にうま》 △同銀《どうぎん》 ▲1二歩《にふ》 △2一玉《いちぎょく》 ▲3二歩成《にふなり》

初手《しょて》

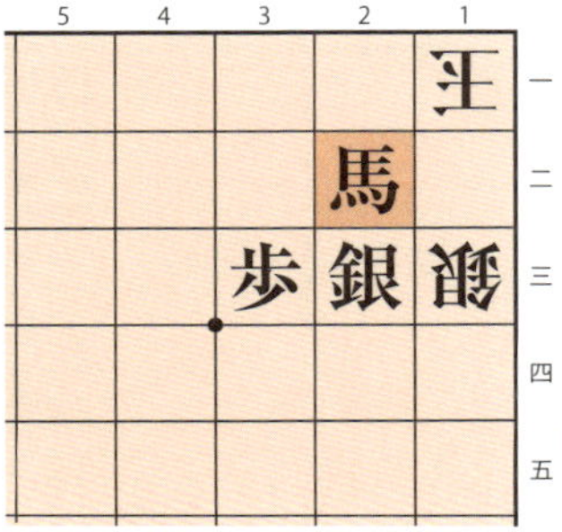

▲持駒《もちごま》 歩《ふ》

正解図《せいかいず》

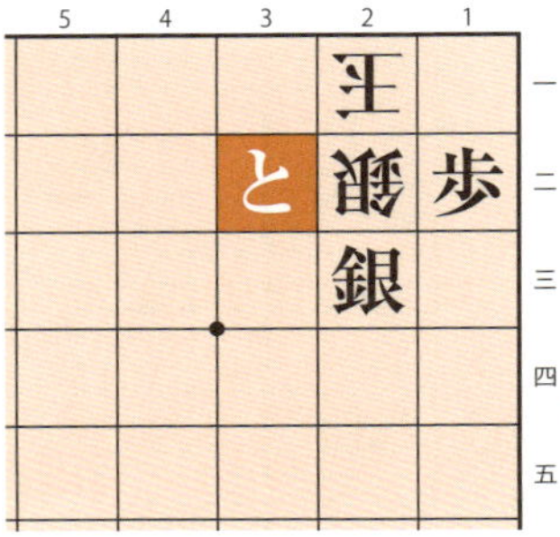

▲持駒《もちごま》 なし

初手《しょて》▲1二歩《にふ》で詰《つ》みですが、打歩詰《うちふづめ》という将棋《しょうぎ》の禁《きん》じ手《て》です。出題図《しゅつだいず》では攻《せ》め駒《ごま》が強《つよ》すぎるため、玉《ぎょく》が動《うご》けません。そこで▲2二馬《にうま》と捨《す》てて包囲《ほうい》を緩《ゆる》めると、歩《ふ》が打《う》てるようになります。次《つぎ》の問題《もんだい》では別《べつ》の解決法《かいけつほう》を考《かんが》えてみましょう。

第8問

▲2四桂《よんけい》 △同角《どうかく》 ▲1三歩《さんふ》 △同角《どうかく》 ▲2一銀不成《いちぎんならず》

初手《しょて》

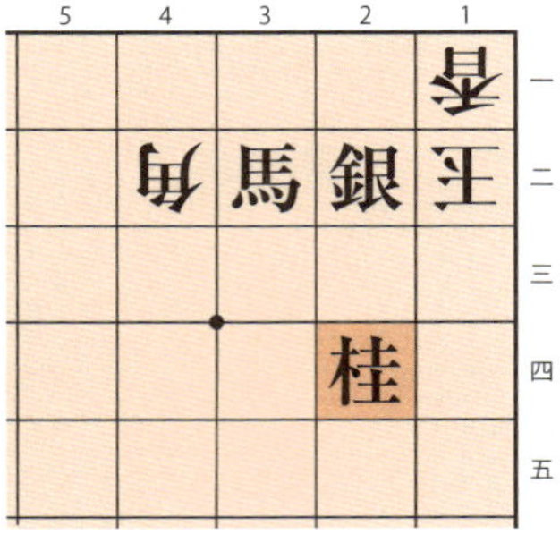

▲持駒《もちごま》 歩《ふ》

正解図《せいかいず》

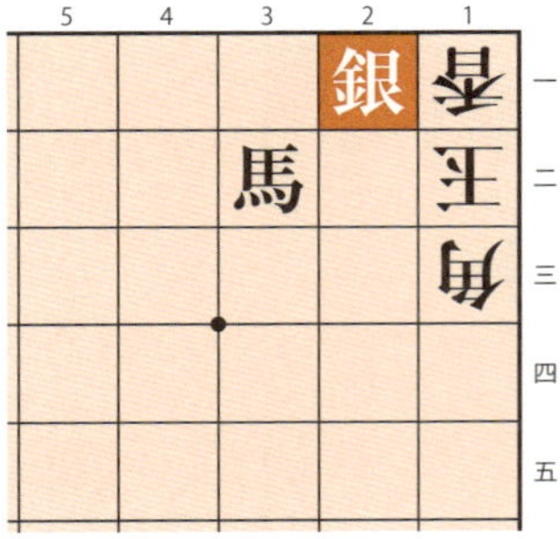

▲持駒《もちごま》 なし

初手《しょて》▲1三歩《さんふ》は打歩詰《うちふづめ》。前《まえ》の問題《もんだい》のように攻《せ》め駒《ごま》を減《へ》らすことはできないので、別《べつ》の方法《ほうほう》を考《かんが》えます。初手《しょて》▲2四桂《よんけい》で角《かく》を呼《よ》ぶのが正解《せいかい》。▲1三歩《さんふ》を角《かく》に取《と》ってもらえます。玉《ぎょく》の頭《あたま》が埋《う》まれば、▲2一銀不成《いちぎんならず》でぴったり詰《つ》みます。

第《だい》9問《もん》

★★★★★ レベル

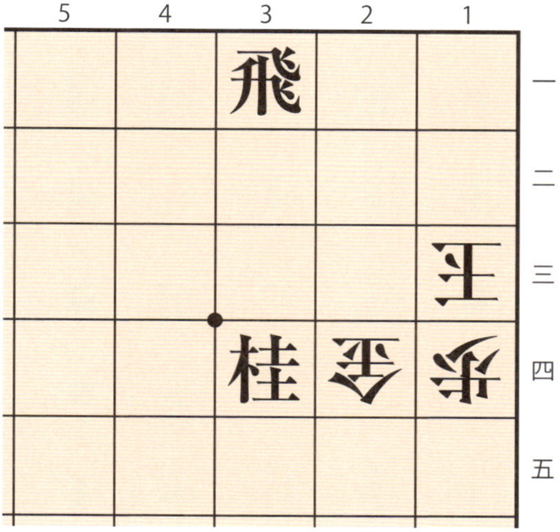

持駒《もちごま》 金《きん》

ヒント

飛車《ひしゃ》を成《な》って使《つか》うぞ

第《だい》10問《もん》

★★★★★ レベル

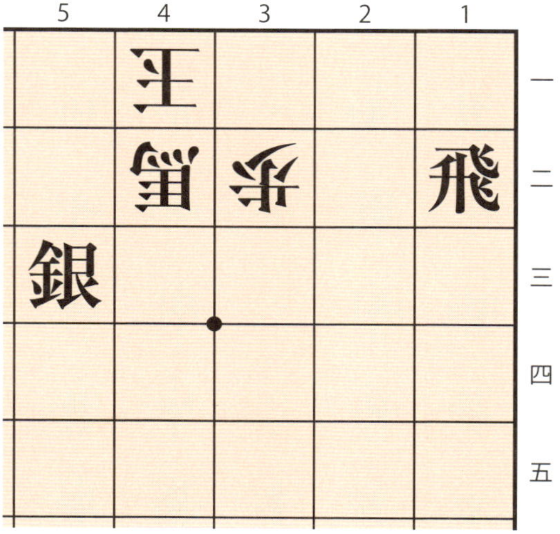

持駒《もちごま》 金《きん》 桂《けい》

ヒント

玉《ぎょく》から馬《うま》を引《ひ》きはがせ！

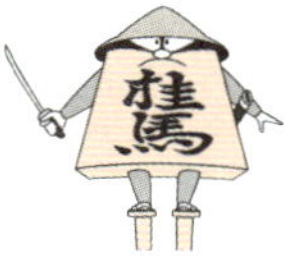

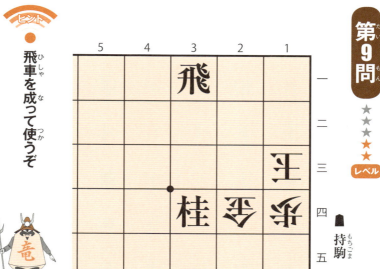

第9問

▲1二金《にきん》 △同玉《どうぎょく》 ▲3二飛成《にひなり》 △1三玉《さんぎょく》 ▲2二竜《にりゅう》

初手《しょて》

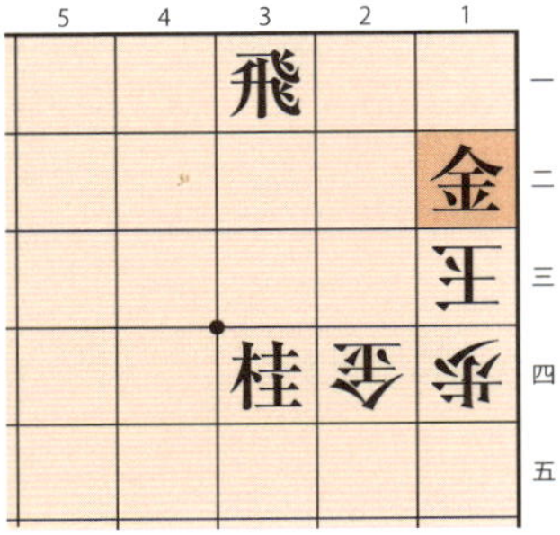

▲持駒《もちごま》 なし

正解図《せいかいず》

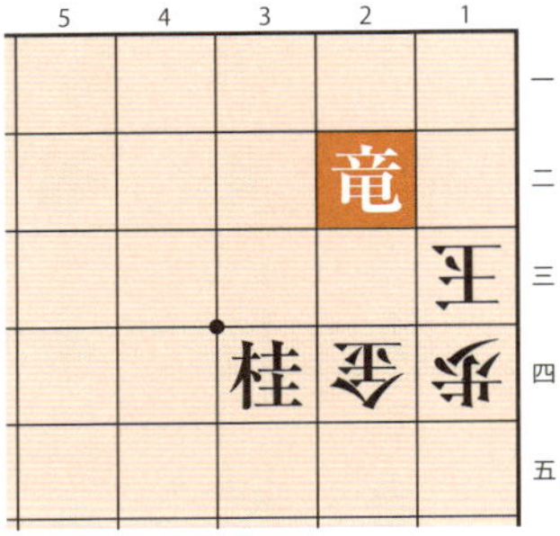

▲持駒《もちごま》 なし

初手《しょて》▲3三飛成《さんひなり》は惜《お》しい攻《せ》め。合駒《あいごま》をさせて▲2二竜《にりゅう》で詰《つ》みそうですが、その合駒《あいごま》が問題《もんだい》。△2三金打《さんきんうち》（飛合《ひあい》）と受《う》けられると、▲2二竜《にりゅう》を取《と》られてしまうのです。正解《せいかい》は金《きん》を捨《す》てて、▲3二飛成《にひなり》でした。3手目不成《てめならず》は△2三玉《さんぎょく》で詰《つ》みません。

第10問

▲3三桂《さんけい》 △同馬《どううま》 ▲1一飛成《いちひなり》 △同馬《どううま》 ▲4二金《にきん》

初手《しょて》

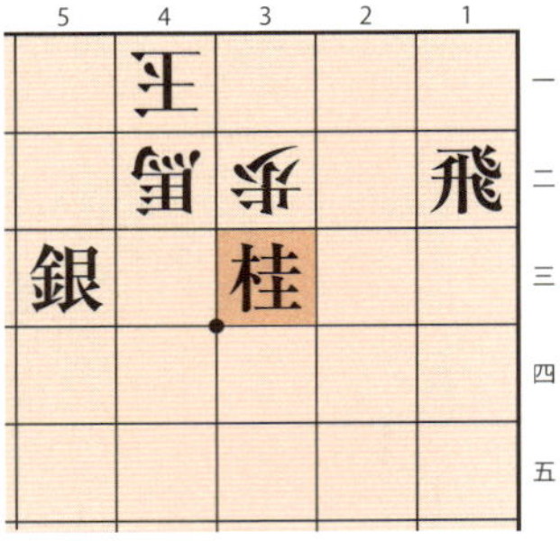

▲持駒《もちごま》 金《きん》

正解図《せいかいず》

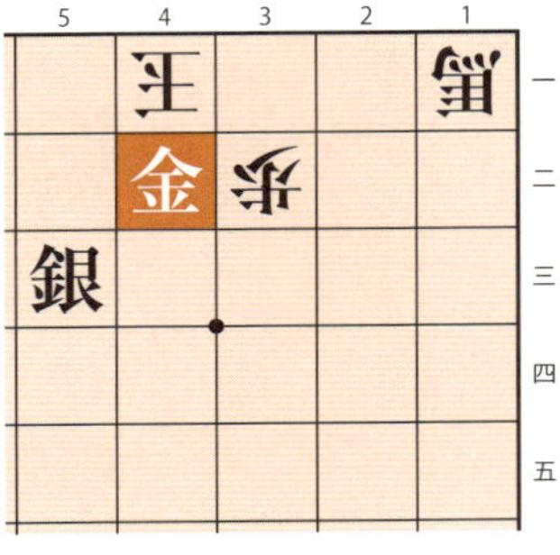

▲持駒《もちごま》 なし

初手《しょて》▲1一飛成《いちひなり》は、△3一香合《いちきょうあい》▲3三桂《さんけい》△同歩《どうふ》で失敗《しっぱい》。先《さき》に▲3三桂《さんけい》と捨《す》てるのが正解《せいかい》。歩《ふ》で取《と》ると、▲4二飛成《にひなり》までなので△同馬《どううま》。ここで▲1一飛成《いちひなり》が好手《こうしゅ》。△同馬《どううま》と取《と》らせて、馬《うま》の守《まも》りがなくなりました。4手目《てめ》△3一香合《いちきょうあい》は▲5二金《にきん》まで。

第《だい》11問《もん》

★★★★★ レベル

ヒント
玉《ぎょく》を下段《げだん》に誘《さそ》って……

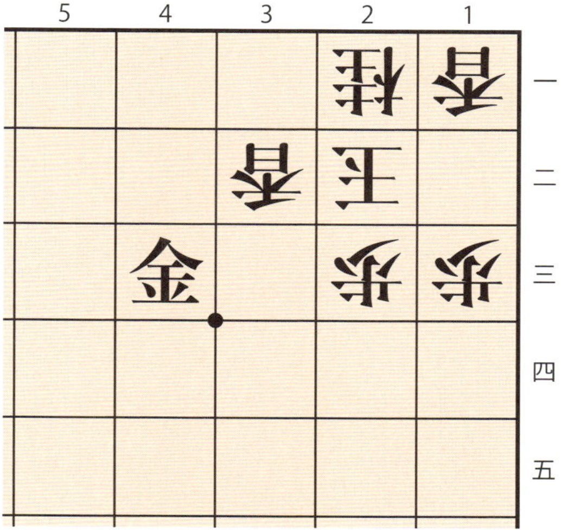

持駒《もちごま》 金《きん》 銀《ぎん》 桂《けい》

第《だい》12問《もん》

★★★★★ レベル

ヒント
香《きょう》をうまく使《つか》うには？

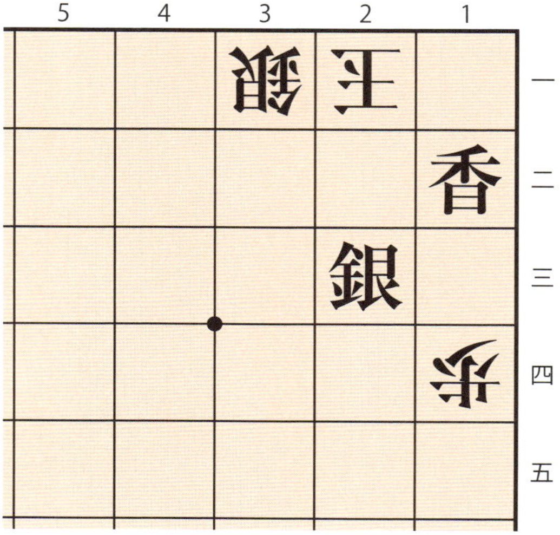

持駒《もちごま》 香《きょう》

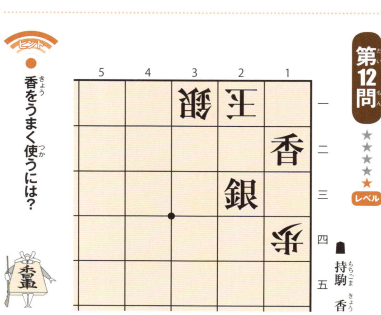

第11問

▲3四桂《よんけい》 △同香《どうきょう》 ▲3二金打《にきんうち》 △同玉《どうぎょく》 ▲3一銀《いちぎん》

初手《しょて》

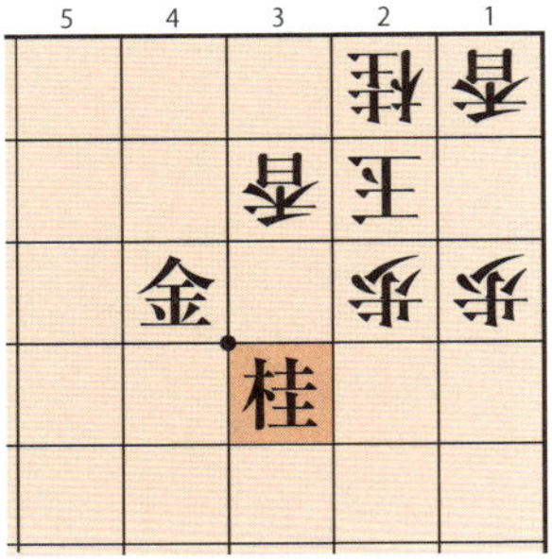

▲持駒《もちごま》 金《きん》 銀《ぎん》

正解図《せいかいず》

▲持駒《もちごま》 なし

初手《しょて》▲3三銀《さんぎん》は、△同香《どうきょう》で逃《のが》れ。初手《しょて》▲3一銀《いちぎん》は、△同玉《どうぎょく》▲4二金打《にきんうち》△2二玉《にぎょく》▲3二金寄《にきんよる》△1二玉《にぎょく》で詰《つ》みません。玉《ぎょく》を下《げ》段《だん》に誘《さそ》う前《まえ》に、▲3四桂《よんけい》と捨《す》てるのが工夫《くふう》の一手《いって》です。香《きょう》を釣《つ》りあげておけば、下段《げだん》に誘《さそ》った瞬間《しゅんかん》に頭金《あたまきん》の詰《つ》みがあります。

第12問

▲1一香成《いちきょうなり》 △2二玉《にぎょく》 ▲1二香成《にきょうなり》 △同玉《どうぎょく》 ▲1三香《さんきょう》

初手《しょて》

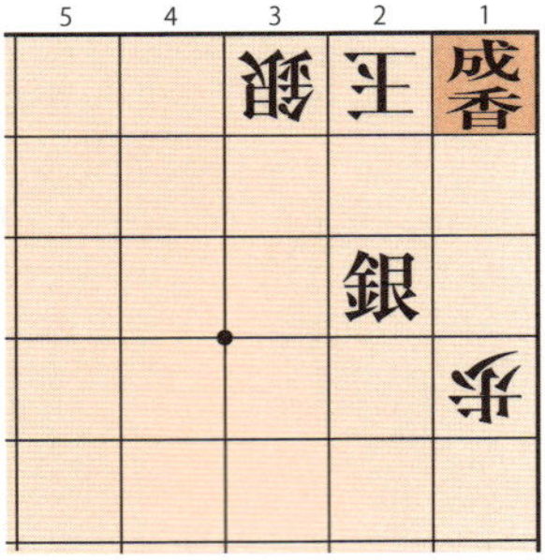

▲持駒《もちごま》 香《きょう》

正解図《せいかいず》

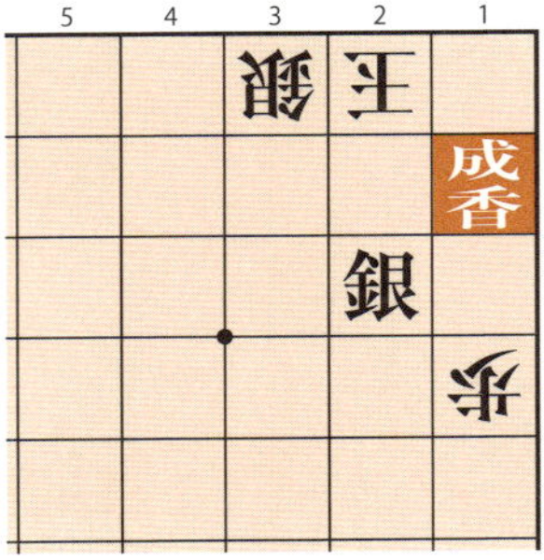

▲持駒《もちごま》 なし

初手《しょて》▲2二香《にきょう》と打《う》つと、△同銀《どうぎん》で事態《じたい》が悪化《あっか》します。ここは端《はし》を見《み》てみましょう。1二香《にきょう》を成《な》り捨《す》てて、▲1三香《さんきょう》と離《はな》して打《う》ち直《なお》します。初《はじ》めの形《かたち》から香《きょう》が1マス遠《とお》ざかるだけですが、この1マスのおかげで香《きょう》を成《な》ることができます。

第《だい》13問《もん》

★★★★★ レベル

ヒント

3手目《てめ》にカッコいい捨駒《すてごま》

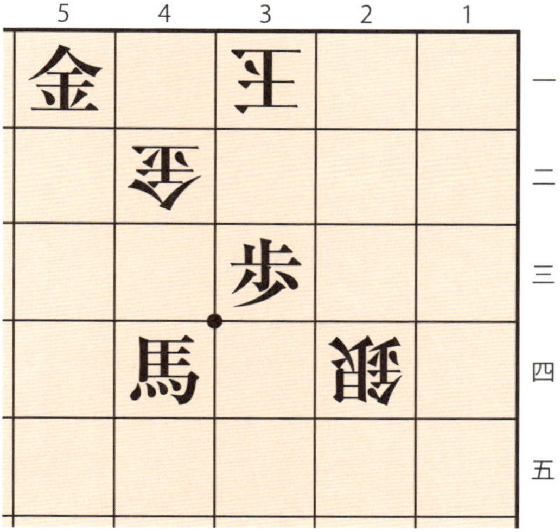

持駒《もちごま》 金《きん》 銀《ぎん》

第《だい》14問《もん》

★★★★★ レベル

ヒント

金《きん》を取《と》る前《まえ》に……

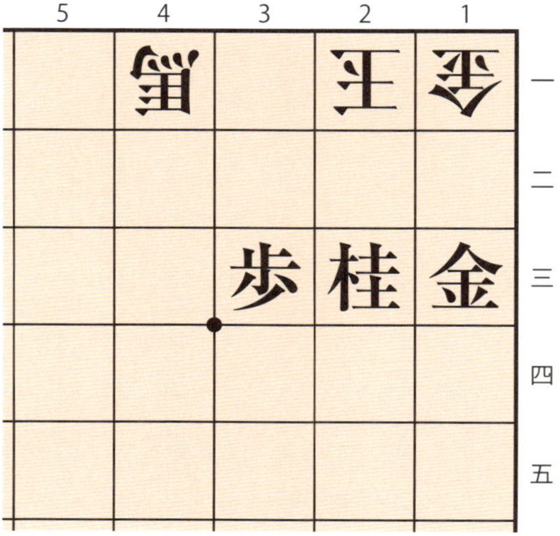

持駒《もちごま》 金《きん》

第13問

☗3二歩成《にふなり》 ☖同金《どうきん》 ☗4二銀《にぎん》 ☖同玉《どうぎょく》 ☗4一金打《いちきんうち》

初手《しょて》

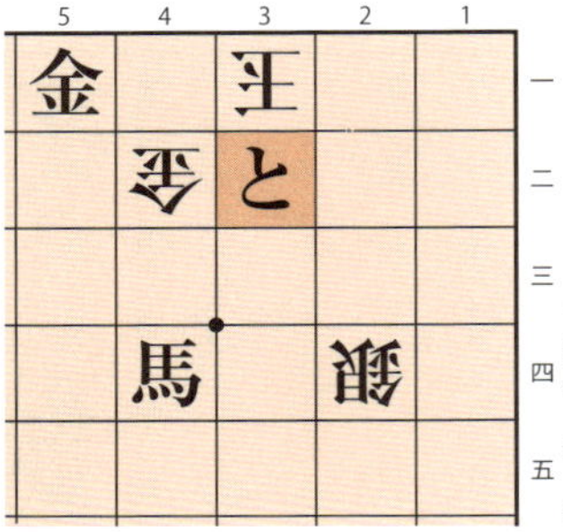

☗持駒《もちごま》 金《きん》 銀《ぎん》

正解図《せいかいず》

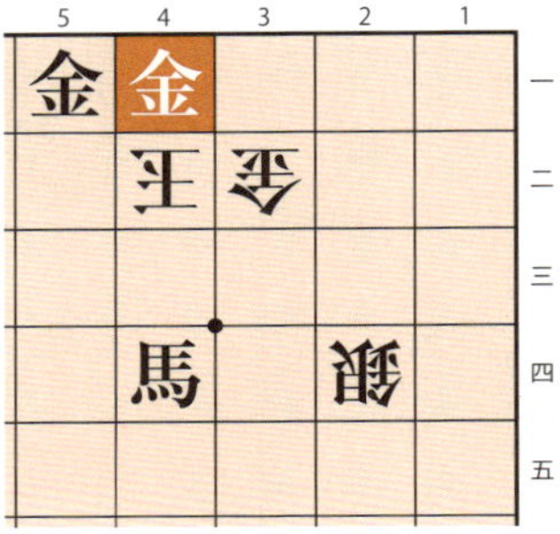

☗持駒《もちごま》 なし

馬《うま》の利《き》きが止《と》まっているので、歩《ふ》を成《な》り捨《す》てて利《き》きを通《とお》します(不成《ならず》でもOK)。☖同玉《どうぎょく》は、☗2二金《にきん》があるので☖同金《どうきん》ですが、この金《きん》が動《うご》いてできたスペースに、3手目《てめ》☗4二銀《にぎん》と捨《す》てるのが好手《こうしゅ》。☖同金《どうきん》は、☗2二金《にきん》まで。☖2一玉《いちぎょく》は、☗1一金《いちきん》まで。

第14問

☗3一金《いちきん》 ☖同馬《どううま》 ☗1一桂成《いちけいなり》 ☖同玉《どうぎょく》 ☗1二金打《にきんうち》

初手《しょて》

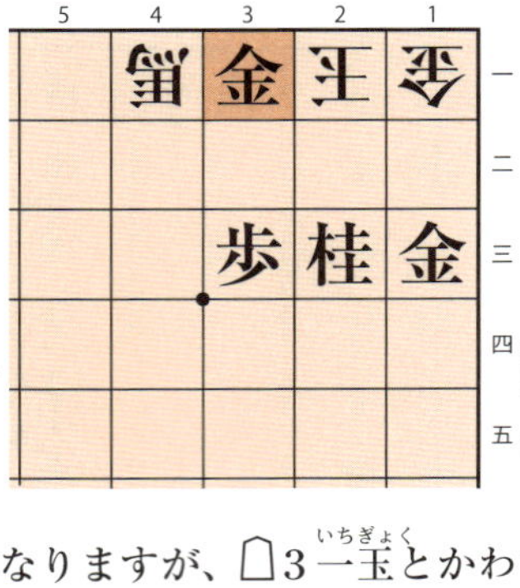

☗持駒《もちごま》 なし

正解図《せいかいず》

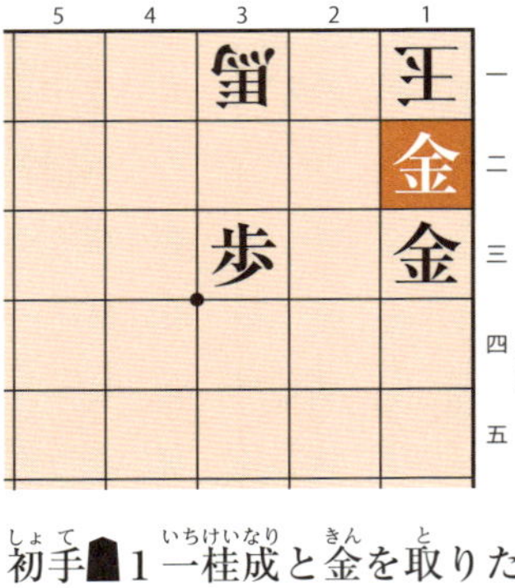

☗持駒《もちごま》 なし

初手《しょて》☗1一桂成《いちけいなり》と金《きん》を取《と》りたくなりますが、☖3一玉《いちぎょく》とかわされると馬《うま》の守《まも》りが強力《きょうりょく》です。この☖3一玉《いちぎょく》を防《ふせ》ぐのが、正解《せいかい》の☗3一金《いちきん》という捨駒《すてごま》。馬《うま》を呼《よ》ぶのは不安《ふあん》ですが、玉《ぎょく》にとっては壁駒《かべごま》です。ここで金《きん》を取《と》れば、もう逃《に》げ道《みち》はありません。

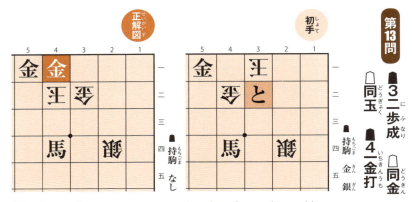

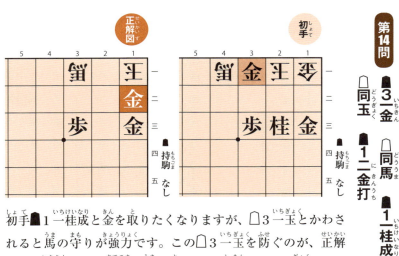

第《だい》15問《もん》

★★★★★
レベル

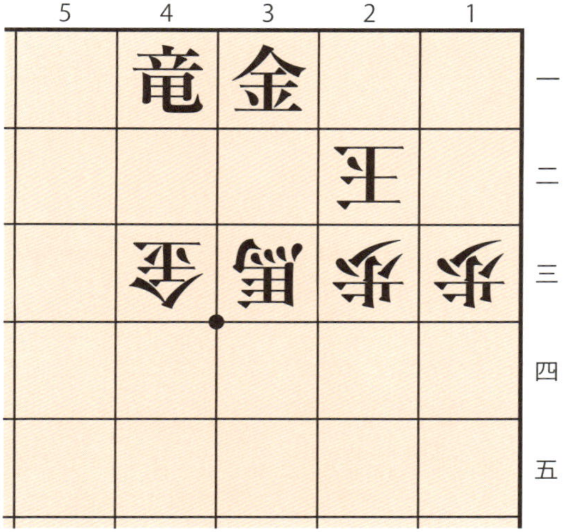

持駒《もちごま》 金《きん》

ヒント
馬《うま》の守《まも》りをずらしたい

第《だい》16問《もん》

★★★★★
レベル

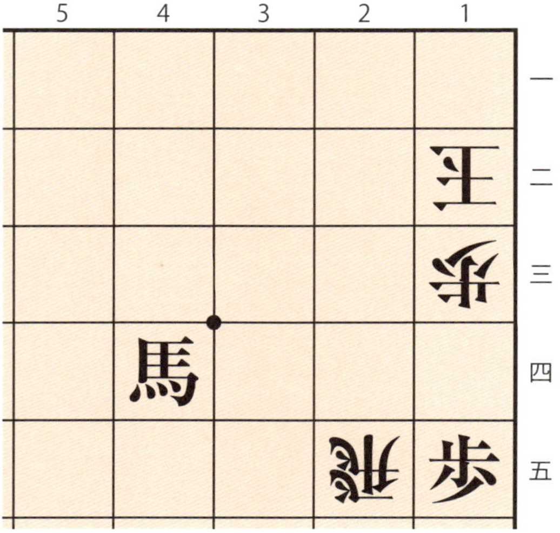

持駒《もちごま》 金《きん》 銀《ぎん》 桂《けい》

ヒント
「逃《に》げ道《みち》に捨駒《すてごま》」の手筋《てすじ》

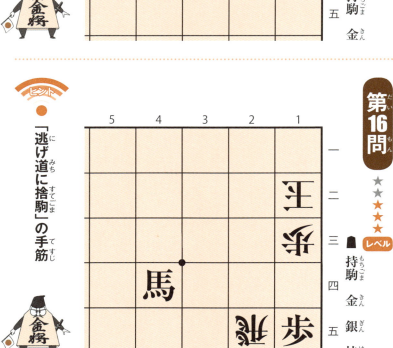

第15問

☗2一金《いちきん》 ☖1二玉《にぎょく》 ☗3二竜《にりゅう》 ☖同馬《どううま》 ☗1一金打《いちきんうち》

初手《しょて》

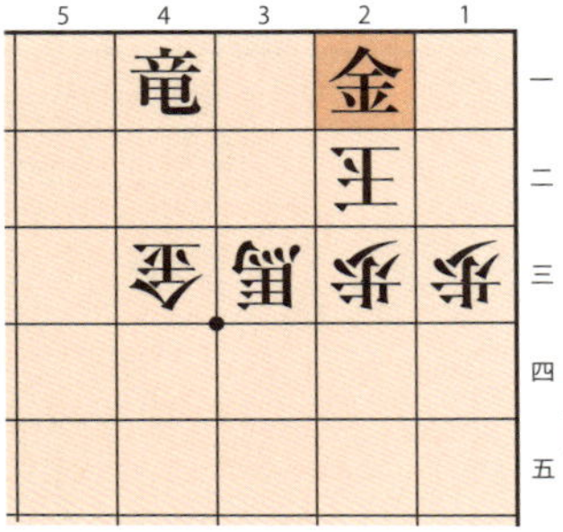

☗持駒《もちごま》 金《きん》

正解図《せいかいず》

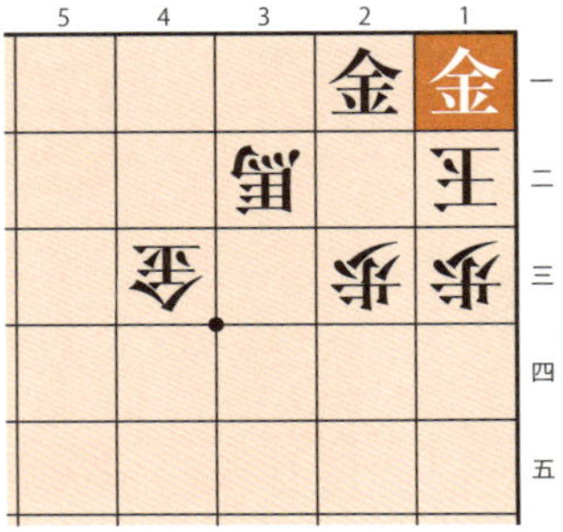

☗持駒《もちごま》 なし

初手《しょて》☗3二金打《にきんうち》と重《かさ》ねて打《う》つのは、☖1二玉《にぎょく》と軽《かる》くかわされて失敗《しっぱい》です。正解《せいかい》の☗2一金《いちきん》に☖1二玉《にぎょく》とした3手目《てめ》が問題《もんだい》。☗1一金打《いちきんうち》は、☖同馬《どううま》☗同金《どうきん》☖2二玉《にぎょく》で、3三《さん》から脱出《だっしゅつ》されてしまいます。3手目《てめ》☗3二竜《にりゅう》が、守《まも》りの馬《うま》をずらす強力《きょうりょく》な手《て》。

第16問

☗2四桂《よんけい》 ☖同飛《どうひ》 ☗2三銀《さんぎん》 ☖同玉《どうぎょく》 ☗2二金《にきん》

初手《しょて》

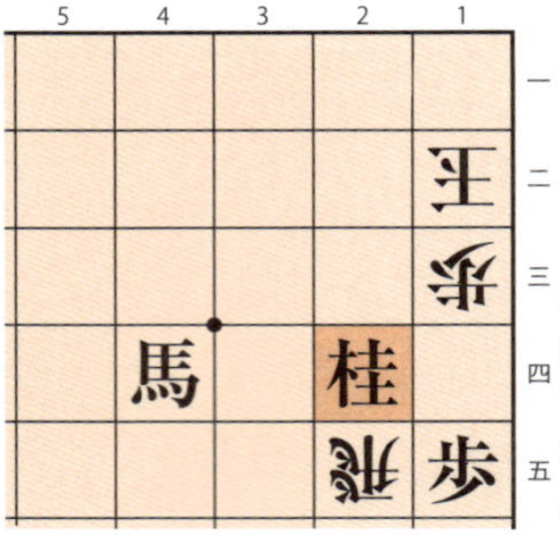

☗持駒《もちごま》 金《きん》 銀《ぎん》

正解図《せいかいず》

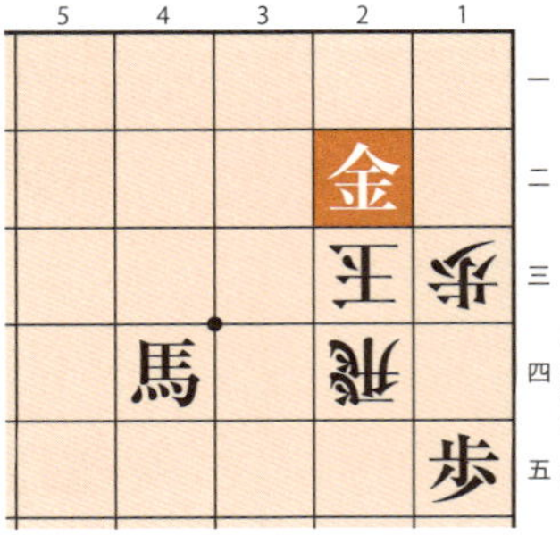

☗持駒《もちごま》 なし

2五飛《ごひ》のせいで☗2二金《にきん》と打《う》てません。では2三《さん》〜2四《よん》の逃《に》げ道《みち》をどうするかですが、上《うえ》から順《じゅん》に☗2四桂《よんけい》〜☗2三銀《さんぎん》の捨駒《すてごま》がよい手順《てじゅん》。逃《に》げ道《みち》に捨駒《すてごま》の手筋《てすじ》で飛車《ひしゃ》を壁駒《かべごま》にします。2手目《てめ》☖2三玉《さんぎょく》は、☗3四金《よんきん》まで。4手目☖同飛《どうひ》は、☗1一金《いちきん》まで。

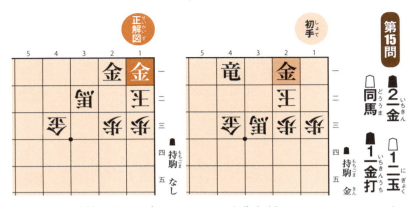

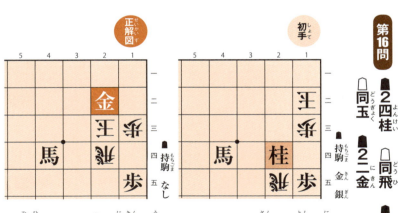

第《だい》17問《もん》

レベル

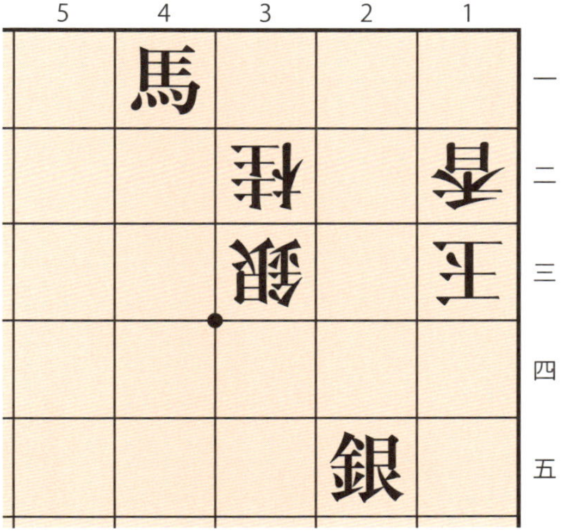

持駒《もちごま》 銀《ぎん》 銀《ぎん》

ヒント
トドメは銀《ぎん》！

第《だい》18問《もん》

レベル

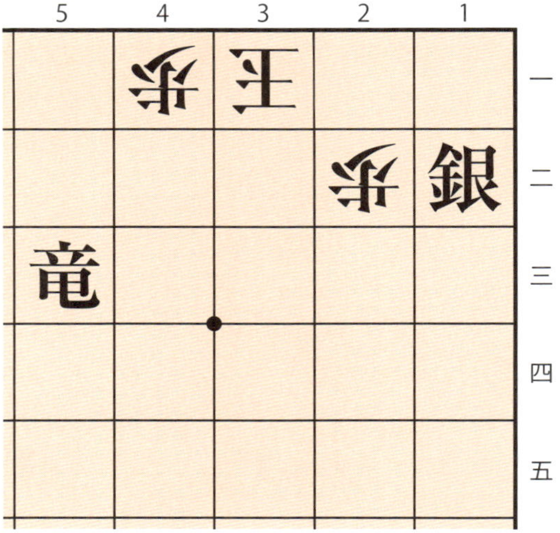

持駒《もちごま》 銀《ぎん》 銀《ぎん》

ヒント
合駒《あいごま》をさせない方法《ほうほう》を考《かんが》える

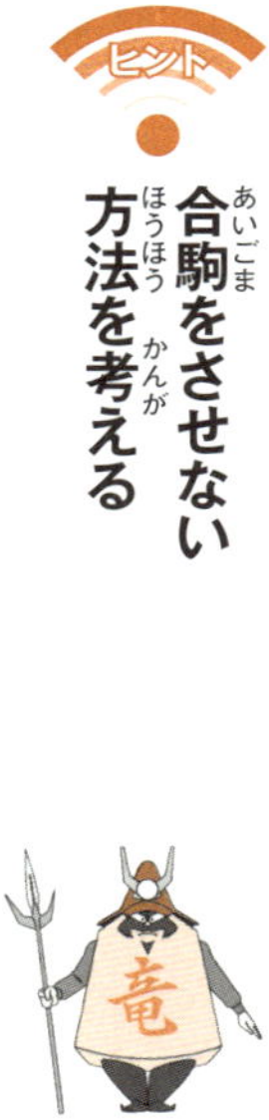

第17問

☗3一馬《いちうま》 ☖2三玉《さんぎょく》 ☗2四銀打《よんぎんうち》 ☖同桂《どうけい》 ☗3二銀《にぎん》

初手《しょて》

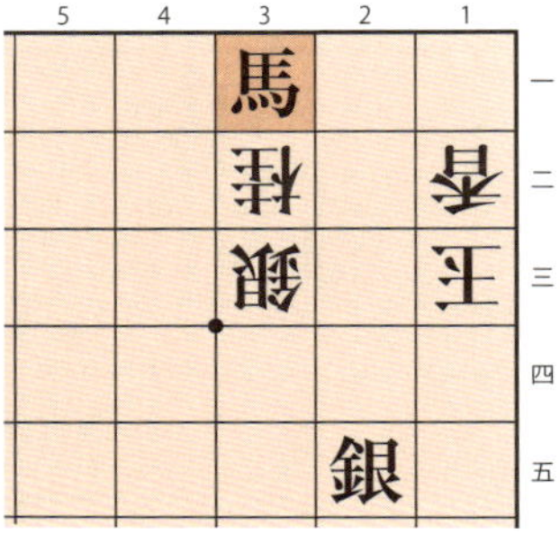

☗持駒《もちごま》 銀《ぎん》 銀《ぎん》

正解図《せいかいず》

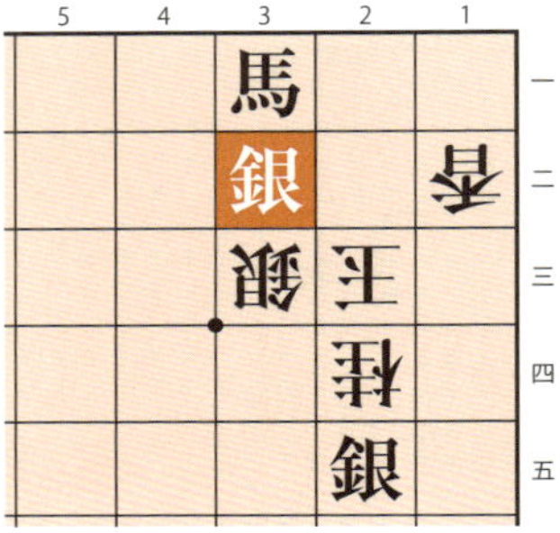

☗持駒《もちごま》 なし

馬《うま》の利《き》きを通《とお》そうとする初手《しょて》☗2四銀打《よんぎんうち》は、銀《ぎん》や桂《けい》で取《と》ると☗3一馬《いちうま》から詰《つ》みますが、☖2二玉《にぎょく》と引《ひ》かれ、以下《いか》、☗2三銀打《さんぎんうち》☖1一玉《いちぎょく》で失敗《しっぱい》です。初手《しょて》☗3一馬《いちうま》で下段《げだん》への逃走《とうそう》を防《ふせ》ぎ、3手目《てめ》☗2四銀打《よんぎんうち》が決《き》め手《て》。4手目《てめ》☖同銀《どうぎん》は、☗3四銀打《よんぎんうち》まで。

第18問

☗3二銀《にぎん》 ☖同玉《どうぎょく》 ☗2一銀打《いちぎんうち》 ☖3一玉《いちぎょく》 ☗3三竜《さんりゅう》

初手《しょて》

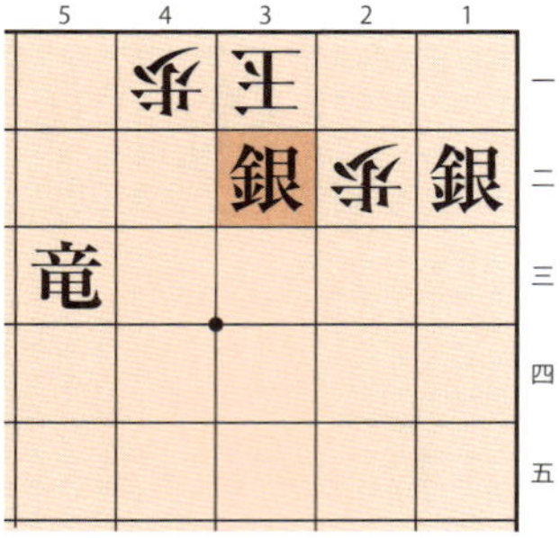

☗持駒《もちごま》 銀《ぎん》

正解図《せいかいず》

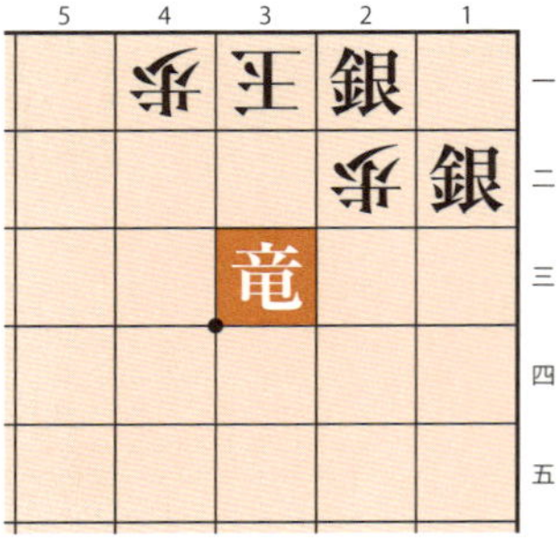

☗持駒《もちごま》 なし

初手《しょて》☗3三竜《さんりゅう》は、☖3二歩合《にふあい》で失敗《しっぱい》。正解手順《せいかいてじゅん》のように銀《ぎん》を捨《す》てて☗2一銀打《いちぎんうち》とつなぐと、最初《さいしょ》の形《かたち》に2一銀《いちぎん》が加《くわ》わります。これなら☗3三竜《さんりゅう》に対《たい》する合駒《あいごま》は無駄合《むだあい》です。3手目《てめ》☗3三銀《さんぎん》は、☖3一玉《いちぎょく》☗2二銀成《にぎんなり》☖同玉《どうぎょく》☗2三銀成《さんぎんなり》☖2一玉《いちぎょく》で逃《のが》れ。

第《だい》19問《もん》

★★★★★
レベル

ヒント
飛車《ひしゃ》の力《ちから》で上《うえ》に逃《に》がさない

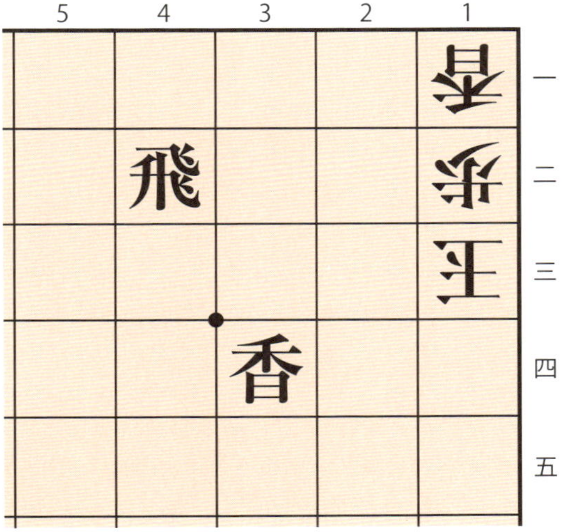

持駒《もちごま》 飛《ひ》 金《きん》

第《だい》20問《もん》

★★★★★
レベル

ヒント
捨《す》てる順番《じゅんばん》を見《み》きわめる

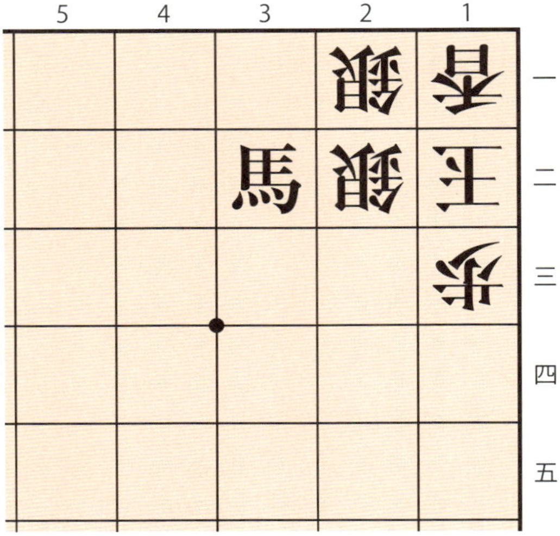

持駒《もちごま》 飛《ひ》 金《きん》 銀《ぎん》

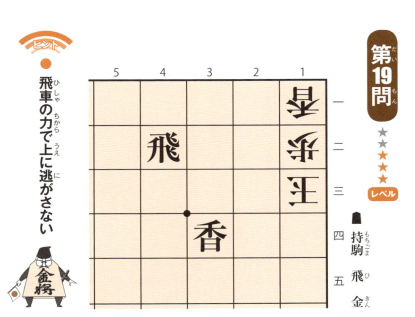

第19問

▲2二飛成《にひなり》 △同玉《どうぎょく》 ▲3二金《にきん》 △同玉《どうぎょく》 ▲2一飛《いちひ》

初手《しょて》

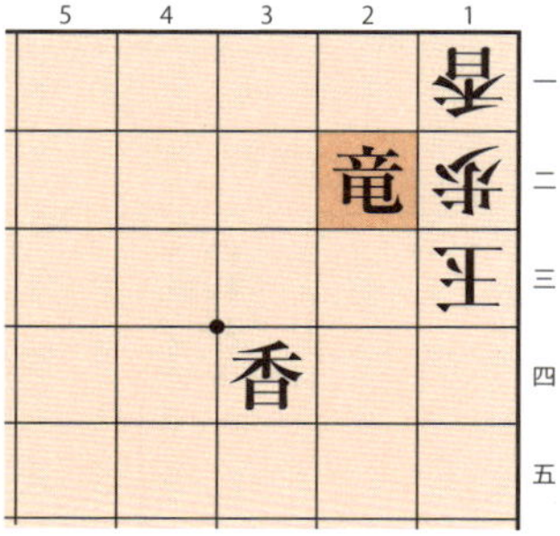

▲持駒《もちごま》 飛《ひ》 金《きん》

正解図《せいかいず》

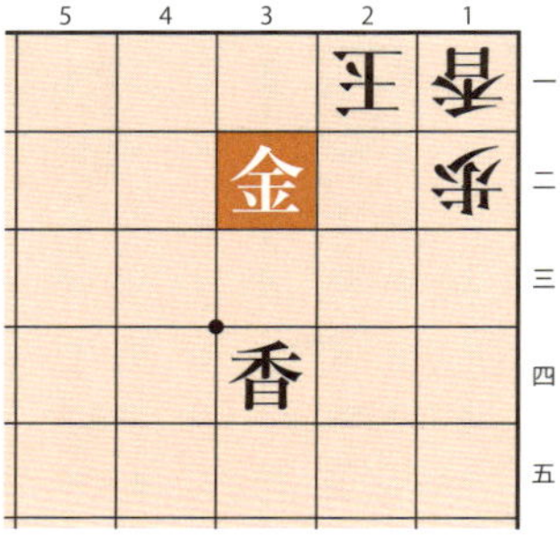

▲持駒《もちごま》 なし

上《うえ》から押《お》さえつける▲1五飛《ごひ》は、△1四香合《よんきょうあい》と受《う》けられて失敗《しっぱい》。金《きん》があれば詰《つ》む場所《ばしょ》はどこかを探《さが》し、そこに玉《ぎょく》をおびき寄《よ》せる方法《ほうほう》を考《かんが》えると、▲2二飛成《にひなり》～▲2一飛《いちひ》という連続捨駒《れんぞくすてごま》を発見《はっけん》できるはず。4手目《てめ》△1三玉《さんぎょく》は、▲2四金《よんきん》まで。

第20問

▲2三金《さんきん》 △同銀《どうぎん》 ▲2一銀《いちぎん》 △同銀《どうぎん》 ▲2二飛《にひ》

初手《しょて》

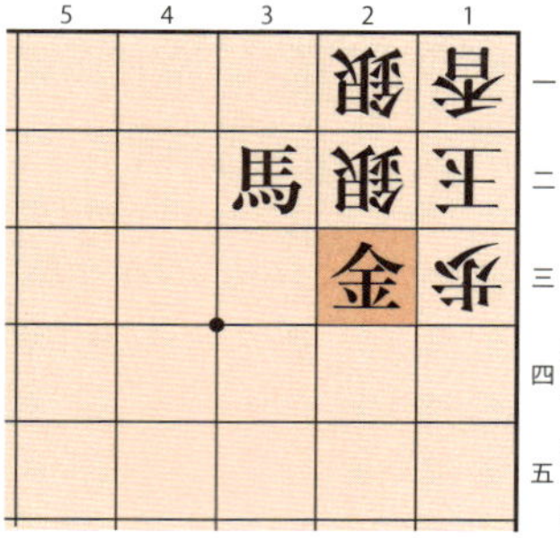

▲持駒《もちごま》 飛《ひ》 銀《ぎん》

正解図《せいかいず》

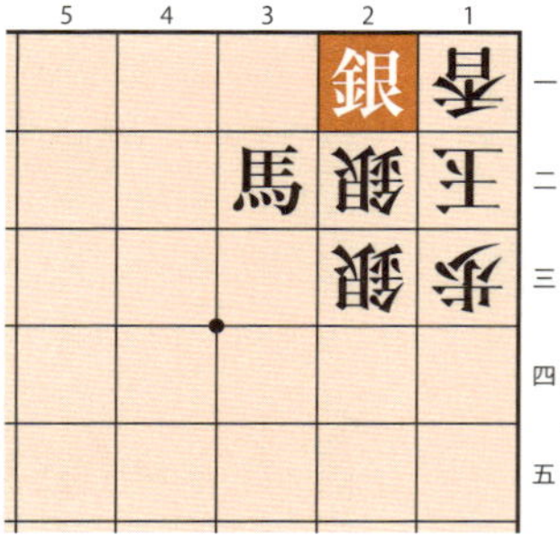

▲持駒《もちごま》 なし

2三《さん》に捨《す》てる駒《こま》は金《きん》か銀《ぎん》か、それが問題《もんだい》です。どちらにしても△同銀《どうぎん》と取《と》り、3手目《てめ》は、▲2二飛《にひ》。これも△同銀《どうぎん》と取《と》るしかありません。この瞬間《しゅんかん》、玉《ぎょく》の斜《なな》め下《した》から王手《おうて》できる駒《こま》、つまり銀《ぎん》を残《のこ》さなければいけないことが判明《はんめい》しました。

第《だい》21問《もん》

★★★★★ レベル

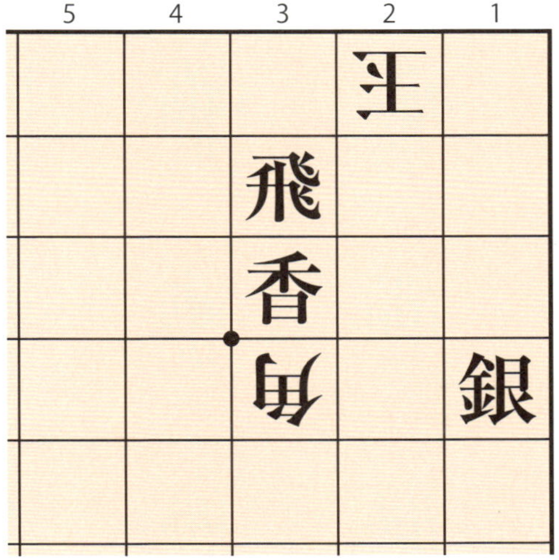

持駒《もちごま》 歩《ふ》

ヒント

持駒《もちごま》に歩《ふ》があるということは？

第《だい》22問《もん》

★★★★★ レベル

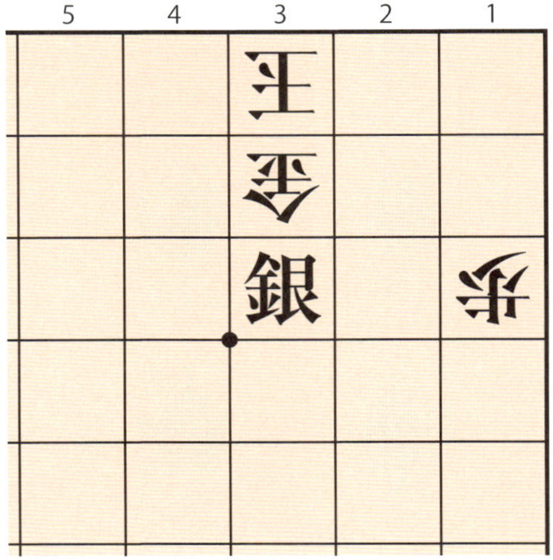

持駒《もちごま》 金《きん》 金《きん》 桂《けい》

ヒント

守《まも》りの金《きん》に持駒《もちごま》の桂《けい》といえば？

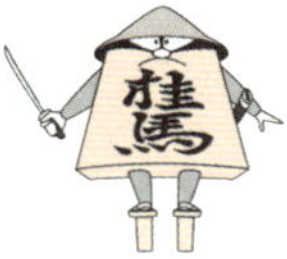

第21問

☗3一飛不成《いちひならず》 ☖1二玉《にぎょく》 ☗1三歩《さんふ》

☖2二玉《にぎょく》 ☗3二香成《にきょうなり》

初手《しょて》

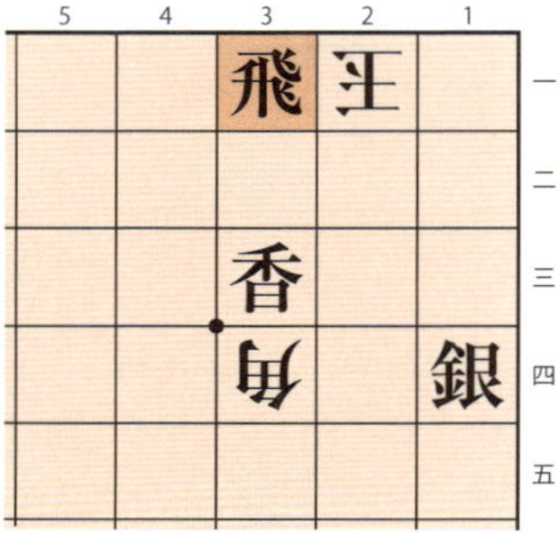

☗持駒《もちごま》 歩《ふ》

正解図《せいかいず》

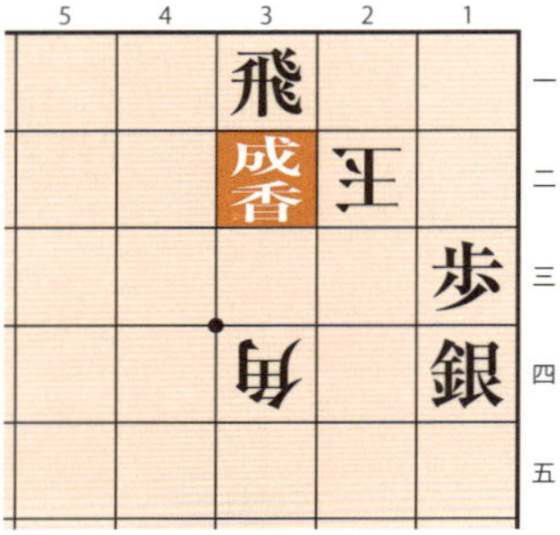

☗持駒《もちごま》 なし

普通《ふつう》は☗3一飛成《いちひなり》ですが、☖1二玉《にぎょく》と逃《に》げた形《かたち》が問題《もんだい》。☗1三《さん》歩《ふ》が打歩詰《うちふづめ》になるので失敗《しっぱい》。原因《げんいん》は竜《りゅう》が強《つよ》すぎること。少《すこ》し難《むずか》しいですが、成《な》らないほうがいいこともあるのです。2手《て》目《め》☖2二玉《にぎょく》は、☗3二香成《にきょうなり》☖1二玉《にぎょく》☗2一飛成《いちひなり》まで（駒余《こまあま》り）。

第22問

☗4二金《にきん》 ☖同金《どうきん》 ☗4三桂《さんけい》

☖同金《どうきん》 ☗3二金《にきん》

初手《しょて》

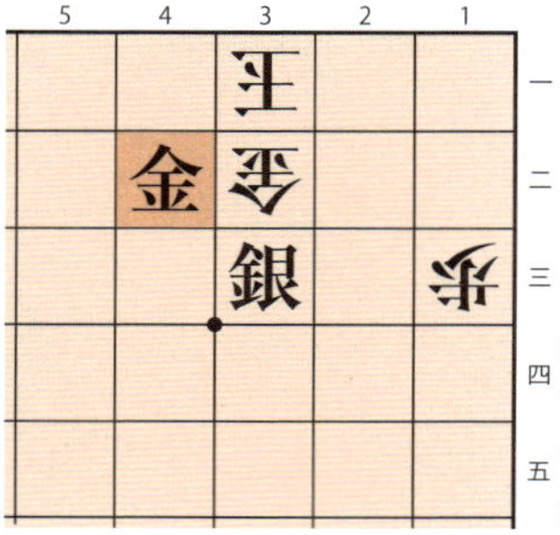

☗持駒《もちごま》 金《きん》 桂《けい》

正解図《せいかいず》

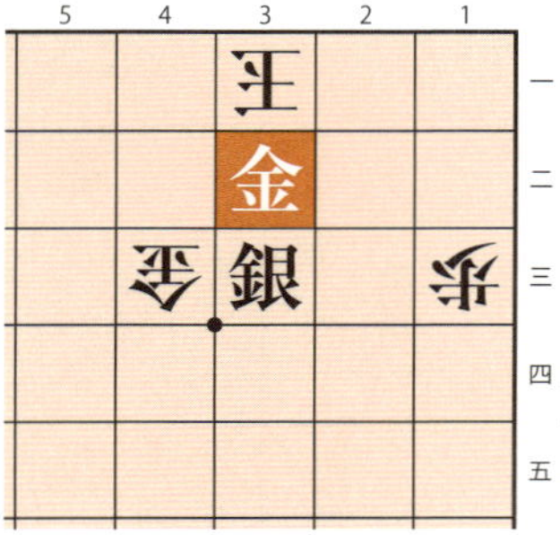

☗持駒《もちごま》 なし

初手《しょて》☗4三桂《さんけい》は金《きん》で取《と》ってくれれば詰《つ》みますが、☖2一玉《いちぎょく》☗3一金《いちきん》☖1二玉《にぎょく》で失敗《しっぱい》。守《まも》りの金《きん》に持駒《もちごま》の桂《けい》といえば、3手詰《てづめ》で登場《とうじょう》した金頭桂《きんとうけい》の手筋《てすじ》を覚《おぼ》えていますか？　初手《しょて》☗4二金《にきん》と捨《す》てるのが正解《せいかい》。2手目《てめ》☖2一玉《いちぎょく》は、☗3二金以下《にきんいか》（駒余《こまあま》り）。

第《だい》23問《もん》

★★★★★ レベル

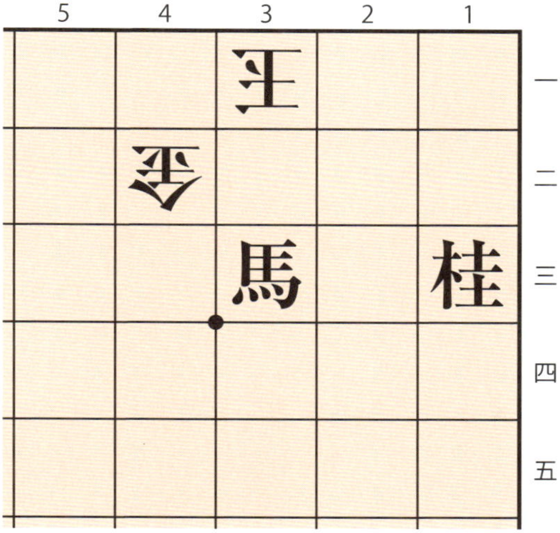

☗持駒《もちごま》 金《きん》 銀《ぎん》 銀《ぎん》

ヒント

● ☖4一玉《いちぎょく》に注意《ちゅうい》して攻《せ》める

第《だい》24問《もん》

★★★★★ レベル

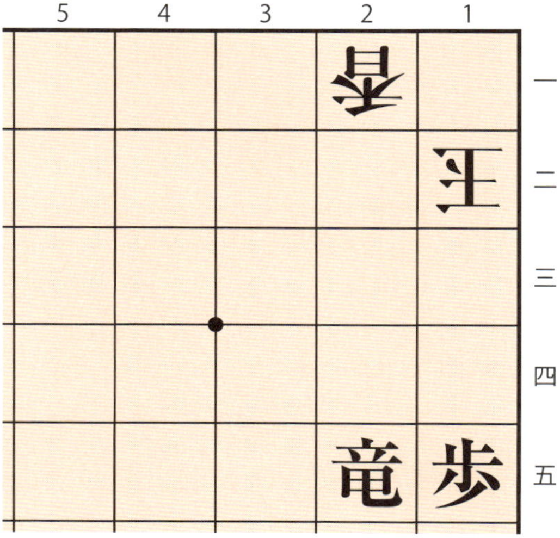

☗持駒《もちごま》 金《きん》 金《きん》

ヒント

● 玉《ぎょく》の逃《に》げ道《みち》はどこだろう？

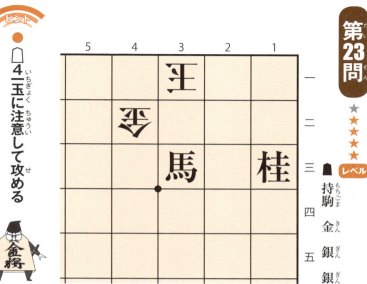

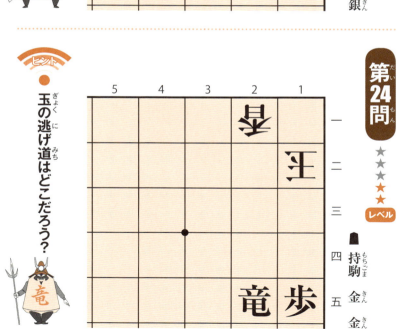

第23問

▲3二銀《にぎん》 △同金《どうきん》 ▲2二銀《にぎん》 △同金《どうきん》 ▲4二金《にきん》

初手《しょて》

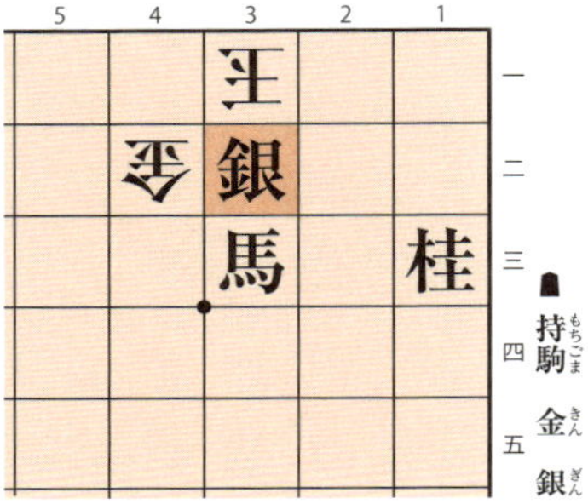

正解図《せいかいず》

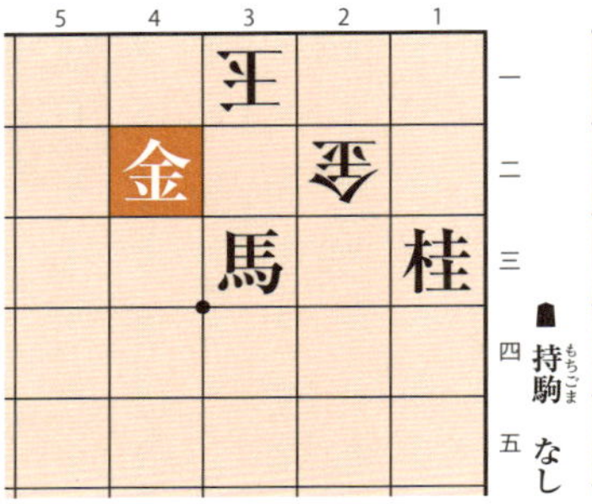

持駒《もちごま》に桂《けい》があれば金頭桂《きんとうけい》といきたい形《かたち》です。さて、△4一玉《いちぎょく》と逃《に》げられると困《こま》るので、まず▲3二銀《にぎん》と捨《す》てて馬《うま》の利《き》きを通《とお》します。さらに右《みぎ》から、▲2二銀《にぎん》と捨《す》てるのが好手《こうしゅ》。連続《れんぞく》銀《ぎん》捨《す》てで金《きん》をそらします。4手目《てめ》△4一玉《いちぎょく》は、▲5一金《いちきん》まで。

第24問

▲2二金《にきん》 △同香《どうきょう》 ▲1三金《さんきん》 △同玉《どうぎょく》 ▲1四竜《よんりゅう》

初手《しょて》

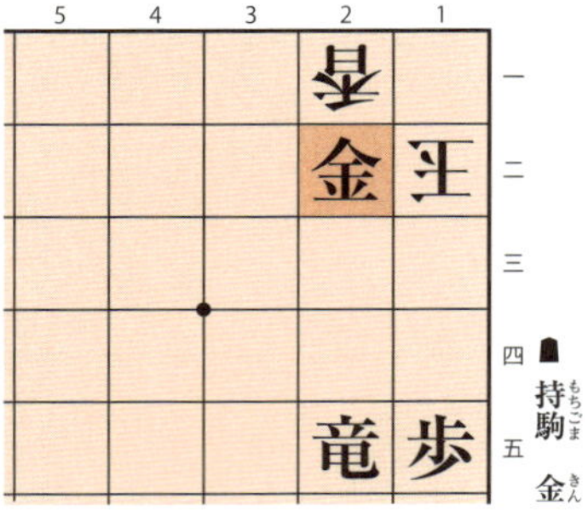

正解図《せいかいず》

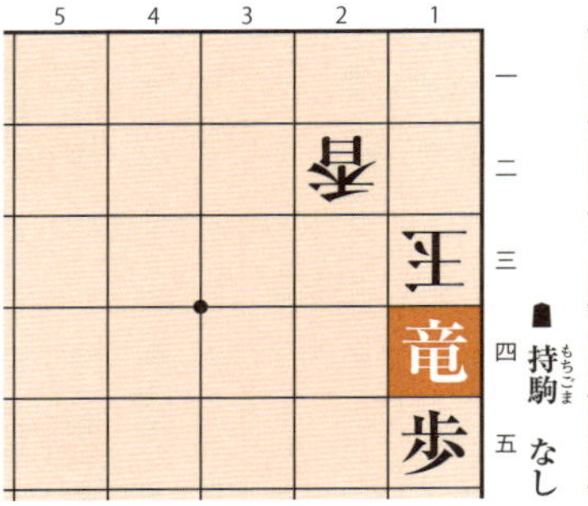

初手《しょて》▲1三金《さんきん》で玉《ぎょく》を近《ちか》づけて▲1四竜《よんりゅう》は、△2二玉《にぎょく》と引《ひ》いて詰《つ》みません。この△2二玉《にぎょく》を予防《よぼう》するのが、正解《せいかい》の▲2二金《にきん》の捨駒《すてごま》です。香《きょう》を釣《つ》りあげると、4手目《てめ》△2一玉《いちぎょく》と逃《に》げられそうですが、▲2二竜《にりゅう》と走《はし》って駒余《こまあま》りで詰《つ》みます。

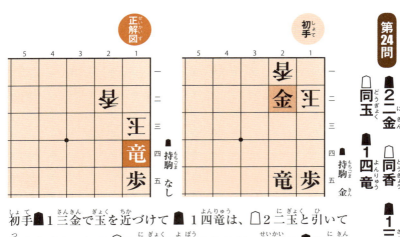

第《だい》25問《もん》

★★★★★ レベル

持駒《もちごま》 金《きん》 金《きん》 桂《けい》

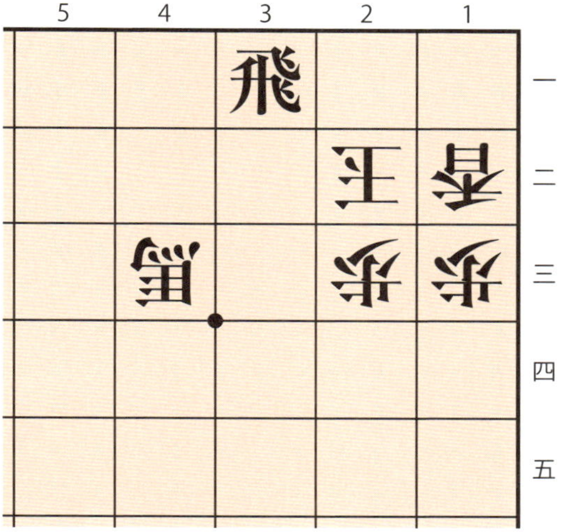

ヒント
桂《けい》をいつ打《う》つか

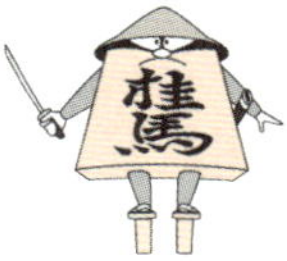

第《だい》26問《もん》

★★★★★ レベル

持駒《もちごま》 金《きん》

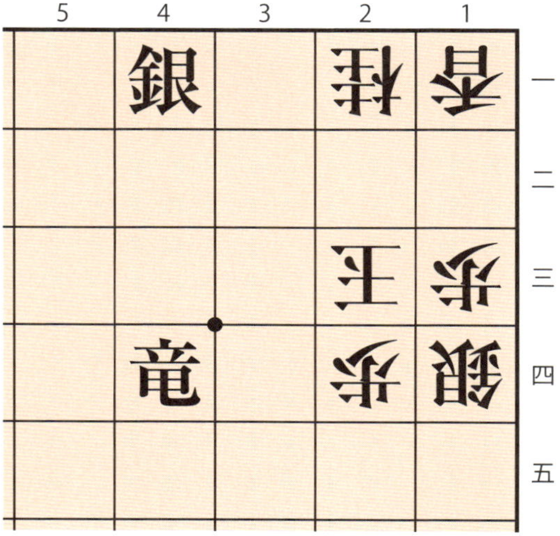

ヒント
玉《ぎょく》を端《はし》に行《い》かせない

第25問

▲2一金《いちきん》 △同馬《どううま》 ▲3四桂《よんけい》 △3一玉《いちぎょく》 ▲4二金《にきん》

初手《しょて》

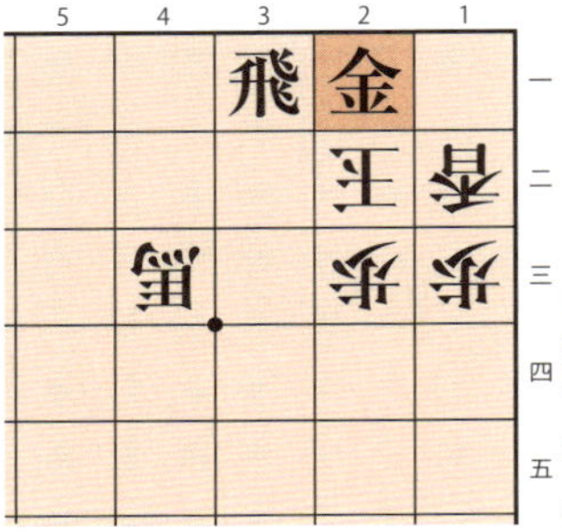

▲持駒《もちごま》 金《きん》 桂《けい》

正解図《せいかいず》

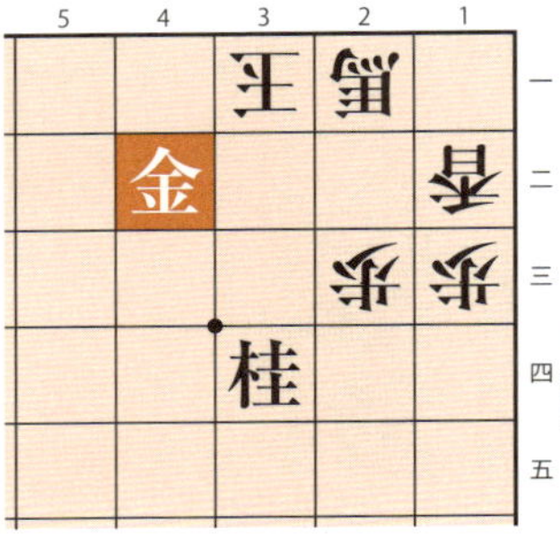

▲持駒《もちごま》 なし

桂《けい》を打《う》つなら▲3四桂《よんけい》しかありませんが、初手《しょて》に打《う》つと△3一《いち》玉《ぎょく》▲2二金《にきん》△4一玉で詰みません。守《まも》りの4三馬《さんうま》がジャマなので、まず、▲2一金《いちきん》で馬《うま》を動《うご》かします。△同馬《どううま》の瞬間《しゅんかん》が▲3四桂《よんけい》を打《う》つチャンスです。4手目《てめ》△1一玉《いちぎょく》は、▲2二金《にきん》まで。

第26問

▲2二金《にきん》 △同玉《どうぎょく》 ▲4二竜《にりゅう》 △2三玉《さんぎょく》 ▲3二竜《にりゅう》

初手《しょて》

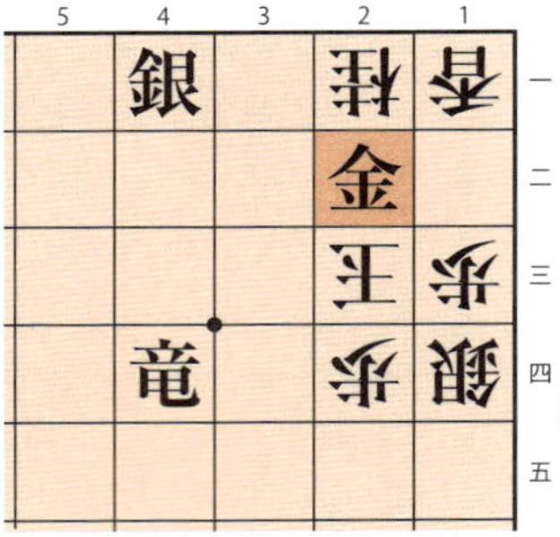

▲持駒《もちごま》 なし

正解図《せいかいず》

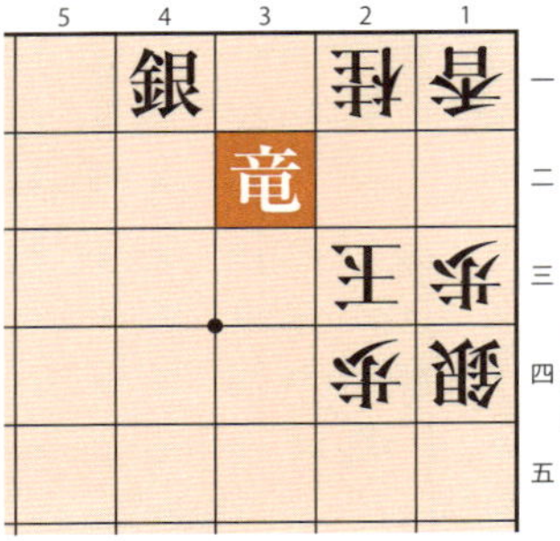

▲持駒《もちごま》 なし

初手《しょて》▲3四金《よんきん》は、△1二玉《にぎょく》と逃《に》がしてしまいます。端《はし》の玉《ぎょく》に対《たい》して3筋《すじ》4筋《すじ》の攻《せ》め駒《ごま》は遠《とお》く、詰《つ》みはありません。意外《いがい》ですが▲2二金《にきん》と貴重《きちょう》な金《きん》を手放《てばな》すのが正解《せいかい》。△同玉《どうぎょく》の一手《いって》に▲4二竜《にりゅう》と入《はい》れば、1二《に》へ逃《に》がさずに捕《つか》まえることができます。

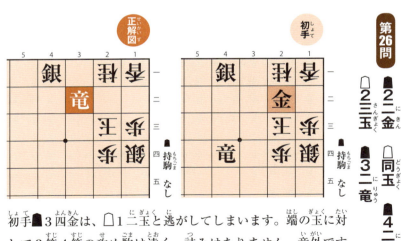

第《だい》27問《もん》

★★★★★ レベル

持駒《もちごま》 飛《ひ》 角《かく》

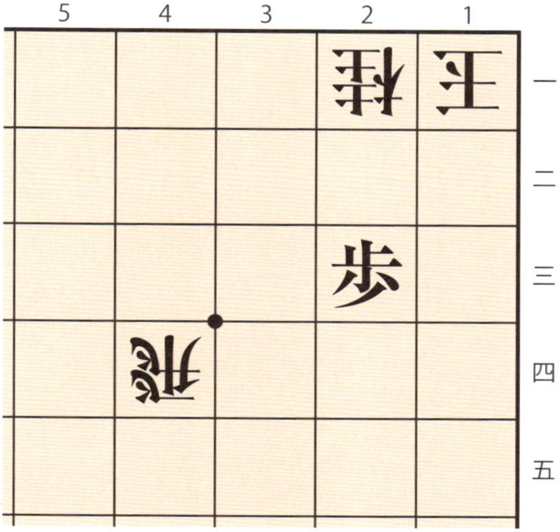

ヒント
大駒《おおごま》は成《な》って使《つか》いたい

第《だい》28問《もん》

★★★★★ レベル

持駒《もちごま》 金《きん》 桂《けい》 桂《けい》

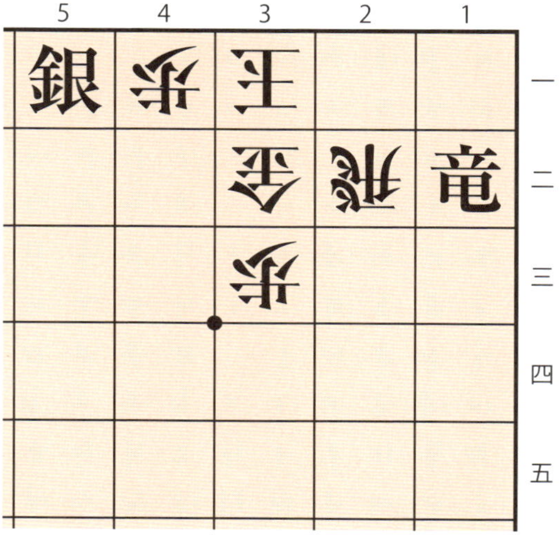

ヒント
桂《けい》を打《う》つ順番《じゅんばん》を考《かんが》える

第27問

☗1三飛《さんひ》
☖同桂《どうけい》
☗3三角《さんかく》

☖1二玉《にぎょく》
☗2二角成《にかくなり》

初手《しょて》

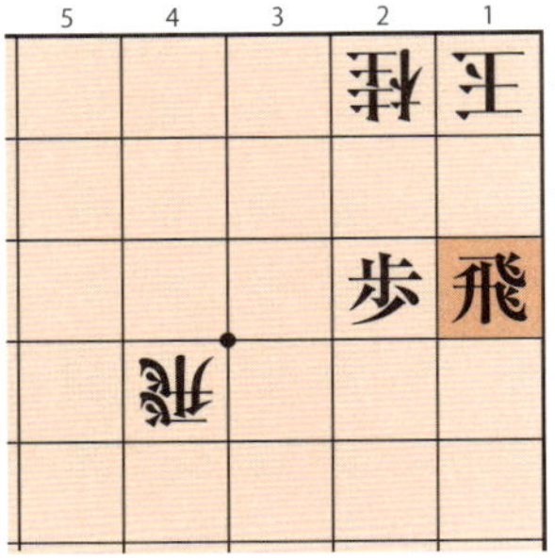

正解図《せいかいず》

桂《けい》の利《き》きを恐《おそ》れると☗2二角《にかく》しか見《み》えません。しかし、☖1二《に》玉《ぎょく》☗1一飛《いちひ》☖2三玉《さんぎょく》と上《うえ》に脱出《だっしゅつ》されて、打《う》つ手《て》なし。こういうときは、守《まも》りの駒《こま》を動《うご》かして利《き》きを変《か》えてしまいましょう。☗1三飛《さんひ》と捨《す》てて桂《けい》を動《うご》かせば、☗3三角《さんかく》で詰《つ》みますね。

第28問

☗4三桂《さんけい》
☖同金《どうきん》
☗2三桂《さんけい》

☖同飛《どうひ》
☗3二金《にきん》

初手《しょて》

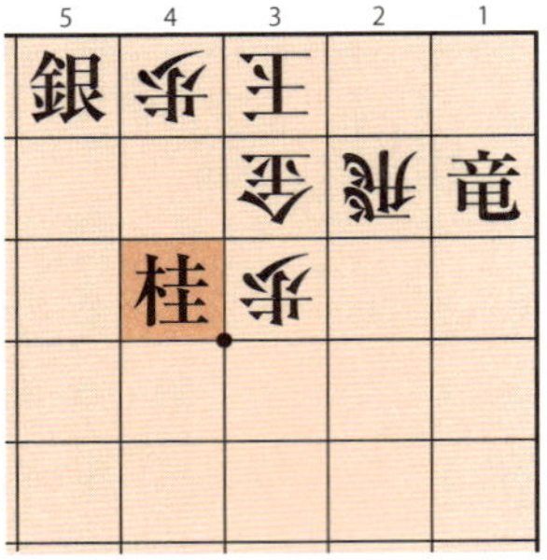

正解図《せいかいず》

先《さき》に金《きん》を使《つか》う☗2一金《いちきん》は、☖同飛《どうひ》☗2三桂《さんけい》☖同飛《どうひ》で失敗《しっぱい》です。☗2三桂《さんけい》から始《はじ》めてみると、☖同金《どうきん》☗2一金《いちきん》（☗4三桂《さんけい》）☖3二玉《にぎょく》で4筋《すじ》から逃《に》げられます。ということで、初手《しょて》は☗4三桂《さんけい》、次《つぎ》に☗2三桂《さんけい》が正解《せいかい》。4手目《てめ》☖3二玉《にぎょく》は☗3一金《いちきん》まで。

第《だい》29問《もん》

★★★★★
レベル

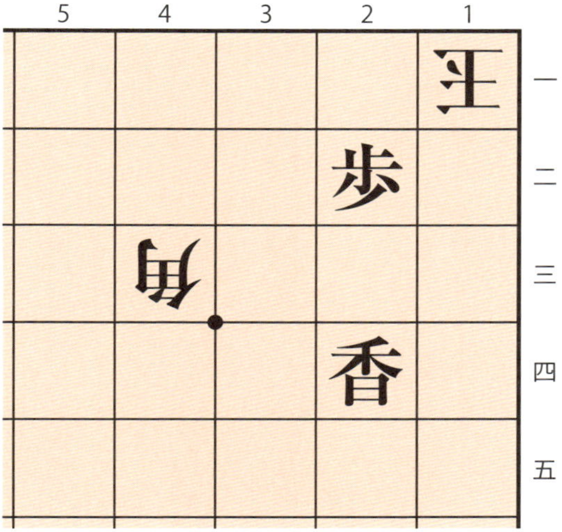

持駒《もちごま》 金《きん》

ヒント

3手詰《てづめ》ではないぞ

第《だい》30問《もん》

★★★★★
レベル

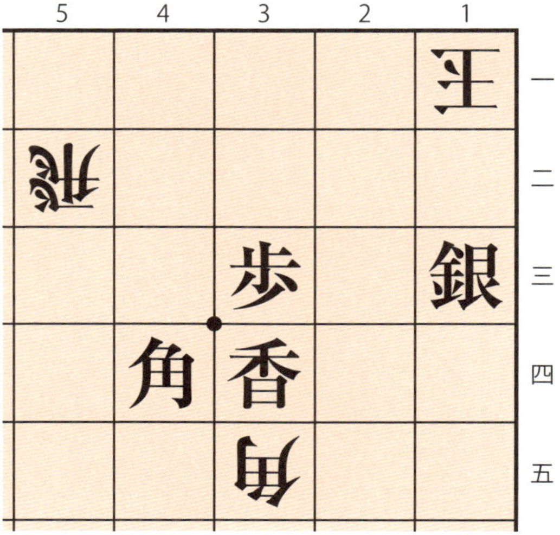

持駒《もちごま》 歩《ふ》

ヒント

打歩詰《うちふづめ》を回避《かいひ》する妙手《みょうしゅ》とは

第29問

☗2一歩成《いちふなり》 ☖1二玉《にぎょく》 ☗2三金《さんきん》

☖2一玉《いちぎょく》 ☗2二金《にきん》

初手《しょて》

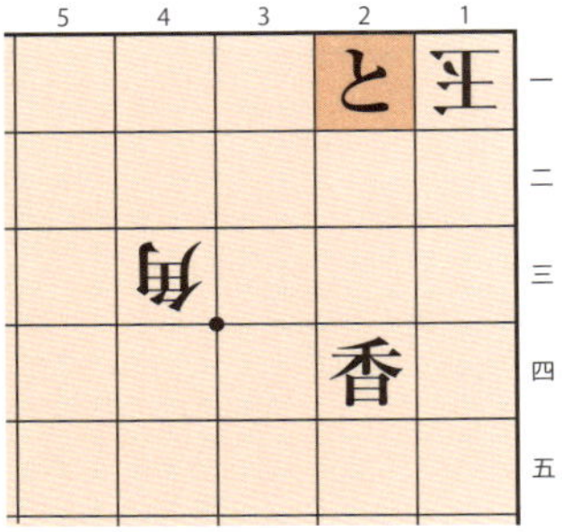

☗持駒《もちごま》 金《きん》

正解図《せいかいず》

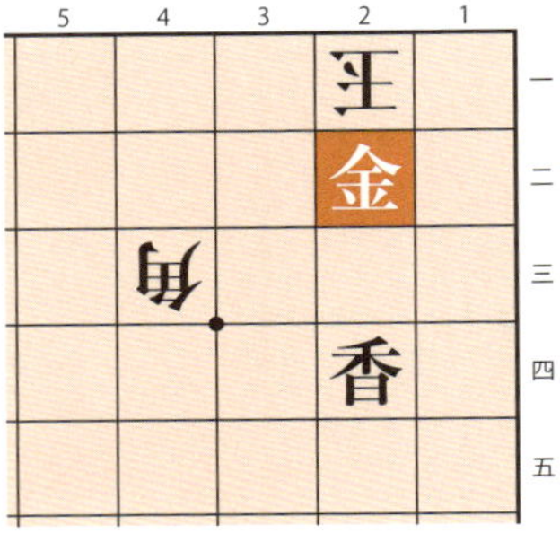

☗持駒《もちごま》 なし

歩《ふ》がなければ1手詰《てづめ》の形《かたち》。☗2一歩成《いちふなり》☖同角《どうかく》☗2二金《にきん》まで3手詰《てづめ》は誤《あやま》りで、2手目《てめ》☖1二玉《にぎょく》が必死《ひっし》の抵抗《ていこう》です。これに惑《まど》わされて☗2二《に》とと引《ひ》くと、☖1三玉《さんぎょく》から上部《じょうぶ》に逃《に》げられてしまいます。取《と》らずにかわす玉《ぎょく》の動《うご》きも覚《おぼ》えておきましょう。

第30問

☗3二歩不成《にふならず》 ☖4四角《よんかく》 ☗1二歩《にふ》

☖2一玉《いちぎょく》 ☗3一歩成《いちふなり》

初手《しょて》

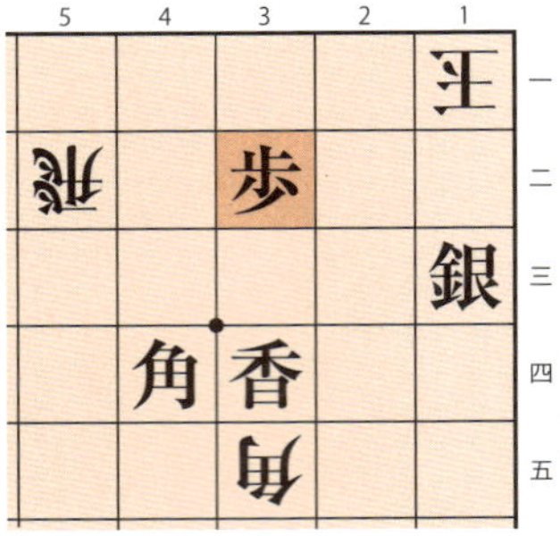

☗持駒《もちごま》 歩《ふ》

正解図《せいかいず》

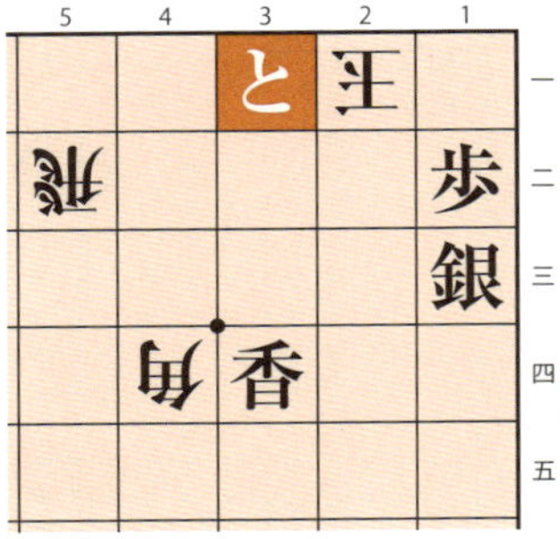

☗持駒《もちごま》 なし

初手《しょて》☗3二歩成《にふなり》で簡単《かんたん》そうですが、☖4四角《よんかく》と角《かく》を取《と》られて打《うち》歩詰《ふづめ》の形《かたち》。以下《いか》、☗2二銀成《にぎんなり》も☖同角《どうかく》で失敗《しっぱい》。打歩詰《うちふづめ》を回避《かいひ》する妙手《みょうしゅ》が☗3二歩不成《にふならず》！　1手詰第《てづめだい》2問《もん》で触《ふ》れた、歩《ふ》を成《な》らないほうが得《とく》をする、とても珍《めずら》しい形《かたち》です。

第《だい》31問《もん》

レベル ★★★★★

ヒント
馬《うま》が大活躍《だいかつやく》だ

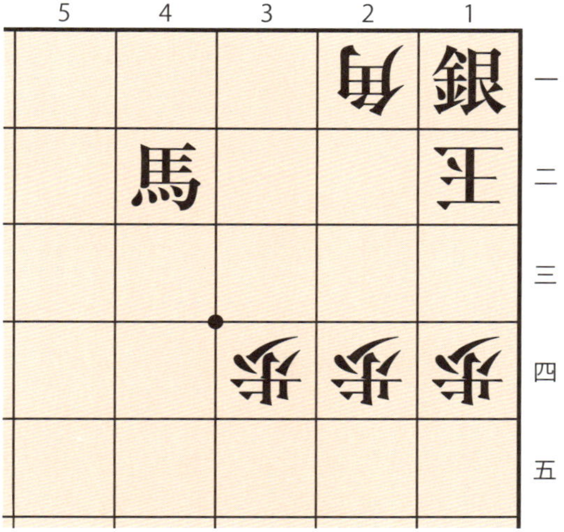

持駒《もちごま》 金《きん》

第《だい》32問《もん》

レベル ★★★★★

ヒント
タダより高《たか》いものはない

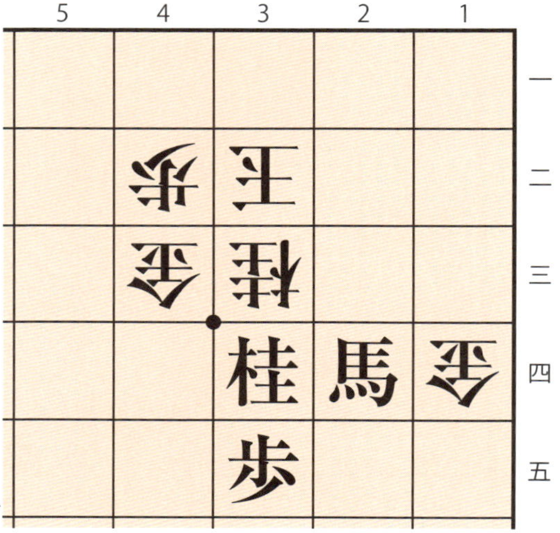

持駒《もちごま》 飛《ひ》

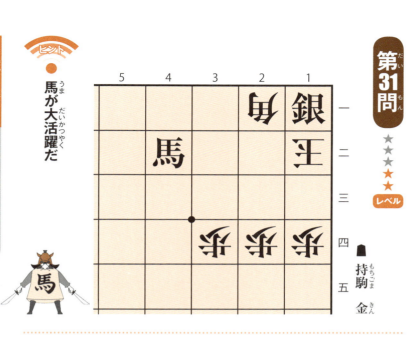

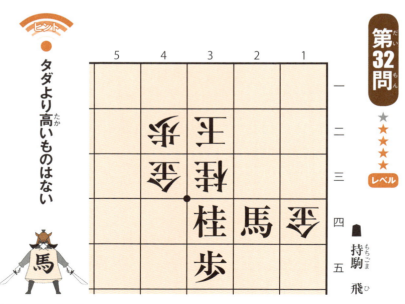

第31問

☗1三金《さんきん》 ☖同玉《どうぎょく》 ☗3一馬《いちうま》 ☖2三玉《さんぎょく》 ☗2二馬《にうま》

初手《しょて》

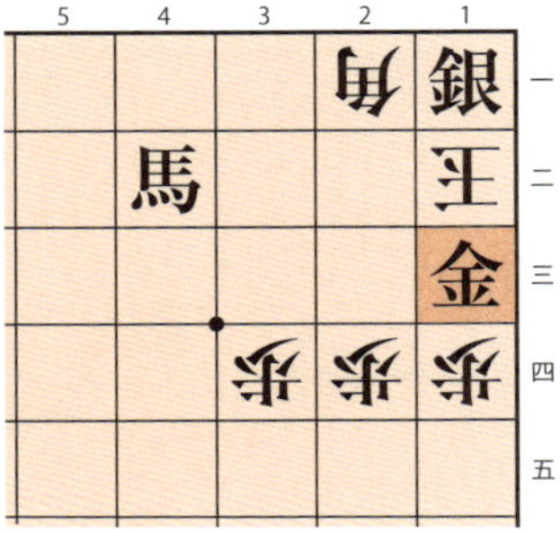

持駒《もちごま》 なし

正解図《せいかいず》

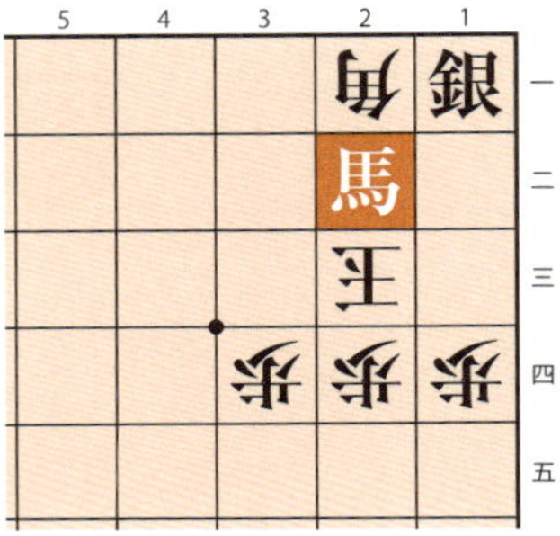

持駒《もちごま》 なし

浮《う》いている1一銀《いちぎん》を守《まも》るために☗2二金《にきん》と打《う》つと、☖1三玉《さんぎょく》と逃《に》げます。ここで☗3一馬《いちうま》としたくても、打《う》ったばかりの2二金《にきん》がジャマですね。正解《せいかい》の初手《しょて》は☗1三金《さんきん》。捨《す》てておけばジャマになりません。2手目《てめ》☖1一玉《いちぎょく》は、☗3三馬《さんうま》まで。

第32問

☗2三馬《さんうま》 ☖同玉《どうぎょく》 ☗2一飛《いちひ》 ☖3二玉《にぎょく》 ☗2二桂成《にけいなり》

初手《しょて》

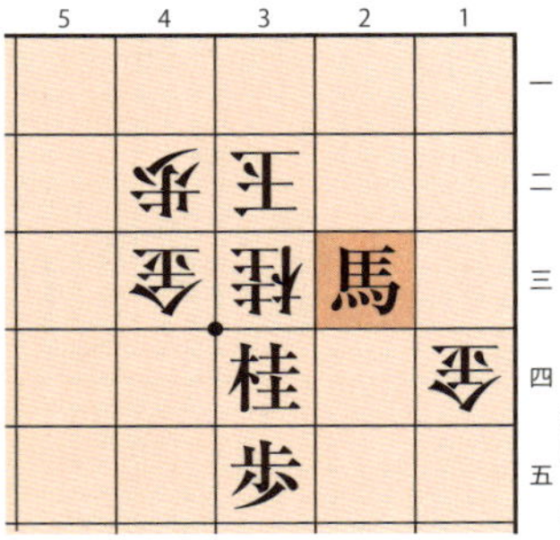

持駒《もちごま》 飛《ひ》

正解図《せいかいず》

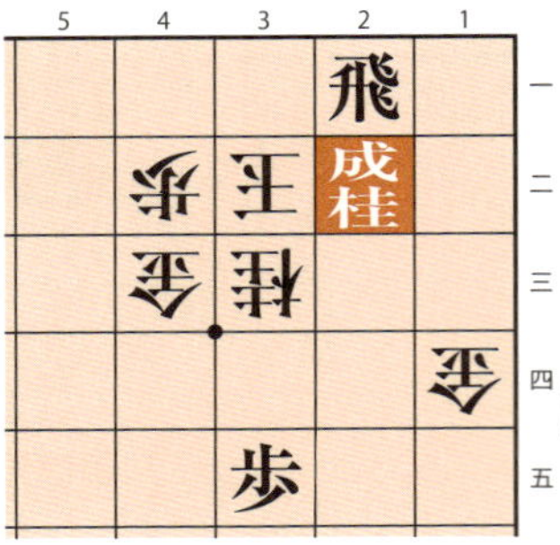

持駒《もちごま》 なし

初手《しょて》☗1四馬《よんうま》とタダで金《きん》を取《と》れますが、これは罠《わな》。以下《いか》、☖2三歩合《さんふあい》☗同馬《どううま》☖同玉《どうぎょく》☗2二飛《にひ》☖1四玉《よんぎょく》☗2五金《ごきん》☖同桂《どうけい》で失敗《しっぱい》。逆《ぎゃく》にタダで☗2三馬《さんうま》と捨《す》てるのが大胆《だいたん》な手《て》。飛車《ひしゃ》を離《はな》して打《う》ってきっちり詰《つ》み。4手目《てめ》☖1三玉《さんぎょく》は、☗2二飛成《にひなり》まで。

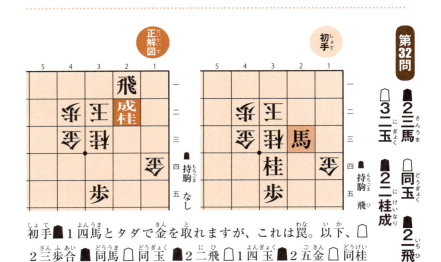

第《だい》33問《もん》

★★★★★
レベル

☗持駒《もちごま》 飛《ひ》 角《かく》 銀《ぎん》

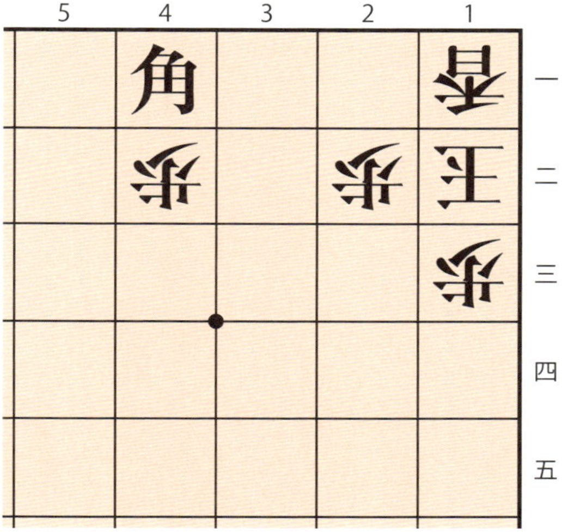

ヒント
エサをまいていって……

第《だい》34問《もん》

★★★★★
レベル

☗持駒《もちごま》 飛《ひ》 金《きん》

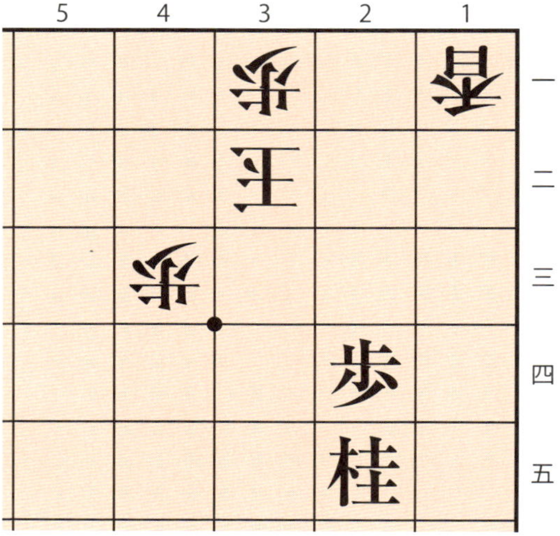

ヒント
合駒《あいごま》は考《かんが》えない

第33問

☗2一角《いちかく》 ☖同玉《どうぎょく》 ☗3一飛《いちひ》 ☖同玉《どうぎょく》 ☗3二銀《にぎん》

初手《しょて》

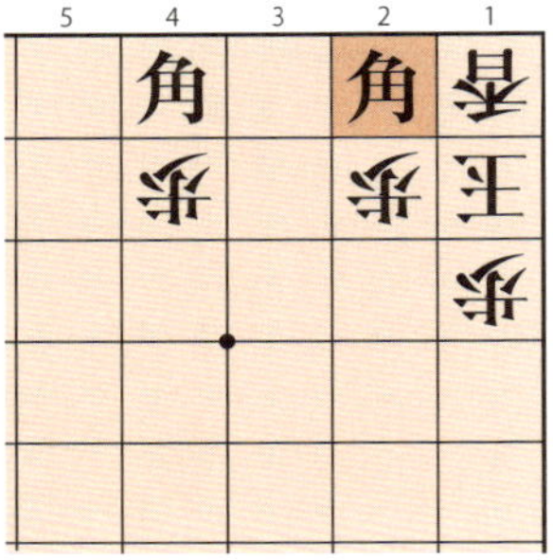

☗持駒《もちごま》 飛《ひ》 銀《ぎん》

正解図《せいかいず》

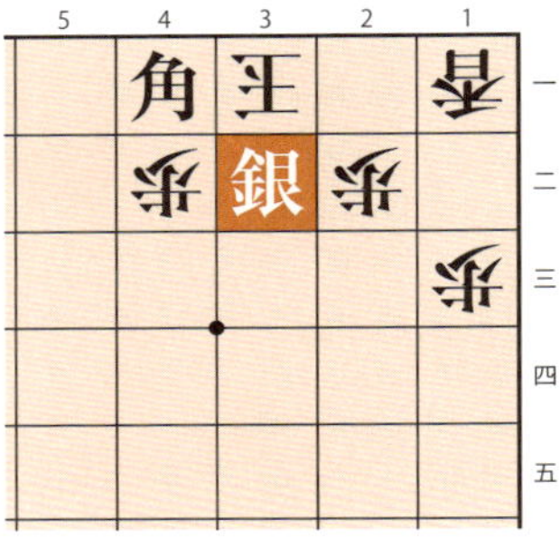

☗持駒《もちごま》 なし

初手《しょて》は☗2一銀《いちぎん》か角《かく》でスタート。どちらを捨《す》てるかは後回《あとまわ》し。3手目《てめ》は☗3二角打《にかくうち》か銀《ぎん》が自然《しぜん》ですが、☖1二玉《にぎょく》と巣穴《すあな》に戻《もど》られます。正解《せいかい》は、☗3一飛《いちひ》。ここまで読《よ》んで初手《しょて》に角《かく》、トドメに銀《ぎん》と決《き》まります。4手目《てめ》☖1二玉《にぎょく》は、☗2一銀《いちぎん》まで。

第34問

☗2二飛《にひ》 ☖同玉《どうぎょく》 ☗2三金《さんきん》 ☖2一玉《いちぎょく》 ☗3三桂不成《さんけいならず》

初手《しょて》

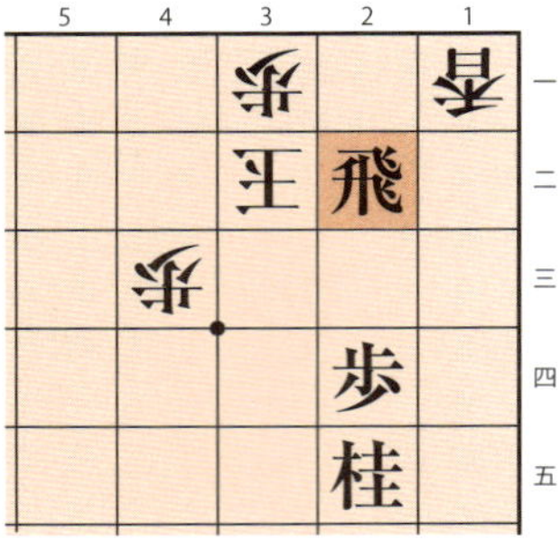

☗持駒《もちごま》 金《きん》

正解図《せいかいず》

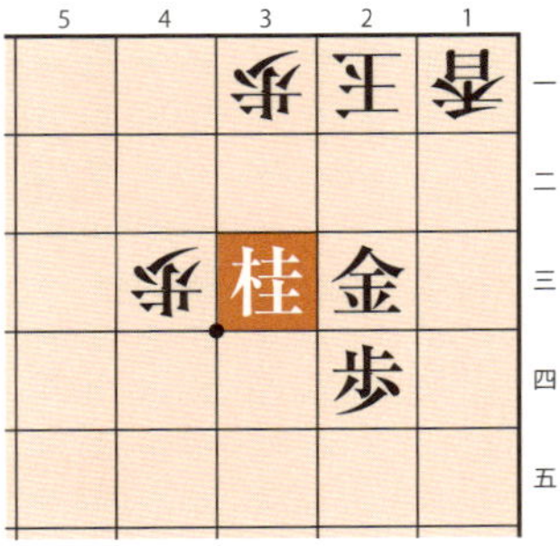

☗持駒《もちごま》 なし

今《いま》にも左《ひだり》に逃《に》げ出《だ》しそうな玉《ぎょく》。初手《しょて》☗2二飛《にひ》の捨駒《すてごま》で玉《ぎょく》を右《みぎ》に引《ひ》きこみます。ところで初手《しょて》☗5二飛《にひ》にはどう受《う》けますか？※詰《つ》まないのは☖4二桂合《にけいあい》と角合《かくあい》だけ。例《たと》えば桂合《けいあい》は、☗3三金《さんきん》☖2一玉《いちぎょく》☗2二金《にきん》☖同玉《どうぎょく》☗4二飛成《にひなり》☖3二香合《にきょうあい》で逃《のが》れます。

※第《だい》34問《もん》…☖4二角合《にかくあい》は、☗3三金《さんきん》☖2一玉《いちぎょく》☗2二金《にきん》☖同玉《どうぎょく》☗4二飛成《にひなり》☖3二金合《にきんあい》☗3三角《さんかく》☖2一玉《いちぎょく》☗1一角成《いちかくなり》☖同玉《どうぎょく》☗3一竜《いちりゅう》☖同金以下逃《どうきんいかのが》れ。

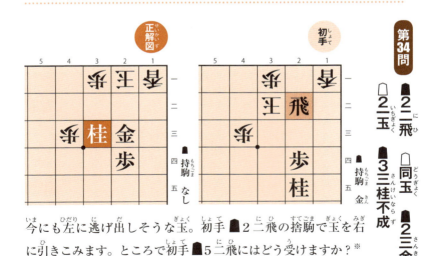

第《だい》35問《もん》

★★★★★
レベル

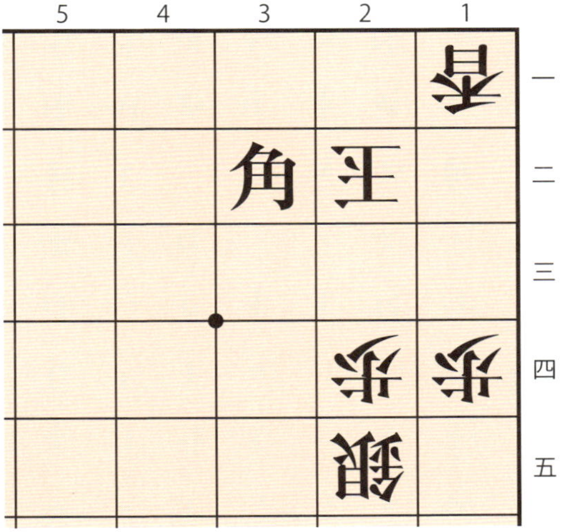

持駒《もちごま》 金《きん》 銀《ぎん》

ヒント

ジャマ駒《ごま》は消《け》す

第《だい》36問《もん》

★★★★★
レベル

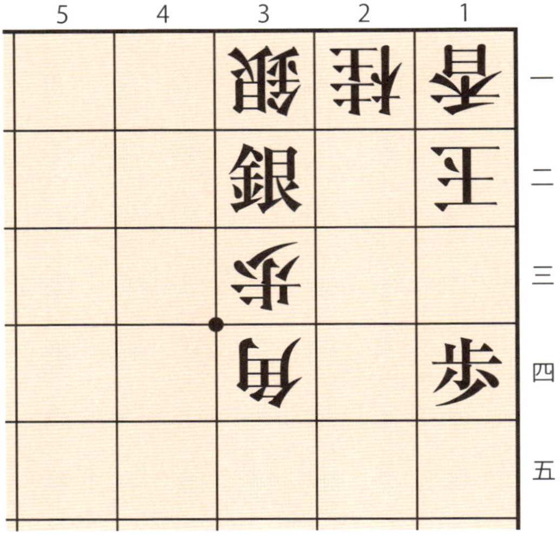

持駒《もちごま》 金《きん》 銀《ぎん》 桂《けい》

ヒント

持駒《もちごま》を使《つか》う順番《じゅんばん》を考《かんが》える

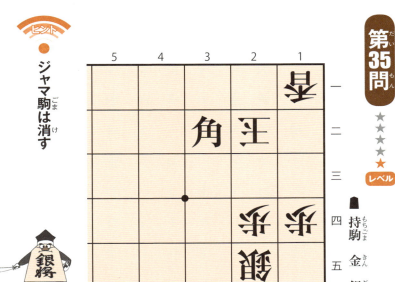

第35問

☗2三銀《さんぎん》　☖同玉《どうぎょく》　☗2三金《さんきん》　☖1三玉《さんぎょく》　☗1二銀成《にぎんなり》

初手《しょて》

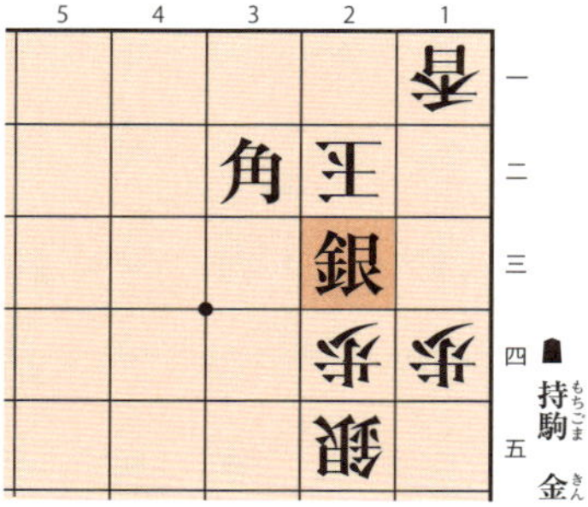

正解図《せいかいず》

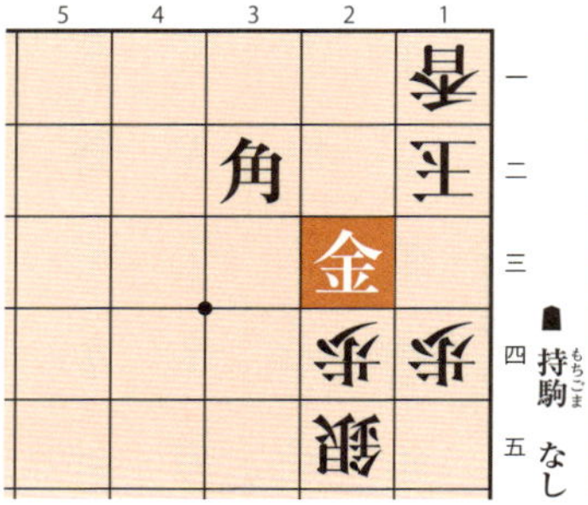

先《さき》に金《きん》を使《つか》うと詰《つ》まないので、☗2三銀《さんぎん》が正解《せいかい》。2手目《てめ》☖3三《さん》玉《ぎょく》は、☗4三金《さんきん》まで、☖3一玉《いちぎょく》は、☗4一金《いちきん》まで。よって、☖1三玉《さんぎょく》とかわしますが、この瞬間《しゅんかん》、打《う》ったばかりの2三銀《さんぎん》がジャマ駒《ごま》になります。3手目《てめ》にこの銀《ぎん》を成《な》り捨《す》てて解決《かいけつ》。

第36問

☗1三銀《さんぎん》　☖2二玉《にぎょく》　☗2一金《いちきん》　☖同桂《どうけい》　☗2四桂《よんけい》

初手《しょて》

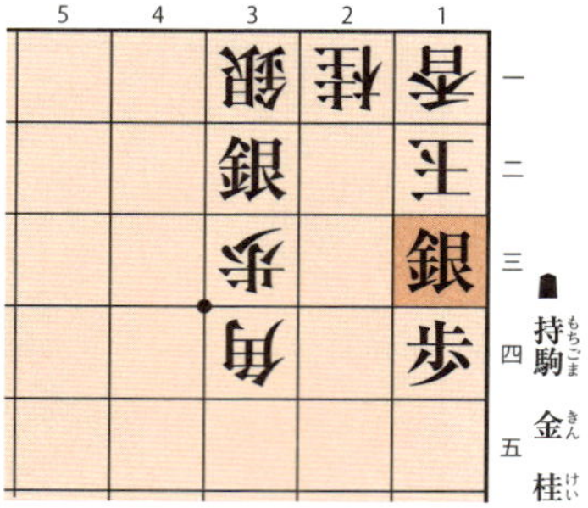

正解図《せいかいず》

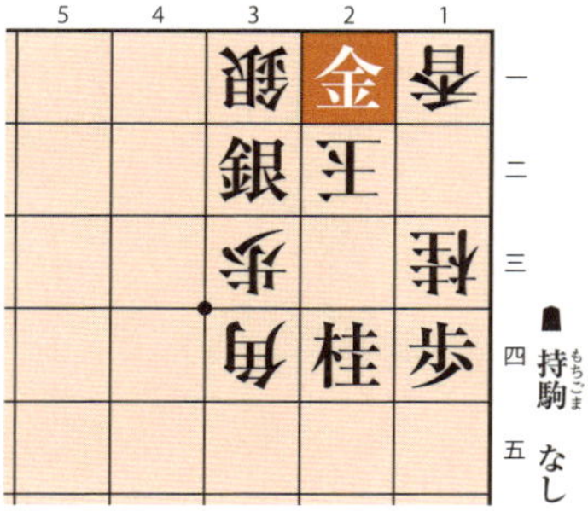

初手《しょて》☗1三金《さんきん》は、☖同桂《どうけい》☗2一銀打《いちぎんうち》☖2二玉《にぎょく》で、持駒《もちごま》の桂《けい》が使《つか》えません。正解《せいかい》は☗1三銀《さんぎん》の捨駒《すてごま》。桂《けい》が動《うご》いてできた空間《くうかん》に☗2一金《いちきん》と打《う》てます。なお、初手《しょて》☗2四桂以下《よんけいいか》は、3四角《よんかく》のせいで詰《つ》みません。その理由《りゆう》を次《つぎ》の問題《もんだい》で考《かんが》えてみましょう。

第《だい》37問《もん》

★★★★★
レベル

ヒント
3一《いち》と3四《よん》の駒《こま》が入《い》れ替《か》わった

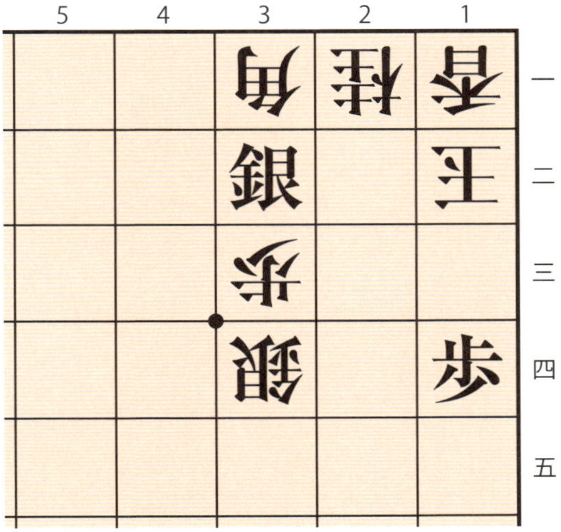

持駒《もちごま》 金《きん》 銀《ぎん》 桂《けい》

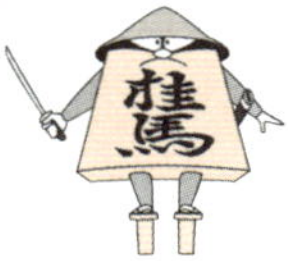

第《だい》38問《もん》

☆☆★★★
レベル

ヒント
封《ふう》じこめ作戦《さくせん》

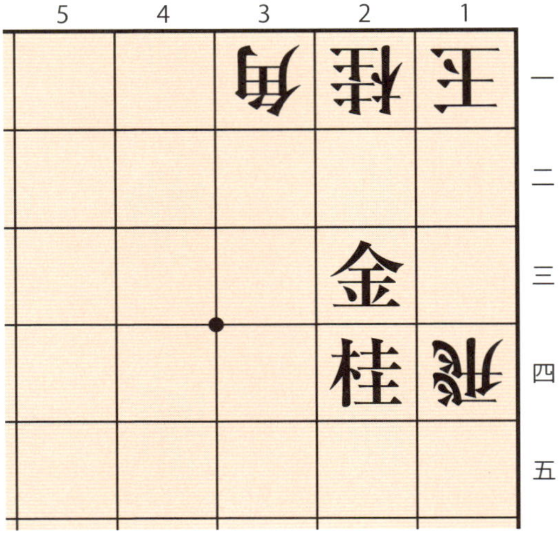

持駒《もちごま》 角《かく》 桂《けい》

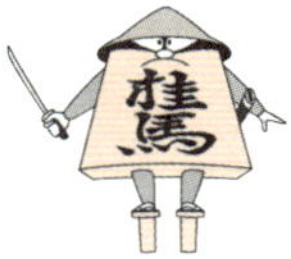

第37問

☗2四桂《よんけい》 ☖同桂《どうけい》 ☗2一金《いちきん》 ☖2二玉《にぎょく》 ☗1三銀《さんぎん》

初手《しょて》

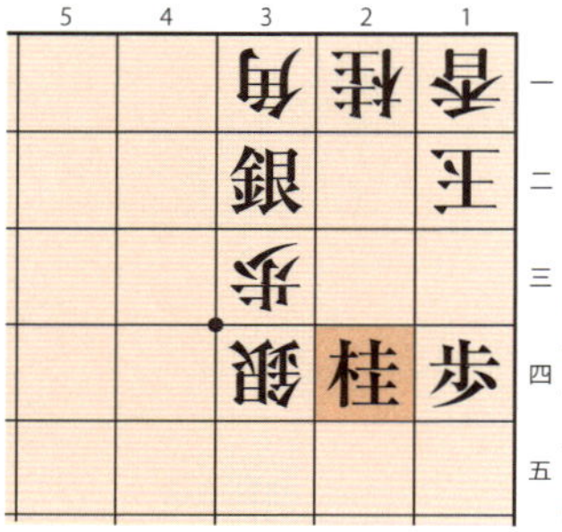

☗持駒《もちごま》 金《きん》 銀《ぎん》

正解図《せいかいず》

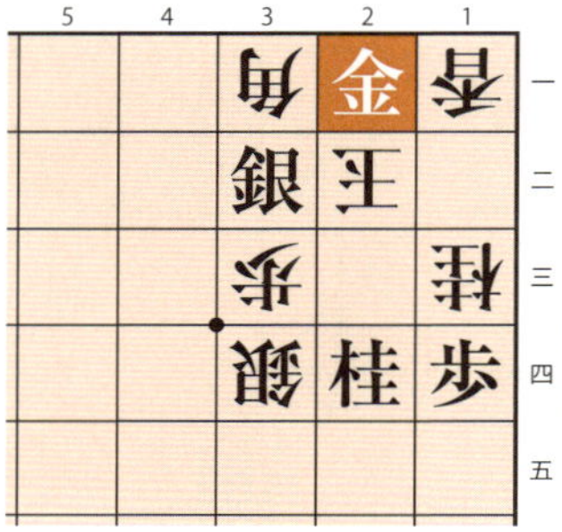

☗持駒《もちごま》 なし

前《まえ》の問題《もんだい》と同《おな》じ初手《しょて》☗1三銀《さんぎん》は、☖同角《どうかく》と取《と》られて失敗《しっぱい》です。今回《こんかい》は☗2四桂《よんけい》でスタート。1一香《いちきょう》の利《き》きが通《とお》ったところで、3手目《てめ》☗1三銀《さんぎん》と捨《す》てるのが気持《きも》ちのいい一手《いって》。4手目《てめ》☖同《どう》香《きょう》なら、3四《よん》の駒《こま》が角《かく》ではなく銀《ぎん》なので、☗1二金《にきん》で詰《つ》みます。

第38問

☗2二角《にかく》 ☖同飛《どうひ》 ☗2三桂《さんけい》 ☖同角《どうかく》 ☗1二金《にきん》

初手《しょて》

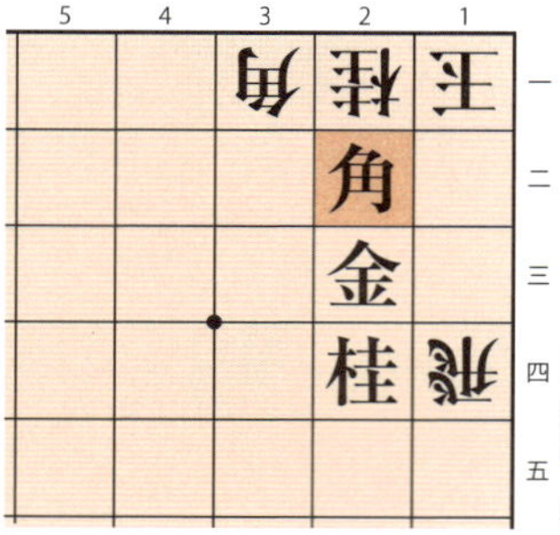

☗持駒《もちごま》 桂《けい》

正解図《せいかいず》

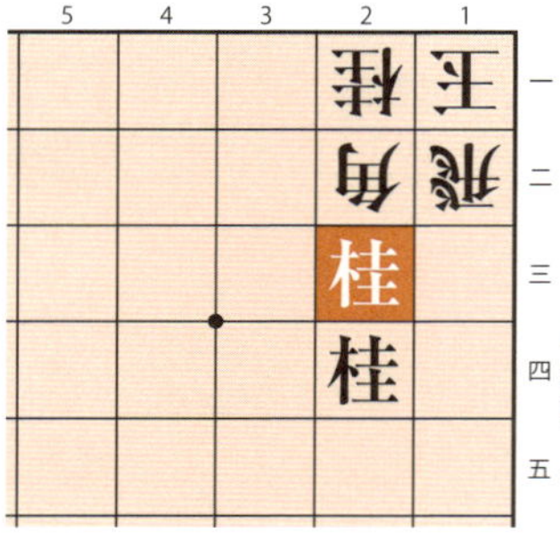

☗持駒《もちごま》 なし

持駒《もちごま》の桂《けい》に注目《ちゅうもく》すると解《と》きやすい問題《もんだい》です。☗2三桂《さんけい》と使《つか》うしかないので、金《きん》を動《うご》かさなければなりません。金《きん》を動《うご》かす先《さき》は1二《に》しかなく、その前《まえ》に☗2二角《にかく》と捨《す》てておけば、玉《ぎょく》を封《ふう》じこめることができます。飛車角《ひしゃかく》の守《まも》りも桂《けい》1枚《まい》に敗北《はいぼく》。

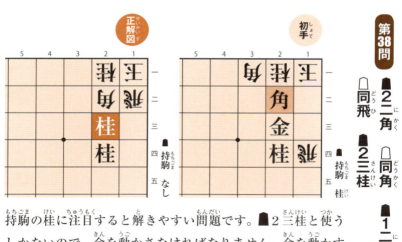

第《だい》39問《もん》

★★★★★
レベル

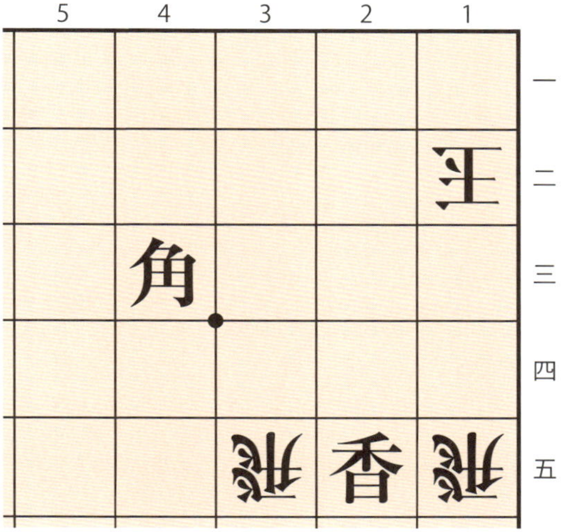

☗持駒《もちごま》 香《きょう》

ヒント
逃《に》げ道《みち》を消《け》す

第《だい》40問《もん》

★★★★★
レベル

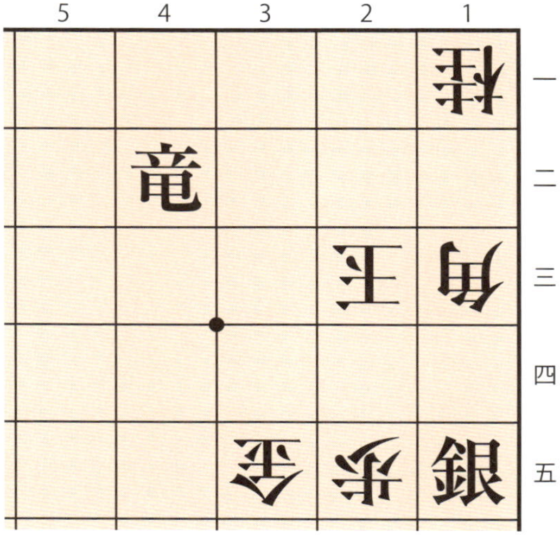

☗持駒《もちごま》 銀《ぎん》 桂《けい》

ヒント
桂《けい》の打《う》ち場所《ばしょ》を考《かんが》えて……

第39問

▲1四香《よんきょう》 △同飛《どうひ》 ▲2一角成《いちかくなり》 △1三玉《さんぎょく》 ▲2二馬《にうま》

初手《しょて》

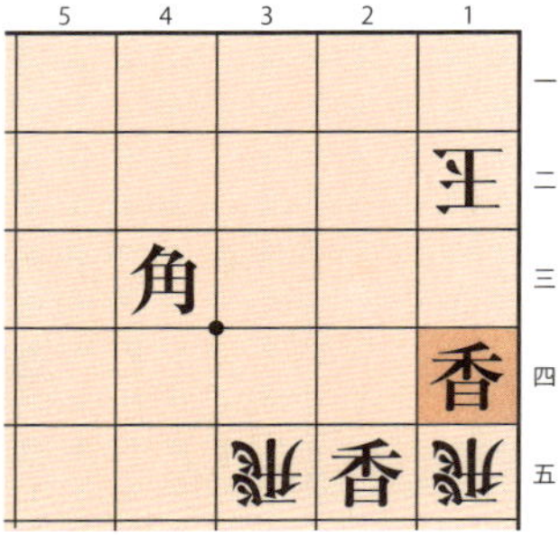

▲持駒《もちごま》 なし

正解図《せいかいず》

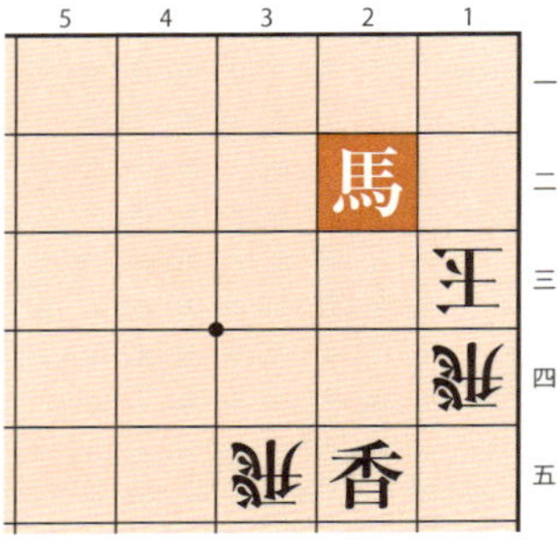

▲持駒《もちごま》 なし

初手《しょて》▲2一角成《いちかくなり》は、△1三玉《さんぎょく》▲2二馬《にうま》△1四玉《よんぎょく》▲2三馬《さんうま》△2五玉《ごぎょく》と香《きょう》を取《と》られてしまいます。この1筋《すじ》の逃《に》げ道《みち》を消《け》すのが、▲1四香《よんきょう》の捨駒《すてごま》。飛車《ひしゃ》を呼《よ》んでおけば、▲2二馬《にうま》で詰《つ》みとなります。5手目《てめ》にうっかり▲3一馬《いちうま》は、△同飛《どうひ》で大失敗《だいしっぱい》。

第40問

▲3二銀《にぎん》 △1二玉《にぎょく》 ▲2一銀不成《いちぎんならず》 △同玉《どうぎょく》 ▲3三桂《さんけい》

初手《しょて》

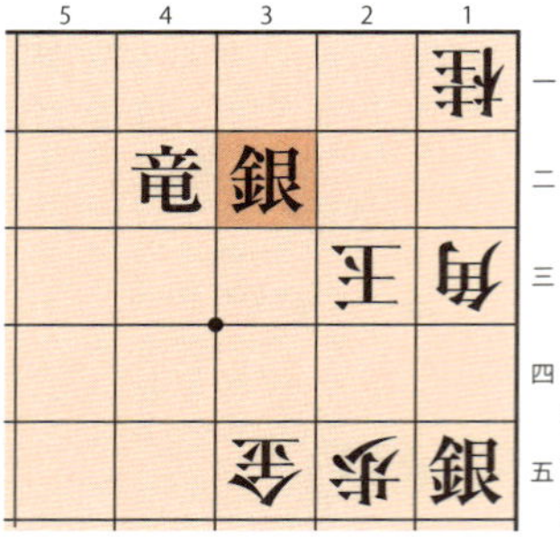

▲持駒《もちごま》 桂《けい》

正解図《せいかいず》

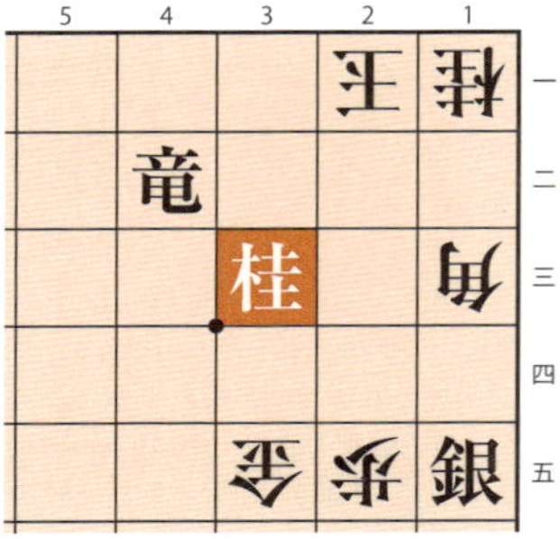

▲持駒《もちごま》 なし

初手《しょて》▲3二銀《にぎん》は、△3四玉《よんぎょく》を▲4三竜《さんりゅう》で詰《つ》めるため。△2二玉《にぎょく》は、▲3一銀成《いちぎんなり》△2三玉《さんぎょく》▲3二竜《にりゅう》まで（駒余《こまあま》り）。3手目《てめ》▲2一銀不成《いちぎんならず》に△2三玉《さんぎょく》は▲3二竜《にりゅう》まで（駒余《こまあま》り）。3手目《てめ》▲2四桂《よんけい》は、△同角《どうかく》▲3一銀不成《いちぎんならず》△4二角《にかく》と竜《りゅう》を取《と》られて詰《つ》みません。

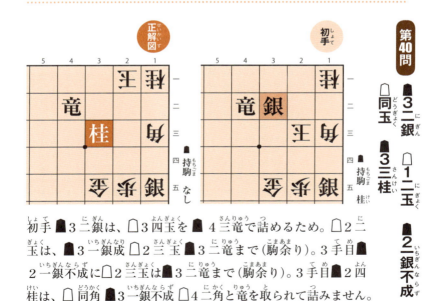

監修《かんしゅう》

羽生　善治（はぶ　よしはる）

1970年埼玉県所沢市生まれ。二上達也九段門下。1985年、プロ四段になる。史上3人目の中学生棋士。1989年に初タイトルとなる竜王を獲得。1994年、Ａ級初参加で名人挑戦者となり、第52期名人戦で米長邦雄名人を破って初の名人に。将棋界の記録を次々と塗り替え、1996年には谷川浩司王将を破って、前人未到の七冠独占を達成。どんな戦型も指しこなすオールラウンダー。2014年には4人目となる公式戦通算1,300勝を史上最年少、最速、最高勝率で達成。2017年、第30期竜王戦を制し、すでに保持していた永世名人、永世王位、名誉王座、永世棋王、永世王将、永世棋聖を合わせ、「永世七冠」の資格を獲得した。最近は将棋界だけでなく、AI知能との未来についての対談・取材を精力的にこなす。広く財界の人々との対談からその考え、生き方を広めていく活動も続けている。将棋界のスーパーヒーローである。

執筆《しっぴつ》

詰将棋パラダイス（羽生善治 永世七冠の愛読書）

編集長／水上 仁　大阪市北区天満４-15-７

昭和25年 詰将棋専門誌として創刊号が発行される。昭和37年 詰将棋の最高の栄誉である看寿賞を初めて発表。昭和61年 史上最長手数「ミクロコスモス」（橋本孝治作）が発表される。平成9年 通巻500号。記念号付録に「読者の棋士による思い出の詰将棋」。平成11年「看寿賞作品集」が、将棋ペンクラブ大賞特別賞を受賞。平成21年 谷川浩司九段が棋士として初めて入選百回を達成。平成22年 将棋界への貢献が評価され、大山康晴賞を受賞。平成27年 母体である全日本詰将棋連盟主催の「詰将棋解答選手権」で藤井聡太七段（当時小学校６年）が初優勝。

☆本誌スタッフの須藤大輔が本書の作稿を担当。

本書の内容に関するお問い合わせは、**書名**、**発行年月日**、**該当ページを明記**の上、書面、FAX、お問い合わせフォームにて、当社編集部宛にお送りください。**電話によるお問い合わせはお受けしておりません**。また、本書の範囲を超えるご質問等にもお答えできませんので、あらかじめご了承ください。

FAX：03－3831－0902

お問い合わせフォーム：https://www.shin-sei.co.jp/np/contact.html

落丁･乱丁のあった場合は、送料当社負担でお取替えいたします。当社営業部宛にお送りください。

羽生善治監修

子ども詰将棋 チャレンジ220問

2018年10月15日　初版発行

2025年 2月 5日　第11刷発行

監修者　羽 生 善 治

発行者　富 永 靖 弘

印刷所　株式会社高山

発行所　東京都台東区 台東2丁目24　株式会社 新星出版社

〒110-0016 ☎03（3831）0743

ISBN978-4-405-06582-6